刑事强制医疗执行制度研究

RESEARCH ON THE
CRIMINAL COMPULSORY MEDICAL EXECUTION SYSTEM

李军海 著

法律出版社 | LAW PRESS
北京

图书在版编目(CIP)数据

刑事强制医疗执行制度研究 / 李军海著. -- 北京 : 法律出版社, 2023

ISBN 978 - 7 - 5197 - 7839 - 2

Ⅰ. ①刑… Ⅱ. ①李… Ⅲ. ①精神病患者(法律)- 治疗 - 强制执行 - 研究 - 中国 Ⅳ. ①D924.399.4

中国国家版本馆 CIP 数据核字(2023)第 069868 号

刑事强制医疗执行制度研究
XINGSHI QIANGZHI YILIAO ZHIXING ZHIDU YANJIU

李军海 著

责任编辑 魏艳丽
装帧设计 汪奇峰

出版发行 法律出版社
编辑统筹 法商出版分社
责任校对 李慧艳
责任印制 胡晓雅
经　　销 新华书店

开本 710 毫米 ×1000 毫米 1/16
印张 21.25 **字数** 403 千
版本 2023 年 5 月第 1 版
印次 2023 年 5 月第 1 次印刷
印刷 北京建宏印刷有限公司

地址:北京市丰台区莲花池西里 7 号(100073)
网址:www.lawpress.com.cn
投稿邮箱:info@lawpress.com.cn
举报盗版邮箱:jbwq@lawpress.com.cn

销售电话:010 - 83938349
客服电话:010 - 83938350
咨询电话:010 - 63939796

书号:ISBN 978 - 7 - 5197 - 7839 - 2
定价:88.00 元

凡购买本社图书,如有印装错误,我社负责退换。电话:010 - 83938349

序　一

《刑事强制医疗执行制度研究》一书是李军海博士在其博士生学位论文的基础上，经修改而成的一本专门研究刑事强制医疗执行制度的著作。该书的出版填补了国内刑事诉讼法学界的研究空白，作为军海博士生导师之一的我，深感欣喜。

2012年3月14日，第十一届全国人大第五次会议通过了《关于修改〈中华人民共和国刑事诉讼法〉的决定》，在新增的特别程序中设置了"依法不负刑事责任的精神病人的强制医疗程序"。我国的强制医疗程序是公安司法机关对在刑事诉讼过程中所发现的具有暴力危害性、经鉴定依法不负刑事责任的精神病人，经审理后认定其具有继续危害社会可能的，由人民法院决定强制交付相关医疗机构进行治疗的一种特别程序。强制医疗程序从本质上讲是一种限制公民基本权利的特别程序，然而，从实践层面上讲，它虽然是以限制人身自由的方式进行，但是该程序的执行则主要表现为一种专门的医学治疗方式。这种方式必须遵循医学上的精神病治疗规则执行，其专业性明确表现为：一是强制医疗应当建立在专门的鉴定机构作出的精神病鉴定的基础上；二是强制医疗应当在特定的医疗机构进行，这种医疗机构具有法律所规定的约束被强制医疗人的权力；三是强制医疗的手段和方法应当符合精神病治疗和评估的医学标准。所以，强制医疗执行问题不仅涉及刑事诉讼法律、精神卫生法律问题，而且还涉及司法人权保障、社会救助问题，它是一个交叉法律制度的综合性课题，对它的研究既有程序制度价值，又有人权保障价值。

从立法上看，无论是法律还是相关司法解释，重点主要集中在刑事强制医疗审判程序上，对于如何对依法不负刑事责任的精神病人执行强制医疗，可以说法律制度规定很是欠缺；从司法实践上看，防止当事人"被精神病"的保障机制，刑事强制医疗机构的设置与管理，被刑事强制医疗人的社会保障机制、诊断评估机制，对刑事强制医疗执行检察监督机制，以及解除刑事强制医疗程序等诸多方面，均存在不少亟待研究和解决的问题。这个课题无论在学理上还是在实践中都是极具挑战性的，它需要研究者不仅具备深厚的法理学识与视野，又要具备相当的精神卫生常识，同时，更要有温暖的司法人文情怀。

当年，军海同学作为山东中医药大学管理学院法律系的副教授，在职攻读山东大学法学院刑事诉讼法学方向博士学位。他选取“刑事强制医疗执行制度”为题撰写其博士学位论文，自有其独特的研究优势，除了自身多年钻研法学所积累的学术功底，又有与医学工作者学习交流的空间与便利，深受医学熏陶滋养。事实也证明，军海副教授所撰写的博士论文较好地呈现了他独特的研究优势，医法结合特色鲜明，一个具有中国特色的司法医疗结合的刑事强制医疗执行制度模式跃然纸上。

全书运用历史分析法、实证研究法、比较分析法、交叉学科分析法等研究方法，从理论上全面系统地阐述了刑事强制医疗执行制度的基本范畴、理论基础、基本原则、执行模式；运用问卷调查法对我国刑事强制医疗执行制度的运行做了深入的实证分析，问卷调查表的设计依据为现行法律和相关司法解释，33 个问卷调查的问题都是根据现行立法规定的实施环节来设计的，旨在了解法律职业人员对我国刑事强制医疗程序的认知状况，并听取健全该程序的建议。继而，在立法上从构建刑事强制医疗执行法律体系、拓展刑事强制医疗的适用对象、重构刑事强制医疗执行程序机制、完善刑事强制医疗执行检察监督机制、健全刑事强制医疗解除程序、优化刑事强制医疗执行救济机制，以及健全刑事强制医疗执行配套措施（完善精神卫生法律制度、调整基层医疗卫生服务机制、强化精神障碍患者社会保障制度）等方面，明确地提出了刑事强制医疗执行制度的完善对策。值得关注的是，其中不少完善对策具有独创性，如军海博士针对强制医疗执行中的“假精神病”和“被精神病”，提出检察监督应当在制度层面上明确执行检察监督的首次时间和周期；提出了对强制医疗执行检察监督的新方式，即在强制医疗执行场所（安康医院）设置派驻检察室，同时考虑到精神卫生医疗机构和综合类卫生医疗机构并非专门性的强制医疗机构，而是在承担公共医疗的同时，以法律法规以及司法判决为依据，承担刑事强制医疗职责，所以建议在这两类强制治疗机构采用巡回检察方式实施检察监督；针对检察人员精神医学专业知识不足的问题，可以设立专家辅助人制度。针对解除刑事强制医疗程序不明确，提出了涉及启动主体、审理方式、社会调查报告、法律援助制度、裁判文书的制作五个方面的健全解除强制医疗程序的对策建议。刑事强制医疗决定程序和解除强制医疗程序同属于刑事强制医疗程序范畴，并且作为一项特别程序而存在，目前法定的审理方式是开庭审理和书面审理两种。军海博士认为，要改革解除强制医疗程序的审理方式，应当在法院设立专门的精神健康法庭，由入额法官、作为陪审员的精神病专家及其他陪审员三人组成合议庭开庭审理，并应将听证制度引入书面审理之中。

军海博士在本书中所构建的刑事强制医疗执行制度框架，可以说是科学地借鉴了中医学对人体所秉持的整体观念，即“坚持‘以人为本’，不仅认为人是生物人，注重自身整体的完整性，而且认为人还是自然人、社会人，强调人与自然、社会环境的统一性”，从人—自然（环境）—社会（心理）的医学模式出发，坚持以具有生命有机体、社会有机体、法治有机体三个层面的理念看待并研究刑事强制医疗执行制度，实则是把刑事强制医疗执行制度作为一项有机体列为研究的对象，因而他在具体设计保障刑事被强制医疗人精神健康权方面，无论是制度还是程序机制上，克服了以往研究者"头痛医头、脚痛医脚"的研究方法，而是"标本兼治"，不仅是多元复归主义的理论概括与思维转归，同时也是对习近平总书记提出的"人类卫生健康共同体"这一思想在精神健康法治领域的贯彻落实。

我认为本书的出版将为刑事强制医疗执行制度提供理论研究样本、体系结构和实证依据，从学理上大大地推进了对这一关乎被强制医疗人的精神健康权保障和国家司法机关执行程序正当性课题的深入研究，尽管书中还有不少观点值得进一步推敲与商榷，还有不少文句不够简洁，且缺乏典型案例的分析，可读性还有待增强，但是瑕不掩瑜，本书是一本研究我国刑事强制医疗执行制度的重要著作，值得推荐给大家一读。

是为序。

叶 青

中国刑事诉讼法学研究会副会长、华东政法大学校长、教授

2023 年 4 月 12 日

序　二

对依法不负刑事责任的精神病人的强制医疗程序，是2012年《刑事诉讼法》修正时增设的一种刑事特别程序。现行《刑事诉讼法》对此予以延续，在第302条规定："实施暴力行为，危害公共安全或者严重危害公民人身安全，经法定程序鉴定依法不负刑事责任的精神病人，有继续危害社会可能的，可以予以强制医疗。"

刑事强制医疗程序的设立，意旨主要有二：一是防止实施暴力行为、危害公共安全或者严重危害公民人身安全但依法不负刑事责任的精神病人继续危害社会，保障公共安全，维护社会秩序；二是保护此类精神病人的合法权益，防止出现其家属或监护人将其长期禁闭家中甚至以铁链等方式剥夺其自由的现象，使其得到应有的治疗和照顾。

《刑事诉讼法》自确立强制医疗程序之日起，至今已超十年。其间，刑事强制医疗程序的实施状况如何？立法目的是否得到了实现？特别是，被强制医疗的精神病人是否得到了强制医疗机构的有效治疗和人道照顾？申请解除强制医疗的数量和比例如何？强制医疗机构对精神病人定期诊断评估的情况怎样？解除强制医疗的程序是如何设计和运行的？检察机关对强制医疗执行的监督工作开展的方式和成效如何？凡此种种，颇值得探究。

2021年6月15日印发的《中共中央关于加强新时代检察机关法律监督工作的意见》指出，进入新发展阶段，与人民群众在民主、法治、公平、正义、安全、环境等方面的新需求相比，法律执行和实施仍是亟须补齐的短板，检察机关法律监督职能作用发挥还不够充分，要求"加强对刑罚交付执行、强制医疗执行的监督，维护司法权威"。据此可见，刑事强制医疗执行实践中存在一些值得重视和解决的问题，急需强化检察机关的监督。

遗憾的是，由于刑事强制医疗场所的封闭性和相关信息的不公开性，加之学界对刑事强制医疗执行没有给予足够的关注和重视，因而有关刑事强制医疗执行制度的研究特别是实证研究较少，且既有研究大多围绕刑事强制医疗程序本身加以展开，对我国刑事强制医疗执行状况的展示和分析颇为不足。在此背景下，军海博士即将出版的《刑事强制医疗执行制度研究》一书在这方面进行了可贵的探索，令人欣喜。

军海博士硕士期间跟随我从事刑事诉讼法学研究，毕业后进入山东中医药大学从事法学教学科研工作。受所在学校主流学科的影响，他对法学与医学的交叉研究产生了浓厚兴趣，也打下了扎实的研究基础。回母校攻读法学博士学位之初，军海博士就结合自己的工作背景和科研兴趣，将刑事强制医疗程序这一横跨刑事法学与医学的特别程序确立为博士论文选题方向，后来随着研究的深入，他进一步缩小选题，聚焦"刑事强制医疗的执行制度"进行深耕细作。经过多年的思考和研究，现在终于呈现了一份具有较强创新性的研究成果。

通读之后，可以发现，该书主要由理论阐释、实证调研和对策建议三个版块构成。在理论阐释层面，该书不仅厘定了刑事强制医疗的性质以及刑事强制医疗与刑事强制医疗执行、刑事强制医疗执行程序与刑事强制医疗执行制度的区别，论证了精神健康权和国家义务是刑事强制医疗执行制度的理论基础，分析了刑事强制医疗执行应当遵循的程序法定原则、比例原则和相对不定期原则，更为难能可贵的是，采用类型分析方法，总结提炼了各国刑事强制医疗执行的四种观念模式（隔绝中心主义、收容中心主义、治疗中心主义和多元复归主义）和六种机制模式（私人监护模式、行政处置模式、行政—医疗模式、司法—医疗模式、司法—行政—医疗模式和司法—医疗—社会模式），为探讨我国刑事强制医疗执行制度的优化提供了学理依据和经验参考。

在实证调研层面，该书综合运用定性方式和定量方式，深入考察了我国刑事强制医疗的执行现状，剖析了我国刑事强制医疗执行实践中存在的诸多问题，比如刑事强制医疗执行制度的预期功能发挥有限、刑事强制医疗机构的总体设置和管理体制的科学性有待提升、被强制医疗人的医疗费用支付难及社会保障存在短板、强制医疗执行中的诊断评估机制尚未构建到位、刑事强制医疗执行的检察监督在规范性和有效性方面均不太理想、解除强制医疗程序的司法化程度不足，如此等等。这些对刑事强制医疗执行的现状检视与问题挖掘，丰富了既有的相关研究，构成了本书的一大亮点。

在完善建议层面，该书引入中医学中的"有机体"和"三焦"原理，认为只有将刑事强制医疗执行过程、刑事强制医疗解除程序、刑事强制医疗解除后的处置措施予以合理融贯，确保"三焦"通畅，作为生命有机体、社会有机体和法治有机体的刑事强制医疗执行制度才能健康运转。在此基础上，主张构建刑事强制医疗执行的法律体系，拓展刑事强制医疗执行制度的适用对象，重构刑事强制医疗执行的过程性机制，完善刑事强制医疗执行检察监督制度，健全刑事强制医疗解除程序和救济机制。

综上，军海博士在刑事强制医疗执行制度研究方面做出了积极的努力，提出了颇具新意的观点或建议。当然，该书有些地方的语言表述凝练不足，个别观点的论证不够深入,但瑕不掩瑜,相信本书的出版对于我国刑事强制医疗执行的立法完善、运行实践和学术研究能够起到有益的推进作用,也期待军海博士再接再厉,在刑事法学与医学的交叉领域产出更多优秀的研究成果。

是为序。

周长军

山东大学法学院院长、法学院(威海)院长

2023 年 2 月 28 日

前　言

2012 年《刑事诉讼法》在特别程序中设立"依法不负刑事责任的精神病人的强制医疗程序",2018 年《刑事诉讼法》延续相关规定,基本实现刑事强制医疗的司法化。在刑事强制医疗相关司法解释及司法解释性质文件中,最高人民法院 2012 年和 2021 年制定的两版《关于适用〈中华人民共和国刑事诉讼法〉的解释》相差无几;最高人民检察院 2019 年制定的《人民检察院刑事诉讼规则》对 2012 年制定的《人民检察院刑事诉讼规则(试行)》(已失效)略作删减;最高人民检察院于 2016 年和 2018 年针对强制医疗检察监督先后制定《人民检察院强制医疗执行检察办法(试行)》和《人民检察院强制医疗决定程序监督工作规定》。从立法上看,无论是法律还是相关司法解释,重点往往集中在刑事强制医疗审判上,对于执行的相关规定比较薄弱;从司法实践看,刑事强制医疗执行中存在诸多问题,实践改革和经验总结多有涉及,但标本兼治之策仍在探索;在理论研究上,已经由刑事强制医疗的整体研究发展为局部研究,但是刑事强制医疗执行作为刑事强制医疗的重要组成部分仍欠缺系统性研究,而且研究对象多是围绕程序来开展,对于制度则少有关注。本书以"刑事强制医疗执行制度"为研究对象,采用实证研究方法、比较分析法、交叉学科分析法,对理论基础、立法例、现实问题及原因、解决对策进行分析和建构,具体分为六章进行研究。

第一章分析刑事强制医疗执行制度的基本范畴。梳理界分三对概念,即精神障碍与精神障碍患者、刑事强制医疗与刑事强制医疗执行、刑事强制医疗执行程序与刑事强制医疗执行制度。明确刑事强制医疗性质的认定,即实然性上属于刑事法上的保安性措施,应然性上属于保安处分。梳理和分析中外刑事强制医疗执行制度史。

第二章提出刑事强制医疗执行制度的理论基础为精神健康权和国家义务。在精神健康权中,以健康权是刑事被强制医疗人的基本权利为前提,提出和论证刑事被强制医疗人精神健康权。在国家义务中提出国家义务和刑事被强制医疗人基本权利具有理论同质性。

第三章构建刑事强制医疗执行的基本原则即程序法定原则、比例原则、相对不定期原则。

第四章归纳刑事强制医疗执行的模式。提出四种观念模式,即隔绝中心主义、收容中心主义、治疗中心主义、多元复归主义。提出刑事强制医疗执行的六种机制模式，即私人监护模式、行政处置模式、行政—医疗模式、司法—医疗模式、司法—行政—医疗模式、司法—医疗—社会模式。

第五章刑事强制医疗执行制度运行的实证分析。采用实证研究法，进行问卷调查和裁判文书统计，并从六个维度进行现状阐释，即防范当事人被精神病方面的情况、刑事强制医疗机构的设置与管理情况、刑事被强制医疗人的社会保障状况、诊断评估机制的运行状况、检察监督状况、解除强制医疗程序的适用情况存在的问题及原因。

第六章刑事强制医疗执行制度的完善对策。在基本理念中，从生命有机体、社会有机体、法治有机体三个层面上，提出刑事强制医疗执行制度的“有机体”理念。

在具体举措方面，一是构建刑事强制医疗执行的法律体系。二是拓展刑事强制医疗执行制度的主体性配置。三是重构刑事强制医疗执行制度的过程性机制。四是完善刑事强制医疗执行检察监督制度。五是健全解除刑事强制医疗的程序。六是优化刑事强制医疗执行制度的救济机制。

在配套措施中，完善精神卫生法律制度，调整基层医疗卫生服务机制，强化精神障碍患者社会保障制度。

目 录

导 论

一、研究缘起与意义

(一)研究缘起

健康与疾病是萦绕于人体的一对矛盾体,是一种“正”与“邪”的关系,《黄帝内经》对此有精辟的阐释:《素问·评热病论》载“正气存内,邪不可干”;《素问·刺法论》载“邪之所凑,其气必虚”。当然,人的社会属性决定了健康与疾病必然会超越个体意义而成为典型的社会问题,当法律成为调整社会关系的行为规范后,健康与疾病逐渐促成了医学和法学交汇区的产生,而且国家法治化程度越高,交汇区越大。不过,在医学和法学中,躯体障碍具有的显性特征使人们更容易获取对其的认知,然而人体是精神和躯体的集合,所以健康与疾病在精神和躯体上均有体现,二者虽然不是等值关系,但必须认识到精神障碍是不可忽略和不可轻视的。

《黄帝内经》对精神和躯体早有论述,《素问·上古天真论》载“故能形与神俱,而尽终其天年”,《素问·刺法论》载“精气不散,神守不分”。古代医家将精气神视为人体的“三宝”,强调的是精神和躯体之间的紧密关联性。既然精神和躯体是个体存续的基本形态,那么二者对疾病就不可能完全隔绝,也就意味着精神障碍具有存在的现实性,这在当代更为凸显。相比躯体,精神在个体中具有不可视性,使人类对精神障碍的认知经历了缓慢的发展过程,特别是在早期,精神障碍患者往往被妖魔化。之后,医学虽然得到发展,甚至出现精神医学,但是精神障碍患者的异常行为并未消弭,对于肇事肇祸的精神障碍患者,尤其是当他们的严重异常行为具有人身危险性和社会危害性的时候,刑事法的介入成为必要。

在我国,与1979年《刑法》相比,1997年《刑法》在犯罪主体和刑事责任上对不负刑事责任的精神障碍患者有了明确的规定,而且1997年《刑法》第18条第1款规定:“精神病人在不能辨认或者不能控制自己行为的时候造成危害结果,经法定程序鉴定确认的,不负刑事责任,但是应当责令他的家属或者监护人严加看管和医疗;在必要的时候,由政府强制医疗。”这可以被视为我国刑事强制医疗制度的原初状态。不过,彼时的强制医疗欠缺刑事程序法的配套,我国也没有制定专门的《精神卫生法》,以致正义出现残缺,体现为私力救济和行政介入的失序,即肇事肇祸的精神障碍患者常常遭遇“亲属大义灭亲”“家庭强制关押”等,而且“武疯子”“假精神病”“被精神病”等问题更是不断涌现,于是人们对健全刑事强制医疗制度的诉求越来越高。

2013 年是规范肇事肇祸精神障碍问题的典型性年份。在刑事法中,2013 年 1 月 1 日实施的《刑事诉讼法》在特别程序中设立“依法不负刑事责任的精神病人的强制医疗程序”(又称刑事强制医疗程序),实现刑事强制医疗的司法化,2018 年《刑事诉讼法》对此保留原貌;在行政法领域,2013 年 5 月 1 日实施的《精神卫生法》,规定了非自愿住院制度,实现行政强制医疗的规范化。这两部法律虽然没有建立有效的衔接,但是已经初步形成解决肇事肇祸精神障碍问题的法治框架,尤其是对不负刑事责任的精神障碍患者既着眼社会防卫,也强调人权保障,刑事强制医疗执行在其中也有了相关规定。作为一项新设的特别程序,实务界和理论界为此点赞的同时,也纷纷为程序的有效运行献计献策。在刑事强制医疗程序实施初期,人们的关注点主要集中在审判阶段,对执行阶段的探讨则热度偏低。不过,在刑事强制医疗制度若干年的运行过程中,无论是规范性文件,还是司法实践状况,抑或理论探讨,我们会发现,刑事强制医疗执行制度逐渐成为焦点,针对实践中显现出的越来越细的问题,理论研究视角也随之多元化。

第一,从规范性文件上看,《刑事诉讼法》对刑事强制医疗程序的规定共有六条,关于执行的规定仅有两条;配套的司法解释及司法解释性质文件包括最高人民法院 2012 年和 2021 年先后颁布的两版《关于适用〈中华人民共和国刑事诉讼法〉的解释》(以下简称《刑诉法解释》),最高人民检察院 2012 年颁布的修订版《人民检察院刑事诉讼规则(试行)》(已失效)和 2019 年颁布的《人民检察院刑事诉讼规则》,2016 年颁布的《人民检察院强制医疗执行检察办法(试行)》,2018 年颁布的《人民检察院强制医疗决定程序监督工作规定》[①]等,这在一定程度上为刑事强制医疗执行制度提供了规范性依据。通过对比可知,最高人民法院 2012 年和 2021 年所颁布的司法解释没有明显差异之处;最高人民检察院 2012 年和 2019 年所颁布的司法解释在刑事强制医疗

① 本研究所涉及法律或司法解释及司法解释性质文件存在不同的版本,如 2012 年和 2018 年《刑事诉讼法》,2012 年和 2021 年《刑诉法解释》,最高人民检察院 2012 年颁布的修订版《人民检察院刑事诉讼规则(试行)》,2019 年颁布的《人民检察院刑事诉讼规则》等,在引用相关条文时除特别指明外,均指最新法律和司法解释及司法解释性质文件的相关条款。

执行方面的规定有明显差异,前者列明人民检察院对强制医疗机构应当提出纠正意见的9种情形,还规定了对相关控告、举报、申诉的处理以及对申请解除强制医疗的处理,后者均未涉及,不过后者增设"事故检察"一节,并将强制医疗机构列入可以适用的场所范围。即便如此,刑事强制医疗执行的相关规定仍显得零散,欠缺体系性和专门性问题仍旧存在。与刑罚执行制度一样,刑事强制医疗执行同样需要系统性机制和体系化规范,由此反映出刑事强制医疗执行的制度化进程亟待推进,否则执行程序、执行救济、检察监督等难以形成合力,那么现有的这些规范性文件在制度的搭建上还存在哪些缺项?应当如何整合?行政机关虽然力图制定专门性规范,即"强制医疗所条例",但至今未颁布;即便得以颁布,在位阶上也仅是行政法规或部门规章,而非法律,那么这对刑事强制医疗执行制度有何影响?

第二,从司法实践上看,在刑事强制医疗执行制度中,检察机关的监督作用是重点强化的方面,但是单靠执行检察监督又难以实现这项制度的整体提升,所以在刑事强制医疗执行制度运行若干年后,人们对执行阶段存在问题的预测与剖析至今仍未得到有效且系统的解决。具体体现在执行主体是公安机关,还是强制医疗所(安康医院)、精神卫生医疗机构,抑或综合性卫生医疗机构?刑事被强制医疗人与其他精神障碍患者有何不同?诊断评估报告的启动主体应当如何设定?检察机关监督的有效性问题?解除刑事强制医疗程序的规范化问题?解除强制医疗后,被解除强制医疗人的社会回归问题?等等。其实,各地方司法机关也在不断探索这些问题的解决方案,不过成效方面参差不齐,那么这些实践难题为何久拖不决,掣肘是什么?

第三,从理论模型上看,一方面,刑罚执行理论并不适用于刑事强制医疗执行制度,因为适用这一制度的前提是刑事被强制医疗人不负刑事责任,再加之,医疗过程具有明显的社会属性,所以刑事强制医疗执行制度需要自有理论的支撑;另一方面,保安处分理论虽然与其有一定的契合度,但是我国对刑事强制医疗是否属于保安处分没有明确的法律规定,而且其他的住院精神障碍患者也需要接受相关的治疗和监管,以至于在刑事强制医疗性质尚未得到明确的情况下,如果单纯从监管上探寻这项制度的本质元素,那么就会陷入控制论的解决思维之中,所提出的方案也仅是治标之策。其实,精神障碍患者的肇事肇祸现象乃至刑事强制医疗执行问题实则是社会问题,假设社会控制理论能够提供治本之策的理论模型,那么能否从刑事强制医疗执行制度所直接关涉的刑事法学和精神医学上找到立论论据,进而为这项制度构建一种内外协同体系,力求实现解决方案的证成目的呢?

第四,从学科交叉上看,既然刑事被强制医疗人是刑事法学和精神医学共同关注的对象,那么能否依此找到标本兼治之策呢?一是在刑事强制医疗执行制度的正当化依据上,如果按照“法律的归法律、医学的归医学”的思路则忽略了法学和医学的交汇点;二是如果采用“法律融入医学”或“医学融入法律”的思路就会产生一方绑架另一方的恶害;三是从法学和医学所承担的使命来看,刑事强制医疗执行制度在防卫社会的同时,旨在实现刑事被强制医疗人的社会回归,但前提是他们达到精神健康,因此二者的共同点均是要保障刑事被强制医疗人的健康权。申言之,刑事程序运行所外显的是国家权力,内隐的则是国家义务,刑事强制医疗执行制度同样如此,对不负刑事责任的精神障碍患者不是弃之不管、随其自然,而是以制度来明确相关主体职责;就医疗而言,国家如果不能有效地发展与配置公共卫生资源,人人健康的目标终将难以实现,所以二者的共同点就是国家义务。那么刑事强制医疗执行制度能否以公民权利和国家义务为理论基础来构建治本之策呢?

由上,刑事强制医疗执行制度在四个大的方面显现出宏观性和微观性问题,这需要从理论上进行靶向性分析和论证。基于此,本书以刑事强制医疗执行制度为题,就是要剖析和研判刑事强制医疗执行制度中存在的“案结事了”思维误区,揭开刑事强制医疗的神秘形象,查找执行难的症结所在,防范“被精神病”和“假精神病”风险的产生,解决“真精神病”在制度上所存在的问题,进而按照整体论和平衡论思维为健全刑事强制医疗执行制度提供思路和方法。

(二)研究意义

1. 为刑事强制医疗执行制度提供理论基础

在2012年《刑事诉讼法》设立刑事强制医疗程序之前,学界在推动刑事强制医疗司法化方面做出了积极努力,其中就包括理论基础的分析和论证,不过彼时的关注点主要集中于审判机制的构建,在理论基础方面通常是对审前、审判、执行进行通盘性论证。本书立足于刑事强制医疗制度这一上位范畴,通过分析刑事强制医疗执行制度所具有的特殊性,从精神健康权与国家义务上为这项制度的存在和发展提供正当化依据。通过基本性质的界定和基本原则的设定,对这项制度做进一步的解构,再按照重构的思路,进行制度的再完善。

2. 为刑事强制医疗执行制度提供体系结构

从历史维度看刑事强制医疗执行制度,可以反映出这项制度的发展轨迹,这其中也包括观念的演变。根据纵向的审视和横向的对比,对观念进行概括,结合结构元素的分析和组合,可以进行不同模式的对比研究,为健全刑事强制医疗执行制度提供经验性依据。从体系上看,将刑事强制医疗执行制度作为一个“有机体”,既对各组织结构进行剖析,也注重内在的衔接,在畅通内外循环机制的基础上,构建刑事强制医疗执行制度的内外一体化体系,为健全刑事强制医疗执行制度提供基本思路。

3. 为刑事强制医疗执行制度提供实证依据

刑事强制医疗执行制度具有典型的实践属性,所以健全这项制度离不开实践依据,最终也要回到实践之中。通过对这项制度的规范性文件的分析,可以从依据上找寻优点和不足。与此同时,对实践运行状况的了解既可以通过问卷调查法官、检察官、律师的主观认知,也可以通过裁判文书的检索统计进行数据分析,还可以进行实地考察和现场访谈,进而从多层面多视角进行特点归纳、问题分析、原因探寻,以此为据,进行对策的探讨与设计,从而为改革实践提供对策建议。

二、国内外研究现状及述评

(一)国内研究现状及述评

刑事强制医疗执行制度的国内研究状况与立法状况相关联,并且在研究内容上呈现由宏观向微观发展的趋势。以 2012 年《刑事诉讼法》增设刑事强制医疗制度为时间节点,可以形成刑事强制医疗司法化前和司法化后两个基本维度;通观学术史,在研究视角上分为三种类型:一是将刑事强制医疗执行作为刑事强制医疗研究组成部分进行研究,二是专题研究刑事强制医疗执行,三是研究刑事强制医疗执行中的各组成部分。

1. 刑事强制医疗司法化前的研究状况

在我国刑事强制医疗实现司法化之前,学界对刑事强制医疗研究的重点在于反思我国当时只有刑法规定,却无刑事诉讼法衔接的问题,进而提出构建刑事强制医疗制度的相关建议,并将刑事强制医疗执行作为组成部分予以探讨。较早从程序层面研究刑事强制医疗的是刘文的《强制医疗诉讼程序初探》一文,其主张将精神障碍患者送交公安机关开设的强制医疗机构,并将他们与其他精神障碍患者分开监管和治疗。① 1997 年《刑法》实施后,有的研究者紧扣《刑法》第 18 条规定的“由政府强制医疗”,建议在刑事诉讼法中设立“采取政府强制医疗措施程序”,但是在执行方面仅提及撤销事项。② 有的研究者提出构建刑事强制医疗制度,但并未系统讨论执行事宜,仅对强制医疗处分的终止提出建议。③ 有的研究者采用比较的方法,分析中美刑事强

---

① 参见刘文:《强制医疗诉讼程序初探》,载《法学》1993 年第 11 期,第 24 页。

② 参见申君贵:《设立“采取政府强制医疗措施程序”的构想》,载《政治与法律》2002 年第 6 期,第 60 页。

③ 参见韩旭:《论精神病人强制医疗诉讼程序的构建》,载《中国刑事法杂志》2007 年第 6 期,第 74 页。

制医疗制度，并与我国刑事强制医疗执行制度中涉及的权力性质、具体措施、被强制医疗人范围做了比较。[①] 有的研究者还对刑事强制医疗程序做了系统研究，并将执行程序作为专章进行论述，确立了执行原则，但是在具体执行程序的论述中仅谈及执行机关、执行期限、执行措施的撤销和变更。[②]

可见，在我国刑事强制医疗司法化前，学界对刑事强制医疗执行制度的关注度并不高，既没有专门性的研究，也没有在刑事强制医疗制度研究中对其进行深入分析和论证，仅是对刑事强制医疗执行制度的部分要素做了介绍或建议。

2. 刑事强制医疗司法化后的研究状况

2012 年《刑事诉讼法》的修改实现了刑事强制医疗的司法化，学界紧跟立法步伐对刑事强治医疗执行制度进行学理阐释，实务界针对这一新的制度或者是未雨绸缪，或者是边适用边改革。

(1)将刑事强制医疗执行作为刑事强制医疗组成部分予以研究

在刑事强制医疗司法化后的最初五年左右的时间，刑事强制医疗是学界研究的热点，无论是理论文章，还是学术著作，在研究数量和研究深度上均处于上涨态势。

有的研究者立足于刑事强制医疗制度可能存在的问题，对《刑事诉讼法》的相关规定进行了阐释，但是对刑事强制医疗执行制度仅就检察机关开展检察监督的方式方面主张采用书面形式，并且建议通过司法解释进行完善。[③] 有的研究者对中美两国精神障碍患者强制医疗制度进行了比较分析，并主张合理确定强制医疗的适用对象，增设类似安康医院的强制医疗所；在处所方面，主张在坚持治疗期限不定期原则下创设定期审查原则；建议参考社区矫正，建立强制医疗替代性机制。[④] 有的研究者主张将安康医院以及其他体制内的精神病医院统一改造为专门的强制医疗机构，统一行使强制医疗执行权，由检察机关对其执行过程进行监督；对患有慢性精神病的被强制医疗人采取强制社区治疗措施；治疗期限上采取相对不定期制，明确诊断评估的周期；将执行程序与检察监督分开论述，在执行程序中主张对强制医疗机构直接派驻检

---

① 参见时延安：《中美精神病人强制医疗制度之比较》，载《法学评论》2009 年第 4 期，第 117 - 118 页。

② 参见李娜玲：《刑事强制医疗程序研究》，中国检察出版社 2011 年版，第 209 - 220 页。

③ 参见汪建成：《论强制医疗程序的立法构建和司法完善》，载《中国刑事法杂志》2012 年第 4 期，第 68 页。

④ 参见潘侠：《精神病人强制医疗法治化研究——从中美两国对话展开》，中国政法大学出版社 2015 年版，第 294 - 300 页。

察。① 有的研究者将刑事强制医疗执行程序与救济程序和监督机制相并列;主张形成安康医院、普通精神病院和综合性医院精神科多极化的管理方式;采用不定期原则,诊断评估半年一次为周期;并且提出了附条件解除的主张。② 有的研究者从行刑社会化层面阐释精神病犯罪人的处遇。③ 有的研究者列明刑事强制医疗执行制度,将强制医疗期间和定期诊断评估与强制医疗的终止及其程序做了并列研究,对于前者主张住院期限为6个月,诊断评估2个月一次;对后者从主体、方式、救济三个方面提出了建议。④ 有的研究者以《精神卫生法》和《刑法》为视角对精神障碍患者非自愿住院进行了系统的介绍和研究;在刑事强制医疗执行制度上,着重对定期诊断评估、解除强制医疗、检察监督等方面提出完善建议。⑤ 有的研究者将救济程序与执行程序予以并列,在前者中,论述了强制医疗裁决的异议程序、定期诊断评估、解除程序;在后者中,围绕交付执行、措施的实施、执行期间、执行监督展开分析。⑥

可见,学界对刑事强制医疗制度已经开展系统的研究,并且将刑事强制医疗执行制度作为组成部分进行分析,并提出相关建议。当然,研究者根据各自的研判提出不同的完善主张,但更多的是从审判阶段来评析这一新程序,对执行方面的研究则偏重于理论思辨,还存在"笔墨浅淡"现象。从研究体例上看,一是设专章研究执行程序,二是虽未提及执行程序,但是对相关要素进行了分别讨论。在第一种情形中,研究者对于执行程序的内容进行了不同的归类,这说明在执行程序中有必要从体系上明确其所包含的内容;在后一种情形中,虽然从执行程序的应然性体系看,可以对研究者的相关论述进行主观归类,但是仍难以从逻辑上进行有效辨识。

(2)专题研究刑事强制医疗执行制度

从理论上对刑事强制医疗执行制度做专题研究的学术成果,著作方面并不多见,主要见诸期刊文献和学位论文。

一是在期刊文献方面,有的实务工作者主张设立两级强制医疗机构、完善解除程序、解决医疗费用问题。⑦ 有的实务工作者提出强制医疗存在操作难、医疗难、执行

---

① 参见赵春玲:《刑事强制医疗程序研究》,中国人民公安大学出版社2014年版,第188－192、205－211页。

② 参见王迎龙:《刑事强制医疗制度研究》,中国政法大学出版社2016年版,第257－273页。

③ 参见宋远升:《谵妄与规则——精神病人的规训与规范》,法律出版社2015年版,第171－182页。

④ 参见陈绍辉:《精神障碍患者人身自由权的限制——以强制医疗为视角》,中国政法大学出版社2016年版,第291－300页。

⑤ 参见刘白驹:《非自愿住院的规制:精神卫生法与刑法》,社会科学文献出版社2015年版,第575－580页。

⑥ 参见王君炜:《我国刑事强制医疗程序研究》,社会科学文献出版社2018年版,第197－224页。

⑦ 参见谢非:《强制医疗执行程序有待细化》,载《检察日报》2013年10月13日,第3版。

难、监督难的问题。[①] 有的实务工作者采用实证方法对强制医疗程序适用情况进行调研，在执行方面，分析了强制医疗落实方面和解除措施方面存在的问题，并对诊断评估报告出具频率、解除的审查方式、医疗费用的解决提出了建议。[②] 有的理论研究者采取实证方法，调研了某省强制医疗适用情况，分析了强制治疗在执行场所和治疗费用上体现出执行难的问题，以及解除程序存在不完善之处，据此提出要规范医疗机构、落实执行费用、规范评估机制、完善监督体系的建议。[③] 有的研究者提出应着力改善安康医院条件，增设强制医疗所，建立多元化执行措施，实现执行场所的去机构化。[④]

二是在学位论文方面，已有硕士学位论文对刑事强制医疗执行制度进行专题研究。有的研究者从执行主体、执行手段、解除要件、救济机制、后续追踪、执行费用、执行责任、执行监督等方面进行问题分析和提出建议。[⑤] 有的研究者从立法、司法、法律监督方面构建执行制度体系。[⑥] 有的研究者从交付执行程序、实际执行程序、解除执行程序方面构建执行制度体系。[⑦] 有的研究者对执行机构、执行费用、检察监督、执行期限、变更和解除条件等方面提出完善构想。[⑧]

与刑事强制医疗执行作为刑事强制医疗组成部分的研究状况不同，学界已经有相关研究是以刑事强制医疗执行为研究对象，而且在关注点和研究深度上逐步提升，特别是研究者中不乏实务工作者，他们采用实证研究方法，并结合各自的实践经验，使得所讨论的问题更具针对性，所提的建议更具可行性。不过，现有的研究立足点是“程序”而非“制度”，所以更多的是技术性设定，未能实现制度研究所应当具有的强体系、广视角、厚理论的要求。

(3)研究刑事强制医疗执行制度中各组成部分

以刑事强制医疗执行为研究对象的相关学术成果进一步推进了研究的专题性，当然尚有更广的研究空间，但研究者并没有止步于此。这体现在与专题研究相同步，

---

① 参见汪宇堂、周新文、冯建伟：《精神病人强制医疗有“四难”》，载《检察日报》2014 年 12 月 10 日，第 7 版。

② 参见周峰、祝二军、李加玺：《强制医疗程序适用情况调研报告》，载《人民司法（应用）》2016 年第 7 期，第 66－70 页。

③ 参见张爱艳：《精神障碍者犯罪适用强制医疗之调研分析——以山东省为例》，“第四届上海犯罪学论坛暨国际犯罪学学会成立 80 周年纪念及研讨活动”会议论文，2017 年 5 月于上海。

④ 参见王君炜：《我国强制医疗执行程序之制度检视》，载《黑龙江省政法管理干部学院学报》2018 年第 3 期，第 94 页。

⑤ 参见李兵：《强制医疗执行问题研究》，西南政法大学 2015 年硕士学位论文。

⑥ 参见黄娟：《论我国强制医疗执行程序的完善》，福州大学 2016 年硕士学位论文。

⑦ 参见李荣祥：《刑事强制医疗执行程序研究》，湘潭大学 2017 年硕士学位论文。

⑧ 参见陈萍：《刑事强制医疗执行程序研究》，华侨大学 2016 年硕士学位论文。

研究者从微观视角上,对这项制度的各组成部分开展了不同程度的研究,关注度最高的当属刑事强制医疗执行检察监督和解除刑事强制医疗程序,其他的方面也有相关研究。

一是关于刑事强制医疗执行检察监督的研究。在执行检察监督方面,2012 年《刑事诉讼法》颁布后,检察人员在理论研究方面表现出更为积极的态度,他们针对《刑事诉讼法》规定的"人民检察院对强制医疗的决定和执行实行监督"及相关司法解释中存在的问题进行了剖析,并提出完善建议。① 实务人员的研究既有文本分析,也有实证研究,体现出非常强的问题意识和实践属性。这些研究虽然处于刑事强制医疗执行制度的适用早期,但是检察人员未雨绸缪,在执行主体、医疗费用、解除程序、配套制度等方面都进行了问题的剖析,并提出相应对策。在理论的推动和实践的急需下,2016 年 6 月最高人民检察院颁布了《人民检察院强制医疗执行检察办法(试行)》。此后,在学术期刊上关于执行检察监督的研究数量有所减少,不过在学位论文中仍有一定的研究。②

二是关于解除强制医疗程序的研究。有的实务工作者采用案例分析法以一例驳回解除强制医疗申请,案例分析了解除程序中知情权、解除监督、解除条件、解除程序、文书规范性等方面存在的问题,并提出了完善举措。③ 有的研究者着眼于刑事被解除强制医疗人的社会回归,主张建立健全社区医疗服务与监控体系④,学位论文方面也有以此为题的研究⑤。

三是关于其他组成部分的研究。有的研究者分析了强制医疗机构,提出通过法

---

① 参见刘延祥、李兴涛:《检察机关强制医疗法律监督问题研究》,载《中国刑事法杂志》2013 年第 5 期,第 108 - 113 页;郑爱之:《强制医疗程序法律监督的完善》,载《人民检察》2013 年第 11 期,第 73 - 74 页;王志坤:《强制医疗程序及其检察监督》,载《国家检察官学院学报》2013 年第 6 期,第 30 - 38 页;邓思清:《完善刑事强制医疗程序及法律监督制度》,载《国家检察官学院学报》2014 年第 6 期,第 110 - 121 页。

② 参见郑珊:《强制医疗程序检察监督问题研究》,河北大学 2019 年硕士学位论文;黎玉龙:《刑事强制医疗执行监督之探析》,南昌大学 2017 年硕士学位论文;蔡志坚:《刑事强制医疗的检察监督研究》,华侨大学 2016 年硕士学位论文。

③ 参见胡嘉金、刘志军:《解除强制医疗程序实务探析》,载《法律适用》2018 年第 13 期,第 86 - 92 页。

④ 参见潘侠:《刑事强制医疗解除研究——基于患者再社会化的进路》,载《贵州社会科学》2016 年第 7 期,第 81 页。

⑤ 参见杨超:《治理视角下刑事强制医疗程序的解除困境与对策研究——以上海市为例》,上海交通大学 2019 年硕士学位论文;范晓波:《刑事强制医疗解除问题研究》,西北大学 2017 年硕士学位论文;谢梦晗:《精神病人解除强制医疗听证会制度研究》,湖南大学 2018 年硕士学位论文;汪智超:《刑事强制医疗解除程序完善研究》,湖南师范大学 2020 年硕士学位论文。

律解释明确各方职责、整合公安机关和医疗机构力量、医疗机构内部合理分工的建议。① 有的实务工作者认为执行主体不明确容易造成职责归属的模糊。②

可见,在组成部分的研究与专题研究日渐成为焦点的情况下,尤其是关于执行检察监督和解除强制医疗的研究,体现出研究点越来越细化的趋势。由此也可以看出,刑事强制医疗执行制度不仅仅是刑事强制医疗制度的组成部分,而且还自成体系,执行制度的相关组成部分也可以成为研究对象,所以理论研究有必要以刑事强制医疗执行制度为研究对象,从宏观和微观上进行体系化的研究。

总之,我国学界关于刑事强制医疗执行制度研究的三条路径为本研究提供了深厚的研究参考,实证研究方法的应用恰恰反映出这项制度具有非常强的实践性,而且具体运行状况在实践中也是有据可循的。正是基于对国内理论研究现状和实践运行状况的考量,所以亟须从体系上对刑事强制医疗执行制度进行专题的理论研究,这种研究既要论证这项制度的正当化依据和理论基础,也要通过实证研究研判问题、找到原因、提出对策。

(二)国外研究现状及述评

在国外,关于刑事强制医疗执行制度的研究,体现在对精神障碍患者治疗与管理、精神病院建设与发展的研究上,最为著名的是法国思想家米歇尔·福柯所著的《疯癫与文明——理性时代的疯癫史》一书,其中展现了20世纪关于疯癫的一种新的研究视角,他将疯癫从一种自然现象上升成一种社会疾病,并从历史维度上分析了对其从自在到驱逐到禁闭的发展过程,福柯实际上是借此剖析权力对于精神障碍患者的压迫,进而来理解理性化之路。马克思在《布尔韦尔—利顿夫人的囚禁》一文中抨击以精神障碍之名囚禁布尔韦尔—利顿夫人来解决家庭纠纷,以此声讨"被精神病"事件。马克思在《英国疯人数目的增加》一文中以调查报告的形式要求改善精神障碍患者的治疗和监管环境,马克思还主张将精神病院区分为不可医治的患者的收容所和可以医治的患者的医院,从而实现对精神障碍患者的有效分流和管理。

美国爱德华·肖特在《精神病学史——从收容院到百忧解》一书中评述了传统的收容院向治疗性收容院的转变,而且通过分析精神病学的时代发展,分析精神障碍患

① 参见徐文晶、朱奎彬:《强制医疗机构:基于专业性与合法性的双重考量》,载《医学与法学》2017年第1期,第26-29页。

② 参见杨宝川:《强制医疗执行主体需明确》,载《检察日报》2014年8月20日,第3版。

者包括刑事被强制医疗人随着精神病学的发展在治疗和监管上所发生的变化。[①] 在英美国家兴起的去机构化运动中，学界对精神障碍患者包括刑事被强制医疗人的治疗和监管进行了激烈的讨论，美国残疾人及其财产问题委员会提交的一份报告显示"对于精神障碍患者的强制医疗问题，因为立法机构在传统上似乎倾向于使用各种各样的标签或描述性词语和短语，而且无论在医学上还是法律上，它们的含义都是模糊的、缺乏统一的术语和标准，这引起了严厉的批评"[②]。有的研究者从精神障碍患者的拒绝治疗权角度支持去机构化，"民事承诺的强制因素否定了它在机构精神病学实践中肆无忌惮地应用。国家只是把太多赤裸裸的权力下放给精神病医生，以决定非自愿住院者的命运，现在是社会重新行使这一权力的时候了"[③]。其实，去机构化运动并不否定刑事强制医疗执行制度，而是从精神障碍治疗上进行的改革，并且重视社区的替代作用。时至今日，英美国家研究者主要是围绕精神障碍患者的人权保障状况来对这项制度进行批判或改革。在美国称为非自愿住院，是按照民事拘禁制度来办理的，即便是经过去机构化运动，对于"有病有罪"和"有病无罪"的精神障碍患者同样要实施严格执行程序，例如对这类精神障碍患者实施的附条件释放即是例证。

德国和法国对刑事被强制医疗人是按照保安处分程序来进行处理的。德国学者罗科信在《刑事诉讼法》一书中对保安处分程序做了详细的分析；[④]我国研究者对德国刑事执行法进行了考察认为，收容于精神病院属于保安处分的一种静态执行。[⑤] 法国研究者从模式化的角度针对精神障碍患者越轨行为实施保安处分程序，并将其界定为一种专制国家模式中的社会医疗网方式。[⑥] 日本没有保安处分制度，对于刑事被强制医疗人适用的是《关于对心神丧失等状态下实施他害行为的人进行医疗和观察等的法律》（以下简称《医疗观察法》），大谷实将刑事强制医疗作为一种社会内处遇，

---

① 参见[美]爱德华·肖特：《精神病学史——从收容院到百忧解》，韩健平、胡颖翀、李亚明译，上海科技教育出版社2007年版，第1－89页。

② Committee on Problems Relating to Persons Under Disability and Their Property, *Alcoholics and the Mentally Ill: Their Institutionalization and De－institutionalization*, Real Property, Probate and Trust Journal, Vol. 7, p.532－533(1972).

③ Plotkin, Robert, *Limiting the Therapeutic Orgy: Mental Patients' Right to Refuse Treatment*, Northwestern University Law Review, Vol. 72, p.462(1977－1978).

④ 参见[德]克劳思·罗科信：《刑事诉讼法》（第24版），吴丽琪译，法律出版社2003年版，第596－599页。

⑤ 参见司绍寒：《德国刑事执行法研究》，中国长安出版社2010年版，第228页。

⑥ 参见[法]米海依尔·戴尔玛斯－马蒂：《刑事政策的主要体系》，卢建平译，法律出版社2000年版，第122－141页。

并从政策上对刑事强制医疗执行制度做了系统的分析和论证。①

由上,国外关于刑事强制执行的制度受到各国刑事政策的影响,研究者对相关程序进行反思的同时也做了不同的完善设计。在国外研究者的研究成果中虽然没有使用“刑事强制医疗执行制度”这一表述,但是关于民事拘禁、保安处分、保护观察等的研究成果与本书有不同程度的相似点。这些研究成果从本质上看,主要是以权力与权利的关系为论点,进而展开分析和论证。国外研究者的视角为本研究在理论基础方面提供了参考,而国外的立法例则为比较研究提供素材,同时也可以为健全刑事强制医疗执行制度提供借鉴。

① 参见[日]大谷实:《刑事政策学》(新版),黎宏译,中国人民大学出版社 2009 年版,第 425 - 434 页。

第一章

刑事强制医疗执行制度的基本范畴

第一节　精神障碍与精神障碍患者

在现代社会飞速发展的过程中,健康问题已经得到了国际社会和各国的普遍关注。精神健康作为人体健康的有机组成部分已经得到公认,它是指没有躯体疾病、精神愉快、精神饱满,同时能够适应社会发展的良好状态,这是一种理想的效果,也是每一个人所要追求的目标。然而,精神障碍对人类健康的影响度越来越高,成为制约人类发展不可忽视的因素,精神障碍患者的肇事肇祸现象即其一。随着精神医学的发展和医疗技术的进步,人类对精神障碍的认识逐渐深入;在术语的使用上,我们常常会见到"精神障碍"与"精神病","精神障碍患者"和"精神病人"的用法,那么他们之间有何区别?既然这些术语在医学和法学中都存在,他们是何种关系?只有明确这些问题才有助于进一步识别刑事强制医疗与刑事强制医疗执行、刑事强制医疗执行程序与刑事强制医疗执行制度。

一、精神障碍与精神病的含义辨析

精神障碍与精神病原属于医学概念,不过在精神障碍与精神病所引发的社会问题进入法学范畴后,这一对概念就具有了法学元素,所以精神障碍与精神病的含义需要在医学和法学上均予以界定。

(一)精神障碍与精神病的医学界定

1. 精神障碍与精神疾病

在古代,人们对精神障碍通常使用"疯狂""疯癫"等词来指代,但是人们并没有从疾病上对其予以定位,反而将其视为神的惩罚或恶魔附身。直至18世纪末19世纪初,经过启蒙运动的思想解放,精神障碍才逐步实现医学化,也就是作为一种疾病被纳入医学范畴，彼时“精神障碍”与“精神疾病”两个术语在精神病学中是通用的。

在精神医学的发展中，西格蒙德·弗洛伊德（1856－1939年）和他的弟子对20世纪精神医学的发展产生了非常大的影响，他提出了人格结构由本我、自我、超我三部分组成，精神活动包括三个意识层，即意识、潜意识和前意识，[①]这为精神障碍治疗提供了方法和理论；20世纪下半叶美国大多数精神医学家认为像精神分裂症等精神障碍是因为幼儿时期的潜意识冲突所致；至20世纪后期，神经影像技术、基因研究以及药理研究不断实现突破，例如第一种抗精神障碍药物氯丙嗪问世，这就转变了精神障碍的分析模式，促使更多生物制药的产生。从含义上看，随着人们对精神障碍病因的认识不断深入，到20世纪中期以后，精神障碍逐渐成为常用术语，因为人们认识到“精神障碍既不是一个生物学概念，也不具有狭隘的生物学意义”[②]，而是受到心理、社会、环境等多种因素的影响。精神障碍实则是由于大脑机能活动的紊乱，导致认知、情感、行为和意志等精神活动出现不同程度障碍的总称。精神疾病则不同，“是一个总的名称，概括了所有人类在心理上或精神方面的异常情况。它包括三类疾病：精神病、轻性精神障碍、精神发育不全”[③]。

在术语上看，从“精神疾病”发展为“精神障碍”是在如下过程中形成的，医学理论普遍认可精神障碍主要是大脑的生理紊乱导致的，同时也认识到心理和社会压力在精神障碍的引发中扮演着很重要的角色，这与医学模式从传统生物医学模式（biomedical model）向生物—心理—社会医学模式（biopsychosocial model）的转变相契合。传统医学模式理论认为疾病是单纯躯体发生病理转变的一种表现；新医学模式理论则认为，疾病是人在社会生存中，受到各种社会因素变化的影响，人的心理也发生改变，二者共同作用于人体机体产生一系列复杂变化后的一种整体表现。生物—心理—社会医学模式的确立，对于精神障碍患者的康复来说，要求从病因的诊断到治疗方案的制定都应当综合考虑生物、心理、社会三方面的因素，同时还应当考虑各方因素之间的关联关系。

2. 精神障碍与神经病

在日常生活中，我们常常听到的一个词语是“神经病”，但是这种日常用语与精神医学中的神经病是不同的。神经病是神经系统疾病的简称，是指中枢神经系统和周

---

① 参见［奥］西格蒙德·弗洛伊德：《精神分析引论》，徐胤译，浙江文艺出版社2016年版，第193－204页。

② 许又新：《精神病理学——精神症状的分析》，湖南科学技术出版社1993年版，第3页。

③ 庄洪胜：《精神病司法鉴定与强制医疗》，中国法制出版社2012年版，第48页。

围神经的器质性病变，并可以通过医疗仪器找到病变的位置。常见的神经病有脑炎、脑膜炎、脑囊虫病、脑出血、脑梗塞、癫痫、脑肿瘤、重症肌无力等。

神经病与精神障碍之间有时也存在联系，例如脑炎、脑肿瘤、脑外伤、癫痫等神经科患者常伴有精神症状，有的还以精神症状为突出表现。神经病应去脑系科诊治，而精神病则应去精神病专科医院诊治。

3. 精神障碍与精神病

与精神障碍近似的名词是精神病，但它并非精神疾病的简称，从精神障碍的分类来看，其包括非精神病性精神障碍和精神病性精神障碍精神病，前者是指人格异常、精神发育迟滞等病情较轻者，后者可以称为精神病，是指具有幻觉、妄想或明显的精神运动兴奋或抑制等"精神病性症状"的精神障碍，最典型的是精神分裂症、偏执性精神病、重性躁狂症和抑郁症。可见，精神病只是精神障碍中的严重者。

精神障碍影响着人们的正常生活和工作，给个人和他人都会带来苦恼甚至伤害。大部分患者因症状持续、发作频繁，或程度严重、自感苦恼而就诊。少部分病情较重，却不感苦恼，自己也不视其为病，多是亲友出于关怀或感到威胁而将其送诊。多数精神障碍患者有妄想、幻觉、错觉、情感障碍、哭笑无常、自言自语、行为怪异、意志减退等症状，而且他们常常缺乏自知力，不承认自己有病，不主动寻求医生的帮助。因此按照严重程度对精神障碍进行区分，有助于人们正确认识精神障碍，也有利于精神障碍的治疗。

（二）精神障碍与精神病的法学界定

精神障碍是一种疾病状态，当一个健康人体罹患精神障碍后，特别是在医学予以介入的情况下，患者的身份便由此而生。在刑事强制医疗执行制度中，考察精神障碍与精神障碍患者，除了进行医学上的界定外，还需要从法学上予以认识和辨识。

医学上的精神障碍与精神病属于自然科学的界定，当患者与他人发生社会关系，进入法律调整范畴时，精神障碍就需要接受法学上的评价。从我国规范性文件上看，长期以来，我国法律或相关文件中多采用"精神病"术语，当然也有"精神疾病""精神障碍"术语的使用，例如1950年中央人民政府法制委员会公布的《刑法大纲草案》第12条规定："犯罪人为精神病人，或系一时的心神丧失，或因在病态中，于犯罪时不能认识或控制自己的行为者，不处罚；但应施以监护。犯罪人精神耗弱者，从轻处罚。"历次《刑法》和《刑事诉讼法》均使用"精神病"的表述，2013年生效的《精神卫生法》则采用"精神障碍"表述。1986年原《民法通则》使用"精神病"一词，2017年原《民法总则》对民事行为能力的判定依据改为"精神健康状况"，2021年1月1日实施的《民法典》继续采用"精神健康状况"的表述。1989年最高人民法院、最高人民检察院、公安部、司法部、原卫生部颁发《精神疾病司法鉴定暂行规定》,2004 年 9 月 20 日国务院办公厅转发的原卫生部、教育部、公安部、民政部、司法部、财政部、中国残联《关于进一步加强精神卫生工作的指导意见》,以及 2009 年原卫生部发布的《重性精神疾病管理治疗工作规范》采用的是"精神疾病"的表述;国务院新闻办公室发布的相关白皮书主要使用的是"精神病",2017 年发布的《中国健康事业的发展与人权进步》则改用"精神障碍";不过在司法鉴定中,"司法精神病鉴定"已经成为标准用语。由此可见,在法学中存在"精神障碍""精神病""精神疾病"三种术语,但没有明确的界分,以至于出现使用的模糊性,甚至混同的问题。

从国际相关文件上看,1991 年联合国大会通过的《保护精神病患者和改善精神保健的原则》采用的是"精神病",1996 年世界卫生组织制定的《精神卫生保健法:十项基本原则》使用的是"精神障碍"。因此,国际文件在术语的使用上也是不统一的。

从术语的使用趋势上看,"精神障碍"的认同度和采用率更高。但在 1997 年《刑法》依然使用"精神病"术语。既然在司法实践中,对行为人行为能力和责任能力的认定离不开精神医学标准,那么在刑事强制医疗执行制度研究中,有必要采用"精神障碍"术语,正如有的论者指出的,"现代精神医学上已经达成共识的'精神障碍'一词,是概括各种精神异常状态的总称,既包括'精神病',又包括各种非精神病性精神障碍","刑事立法采用这一概念,不仅与精神医学的发展相适应,还能较好地解决司法实践中因对'精神病'的不同理解产生的问题"①。

基于此,本研究采用"精神障碍"这一术语,既可以与医学相关概念实现契合,也是法学上的一种使用趋势,还可以为"精神障碍患者"这一术语的确立和使用提供正当化依据。

二、精神障碍患者与刑事被强制医疗人的含义辨析

既然人具有自然属性和社会属性,那么一项制度的产生与发展如果脱离人这一主体要素,就会失去存在的根据,刑事强制医疗执行制度也是如此。那么这一制度的适用对象是何者?术语应当如何表述呢?基于对这两个问题的思考,本研究立足于精神障碍与人的关联关系,进而在不同的语境下明确相关术语的使用和含义的界定。

(一)"精神障碍"术语对于精神障碍患者的意义

如果将精神障碍作为医学和法学上的标准用语,那么对于个体来说,则应称为精神障碍患者,而非精神病人。美国法学学者的界定是"患有精神障碍的人是指以下任

---

① 张爱艳:《精神障碍者刑事责任能力的判定》,中国人民公安大学出版社 2011 年版,第 174 页。

何人;是脑部的器质性疾病,或者是严重损害判断力;行为能力、认识现实或理性能力受到严重损害,思想、情绪、感知、取向或记忆发生理解障碍,行为受到严重干扰或形成错误的看法,并给自己或他人造成很大的身体伤害"①。美国精神病学协会(APA)的界定是,"一个人如果患有(1)行为或心理出现综合征或模式,(2)目前的症状是残疾,或死亡、疼痛、残疾、重大自由丧失的风险明显增加,就会出现精神障碍。这种精神障碍的定义不包括对特定事件(如亲人的死亡)或越轨行为(如性犯罪)的心理反应。然而,精神病性罪犯(因精神病而易犯性罪行的人)与其他精神病囚犯一样,有权得到适当的照顾。精神障碍可能持续不同时期。它们可能持续很短时间,然后消失,或者它们可能是一个持续的问题。一般来说,严重的精神障碍持续时间更长,影响行为,并有明显的症状或风险"②。基于个体患有精神障碍的各种外在表现,笔者认为,采用"精神障碍患者"术语有两方面的理由:

一方面,精神障碍患者属于残疾人。1993年联合国大会通过《残疾人机会均等标准规则》对障碍做出界定,"障碍"一词是指机会的丧失或受到限制,无法与其他人在同等基础上参与社会生活,体现出患某种残疾的人与环境的冲突。使用此词的目的在于着重强调环境中和社会上的许多有组织活动,出现信息、交流和教育的缺欠,导致残疾人无法在平等基础上进行参与。

另一方面,避免被标签化和污名化。自古代以来,精神障碍患者就被视为另类,时至今日依然存在这种不合理观念,在世界卫生组织编写的《精神卫生、人权与立法资源手册》中指出,"精神发育迟滞者通常与重性精神疾病患者遭受着相同的歧视和虐待,因此通常需要相同的法律保护"。在此意义上,精神障碍患者的处境堪忧,如果在术语使用上,给他们贴上"精神病人"的标签,那么就存在加剧他们人权保障负担的问题,因为污名实则是处于社会优势地位的群体对弱势地位群体所贴的负面标签,即"有利的社会位置相对于不利的社会位置,出于对承受标签者的越轨行为进行控制或'监禁'等方式进行的规训,以此将其标明为某类特殊的或非正常的人群"③。这实际上进一步加剧了精神障碍对个体的不利影响。

如果说在精神障碍与精神疾病的辨析中我们将精神障碍定为标准用语尚且难以体现这一术语的意义所在的话,那么精神障碍患者与精神病人这一对术语则体现出

① Tracz & Eliot T., *Mentally Ill, Or Mentally Ill and Dangerous: Rethinking Civil Commitments in Minnesota*, Mitchell Hamline Law Journal of Public Policy and Practice, Vol. 40, p. 140(2019).

② Jennifer Moore, *Special Issues for Prisoners with Mental Illness*, Jailhouse Lawyer's Manua, Vol. 6, p. 222(2005).

③ 程军、陈绍军:《逆向泛标签化现象何以形成——基于弱势群体情感的视角》,载《学术界》2015年第12期,第91页。

两种截然不同的社会评价效果。申言之,法律固然是要解决精神障碍所引发的社会问题,但是如果忽略适用对象在术语上所具有的社会意义的话,那么就可能损害适用法律的社会效果。

(二)刑事被强制医疗人是精神障碍患者

根据《刑法》第18条规定,对精神障碍患者的处置是"在必要的时候,由政府强制医疗",那么在欠缺刑事程序法相应规定的情况下,"政府强制医疗"的《刑法》规定实则转为一种行政决定,实践中往往是由公安机关行使强制医疗决定权,并与医疗机构共同商定具体实施事项。因此,根据《刑法》所规定的强制医疗难以称为刑事强制医疗,仅是行政强制医疗,这就涉及国家权力的配置问题,因为在这种情况下,如果精神障碍患者在医疗机构接受强制医疗的话,那么就会因为欠缺程序法依据,导致司法权难以介入,进而使得精神障碍患者的各项权利难以得到有效保障。

2012年《刑事诉讼法》颁布后,刑事强制医疗程序作为一项特别程序是由审前、审判、执行等阶段组成的相对完整的体系,也就意味着强制医疗是在经过刑事审判程序后,依据人民法院刑事强制医疗决定书,将不负刑事责任的精神障碍患者送交执行,在指定的精神医疗机构接受治疗和监管。正是基于此考虑,本研究结合《刑事诉讼法》在强制医疗程序相关条文中采用"被决定强制医疗的人"和"被强制医疗的人"的表述,以刑事法律为视域将处于刑事强制医疗执行中的精神障碍患者称为刑事被强制医疗人;对于经过解除刑事强制医疗程序获得出院的刑事被强制医疗人则改称为刑事被解除强制医疗人。当然,使用"精神障碍患者"和"刑事被强制医疗人"这两个术语并非中外理论和实践、古代和近现代的通用术语,本研究主要是考虑整体论述之所需,在术语上采用统一用法。

第二节　刑事强制医疗的性质

刑事强制医疗程序作为特别程序增设在2012年《刑事诉讼法》中,实现了刑事强制医疗的刑事司法化,典型特点是通过审判的方式,由法官来决定不负刑事责任的精神障碍患者是否需要接受强制医疗,这是程序正义的直接体现。但是刑事强制医疗程序并不是一审了之,具有实体意义的在于执行阶段,因为在执行过程中,"强制医疗"才名副其实,刑事被强制医疗人的各项权利保障问题更为显现。因此常常谈及的"刑事强制医疗"是一种广义上的用语,应当整体观之,从审前、审判、执行等各个阶段进行分析,还需要将视角聚焦于执行阶段并进行狭义上的阐释,因为刑事强制医疗虽然经过刑事诉讼程序得以确认精神障碍患者不负刑事责任，但是刑事被强制医疗人是以被限制人身自由为代价被动接受治疗，这虽然不是一种刑罚，却带有强制性、预防性、惩罚性、治疗性，所以本研究在精神障碍和精神障碍患者含义界定的基础上，紧扣刑事强制医疗这一核心概念，进行性质分析，原因是只有弄清这一问题才能明确刑事强制医疗执行制度所具有的技术设计和价值意蕴。

一、刑事强制医疗性质的理论纷争

我国刑事强制医疗的性质在法律上和理论上均未得到明确，但是性质的界定对于本质的把握和对策的探讨又是如此重要，所以研究者聚焦于此从不同层面进行理论分析，由此也形成了理论纷争的局面。从理论成果的着眼点看，研究者实则是围绕刑事强制医疗与保安处分的关系而展开的。概括来看，主要有“保安措施”“刑事处分或措施”“保安处分”三种定性结论。

（一）刑事强制医疗属于保安措施

有的研究者认为，我国不存在保安处分，但是存在与保安处分相类似但性质迥异的概念，也就是保安措施，“从性质上讲，我国的保安措施并不等于西方国家的保安处分”①。这种观点否认我国存在保安处分，而是采用保安措施这一名词，从而为刑事强制医疗的性质界定提供思路。那么按照这种逻辑，我国已经设立的强制医疗等保安措施与保安处分之间具有何种差异呢？笔者认为，可以从保安处分的构成要件和刑事诉讼目的出发对这种观点进行分析。

1.从构成要件上看，保安处分包括两个要件，“首先着眼于行为人的危险性，这就决定了适用保安处分的主观要件是行为人对社会具有危险性”，“行为人实施了违法行为是适用保安处分的另一个要件”②。

一方面，根据意大利《刑法》规定，“保安处分仅适用于触犯法定罪行而具有公共危险性之人。对未触犯法定罪行而具有公共危险性之人，施以保安处分，以法律规定者为限”。我国《刑事诉讼法》规定构成刑事强制医疗的条件之一是“有继续危害社会可能”。无论是国外的公共危险性还是我国的继续危害社会，实则都是一种主观要件上的人身危险性，我国研究者将精神障碍患者的人身危险性定义为“精神病人因精神疾病有继续实施危害行为从而造成严重损害的可能性”③。另一方面，我国刑事强

---

① 董振宇：《中国保安措施要论》，吉林大学2006年博士学位论文，第17、18页。

② 张明楷：《外国刑法纲要》，清华大学出版社1999年版，第448页。

③ 陈绍辉：《论刑事强制医疗程序中人身危险性的判定》，载《东方法学》2016年第5期，第11页。

制医疗适用的另一个条件是“实施暴力行为,危害公共安全或者严重危害公民人身安全”,这种危害行为是一项客观要件。保安处分的客观适用条件同样要求精神障碍患者实施危害行为。因此,从构成要件上看,保安措施与保安处分具有一致性。

2. 从刑事诉讼目的上看,由于保安处分抑或保安措施,识别的标准都是主客观两方面,而且具有相同性,所以需要从刑事诉讼目的理论角度做进一步的分析。设立刑事强制医疗为的是预防精神障碍患者继续危害社会,这实则是保安处分的防卫社会目的,因此将刑事强制医疗定性为保安措施,既忽视了保安措施的隶属范畴,也导致在构成要件方面强制医疗和保安处分在认定上出现偏颇。

(二)刑事强制医疗属于刑事处分或措施

有的研究者从法律上为刑事强制医疗性质的界定找寻依据,具体可以分为刑事强制医疗是准刑事法处分、刑事强制医疗是司法性质的刑事实体措施两种认定结论。

1. 刑事强制医疗是准刑事法处分

刑事强制医疗的上位概念是限制人身自由法律处分,“应该定性和定位于独立的准刑事法律处分”①。这实际上是在刑事处罚和行政处罚之外建立一种独立的法律处分形式。根据我国《刑法》第 18 条第 1 款规定:“精神病人在不能辨认或者不能控制自己行为的时候造成危害结果,经法定程序鉴定确认的,不负刑事责任,但是应当责令他的家属或者监护人严加看管和医疗;在必要的时候,由政府强制医疗。”《治安管理处罚法》第 13 条规定:“精神病人在不能辨认或者不能控制自己行为的时候违反治安管理的,不予处罚,但是应当责令其监护人严加看管和治疗。间歇性的精神病人在精神正常的时候违反治安管理的,应当给予处罚。”可见,《刑法》虽然对刑事强制医疗有明确的规定,但是实施治疗和监管则是由政府决定的,这导致刑事强制医疗性质的认定陷入矛盾的旋涡;《治安管理处罚法》作为行政法,对强制医疗的规定属于行政性强制医疗,这是无异议的。

那么《刑法》所规定的刑事强制医疗到底属于何种性质呢?一是如果将刑事强制医疗定性为“准刑事法处分”,实则将其横跨在刑事处罚和行政处罚之间,是一种模糊性的界定。问题的根源在于这种界定方式仅仅是立足于《刑法》的文本性规定,没有从整个刑事制度乃至法律制度来审视强制医疗。即便在文本上,《刑法》规定的刑事强制医疗也仅属于刑事实体法范畴,而忽略了刑事强制医疗执行,也就是狭义上刑事强制医疗所具有的程序法属性。二是事实证明,在 2012 年《刑事诉讼法》颁布后,《刑

---

① 郭建安、郑霞泽主编:《限制对人身自由的限制——中国行政性限制人身自由法律处分的法治建设》,法律出版社 2005 年版,第 16 页。

法》中规定的强制医疗实现了刑事司法化，理论界对新设的“依法不负刑事责任的精神病人的强制医疗程序”这一特别程序使用“刑事强制医疗”语词来进行概括，这说明刑事强制医疗已经名副其实地归属于刑事法范畴，因此如果定性为准刑事法处分，就会存在犹豫不决或有失偏颇之嫌。

2. 刑事强制医疗是司法性质的刑事实体措施

有的研究者提出，“刑事强制医疗的性质应当是一项具有司法性质的刑事实体措施”①。“刑事实体措施”与“刑事程序措施”相对应，《刑事诉讼法》规定刑事强制措施包括拘传、取保候审、监视居住、拘留、逮捕，这些措施具有典型的程序属性。就刑事强制医疗而言，如果单纯从程序意义上看，它确实包含程序元素，但它同样具有实体意义，即对刑事被强制医疗人人身自由的限制。从《刑法》和《刑事诉讼法》的规定来看，刑事实体措施并非刑事强制医疗措施，实则是指刑罚，即主刑和附加刑。这种观点将刑事强制医疗的性质界定为司法性质的刑事实体措施，试图用“司法性质”和“刑事实体”来兼顾程序和实体，表面上看似周延，但实际上并没有将其与刑事强制措施和刑罚进行有效的区分。即便将“司法性质”作为定语，至多是与《治安管理处罚法》中的强制医疗相区别而已。

（三）刑事强制医疗属于保安处分

保安处分是西方刑法学理论的研究对象之一，我国研究者汲取保安处分理论的有益元素，力图为刑事强制医疗性质的界定找寻论证依据。总体而言，存在两类观点，一是认为刑事强制医疗实质上是保安处分，二是认为刑事强制医疗是保安处分性质措施。

1. 刑事强制医疗实质上是保安处分

在我国法律文本中，并无保安处分的字样，不过在国内研究者著述的外国刑法②或比较刑法③中关于外国保安处分规定是必谈的一部分。另有研究者围绕我国是否存在保安处分的问题提出各自的观点，有研究者提出，“在我国刑事法制中虽无保安处分之名，却有保安处分之实，而这些进入刑事法律中的保安性措施，也由此正式确立了在刑事法律中的‘角色’”④；还有研究者提出，“我国刑法理论虽然没有使用保安处分这样的概念，甚至对西方保安处分制度完全斥责为法外制裁予以彻底的否定。

---

① 王迎龙：《刑事强制医疗制度研究》，中国政法大学出版社 2016 年版，第 33 页。

② 参见张明楷：《外国刑法纲要》，清华大学出版社 1999 年版，第 441 – 457 页。

③ 参见马克昌：《比较刑法原理：外国刑法学总论》，武汉大学出版社 2002 年版，第 957 – 968 页。

④ 时延安：《保安处分的刑事法律化——论刑法典规定保安性措施的必要性及类型》，载《中国人民大学学报》2013 年第 2 期，第 103 页。

但在我国的现实生活中,仍然存在类似于西方保安处分的制度”①。

总体而言,研究者从理论层面对我国实质上是否存在保安处分进行了论证,这种论证是基于外国的保安处分理论,然后结合我们国家现有的保安处分措施,进而提出我国实质上存在保安处分的论断。根据外国保安处分立法和相关理论可知,他们通常将刑事强制医疗作为保安处分的基本组成部分,而我国法律没有关于保安处分的规定,也没有将刑事强制医疗明确定性为保安处分,理论研究力图避免这种舶来品,但一个基本的事实是我国已经设立专门的刑事强制医疗制度,所以从实质层面看,刑事强制医疗应当属于保安处分。

2. 刑事强制医疗是保安处分性质措施

我国虽然没有关于保安处分的法律规定,但不容否定的是法律已经规定了强制戒毒、从业禁止、强制医疗等保安处分性质措施。有的研究者首先肯定了我国存在保安处分,然后进一步提出“应分属刑法上的和行政法上的类似于保安处分的保安性措施与立法”②。与此略有不同的是,有的研究者提出,“我国的法律、法规中是存在具有保安处分性质的制裁措施内容的,这些具有保安处分性质的犯罪预防措施以及类似保安处分的制裁措施,可以划分为刑法典中的保安处分、单行刑法和行政法规中的保安处分制度”③。

“保安处分性质的保安性措施”和“保安处分性质的制裁措施”看似相似,实则不同,至少在刑事强制医疗性质界定上不能使用“制裁”二字,因为刑事强制医疗虽然是限制人身自由,但是这并非对刑事被强制医疗人的惩罚,也不是制裁,而在于治疗和预防,这恰恰是保安处分的内在要旨。在具体论述中,研究者对我国的保安性措施做了分类,将刑事强制医疗归入刑事法上的保安性措施,这契合当前我国刑事强制医疗在《刑法》和《刑事诉讼法》中的立法状况。因此,将刑事强制医疗视为保安处分性质措施体现了理论研究对保安处分理论在我国能否适用存在顾虑,转而采用与保安处分具有近似性的表述,即将保安处分作为定语,将措施作为主语,力图设计出具有我国特色的刑事强制医疗性质的用语表达。

二、刑事强制医疗性质界定的二维视角

(一)界定刑事强制医疗性质的基本立场

刑事强制医疗在我国《刑法》和《刑事诉讼法》中均有规定,但是法律中并没有明

---

① 陈兴良:《刑法哲学》(修订3版),中国政法大学出版社2004年版,第504页。

② 屈学武:《保安处分与中国刑法改革》,载《法学研究》1996年第5期,第59页。

③ 徐久生:《保安处分新论》,中国方正出版社2006年版,第148-149页。

确它的性质,这不利于发挥这项制度的社会防卫功能。虽然它不属于刑罚范畴,但是可以考虑将其作为刑事法律上的一项措施来看待,这就需要明确它所隶属的范畴是什么?按照这一思辨逻辑,可以从以下两方面进行分析:一是从法律范畴看,2012 年《刑事诉讼法》增设刑事强制医疗程序后,解决了刑事强制医疗有实体法规定却无程序法衔接的弊病,同时也明确刑事强制医疗属于刑事法范畴。二是保安处分作为与刑罚相并列的制度,已经得到了国际组织和许多国家的认可,例如 1930 年在布拉格召开的国际刑法及监狱会议通过的决议指出,"保安处分是补充刑罚的不足,保障社会安全的有效方法,对于犯人来说能使其改善者,改善之;不能改善者,隔绝之,使其不至为害社会"。从保安处分的发展史看,虽然它是因应资产阶级统治需要而产生的,曾经还被法西斯所利用,但是在保护公共利益乃至行为人权利方面已经得到了刑法学理论和犯罪学理论的广泛认可。时至今日,保安处分与意识形态无关,是社会防卫的必选措施,正如陈兴良教授所言,"无论对保安处分持何种态度,保安处分在现代刑法中的地位已经牢不可破。现在的问题是,如何正确认识保安处分,以更好地发挥其在犯罪预防中的功能"①。

由上,界定我国刑事强制医疗的性质必须以整体观系统分析和研判,既要看到我国刑事强制医疗的立法与司法现状,也要重视各国的通行做法。基于此,笔者认为,可以从实然和应然两个层面对刑事强制医疗的性质予以合理界定。

(二)刑事强制医疗性质的实然界定

1. 我国法律对刑事强制医疗的规定

按照我国《刑法》的规定,刑事强制医疗是在必要的时候由政府来实施,这就难免形成一种印象是刑事强制医疗虽然在刑法中有规定,却属于行政法上的保安性措施。那么行政法上是否有强制医疗措施呢?根据《行政强制法》第 9 条之规定,行政强制措施包括五个种类:限制公民人身自由,查封场所、设施或者财物,扣押财物,冻结存款、汇款,其他行政强制措施。强制医疗属于限制人身自由类的,不过《治安管理处罚法》并没有赋予公安机关实施强制医疗的行政权力。虽然《人民警察法》在第 14 条中规定:"公安机关的人民警察对严重危害公共安全或者他人人身安全的精神病人,可以采取保护性约束措施……"但这仅仅是保护性约束措施,并非强制医疗。

《精神卫生法》第 28 条第 2 款规定,"疑似精神障碍患者发生伤害自身、危害他人安全的行为,或者有伤害自身、危害他人安全的危险的,其近亲属、所在单位、当地公

① 陈兴良:《刑法哲学》(修订 3 版),中国政法大学出版社 2004 年版,第 489 页。

安机关应当立即采取措施予以制止,并将其送往医疗机构进行精神障碍诊断”。按照其第30条的规定,如果精神障碍患者存在第28条规定的情形并且诊断结论、病情评估表明,就诊者为严重精神障碍患者,应当对其实施住院治疗,这种非自愿住院治疗就属于行政法性质的保安措施。由此,在《刑事诉讼法》确立刑事强制医疗程序后,在我国法律中形成了刑事法和行政法均有关于强制医疗的规定的立法格局,所以有必要对二者作出区分。

2. 刑事法上保安性措施与行政法上保安性措施的区别

或许2012年《刑事诉讼法》实施之前,按照《刑法》的规定实施强制医疗可以算作行政法性质的保安措施,但是当刑事强制医疗程序作为《刑事诉讼法》中的一项特别程序后,《刑法》第18条规定的“必要的时候由政府来实施”已经发展为刑事法上的保安性措施。如果扩展来看,《刑事诉讼法》还规定了一类保安性措施,即“犯罪嫌疑人、被告人逃匿、死亡案件违法所得的没收程序”这一特别程序,另外还有禁止令、附条件不起诉的未成年犯罪嫌疑人的矫治和教育。行政法上保安性措施主要有强制戒毒治疗、吊销机动车驾驶证、限制或禁止执业、强制医疗性病、未成年人工读教育、对外国人驱逐出境前的羁押。

刑事法上保安性措施与行政法上保安性措施的区别体现在:一是前者由司法权来决定是否适用,依据的是刑事法律;后者由行政权来决定是否适用,依据的是行政法律。二是前者平衡的是权力与权利的关系,尤其强调程序正义,注重行为人权利的保障;后者重在突出权力的单方面行为,程序救济性不强,强调的是行为人的服从式接受。三是前者针对的是符合犯罪构成要件的行为,当然有的属于犯罪行为,有的则是由刑法对其违法性予以排除。后者不要求达到构成要件符合性标准,即便是吊销机动车驾驶证、限制或禁止执业这种可能因为犯罪行为而导致的惩罚措施,也并非由法院来决定,而是由行政机关来决定行政法上的保安性措施。

总之,刑事法上保安性措施和行政法上保安性措施,既具有一般的共性特点,也存在具体的差异性。笔者认为,基于刑事法和行政法对保安性措施的规定,对于刑事强制医疗而言,在法律没有明确规定保安处分的情况下,从实然角度看可以将其性质界定为刑事法上的保安性措施。

(三)刑事强制医疗性质的应然界定

我国刑事强制医疗的实然性质是刑事法上的保安性措施,那么在应然层面应当如何界定刑事强制医疗的性质呢?这需要对刑事法上保安性措施的上位概念即保安处分予以分析。

1. 保安处分在刑事法上的地位

“保安处分,指以特别预防为目的而设立的刑罚以外的刑法上的法律效果。”①近代意义上的保安处分是由德国刑法学家克莱因最先提出的,“在刑罚之外,对行为者的犯罪危险性加以评量,其危险性不属于恶害性质时,可科以保安处分”②。此观点一出,引起了外国刑法学界的广泛关注。他实际上是将刑罚与保安处分予以区分,形成了二元论,因为按照刑事古典学派的观点,刑罚是以犯罪事实为前提,坚持的是报应主义、行为主义和绝对主义刑。保安处分强调的是对人身危险性的特别预防,针对的是未然之罪。这也恰恰是以刑事实证学派、刑事社会学派为代表的新派所主张的一元论观点所不赞同的,因为按照新派的观点,刑罚的本质是预防,是对社会的防卫,坚持的是目的主义、行为人主义和相对主义刑,并认为保安处分与刑罚在目的上是一致的,倡导二者的一体化,由保安处分代替刑罚。双方不但都没有占据上风,而且在论战中不断融合发展,“总的趋势是名为‘二元制’实为中介性的保安处分制愈来愈普遍地见诸于世界各国立法例”③。从外国刑事立法上看,多数国家为保安处分留有一席之地,形成了目的一致、形式并列的刑罚与保安处分格局。

因此,刑罚和保安处分在刑事法律体系中都是不可缺少的,我们不可能采取菲利所主张的废止刑罚,成立保安处分的一元体系,而是建议在未来完善《刑法》结构时,进一步整合现有刑事法上的保安性措施,专章规定保安处分。这种二元制立法模式,“在刑法典中既规定刑罚,又规定保安处分,使保安处分与刑罚并列为刑事制裁的组成部分,以弥补单一刑罚手段之不足”④。以此在刑法体系结构上,既可以发挥刑罚的安抚、惩罚、威慑功能,也可以发挥保安处分的感化、矫正、救治功能。

2. 保安处分是刑事强制医疗的应然性质

如果保安处分能够在刑事法中得到确立的话,那么刑事强制医疗自然要纳入其中,加罗法洛认为,“把精神病患者收容在精神病院是符合我们认作是真正的遏制之需要的。这似乎缺乏一种效果,即威慑效果”,“但是我们应该记住,正如古典学派所论述的,威慑仅仅是一种次要和附属的效果,它不是惩罚的真正标准”⑤。既然刑事强制医疗的应然性质是保安处分,那么应当如何通过刑事强制医疗的有效运行来体现这一性质呢?根据《刑事诉讼法》及其司法解释的规定,刑事强制医疗的运行集中体现于治疗和监管,对于刑事被强制医疗人来说并不存在威慑功能,因为限制被强制医

① 马克昌:《比较刑法原理:外国刑法学总论》,武汉大学出版社 2002 年版,第 957 页。

② 甘雨沛、何鹏编:《外国刑法学》(下册),北京大学出版社 1985 年版,第 601 页。

③ 屈学武:《保安处分与中国刑法改革》,载《法学研究》1996 年第 5 期,第 58 页。

④ 苗有水:《保安处分与中国刑法发展》,中国方正出版社 2001 年版,第 192 页。

⑤ [意]加罗法洛:《犯罪学》,耿伟、王新译,中国大百科全书出版社 1996 年版,第 254 页。

疗人人身自由的目的在于实施强制医疗,而且这种人身自由限制并不具有监禁刑的惩罚功能,反而对刑事被强制医疗人精神康复是有益的。

在保安处分的各项措施中,目前我国刑事强制医疗的适用对象仅是不负刑事责任的精神障碍患者,所以它与刑罚并无关联,也就是不存在先执行刑罚还是先执行保安处分的问题,这就需要一套健全的制度体系使刑事强制医疗得以健全运行,也就意味着必须立足于刑事强制医疗性质进行体制机制的设计。不过,在《刑法》中缺少保安处分规定的情况下,仅依靠《刑事诉讼法》及其相关司法解释来运行刑事强制医疗,就显得异常薄弱。以德国为例,该国对保安处分在实体和程序上均有系统性规定,在德国《刑法典》中,第三章第六节以"矫正与保安处分"为节名,这突出了"矫正"的重要性;德国制定了《刑罚执行法》,各州也有《保安处分执行法》;德国对刑事强制医疗涉及的医患关系、患者权利、治疗计划、医生的记载义务和解释义务以及患者的居住、饮食、衣着等方面也均有相关规定。可见,即便我们将刑事强制医疗的应然性质界定为保安处分,如果缺少法律的明确规定,那么也势必影响刑事强制医疗的有效运行。

总之,刑事强制医疗在实然上属于刑事法上的保安性措施,在应然上属于保安处分,这是立足于我国现行法律规定和未来法律完善,而对其性质进行的二维界定,也就是采用保安处分理论为刑事强制医疗明确方向和定位,从而为刑事强制医疗执行制度的运行乃至健全提供可遵循的依据和思路。

第三节　刑事强制医疗与刑事强制医疗执行

在明确刑事强制医疗性质的基础上,需要进一步界定刑事强制医疗的含义,与这一概念密切相关的还有刑事强制医疗执行。这就需要立足于刑事诉讼制度,依据诉讼行为、诉讼阶段等刑事诉讼理论对这一对概念予以分析。

一、刑事强制医疗的含义界定

(一)刑事强制医疗的称谓

刑事强制医疗在不同的国家和地区称谓是不同的,美国称为民事拘禁或非自愿拘禁,德国称为精神疾病患者的安置,俄罗斯称为医疗性强制方法,日本称为措置入院,我国台湾地区称为监护处分。"刑事强制医疗"是我国理论界和实务界约定俗成之名,《刑事诉讼法》的命名是"依法不负刑事责任的精神病人的强制医疗程序"。可见,在名称上,这些称谓的差异性是非常明显的,也可以推断出具体的适用规则也是各不相同的。对我国相关法律和理论进行考察后发现,如果将刑事强制医疗扩展至强制医疗这一概念的话,那么精神障碍患者强制医疗的学理名称可以分为刑事强制医疗和行政强制医疗两种,根据研究对象,本研究在称谓上采用"刑事强制医疗"一词。

(二)2012年《刑事诉讼法》颁布前学界对刑事强制医疗的界定

从程序层面看,刑事强制医疗是刑事强制医疗程序的核心概念,学界对这一概念有不同的界定。在2012年《刑事诉讼法》颁布之前,研究者对刑事强制医疗概念的界定比较宽泛,"刑事强制医疗是强制那些实施危害社会的行为但无刑事责任能力的精神病人和患有性病的卖淫、嫖娼者接受医疗的保安措施"①。将"患有性病的卖淫、嫖娼者接受医疗"视为刑事强制医疗显然是不恰当的,因为在2012年《刑事诉讼法》颁布之前,如果存在刑事强制医疗的话,那么依据只能是刑法的规定,但这类人员的强制医疗实则属于行政法范畴。即便是将对精神障碍患者的强制医疗视为刑事强制医疗也存在勉强性,至多是因为《刑法》第18条对此有相关规定而已,因此忽略刑事强制医疗的程序性就会导致概念残缺不全。

(三)2012年《刑事诉讼法》颁布后学界对刑事强制医疗的界定

2012年《刑事诉讼法》将刑事强制医疗程序作为一项特别程序予以列明,为了明确刑事强制医疗的学理根据,学界从理论上对这一概念进行界定,形成了不同的观点,这些观点有共性元素,也有差异体现。

第一种观点认为,"刑事强制医疗是指对依法不负刑事责任且具有社会危险性的精神病人决定采取的强制入院隔离治疗的措施"②。这种观点虽然简洁明了,但是对于强制医疗的决定机关、实施机构并没有予以明确。

第二种观点认为,"强制医疗是精神障碍患者在被强制收治入院后,医疗机构及其医务人员违背其意愿所采取的诊疗措施"③。这种观点立足于执行阶段,并且采用"精神障碍"的术语值得肯定,但是没有明确表明刑事强制医疗作为一种措施的依据是人民法院的判决,而且在治疗上没有有效考虑精神障碍患者的意愿或利益。

第三种观点认为,"刑事强制医疗,是指不能辨认或者控制自己的精神病人在实

---

① 李娜玲:《刑事强制医疗程序研究》,中国检察出版社2011年版,第13页。

② 赵春玲:《刑事强制医疗程序研究》,中国人民公安大学出版社2014年版,第12页。

③ 陈绍辉:《精神障碍患者人身自由权的限制——以强制医疗为视角》,中国政法大学出版社2016年版,第85页。

施危害行为后，经公安司法机关作出实体处理后，为了防止其继续对社会和他人造成危害而将其送到精神医疗机构进行强制医疗”①。根据这种观点，单从含义的具体内容来看，并没有反映出刑事强制医疗的本质，在外延上还可能产生误解，也就是说这种界定可能被误认为包含刑事强制医疗和行政强制医疗；而且刑事强制医疗带有实体和程序双重因素，如果将其作为一项措施来看，那么这种界定过于偏重程序属性。

第四种观点认为，“刑事强制医疗措施是国家为了实现社会防卫和恢复精神病人健康而设置的，对实施了具有刑事违法性的危害行为、不负刑事责任且有继续危害社会可能的精神病人的人身自由予以一定限制或剥夺，并对其所患精神疾病进行治疗的保安处分措施”②。这种观点明确了刑事强制医疗的保安处分性质，并将其界定为一种措施，但是没有体现刑事强制医疗的司法化特点。

第五种观点认为，“广义上讲，只要违背精神病人意愿而强行对其治疗或强制其住院的一切措施均可被称为强制性医疗措施。狭义上的强制性医疗措施仅指司法机关根据法律的有关规定，将具有社会危害性或已经实施了危害行为的精神病人强制到特定处所接受治疗和监管的特殊刑事措施”③。这种观点从广义和狭义两个角度对刑事强制医疗进行了界定，明确指出刑事强制医疗是一项措施，这种界定方法看似全面，但是从广义界定上看，其已经超出了刑事法的范畴，而狭义的界定则没有将决定机关、执行机构予以明确。

综合学界对刑事强制医疗概念的界定现状，笔者认为，在对刑事强制医疗进行界定时需要考虑这一概念所涉及的主体、对象、依据、属性等方面要素。基于此可以作出如下界定：所谓刑事强制医疗是指人民法院按照《刑法》和《刑事诉讼法》的规定，对不负刑事责任的精神障碍患者作出强制医疗决定，由强制医疗所（安康医院）或指定的精神卫生医疗机构或其他卫生医疗机构负责治疗和监管的保安处分措施。

二、刑事强制医疗是刑事强制医疗执行的具体措施

在刑事诉讼阶段中，执行是基本的组成部分。刑事诉讼中的执行，是指人民法院、人民检察院、公安机关及其他刑罚执行机关将已经发生法律效力的判决、裁定所确定的内容依法付诸实施及解决实施中出现的变更执行等问题而进行的诉讼活动。④

---

① 王迎龙：《刑事强制医疗制度研究》，中国政法大学出版社 2016 年版，第 15－16 页。

② 王君炜：《我国刑事强制医疗程序研究》，社会科学文献出版社 2018 年版，第 27 页。

③ 潘侠：《精神病人强制医疗法治化研究——从中美两国对话展开》，中国政法大学出版社 2015 年版，第 34 页。

④ 参见陈光中主编：《刑事诉讼法》（第 5 版），北京大学出版社、高等教育出版社 2013 年版，第 402 页。

刑事强制医疗执行属于刑事强制医疗这一特别程序的组成部分,其与普通程序的执行有一定的区别。在刑事强制医疗执行中,依据的是人民法院作出的强制医疗决定书,由公安机关将被决定强制医疗的人送交医疗机构,由强制医疗所(安康医院)或指定的精神卫生医疗机构或其他卫生医疗机构承担具体的治疗和监管职责。所谓刑事强制医疗执行是指公安机关依据人民法院作出的强制医疗决定书,将刑事被强制医疗人送交安康医院或指定的精神卫生医疗机构或其他卫生医疗机构开展治疗和监管的诉讼活动。

刑事强制医疗有广义和狭义之分,广义上的刑事强制医疗是就刑事强制医疗程序的整体而言的,前者可以被视为后者的简称,所以从此方面看二者具有等同性。狭义上的刑事强制医疗特指在执行阶段强制医疗机构开展的治疗或监管活动,特别是在刑事强制医疗实现司法化后,刑事强制医疗是刑事强制医疗决定书的裁判结果。刑事强制医疗执行是以刑事诉讼阶段理论和刑事诉讼行为理论为基础,开展刑事强制医疗工作,是一种采取限制人身自由方式的医疗,解决的是刑事被强制医疗人的精神障碍问题,同时也是对刑事强制医疗相关法律和刑事强制医疗决定书的一种落实过程或实施过程。当然,在执行中除了治疗和监管活动外,还包括交付执行、解除强制医疗、定期诊断评估、执行检察监督等多项工作。从狭义上看,刑事强制医疗在含义上要窄于刑事强制医疗执行,如果将其作为一项具体措施的话,可以将其视为是刑事强制医疗执行的组成部分。

第四节　刑事强制医疗执行程序与刑事强制医疗执行制度

在刑事诉讼法上,无论是刑事强制医疗,还是刑事强制医疗执行,都离不开程序规则的调整与保障。《刑事诉讼法》设立刑事强制医疗程序,实现的是刑事强制医疗司法化,而这种程序设计包括执行阶段,所以"刑事强制医疗执行程序"这一名词应运而生,但如果仅是将刑事强制医疗执行作为一种程序来研究,是否能解决此中所涉及的诸种问题,如果从制度上来研究刑事强制执行又将有何种益处呢?

一、刑事强制医疗执行程序的规则命题

在刑事强制医疗程序中,执行程序是为执行阶段的有序开展所设计的一种框架及其运行规则。刑事强制医疗是通过限制被强制医疗人人身自由而实施的治疗,刑事被强制医疗人作为精神障碍患者本就属于弱势群体,进入刑事强制医疗执行程序

后，这种弱势地位更为明显，因为他们本身就是无刑事责任能力人，再加之他们的亲属不能陪护，在刑事强制医疗执行初期或他们精神障碍状况没有得到有效缓解的情况下，他们在权利的行使上就难以实现自主。

对于强制医疗机构及其医护人员来说，在开展治疗和监管时要么依靠自律，要么依靠他律，否则刑事被强制医疗人权利保障就会出现阻碍。具体来说，人的社会属性决定了人与人之间会发生各种各样的社会关系，在这种人际交往中，人的自然属性是同时存在的，典型特点是人具有自利倾向，也就是人在满足自己需求的过程中，既可能造福他人，也可能损害他人利益。在刑事强制医疗中，医护人员负有治疗职责的同时，享有监管权力，这就意味着他们处于强势地位，按照权力容易被滥用的特性，单靠自律尚不能解决强制医疗的合法与合理问题，这时就需要一种他律机制予以调整。

2012 年《刑事诉讼法》设立刑事强制医疗程序，改变了长期以来欠缺程序法规范的问题。虽然关于刑事强制医疗执行程序仅有两个条文依据，但是最高人民法院和最高人民检察院出台的相关司法解释中涉及刑事强制医疗执行的规定为刑事强制医疗设定了运行的框架和规则，一直以来刑事强制医疗所缺乏的程序正义，在 2012 年后得以填补。当然，刑事强制医疗执行的程序性规范尚不健全，还需要立法、行政、司法上的共同发力，最为关键的是程序性规范作为一种文本性的设计，在运行的过程中单靠专门性的规范构建起来的程序还不能有效地打通各条脉络，这就需要选择一种新的研究逻辑来分析刑事强制医疗执行的整体架构与内部要素。基于此，笔者认为，可以以制度为形态，分析和重构刑事强制医疗执行，也就是探索采用“刑事强制医疗执行制度”这一名词，力图解决刑事强制医疗执行中的现实问题。在术语的使用上，与“精神障碍患者”“刑事被强制医疗人”一样，本研究在论述上统一采用“刑事强制医疗执行制度”一词，即便如此，也并不否定中外国家在“强制医疗”“刑事强制医疗”“刑事强制医疗执行”“刑事强制医疗执行制度”等名称、内涵、外延方面的差异，本研究采用“刑事强制医疗执行制度”一词是在比较之中分析特性、找寻共性。

二、刑事强制医疗执行制度的基本形态

从程序到制度不仅仅是一种用语的改变，而且强调更全面、更系统、更深层的构建与完善。学界更多的是从程序上对刑事强制医疗、刑事强制医疗执行进行相关研究，采用“刑事强制医疗执行制度”这一词语比较鲜见，这就需要对我国这项制度的形成过程、变迁逻辑和体系构成予以分析。

（一）刑事强制医疗执行制度的初步形成

美国社会学家斯科特认为，“制度包括为社会生活提供稳定性和意义的规制性、

规范性和文化——认知性要素,以及相关的活动与资源"①。制度所强调的是一种由规则组成的具有持久性的结构,在这个结构中融贯人们的基本认知与价值选择。"现代制度的主要作用就是以规则约束下的行为替代个人自发的行为","制度提供了意义符号,有利于解释含混不清的世界"②。2012年《刑事诉讼法》颁布前,刑事强制医疗程序处于模糊的状态,刑事强制医疗执行更是存在非常大的不确定性。当然,这并不否定彼时刑事强制医疗执行程序已经具备了一定的规则依据,可是并没有上升至法律高度。随着"武疯子""被精神病""假精神病"等问题的频发,人们不断地对刑事强制医疗进行反思,学界更是积极呼吁从程序上保障人权和维持社会秩序,也就是说人们对于刑事强制医疗的思想观念在社会实践与理论论证中得到不断的提升,斯科特对此指出,"思想观念在一种较有意识的水平上提供了认知框架,并用来证明此种或彼种行动的正当性,提供大量重要程序来发现可能的新理论路径和行为方式,这是一种对决策进行争夺和对各种政策选择进行斗争的领域"③。

从2013年开始实施的《刑事诉讼法》和《精神卫生法》使强制医疗具有了法律依据。对于刑事强制医疗执行而言,虽然从法律上确立了基本的程序性框架,但这并不意味着程序正义会自然实现,因为从刑事强制医疗程序的法律规定和司法实践看,焦点主要集中于审判阶段。这从《刑事诉讼法》、《刑诉法解释》、《人民检察院刑事诉讼规则(试行)》(已失效)、《人民检察院刑事诉讼规则》、《人民检察院强制医疗决定程序监督工作规定》等法律及司法解释和司法解释性质文件中关于审判程序的规定所占的比例可以得到管窥;专门针对刑事强制医疗执行的司法解释性质文件是《人民检察院强制医疗执行检察办法(试行)》,但这仅是关于检察监督工作的规定。

由此,从我国目前的立法状况看,刑事强制医疗执行具备了一些规范性文件,形成了初步的框架体系,但是刑事强制医疗执行的未来发展绝不能止步于此,应当是既厘清其中的结构要素,也进行体制机制的优化升级。申言之,就是在刑事强制医疗执行制度初级形态的基础上,按照变迁逻辑,从体系上进行制度高级形态的设计。

(二)刑事强制医疗执行制度的变迁逻辑

美国经济学家诺斯指出,"制度乃是一种人类在其中发生相互交往的框架","他

① [美]W.理查德·斯科特:《制度与组织——思想观念与物质利益》,姚伟、王黎芳译,中国人民大学出版社2010年版,第56页。

② [美]詹姆斯·G.马奇、[挪]约翰·P.奥尔森:《重新发现制度——政治的组织基础》,生活·读书·新知三联书店2011年版,第23页。

③ [美]W.理查德·斯科特:《制度与组织——思想观念与物质利益》,姚伟、王黎芳译,中国人民大学出版社2010年版,第135页。

们由正式的成文规则以及那些作为正式规则之基础与补充的典型的非成文行为准则所组成”,“制度运行的关键在于犯规确有成本,并且惩罚确有轻重之分”[①]。从2013年我国刑事强制医疗正式运行开始,实务工作者结合司法实践积极反思和探索,在具体的执行工作中,由于强制医疗所(安康医院)与指定的精神卫生医疗机构和其他卫生医疗机构在管理体制和内部运行机制上存在较大差异,特别是在多数刑事被强制医疗人被安置在指定的卫生医疗机构的情况下,具体的治疗和监管在法律、法规中并没有具体的可循之处,往往是以非成文的行为准则、政策规定、行业规则为依据。既然健全的制度离不开法律规范,那么对于刑事强制医疗执行制度而言,应当以强制医疗过程中所形成的权力与权利关系为核心点,既注重对权力的规约和违规行为的惩罚,也要加强权利体系的构建和有效措施的制定,只有如此,程序的运行才会强健有力。

制度形成后,就具有了较强的稳定性,诺斯也指出,“产生稳定性的是一系列约束的复杂组成,其中包括嵌套在科层结构中的各种正式规则”[②]。刑事强制医疗执行制度在初步形成后,还需要继续健全。这就涉及制度变迁的问题,不过此时的变迁不是跨越式的,而是渐进性的,也就是在现有的框架内完善法律法规,以此来健全相关体制机制。

(三)刑事强制医疗执行制度的体系构成

目前学界对刑事强制医疗执行主要是从程序上进行分析,所涉及的要素也各不相同,主要有三种典型观点:第一种观点是论述执行机关、执行期限、执行措施的撤销和变更[③];第二种观点是论述执行机关、场所与经费来源,强制医疗期限与定期评估,强制医疗的解除与附条件释放,将监督与救济程序单独论述[④];第三种观点是论述强制医疗执行机关、强制医疗执行主体、强制医疗期限及定期诊断评估制度、强制医疗经费核算系统,将救济制度、监督制度分别论述。[⑤]

如果仅仅立足于程序来构建或完善刑事强制医疗执行的话,那么就存在将执行局限化的问题,即便是从狭义上来理解执行,也仅是一种单纯的技术性设计,欠缺动

---

① [美]道格拉斯·C.诺思:《制度、制度变迁与经济绩效》,杭行译,格致出版社、上海三联书店、上海人民出版社2014年版,第4-5页。

② [美]道格拉斯·C.诺思:《制度、制度变迁与经济绩效》,杭行译,格致出版社、上海三联书店、上海人民出版社2014年版,第98页。

③ 参见李娜玲:《刑事强制医疗程序研究》,中国检察出版社2011年版,第215-220页。

④ 参见王迎龙:《刑事强制医疗制度研究》,中国政法大学出版社2016年版,第257-273页。

⑤ 参见赵春玲:《刑事强制医疗程序研究》,中国人民公安大学出版社2014年版,第188-217页。

态且立体化的结构,难以达到制度所应有的要求,最终可能影响刑事强制医疗目的的实现。正是基于刑事强制医疗执行程序与刑事强制医疗执行制度之间的典型差异,笔者认为,以刑事强制医疗执行制度为研究对象,就是以执行为范畴,将相关的法律法规、体制机制按照体系化的思维,形成制度体系。

之所以将制度与体系相关联,一方面是因为制度的规范运行和效果的有效达成,不能仅依靠某一要素或某些要素,而是需要制度内外的互促共进。在制度内应当以结构为视角注重各种要素之间的逻辑关系,然后进行规范化安排,并对运行机制作出合理设计,以此才能保障各要素之间形成有机关联。另一方面是因为制度的存在与发展不可能是孤立的,而是需要与其他制度建立外在联系,既然刑事被强制医疗人是精神障碍患者,那么保障他们有效实现精神康复和回归社会,就离不开精神卫生法律制度、基层卫生医疗服务机制、社会保障制度等方面措施的配套,只有如此才能实现刑事强制医疗执行制度体系的内外协同效果。

虽然刑事强制医疗执行制度具有内外双重体系,但是二者的重要性并非等值,因为制度的形成关键在于内在要素是否健全,当然这些要素需要一定的规则将其串联。基于此,笔者认为,刑事强制医疗执行制度是由观念、原则、规则组成的逻辑结构,具体规则所调整的是适用对象、运行模式、执行机关、执行场所、定期诊断评估、医疗费用的解决、交付执行程序、治疗和监管体制、执行阶段的救济机制、执行检察监督机制、解除机制、刑事被强制医疗人回归社会机制等。如果对这些要素从制度层面进行归纳,实则可以形成六个维度,即刑事强制医疗执行制度的功能、刑事强制医疗机构的设置与管理、刑事被强制医疗人的社会保障制度、刑事强制医疗诊断评估机制、刑事强制医疗执行检察监督、解除强制医疗程序。

总之,刑事强制医疗执行程序是由一系列规则组成的,这些规则为执行划定了基本的轨道,但是仅有程序而无制度的话,又难以达到技术和价值的相互融贯,最终可能会降低刑事强制医疗执行在刑事强制医疗乃至刑事诉讼中的地位和意义,所以刑事强制医疗执行制度应当成为理论研究的对象,而且应当成为刑事强制医疗实践运行的基本保障。

第五节　刑事强制医疗执行制度史

精神障碍作为人体疾病的一种类型,人们努力探索解决之道,但是其终究属于主观范畴,医学科学的有效介入存在困难。即便如此,人类仍在长期社会实践中,不断总结经验,探寻解决方法。正是在这个历史过程中,精神医学发展和精神障碍患者法律处置才能逐渐达至当下格局,所以只有了解刑事强制医疗执行制度的历史沿革,我们才能在历史的视域下审视这项制度;不管是横向的对比,还是纵向的审视,从精神障碍到精神障碍患者再到刑事强制医疗执行制度,我们从中可通览人类的认知和智慧。

一、我国刑事强制医疗执行制度历史沿革

(一)我国古代刑事强制医疗执行制度

1.北齐之前对犯罪精神障碍患者的处置

我国古代对精神障碍患者犯罪的规定,最早可以追溯至以礼代法的《周礼》,其记载"三赦之法",即"一赦曰幼弱,再赦曰老耄,三赦曰蠢愚"。"蠢愚"包括精神障碍患者、聋哑人、天生痴傻等。两汉时期,《汉书·五行志》记载,"褒故公车大谁卒,病狂易,不自知入宫状,下狱死"。"病狂"即指精神失常而丧失本性,这时对精神障碍患者犯罪并无宽宥之意。东汉时期,《后汉书》记载,"然其听狂易杀人,开父子兄弟得相代死,斯大谬矣。实则不善人多幸,而善人常代其过,进退无所措也"。此时对精神障碍患者虽然可以减刑,但是却认定其是"不善人",而非精神障碍发作。

2.北齐至明代对犯罪精神障碍患者的处置

(1)北齐

从北齐开始精神障碍患者犯罪处置纳入法律之中,《隋书·刑法志》记载了《北齐律》的规定,"合赎者,谓流内官及爵秩比视、老小阉痴并过失之属"。"痴"者犯罪可以以赎代刑,不过囿于人们对精神障碍的认知水平,彼时对精神障碍患者犯罪的处罚比照老幼处理。在这一历史时期,除了精神障碍患者犯罪可以获得赦免或者以赎免刑,其他人即便被宽宥,也都以犯罪论处,而且被监禁。

(2)唐代

唐代在中国古代成文法的制定上堪称典范,唐律成为中华法系的代表,在精神障碍患者犯罪处置上也有更为明确的规定。《唐律·名例·老小废疾》载:"诸年七十以上、十五以下及废疾,犯流罪以下,收赎。八十以上、十岁以下及笃疾,犯反、逆、杀人应死者,上请;盗及伤人者,亦收赎。"可见,唐代根据疾病的严重程度对残疾有了初步的分类,分为"废疾"和"笃疾",对精神障碍根据病情轻重归属两类,痴属于废疾,症状较轻,癫狂属于笃疾,症状较重。唐律将二者作为量刑依据,均属于刑法宽宥的情形。在我国古代医学中,并没有关于精神病学的独立学科,其属于"情志病"范畴,并归入了内科之中,而且中医学采取整体观念将精神障碍躯体化,归结为生理问题,这就导致痴狂分别归入表明身体残疾的废疾和笃疾之中。

不过唐律区分了精神障碍发作和未发作,《唐律》规定“诸犯罪时未老、疾,而事发时老、疾者,依老、疾论”,《唐律疏议》对此的解释是“无疾时犯罪,发疾后事发,并依上解收赎之法”,“发疾时犯罪,笃疾时事发,得如上请之条”①。对于精神障碍患者犯罪秉持宽宥态度,对两种情形的惩罚均以发病状况论处。

(3)宋代

宋代进一步区分残疾类型,分为残疾、废疾、笃疾三类,在精神障碍的分类和归属以及精神障碍患者犯罪的惩罚上仍然沿用唐律的方法,不过已经开始明确规范假精神病现象,《宋刑统》在“检验病死伤不实”中规定:“凡是被检验出来是诈称精神病人的犯罪者皆要按照欺瞒官府的罪行,罪加一等。”可见,宋代将假精神病作为刑法加重处罚的事由纳入法律之中。

宋代已经能够将精神异常区别于生理疾病和传染病,但通常认为精神障碍并非疾病,而是鬼胎作祟,疯癫是撞邪附身的别称,所以常常通过巫医、道士和僧侣来救治。由于精神障碍难以痊愈,治疗的方式多是一些降妖除魔的仪式,或是采取隔离禁闭的手段。家庭管制既是为了避免他人的鄙夷,也是为了防止伤人和被伤。对于精神障碍患者的处置,只要是不需要监禁的,都采取家庭管理的方式,“故交有居于观巷者,强引与归。闭诸一室,而穴壁传致饭食,不论多少皆无余。或经日忘设,亦自若。叫噪勃跳,殊为所挠。凡十余夕,竟自缋而死”②,“右武卫大将军、象州刺史克讼贷死,追毁出身以来告敕,锁外宅。坐病狂伤妻刘死故也”③。这种放任于家庭管束的方式存在严重的弊端,“统治者在强调精神病人是社会中的潜在威胁时,却忽视了将其限制在一定的活动范围里,当患者家庭忽视了对其管理时,他们就可能犯下严重的罪行”④。不可忽略的是“也有少数病患被家人所遗弃,沦落乞食于市的命运。尽管如此,宋代尚未出现精神病患集中管理机构,这与同时期欧洲麻风病院的集体隔离模式不同”⑤。

(4)元明时期

《元典章》记载:“诸犯罪人,若年七十以上,十五以下,及笃废残疾,不任杖责,理宜哀矜。每杖笞一下,拟罚赎罪中统钞壹贯,相应。”元代对精神障碍患者犯罪的处罚

---

① 《唐律疏议》,岳纯之点校,上海古籍出版社 2013 年版,第 66 页。

② (宋)洪迈撰:《夷坚志·夷坚支戊卷第三·李兴都监》(第 2 版),何卓点校,中华书局 2006 年版,第 1077 页。

③ (宋)李焘撰:《续资治通鉴长编:宋神宗熙宁十年三月起宋神宗元丰三年九月止》(第 2 版第 12 册),上海师范大学古籍整理研究所、华东师范大学古籍整理研究所点校,中华书局 2004 年版,第 7081 页。

④ 笪梦雅:《宋代精神病人研究》,安徽大学 2018 年硕士学位论文,第 84 页。

⑤ 杨宇勋:《降妖与幽禁——宋人对精神病患的处置》,载《台湾师大历史学报》2003 年第 6 期,第 75 页。

与唐宋时期基本相似,规定在废疾和笃疾中,但是元代在个罪中单独列出关于精神障碍患者犯罪的特别规定,根据《元史 · 刑法志》记载,“诸子孙弑其祖父母、父母者,凌迟处死,因风狂者处死”①,“诸病风狂,殴伤人致死,免罪,征烧埋”②。明代则继续沿用关于废疾和笃疾的相关规定。

3. 清代中期之前刑事强制医疗执行制度

在清代之前,存在对实施危害社会行为的精神障碍患者减刑甚至免罪的规定,但是针对患者身份进行的管制措施却是从清代开始的,由此也就具有了刑事强制医疗执行制度的点滴身影。清朝乾隆皇帝颁布的《大清会典事例》规定:“疯病之人,应令父祖叔伯兄弟或子侄亲属之嫡者防守,如无此等亲属,令邻佑乡约地方防守如有疏纵以致杀人者,照不应重律杖八十。”这即是报官锁锢制度,精神障碍患者的亲属和邻里负有监管责任,在清朝之前并没有关于预防精神障碍患者犯罪的专门性管制措施,这也是清朝时期防范精神障碍患者肇事肇祸的有力措施。

不过,清朝对于犯罪的精神障碍患者实施了严厉的措施,《大清会典事例》规定:“若曾经杀人者,除照例收赎外,即令永远锁锢,虽或痊愈,不准释放。如锁禁不,以致疯犯在监扰累狱囚者,将管狱有狱官严加参处。狱卒照例严加治罪。”对于杀人这种严重的犯罪,即便是精神障碍患者也要被终身锁锢,这种锁锢是由官方实施的管制措施,不适用报官禁锢制。到了嘉庆时曾经“下令将因疯杀人监禁五年病已痊愈者均予释放”,不过因“实践中流于形式、在法理上难以成立而将其废止”③。从清代的立法可以看出,统治者已经认识到了危害社会的精神障碍患者虽然不能与普通人接受一样的刑罚,但是对其必须采取管制措施,防止其再次危害社会。

4. 我国古代刑事强制医疗执行制度的特点

(1)我国古代精神障碍患者的特殊身份逐渐确立

我国古代对于犯罪的精神障碍患者均没有免除刑事责任,但是可以享有宽宥。当然,统治者对精神障碍患者犯罪并非一直采取宽宥的态度,关键是看特定的行为是否威胁到统治者利益。长期以来,精神障碍患者虽然具有特殊性,但是法律上并没有予以确认,而是比照老幼者犯罪来处罚,至北齐时才将精神障碍患者作为一个特殊群体来进行对待。从北齐开始根据病情程度对精神障碍进行种类区分,但是从法律角度来看,其并没有识别精神障碍对于犯罪行为的影响。在精神医学尚未得到分科的情况下,我国古代医家对精神障碍所诊断出来的主要是病症,对于病因的判断主要依

---

① (明)宋濂等撰:《元史 · 卷一百四》,中华书局编辑部点校,中华书局出版社 1976 年版,第 2651 页。
② (明)宋镰等撰:《元史 · 卷一百五》,中华书局编辑部点校,中华书局出版社 1976 年版,第 2678 页。
③ 郝秉键:《清代精神病人管制措施考述》,载《清史研究》2002 年第 2 期,第 47 页。

赖于疾病观念、个人想象，医家主要是采用整体观念，从人体整体机能的失调上进行施治。

(2)我国刑事强制医疗执行制度初见端倪

精神障碍在当今医学技术下仍是一道难题，更不用说在中国古代。法律和医学对精神障碍的界分存在很大差异，法律上区分为“废疾”和“笃疾”，而医学上则不同，根据《黄帝内经·灵枢》癫狂篇记载可知，精神障碍区分为癫疾和狂疾，“癫疾始生，先不乐，头重痛，视举目赤，甚作极已而烦心”，“狂始生，先自悲也，喜忘、苦怒、善恐者得之忧饥”。在古代医家有癫狂症的治疗方法，例如《黄帝内经》中对癫症采用“点刺放血”的针疗法、药物治疗的祛痰法；对于狂症则采用活血化瘀、涤痰开窍、针灸。即便如此，精神障碍的治疗效果也是有限的，所以使用锁链进行家庭管制成为精神障碍治疗的必选手段。对裁判者来说，对于精神障碍的认定采取的是司法的方法，主要依靠经验，而非医学的方法。当然，裁判者也常常邀请医生进行协助鉴定，不过他们做出的鉴定意见难以称得上科学性。

由于人们对精神障碍的认识不够充分，精神障碍患者常常被污名化、妖魔化，家庭通常将其视为不光彩的事情。特别是在我国古代，国家权力通常不介入血缘家族之中，公共秩序难以渗透到家族伦理之内，在人们对精神障碍认识不清的情况下，采取的是一关了之的心态，普通家庭因为经济原因或者面子原因不愿意主动就诊，官宦家庭也对此避之不及，以至于自杀、被虐待、放逐成为常见现象，精神障碍患者的生存状况堪忧。

(二)我国近代刑事强制医疗执行制度

1.清代晚期

1898 年在经历了与美国长老会的博弈后①，美国传教士嘉约翰在广州芳村建立了惠爱疯人医院，这是中国第一家精神卫生机构，它由私人创办，功能是救治精神障碍患者，而非维持社会秩序，1927 年由广州市政府接管成为官办精神卫生机构。“1908 年由清廷民政部设立且由京师内城巡警总厅管理的京师内城贫民教养院附设疯人院，认定为中国第一个由国人创办的专门疯人收治机构。”②根据《京师内城贫民教养院章程》之《附设疯人院简章》规定：“不问男女老幼，凡系疯人一律收入，警察人

① 参见王芳：《对“疯癫”的认知与嘉约翰创办广州疯人医院》，载《海南师范大学学报(社会科学版)》2012 年第 3 期，第 90 页。

② 刘白驹：《非自愿住院的规制：精神卫生法与刑法》(下)，社会科学文献出版社 2015 年版，第 436 页。

员得以强制执行。”这是我国第一部具有精神卫生法性质的专门法律,确立了非自愿住院制度。贫民教养院附设疯人院与惠爱疯人医院不同,它由警察负责管理,功能是维持社会秩序。存在的问题是,对精神障碍患者不做区分一律收治,缺少收容程序,主要是监管。由此也增加被精神病的风险。清政府于1910年颁行的《钦定大清刑律》规定:“精神病人之行为,不为罪,但因其情节,得施以监禁处分。前项之规定,于酗酒或精神病间断时之行为,不适用之。”

2. 中华民国时期

中华民国初期,政府关于精神障碍患者的行为的规定与《钦定大清刑律》相似,均不认定为犯罪,但需予以监禁,“诚以精神病人之行为虽依法不能为罪,然于社会苟有意外之危险,而其亲属又不能为相当之监督者,得依但书规定或交付精神病院,或其他处所,禁止其自由以防危险”①。1919年北洋政府时期,将精神障碍患者区分为心神丧失人和心神耗弱人,并认定心神丧失之人犯罪不处罚,对他们的监禁则沿用此前的做法。1921年《中华民国暂行新刑律》规定:“精神病人之行为不为罪,但因其情节,得施以监禁处分。”1928年国民政府颁布的《中华民国刑法》规定:“心神丧失人之行为不罚,但因其情节,得施以监禁处分。心神耗弱之行为,减轻本刑。但因其情节,得于执行完毕或免除后,施以监禁处分。”1935年国民政府颁布《中华民国刑法》设立保安处分制度,形成了二元模式,规定:“因心神丧失而不罚者,得令人相当处所,施以监护。因精神耗弱或喑哑而减轻其刑者,得于刑之执行完毕或赦免后,令人相当处所,施以监护。”1935年国民政府颁布的《中华民国刑事诉讼法》规定:“被告心神丧失者,应于其回复以前停止审判。但显应谕知无罪、免诉、不受理或免刑判决之情形者,得不待其到庭径行判决。”中华民国时期对精神障碍患者的处置举措与晚清时期相似,其实,在晚清时期,维新改良派即开始吸纳西方国家刑法思想,形成了保安处分的雏形,并且将精神障碍患者作为处置的对象。

3. 我国近代刑事强制医疗执行制度的特点

鸦片战争后,西方医学进入国内,再加之国人也通过出国学习西方医学知识,在诊疗上出现中医学和西医学并存的局面;与此同时,我国的政治制度和法律制度也深受西方国家的影响。在我国近代历史上,人们对精神障碍的认识逐渐深入,特别是精神病院的建立,政府对犯罪的精神障碍患者的处置有了新的认识,改变了古代医学和法学对精神障碍的认定,精神障碍患者在法律中有明确的定位,心神丧失和心神耗弱成为法律上对精神障碍的新分类。

---

① 郭卫编:《大理院判决例全书》,会文堂新记书局1932年版,第396页。转引自刘白驹:《非自愿住院的规制:精神卫生法与刑法》(下),社会科学文献出版社2015年版,第497页。

法律明确规定对犯罪的精神障碍患者要实施非刑罚性的监禁，而且具有了保安处分的属性。不过，在限制精神障碍患者人身自由的同时，并没有关于强制医疗的规定，这就仍然存在一关了之的问题。因此我国近代刑事强制医疗执行制度，准确地说仅实现了限制人身自由的法定化，医疗在其中仍是残缺的。

（三）我国现代刑事强制医疗执行制度

1. 新中国成立至1979年《刑法》颁布前

1956年3月27日，国务院批转湖北省人民委员会《对精神病人的收容管理问题的请示》中指出，"凡是设有精神病人病院的省、自治区、直辖市，都由卫生部门负责收容，并对病情严重的患者，予以适当治疗，凡是没有建立精神病人病院或虽已建立精神病人病院但床位已满的省、自治区、直辖市，对于病情严重而且对于社会治安有很大危害的精神病人，暂由公安部门负责收容看管，卫生部门采取积极的治疗，其他有关部门协助"，"收容管理的对象，应当是病情严重、无家可归或者家庭无人照管，对社会可能发生危害的精神病人"。1956年6月2日最高人民法院《关于处理精神病患者犯罪问题的复函》（已失效）中，仅规定刑事责任认定事宜，并没有就强制医疗方面作出规定，1978年8月4日最高人民法院《关于处理精神病患者犯罪问题的批复》（已失效）中指出，仍按照1956年6月2日的复函办理。

2. 1979年《刑法》颁布后至2012年《刑事诉讼法》颁布前

犯罪精神障碍患者强制医疗制度实现法律化始于1979年《刑法》，其第15条第1款规定："精神病人在不能辨认或者不能控制自己行为的时候造成危害结果的，不负刑事责任；但是应当责令他的家属或者监护人严加看管和医疗。"对精神障碍患者的看管和治疗都是由患者家属或监护人具体执行，即这种责令具有强制性，不过问题在于这种责令由哪个机关作出？如果没有患者家属或监护人该如何处理？患者家属或监护人违反责令或没有能力履行时，该如何办理？这本应该在程序法上予以解决，但是1979年《刑事诉讼法》并没有作出具体规定。突出的问题体现在，1987年4月20日原卫生部、民政部、公安部《关于加强精神卫生工作的意见》指出，"有的精神病人在家里成年累月用铁链禁锁，过着非人的生活，有的企业单位抽调生产工人日夜3班看管精神病人，成了社会、企业单位和家庭的严重后顾之忧"，"据江苏省调查，该省1985年以来发生精神病人肇祸1800多起，其中凶杀案136起，杀死杀伤189人，纵火案209起，抢夺盗窃案800多起"。

1988年《全国公安机关第一次精神病管治工作会议纪要》指出："对严重危害社会治安的精神病人，应当强制收治，治愈后应当准予出院。"公安机关建立了精神病管治院，即"安康医院"对这类精神障碍患者集中收治。在刑事层面上未建立司法程序，实质上是由公安机关实施强制医疗。1986 年《治安管理处罚条例》(已失效)和 2005 年《治安管理处罚法》均规定:精神病人在不能辨认或不能控制自己行为的时候违反治安管理的,不予处罚,但是应当责令其监护人严加看管和治疗。在行政层面,也仅是责令监护人履行看管和治疗责任,至于公安机关是否有权实施强制医疗,只能依照《全国公安机关第一次精神病管治工作会议纪要》的规定,但是面临缺少强制医疗机构的问题,因为当时全国仅有 16 家安康医院,至 2005 年增加到 25 家。于是各地探索授权公办的精神卫生机构实施强制医疗,例如《上海市监护治疗管理肇事肇祸精神病人条例》、《广东省收容安置肇祸肇事精神病人暂行办法》(已失效)、《大连市监护治疗管理肇事肇祸精神病人条例》(已失效)等。

1997 年《刑法》第 18 条第 1 款规定:"精神病人在不能辨认或者不能控制自己行为的时候造成危害结果,经法定程序鉴定确认的,不负刑事责任,但是应当责令他的家属或者监护人严加看管和医疗;在必要的时候,由政府强制医疗。"该规定与 1979 年《刑法》相比,增加了"在必要的时候,由政府强制医疗"。"强制医疗"似乎由此而生,但是依照刑事实体法的简单规定,却由政府来实施,导致在强制医疗的性质、条件、程序等方面存在适用的疑问。1996 年《刑事诉讼法》并没有对刑事强制医疗程序作专门的规定,法院对经过鉴定不符合刑事责任的精神障碍患者可以在宣告不负刑事责任判决时决定强制医疗。公安机关、检察机关在侦查阶段和审查起诉阶段根据精神障碍鉴定结论撤销案件或作出不起诉处理后如果向法院提出强制医疗申请,但法院并没有相应的程序来决定是否强制医疗,这时往往由公安机关决定强制医疗。在这种法律背景下,无论由谁来决定强制医疗,在执行阶段都缺少治疗、监管、解除、监督等各方面的法律依据,导致刑事强制医疗执行缺少制度依据,存在较大的执行随意性。

3. 2012 年《刑事诉讼法》颁布后

2012 年《刑事诉讼法》在第五编第四章中规定了"依法不负刑事责任的精神病人的强制医疗程序",以特别程序来规范刑事强制医疗。在相关的六条规定中,仅有两条是关于刑事强制医疗执行的,虽然《刑诉法解释》《人民检察院刑事诉讼规则》《公安机关办理刑事案件程序规定》《人民检察院强制医疗执行检察办法(试行)》《人民检察院强制医疗决定程序监督工作规定》等进一步规范了刑事强制医疗程序,但是关于刑事强制医疗执行方面的规定仍然比较单薄,专门的"强制医疗所条例"尚未颁布。

4. 我国现代刑事强制医疗执行制度的特点

在我国现代史上,随着国家的发展,法制日益健全,针对中国问题设计中国方案。在改革开放之前,法律制度不健全的情况下,主要是依靠政策和司法解释来办理具有社会危害性的精神障碍患者犯罪案件,彼时已经出现限制人身自由和治疗精神障碍相结合的规定，当然，在强制医疗执行上尚欠缺明确的程序性规定。

改革开放后，随着我们国家刑事实体和程序法制的日益健全，特别是精神医学的快速发展，人们对精神障碍的认识更加理性，对不负刑事责任的精神障碍患者在责任认定、强制医疗等方面的规定构成了现代刑事强制医疗执行制度的基本框架，但是从程序设计到制度安排上与法治化要求仍有明显差距，特别是“被精神病”“假精神病”“武疯子”现象频频出现，再加之非自愿住院治疗所暴露出的诸多弊端，研究者们积极呼吁出台《精神卫生法》，并且纷纷主张设立刑事强制医疗专门程序。

2012年刑事强制医疗程序作为特别程序出现在《刑事诉讼法》中，这对精神障碍患者的人权保障起到了积极作用。不可否认，这项制度仍然有待于进一步完善，特别是刑事强制医疗执行制度仍显单薄。自这项制度实施以来，司法机关积极探索完善措施，随着医疗制度和诉讼制度的不断健全，这项制度也必然处于不断的革新与发展之中。

二、西方国家强制医疗执行制度历史沿革

（一）17世纪前西方国家强制医疗执行制度

古希腊时期，人们通常认为人是有灵魂的，并且可以不依赖躯体而独立存在，人之所以患有精神障碍是因为神带走人的灵魂，或者是恶魔侵蚀人的灵魂。要进行灵魂的治疗，就要聘请法师进行驱魔。古罗马时期，“当被告心智不全、精神迷乱或智力障碍时，以及他的行为显然由疯癫所致时，法官们便认定无法进行关于他犯罪动机的精确调查，从而无法对其定罪”①。但是并非对其放任不管，在古罗马，“在刑罚之外，另设一种具有刑罚因素，但不同于刑罚的单独法实体，具有了强制性医疗措施的本质特征。这种意义的强制医疗，不仅罗马法，而且还散见于欧洲中世纪各国的封建法制中，如德国中部古斯拉法律中有对‘无意识犯罪者，可以保安拘禁’的明文”②。

进入中世纪，当神学和宗教掌控医学后，人们对精神障碍的认识进一步退化，所以中世纪被描绘成“无知和迷信的时代”“宗教的言论置于个人经验和理性活动之上”。在705年，第一座精神病院在巴格达落成。800年，开罗亦建成了精神病院，但是精神病院采用的是关押的治疗方法，而非医学治疗方法。在13世纪之前，巫术分为“黑魔法”和“白魔法”，前者具有危害性，后者可治病。到14世纪至17世纪，人们将魔鬼附身演绎得几乎达到巅峰，甚至出现女巫也被杀害的情形，也就是所谓的“巫

① 林海：《精神障碍抗辩的中世纪简史》，载《福建师范大学学报（哲学社会科学版）》2010年第2期，第20页。

② 陈光中主编：《中国刑事诉讼程序研究》，法律出版社1993年版，第569页。

婆狩猎”现象,缘由是人们认为邪恶的女巫也是灵魂遭到侵蚀的精神障碍患者,于是他们要接受宗教裁判所或世俗法庭的审判,甚至遭受被烧死的后果。

通览14世纪至17世纪上半期的文艺复兴运动,在早期,由于人们对疯狂的恐惧,精神障碍患者被放逐到“愚人船”上,漂泊于各个城市之间,有助于削减人们的不安,但是“漂泊的疯子、驱逐他们的行动以及他们的背井离乡,都没有体现他们对社会效用或社会安全的全部意义”①。但是到了15世纪文艺复兴鼎盛时期,随着艺术的发展,疯癫成为一种意向,成为一种知识和魅力,“愚人船”发展为“疯人院”,甚至成为一种新鲜活泼的愉悦。

(二)17世纪至20世纪中叶西方国家强制医疗执行制度

1.17世纪中后期至18世纪

17世纪中叶以后,巴黎总医院建立,其是半司法机构和独立的行政机构,只是监禁而非治疗,在英国16世纪就建立了大量的教养院,收容的是流浪汉和穷人,也就是说连同精神障碍患者在内一起步入了“大禁闭时代”,禁闭的地点并非私人领域的病患家里,而是包括医院、拘留所、监狱,“在疯癫的历史上,它标志着一个决定性时刻;此时人们从贫困、没有工作能力、没有与群体融合的能力的社会角度来认识疯癫;此时疯癫开始被列为城市的问题”②,这时实际上并没有将精神障碍患者当人看待而是关注他们身上的兽性。18世纪末,人们开始试图医治和改造病患,让他们加入社会生产的劳动行列,其中法国医生菲利普·皮内尔在1793年提出在精神病院对精神障碍患者实施人道主义治疗,成为第一位否定“大禁闭”的医生。

2.19世纪至20世纪中期

19世纪德国精神病学快速发展,在经过了医学化过程后,精神医学作为专门的学科得以形成,此间以症状观察与记录为主轴的记述性精神医学、以精神分析学为代表的动力精神医学以及心理学学说,推动近代精神医学的蓬勃发展。在医疗技术上,18世纪末,蒸汽机的发明和使用所引起的第一次科技革命,19世纪末,电力的发现和使用所引起的第二次科技革命都带动精神医学的进步。人们开始用科学的眼光审视精神障碍,例如美国数州在此期间通过了州照护法案,将精神障碍患者由纯隔离状态转入精神病院,接受专业的治疗,精神病院由州政府采取集中化、理性化、科层化的管理

---

① [法]米歇尔·福柯:《疯癫与文明——理性时代的疯癫史》(第2版),刘北成、杨远婴译,生活·读书·新知三联书店2003年版,第5、7页。

② [法]米歇尔·福柯:《疯癫与文明——理性时代的疯癫史》(第2版),刘北成、杨远婴译,生活·读书·新知三联书店2003年版,第57页。

方式。意大利还将犯罪精神病院分为两种，一种收容那些犯了杀人、放火、强奸等严重和危险罪行的精神病犯；另一种收容那些犯了简单盗窃、暴力威胁和有伤风化等轻罪的精神病犯。① 这实际上也是福利国家建设的组成部分，也催生精神病院的规模化发展。

在刑事强制医疗执行制度方面，19 世纪后半叶，欧洲国家对犯罪精神障碍患者的处理方式有三种：一是设立司法精神病院，由司法机关决定对他们实施强制医疗。例如，美国在 1895 年在纽约州立监狱附近设立刑事精神病院，对犯罪时确是心神疾患者进行收容处分。② 再如，波兰 1932 年《刑法》规定："对于不负刑事责任之犯人，苟任其自由行动，对于法律秩序，则有发生危险之虞时，法院得将该犯人交付封闭之疯人院或其他疗养院内监管之"③。二是由行政机关决定将他们送入普通精神病院，如法国、德国、瑞士等国，1893 年《瑞士刑法预备草案总论》规定："裁判机关对于无责任能力者、限制责任能力者，可命行政官厅适用精神病治疗所收容的监护处分。"④三是由司法机关决定将他们应送入司法精神病院还是普通精神病院，如荷兰、西班牙。

国际社会也积极关注具有社会危害性的精神障碍患者的强制医疗问题。1872 年美国政府发起万国监狱会议，1930 年在捷克布拉格召开第十届会议，会议更名为国际刑法及监狱会议，在这次会议上通过的决议在限制自由的保安处分中指出，"危害社会之精神病及有危险性之变态行为人之拘禁，应注意于治疗，及其释放后生活之适应"⑤。可见，对具有社会危害性的精神障碍患者不但要限制人身自由，而且要实施治疗，还需要考虑回归社会的问题。

（三）20 世纪后半叶之后外国强制医疗执行制度

继第二次世界大战之后，刑事强制医疗执行制度有两个重要的发展态势，其中一个是积极的，另一个是消极的。抗精神病药的开发缩短了住院时间，因此对于许多人来说，承诺不再意味着个人与外界接触的结束。战后的另一项不利发展是家庭和城市生活质量下降，以至于相较之下，精神病院变成了名副其实的庇护所。由于精神病院存在有损人的尊严、侵犯人权等问题，所以精神障碍患者权利保障问题越发凸显，于是从 20 世纪 60 年代起各国开始实施"去机构化"运动。

---

① 参见［意］恩里科·菲利：《犯罪社会学》，郭建安译，商务印书馆 2018 年版，第 185 页。

② 参见何鹏编著：《外国刑事法选论》，吉林大学出版社 1989 年版，第 327 页。

③ 翁腾环：《世界刑法保安处分比较学》，商务印书馆 2014 年版，第 128 页。

④ 甘雨沛、何鹏编：《外国刑法学》（下册），北京大学出版社 1985 年版，第 608 页。

⑤ 翁腾环：《世界刑法保安处分比较学》，商务印书馆 2014 年版，第 81 页。

1. 去机构化运动

肯尼迪(John F. Kennedy)总统1963年在致国会的一封信中提出,"如果我们现在启动一项广泛的新精神卫生计划,则可能在一两年之内将现在受到监护的患者人数减少50%或更多。可以帮助更多的精神疾病患者留在家中,而不会给自己或家人带来困难。住院者可以得到帮助返回自己的社区"。1963年美国《社区精神健康中心法》通过后"从1955年至1980年,在精神卫生机构住院的人数下降了75%"①,但是随之而来产生新的问题,"美国刑事司法和精神卫生系统中有关人口转移的流行病学数据似乎证实了其相互依存的关系。1968年年底,州精神病院有399,000名患者,州监狱中有168,000名囚犯。十年之内,医院人口下降了64%,降至147,000,而监狱人口却增长了65%,至277,000"②。

在当今世界,对于精神障碍患者而言,社区的忽视与医院的忽视相比所差无几,因为无论他们是在机构中还是在社区中,国家都需要建立满足人们需求的计划。从法律上讲,无论是在公共机构还是私人机构中,精神障碍患者非自愿住院都应该由法院、立法机关或卫生专业决定,否则会导致照料和治疗的充分性问题从非自愿扩大到自愿之中。

2. 反精神病学

反精神病学泛指反抗精神类的药物治疗,药物无法修复认知、逻辑、情感沟通和记忆,恢复不了社交或自理能力。精神科医师可能只会建议吃药,因为他其实没有真正地协助患者去处理问题、面对生活,去根治导致生活脱轨的原因。例如,氯丙嗪对于精神病性障碍有非同寻常的疗效,但是这类药物也存在非常大的副作用,而且在治疗的过程中,完全由精神科医生来主导,患者的自主决定权没有得到有效保障。美国学者托马斯·沙什(Thomas Szasz)作为反精神病学领导人物之一提出的理论是神话,而不是心理事实,并且认为"不仅是疾病学和诊断学的理论是错误的,而且他以其论据的风格和重点暗示,被标记为精神疾病的受干扰的行为要么在现象世界中不存在,要么是由精神科医生决定"③。这实际上是否定精神障碍是一种疾病,如果按照此逻辑,那么在刑事法律上就必须认定这类群体需要对自己的犯罪行为承担刑事责任。

反精神病学的鼎盛时期是从20世纪60年代到70年代,反精神病学也出现了诸

---

① Harcourt & Bernard E., *Reducing Mass Incarceration: Lessons from the Deinstitutionalization of Mental Hospitals in the* 1960*s*, Ohio State Journal of Criminal Law, Vol. 9, p. 53 – 54(2011).

② Henry J. Steadman & John Monahan, *The Impact of State Mental Hospital Deinstitutionalization on United States Prison Populations*, 1968 – 1978, Journal of Criminal Law and Criminology, Vol. 75, p. 475(1984).

③ Stone & Alan A., *Psychiatry Kills: A Critical Evaluation of Dr. Thomas Szasz*, Journal of Psychiatry and Law, Vol. 1, p. 30(1973).

多问题。在美国,从 20 世纪 70 年代后期开始,精神障碍患者承诺离开精神病院到社区接受治疗,从而获得人身自由,但是现实中“承诺程序中的主要滥用不是在初次承诺时发生,而是在患者可以被安置在中途之家或寄养院中时,或在有帮助的情况下在家中,但很少有这种设施或援助时发生。在许多情况下,问题在于患者没有居住在家庭。通常,他需要的是一间简易别墅,而不是目前设想的‘社区精神健康中心’的半独立式别墅”①。

在英国,采取社区治疗模式也存在诸多问题。1959 年《精神健康法》中“官方首选的社区照顾政策尚未在全国范围内得到令人满意的实施。这种情况的根源可追溯到 1959 年,尤其是中央政府对社区护理缺乏足够的承诺。无论是 1959 年还是现今,精神科服务似乎都已经满足了对社会上的偏差成员进行社会控制的要求。但是,从它的角度来看,政府在 1959 年至今仍然面临支出增长情况,可以说除社会控制外没有太多回报”②。

如果按照反精神病学的观点,采取社区治疗的模式,会放纵有社会危害性的精神障碍患者,出现罔顾社会安全的问题,甚至对刑事司法系统形成破坏。到了 20 世纪 70 年代后期,反精神病学逐渐式微。新的精神病学、临床心理学在整个 20 世纪的最后 20 年中逐渐发展,而且心理治疗继续兴起。

3. 去机构化运动和反精神病学的评判

一是无论是去机构化运动还是反精神病学均是针对入院治疗中存在的问题,都主张采取社区治疗模式。我们必须认识精神障碍与生理疾病存在的差异,但是如果精神科医生也放弃入院治疗模式,产生的问题是“一部分精神科医生放弃了精神疾病的医学模型,而选择了社会或政治模型。这种发展使所有精神病治疗师和精神科医生接受了基于社会和政治理由的特别审查。这些挑战提出的基本问题涉及精神病诊断的准确性。在任何医学领域中,将疾病与正常情况区分开通常是一项艰巨的任务。但是,大多数医生比精神病医生更能做出准确的诊断,因为大多数疾病状态所依据的数据库基础很广,可以通过对结构性疾病或明显的功能障碍进行客观测试加以加强”③。

二是随着生物精神病学和社会生物学的发展、心理药理学的临床发展以及循证

---

① Ralph Slovenko & Elliot D. Luby, *On the Emancipation of Mental Patients*, Journal of Psychiatry and Law, Vol. 3, p. 203(1975).

② Ramon & Shulamit, *The Logic of Pragmatism in Mental Health Policy: The Implications of the Government Position on Mental Health in the* 1959 *Debate for the* 80*s*, Critical Social Policy, Vol. 2, p. 39(1982).

③ Mark & Vernon H., *Psychosurgery Versus Anti - Psychiatry*, Boston University Law Review, Vol. 54, p. 227(1974).

精神病学的兴起，产生了批判精神病学，它与20世纪60年代和70年代所谓的反精神病学研究相比，具有较少的对抗性，并且较少关注关于令人困扰的精神困扰的基本假设。"21世纪的批判性精神病学可以通过确保基于循证精神病学的科学知识不致忽视服务使用者的自治权，公平性和选择自由权，从而最好地服务于服务使用者的利益。"①

三是处方药和其他生物干预措施的使用，肯定有更大的改善精神病护理和囚犯治疗的空间，可以在自愿的基础上增加抗精神药物的使用，以代替监禁。在美国多数州，以门诊精神卫生诊所为模型并涉及处方药管理的转移计划已经存在，并且可能会进一步发展和扩展，而且还可以使用GPS监视和其他生物识别设备代替监禁。

（四）西方国家刑事强制医疗执行制度历史沿革的特点

1. 西方国家刑事强制医疗执行制度的发展趋势

在西方国家，"疯癫""愚人""疯子"是精神障碍患者的代名词，人们对精神障碍的认识经历了从愚昧到理性的过程，精神障碍患者的处遇大起大落，此间也显现出统治者的政策导向和政治要求。不过，研究者在其中发挥了重要作用，尤其是启蒙时期启蒙思想家的作品或著述使人们对精神障碍的认识发生了大反转。在西方医学的发展，特别是精神病学作为独立学科分离出来后，在多家学说的博弈中，人们对精神障碍的认识不断深入。

在刑事强制医疗执行制度上，以英国的法律制度为例，有1265年《野兽条例》、18世纪的《刑事精神病人监制法》、1800年《精神错乱刑事法》、1927年《心神缺陷法》，这足以体现刑事强制医疗执行在制度方面的发展轨迹。在西方国家也经历了对具有社会危害性精神障碍患者仅限制人身自由而不治疗的阶段，不过从18世纪末开始各国陆续开始在限制他们人身自由的同时还要开展治疗工作。至于20世纪出现的去机构化运动和反精神病学现象，固然可以视作人们对精神障碍乃至精神病学的不同认识，但是更多地体现了资产阶级国家社会治理政策的变化。

从20世纪末开始，特别是进入21世纪后，随着国际人权运动的开展以及国际人权文件的落实，各国在司法改革过程中，更为重视精神障碍患者的人权保障问题，各国根据本国国情在刑事司法上不断加强刑事强制医疗执行制度的健全，形成了各具特色的制度模式，提升了刑事被强制医疗人人权保障质量。

2. 中外刑事强制医疗执行制度历史沿革的对比分析

从刑事强制医疗执行制度历史沿革来看，在中外古代社会中，精神障碍与人之间

① Hopton & John, *The Future of Critical Psychiatry*, Critical Social Policy, Vol. 26, p. 57(2006).

的关系,既反映出人们对疾病的认知,也反映出统治者的统治需要。在历史上,精神障碍患者都曾遭遇非人的待遇。在西方历史上,精神和躯体可以区别对待,从刑事责任方面看,精神障碍患者犯罪是否需要承担刑事责任,承担什么样的刑事责任乃至如何治疗的问题,实质上是关于精神障碍患者的患者身份问题,如果是患者就具有了减轻或免责的理由,如果被视为普通人,包括灵魂被侵蚀的人,那么就要受到严厉的处罚。但是在我国古代,即便是将精神障碍视为一种生理疾病,也并没有免除他们的刑事责任,这可以从中国传统文化的身体观中找到依据,在医学观上身心统一,在儒家思想中,人的身体是道德的主体,人的行为要接受伦理的评判,这时精神障碍患者就被视为恶人,自然需要接受处罚。

进入近现代以来,西方国家精神病学的发展早于我国,对于刑事强制医疗执行制度中治疗的要求更为明确。在制度规则上,有的国家以专门性的法律来规范精神障碍患者的处遇,在程序上有的国家设立了专门的精神卫生法庭。这就使刑事强制医疗执行制度更为健全。西方国家刑事强制医疗执行制度在人权保障和制度文明化状况上呈曲线状,而我们国家呈现向上的趋势线。当然,中西方国家在刑事强制医疗执行制度上,虽然在思路和措施上各异,但是总体上都注重社会安全和被强制医疗人人权保障的平衡,尤其是在程序正义甚至医疗正义上更为积极和努力。

第二章

刑事强制医疗执行制度的理论基础

第一节 刑事被强制医疗人的精神健康权

自17、18世纪欧洲启蒙时期产生了人权思想以来，人权既有不胜枚举的“宣言”作为载体，也有法律文本的确认和保障，还融入大众话语体系之中，契合“人权是人之作为人应该享有的权利”[①]的概念界定。当然，人权不仅仅是应有权利，而且具有层次性，即“从应有权利转化为法定权利，再从法定权利转化为实有权利，这是人权在社会生活中得到实现的基本形式”[②]。从近现代人权发展状况来看，无论是人权观念还是人权实践一直在前行，突出体现在法定权利和实有权利在各国法治建设中日益健全。就人权研究而言，无论是从历史维度还是现实视角看，宏大叙事与微观论证实现了相互交融，在这个过程中，人权分类日益细化，人权体系随之实现增容，其中少数人权利得到人们越来越多的关注，精神障碍患者即是其一，最具焦点性的是刑事被强制医疗人人权保障问题。在司法公开制度下，在刑事强制医疗审前和审判阶段精神障碍患者的人权状况更易于进入人们的监督视野，而刑事强制医疗执行阶段的人权状况则容易陷入盲区，既然同属刑事执行阶段，那么刑事被强制医疗人与监狱被执行人在人权保障上有何不同？何种人权才是照亮盲区的明灯？应当如何予以证成呢？

一、刑事被强制医疗人精神健康权的产生与发展

人类进入近现代，法治成为各国国家治理和社会治理的优选模式，特别是在民主制国家中，人权成为各项制度运行的价值依据和考量指标。刑事被强制医疗人是精神障碍患者，强制医疗程序的设置虽然实现了司法化，但是作为一项非自愿住院治疗

---

① 夏勇：《人权概念起源——权利的历史哲学》（修订版），中国政法大学出版社2001年版，第220页。

② 李步云：《论人权的三种存在形态》，载《法学研究》1991年第4期，第17页。

方式,特别是对于进入强制医疗执行阶段的被强制医疗人来说,如果不能从人权上为刑事强制医疗执行制度提供正当化依据,那么即便刑事强制医疗程序在审前和审判阶段设计和运行的再合理,也终归是半途而废。

(一)刑事被强制医疗人人权保障的特殊性

一直以来,“武疯子”问题不绝于耳,“被精神病”和“假精神病”现象则存在泛滥之势。2013 年 1 月 1 日实施的《刑事诉讼法》增设“依法不负刑事责任的精神病人的强制医疗程序”,刑事强制医疗实现了司法化;2013 年 5 月 1 日实施的《精神卫生法》,在行政法上实现了有法可依。两部法律的实施为精神障碍患者的人权提供了有力保障,最集中的体现是《刑事诉讼法》中的刑事强制医疗和《精神卫生法》中的非自愿住院治疗均有了明确的法律依据。其中,刑事强制医疗程序因关涉刑事司法和强制医疗而引发人们的广泛关注和深入评判。在审前和审判程序中,精神障碍患者的人权主要是指诉讼权利方面,最大的优势是处于司法权的运行之中和人们的直观审视之下。反观执行阶段,虽有检察监督和法院解除或继续强制医疗裁决,但是整体而言,治疗和监管的职权是由强制医疗机构承担的。那么这种执行体制和机制所造就的刑事被强制医疗人人权保障有何特殊性?这可以与监狱被执行人人权保障状况进行对比分析,以期反映刑事被强制医疗人的人权保障状况,也可以为人权保障体系的建构提供参考标准。

1. 监狱被执行人的人权状况

(1)监狱被执行人是非自由人

从语词的使用上看,囚犯①、罪犯②、受刑人③是三种常见用法,基于“执行”的研究语境,笔者采用监狱被执行人一词。其实,无论使用哪种用语都在不同程度上存在标签化的问题,我们关注的重点应当回归至他们作为非自由人应当享有的权利上,即“罪犯人权是指罪犯在监禁机构内服刑期间依其自然属性和社会属性所享有或应当享有的权利”④。也就是说,被执行人在监狱内应当享有作为人应当享有的权利,但因其服刑会导致诸多权利受到限制,那么权利限制的边界或程度如何呢?国际和国内努力为此构建标准。

---

① 参见[英]奈杰尔·S. 罗德雷:《非自由人的人身权利——国际法中的囚犯待遇》,生活·读书·新知三联书店 2006 年版,第 6 页。

② 参见冯建仓、陈文彬:《国际人权公约与中国监狱罪犯人权保障》,中国检察出版社 2006 年版,第 15 页。

③ 参见徐显明:《从罪犯权利到受刑人人权》,载《学习与探索》2005 年第 3 期,第 30 页。

④ 柳忠卫:《试论罪犯的人权保障》,载《中国人民大学学报》2002 年第 5 期,第 79 页。

(2)监狱被执行人人权保障有系列国际文件为依据

监狱自古有之,是国家机器的组成部门,是一个社会文明程度的窗口,也是衡量一国人权状况的重要指标。正因如此,监狱被执行人的人权保障得到了诸多国际文件的确认,最典型的是1955年在日内瓦举行的第一次联合国防止犯罪和罪犯待遇大会通过的《囚犯待遇最低限度标准规则》。此后联合国大会于1988年通过《保护所有遭受任何形式拘留或监禁的人的原则》,1984年通过《禁止酷刑和其他残忍、不人道或有辱人格的待遇或处罚公约》,1975年通过《保护人人不受酷刑和其他残忍、不人道或有辱人格待遇或处罚宣言》等,监狱被执行人人权体系在国际层面上得以建立,这也为各国在此方面的人权保障工作指明了方向。

(3)我国开展的监狱被执行人人权保障行动

在我国,自改革开放以来,在法治国家建设进程中,监狱的文明化程度越来越高。1991年国务院新闻办发布《中国的人权状况》白皮书,介绍了监狱工作和罪犯的权利;1992年发布《中国改造罪犯的状况》白皮书,从12个方面阐释监狱被执行人的权利;1994年颁布、2012年修改的《监狱法》,明确了监狱被执行人的法定人权;1994年我国司法行政系统启动了创建现代文明监狱行动,时至今日,经过监狱文明化和法治化建设,被执行人实有人权得到有效实现。

(4)监狱被执行人作为弱势群体应当享有健康权

通览监狱被执行人人权体系可知,监狱被执行人的权利涵盖了公民权利,政治权利,经济、社会和文化权利等各方面。那么对于犯了罪的人为何还需如此特别关注呢?"在人权理论中,受刑人的权利实质上是弱势群体权利的一种","弱势群体可分为社会性弱势群体和生理性弱势群体两大类,其中受刑人群体属于社会性弱势群体"①。正因为监狱被执行人是在国家机器监管下的非自由人,所以更易于遭受酷刑和其他虐待行为,这是人权保障中最为集中的关注点和防范点。不过,同样不能忽略的是体现监狱被执行人价值和尊严以及提高矫正效果的健康权问题,对于这类弱势群体来说,在生命存续的前提下,能够获得应有的健康保障有利于他们的教育改造和回归社会。

(5)监狱被执行人健康权的保障措施

《囚犯待遇最低限度标准规则》第9条至第26条分别从住宿、个人卫生、衣服和被褥、饮食、体操和运动、医疗6个方面规定了囚犯健康权的保障措施。1982年联合国大会通过的《关于医务人员、特别是医生在保护被监禁和拘留的人不受酷刑和其他残忍、不人道或有辱人格的待遇或处罚方面的任务的医疗道德原则》明确了医务人员

① 徐显明:《从罪犯权利到受刑人人权》,载《学习与探索》2005年第3期,第30页。

在保护监狱被执行人身心健康和提供疾病治疗方面的责任。在我国,《监狱法》第 50 条至第 54 条从生活标准、被服、少数民族特殊生活习惯、监舍、医疗机构、生活和卫生设施、医疗保健等方面规定了罪犯健康权的保障措施。国际文件与我国法律关于监狱被执行人健康权保障措施的规定虽然存在一定的差异,但是较为细化的措施既是对监狱被执行人健康权的肯定,也对执行工作提出明确的要求。

监狱被执行人作为社会性弱势群体在应有权利、法定权利、实有权利三个方面具有了较为健全的保障措施,特别是他们的健康权不再被忽略。当然,我们也不能就此沾沾自喜,因为公权力对这些非自由人更容易产生滥用,见诸媒体的监狱监管问题反映出监狱的法治化和文明化程度仍需提高。与监狱被执行人同为弱势群体的刑事被强制医疗人在人权保障方面就显得异常单薄,他们作为精神障碍患者是生理性弱势群体,更是精神障碍患者中的弱者。因此无论是监狱被执行人,还是刑事被强制医疗人,需要从整体上来研判审前、审判、执行甚至回归社会后的人权保障状况。

2. 刑事被强制医疗人的人权体系

刑事强制医疗程序进入执行阶段后,刑事被强制医疗人依据人民法院强制医疗决定书接受强制医疗,在执行阶段中刑事被强制医疗人人权保障问题应运而生。《公安机关办理刑事案件程序规定》(2020 年修正)第 344 条规定:"对实施暴力行为的精神病人,在人民法院决定强制医疗前,经县级以上公安机关负责人批准,公安机关可以采取临时的保护性约束措施。必要时,可以将其送精神病医院接受治疗。"也就是说,被强制医疗人在人民法院作出强制医疗决定书前,可能已经开始接受非自愿住院治疗。即便如此,决定书作出后,被强制医疗人人权保障即应当适用执行阶段的法律、法规、司法解释。那么在执行阶段,在被强制医疗人人权体系中包括哪些权利,是否有某项权利是强制医疗执行制度正当性的逻辑起点或落脚点?

(1)刑事被强制医疗人的应有权利

刑事强制医疗程序是对精神障碍患者权利的约束和保障,所以探讨被强制医疗人人权的基本出发点是被强制医疗人是精神障碍患者,但是回溯历史,首先要正视的是在人类的观念与行动中曾经存在将精神障碍患者"非人化"与"人化"两种图景。

第一,精神障碍患者曾经遭遇"非人化"处境。在古典时期,对精神障碍患者的禁闭,"这是从兽性发作的角度来考虑的。'不把疯人当作人来对待'这一否定性事实却有着肯定性内容:这种非人道的冷漠实际上包含着某种萦绕于怀的价值,它根植于传统的恐惧","它所表现的是这样一个事实,即疯人不是病人"①。这实际上是将精神

① [法]米歇尔·福柯:《疯癫与文明——理性时代的疯癫史》(第 2 版),刘北成、杨远婴译,生活·读书·新知三联书店 2003 年版,第 66 - 67 页。

障碍患者视为野兽,以所谓的“理性”来否定他们所具有的人的属性,人权自然荡然无存,这显然是错误的。那么人的本质是什么呢?马克思指出:“人是类存在物,不仅因为人在实践上和理论上都把类——他自身的类以及其他物的类——当作自己的对象;而且因为——这只是同一事物的另一种说法——人把自身当作现有的、有生命的类来对待,因为人把自身当作普遍的因而也是自由的存在物来对待。”①可见,人是具有普遍性、自由的类存在物,这是对人类的一种界定,揭示的是人类作为必然性的存在物,具有选择自由。

精神障碍患者隶属于人类范畴这是不言而喻的,只不过当“正常人”与“非正常人”的标签产生后,特别是当标签掌握在“正常人”的手中时,精神障碍患者被贴上“非正常人”甚至“非人”的标签。“精神疾病与精神功能不全之间的简单而谬误的等式排除了一种经验上有效且逻辑上一致的精神行为解释”,“我们不应该把基于错误信念(‘妄想’)行事的人视为没有理由采取行动”②。只有当“正常人”以宽容的心态从观念上认可其与精神障碍患者具有共同的人性时,他们将不再是客体,而是主体。历史的实践已经证明,近现代以来,精神障碍患者作为弱势群体得到了国际、地区和各国普遍关注,他们的人权逐步得到认可和重点保护。

第二,精神障碍患者的人权在国际和区域获得有力保障。第二次世界大战后,国际组织和区域组织积极推动和开展人权保障运动,这既包括精神障碍患者作为人应当享有的权利,也包括其作为弱势群体应当享有的权利。国际层面的一般性人权文件有《联合国宪章》《世界卫生组织宪章》《世界人权宣言》《公民权利和政治权利国际公约》《经济、社会及文化权利国际公约》,以及世界卫生组织制定的《国际卫生条例》等;地区层面的也有一般性文件,例如《欧洲联盟基本权利宪章》第35条规定:“保障所有人享有预防保健的权利和从医疗中受益的权利,并确保在定义和实施所有欧盟政策和活动中达到人类健康保护的水平。”《欧洲保护人权与基本自由公约》《美洲人权公约》等都有关于保障所有人权利的规定。

当精神障碍患者实现“人化”后,他们自然享有这些文件所规定的人权。尤为重要的是,国际组织针对精神障碍患者制定了专门的人权文件,1975年联合国大会通过《残疾人权利宣言》,将残疾人界定为“任何由于先天性或非先天性的身心缺陷而不能保证自己可以取得正常的个人生活和社会生活上一切或部分必需品的人”。精神障

① 中共中央马克思恩格斯列宁斯大林著作编译局编译:《马克思恩格斯文集》(第1卷),人民出版社2009年版,第161页。

② Thomas Szasz, *Mental illness: psychiatry's phlogiston*, Journal of Medical Ethics, Vol. 27, p. 300 (2001).

碍患者存在身心缺陷，所以他们属于残疾人，应当享有残疾人人权。1991年联合国大会通过《保护精神病患者和改善精神保健的原则》，这份文件在精神障碍患者人权保障历史上具有里程碑意义，它明确规定的25项基本原则形成了体系化的人权保障基本标准，既有基本自由和基本权利的规定，也规定了精神病患者的确定、治疗、住院的权利，非自愿住院、复查、诉讼、强制住院的标准、强制住院的标准等。另外，1971年联合国大会通过《精神发育迟滞宣言》，世界精神病学会分别于1983年和1989年通过《夏威夷宣言》和《保障精神病人权利的声明》，1989年世界心理卫生联合会通过《精神病人的人权宣言》，1995年世界卫生组织通过《精神卫生保健法：十项基本原则》等。这些文件虽然没有法律约束力，但是在国际范围内确立了精神障碍患者应当享有的权利以及保障措施，这也为各国加强精神障碍患者人权保障提供了依据和指引。

第三，国际组织和区域组织对刑事被强制医疗人人权的特别保障。在精神障碍患者中，那些非自愿住院治疗者包括刑事被强制医疗人，因为涉及治疗的非自愿性，所以他们的人权就需要予以特别保障。在国际和区域，精神障碍患者人权保障已经形成了较为健全的体系，但是对于非自愿住院治疗者而言，与监狱被执行人人权相比，他们在住院治疗期间人权的特别保障偏弱，刑事被强制医疗人更是如此。对监狱被执行人和刑事被强制医疗人的执行工作都是以法院裁决为依据，不过被强制医疗人是在医疗机构中执行，接受的是治疗和监管，这与监狱被执行人存在根本的区别。按照类比推理，同为非自由人，监狱被执行人应当享有的权利，被强制医疗人同样应当享有，而且他们作为精神残疾者，还应当享有特别权利。之所以应当予以特别的保障，可以从罗尔斯关于正义的第二个原则中得到确证，即“社会和经济的不平等应该这样安排，使它们：①在与正义的储存原则一致的情况下，适合于最少受惠者的最大利益；并且②依系于在机会公平平等的条件下职务和地位向所有人开放”①。这种差异原则强调的是使社会中处境最不利的成员获得最大的利益。被强制医疗人属于社会中处境最不利的成员应当在正义原则下获得充分的权利保障。

根据1988年联合国大会通过的《保护所有遭受任何形式拘留或监禁的人的原则》在原则1中的规定：“所有遭受任何形式拘留或监禁的人均应获得人道待遇和尊重其固有人格尊严的待遇。”被强制医疗人也是被监禁者，同样适用该原则。当然，我们仍需要根据《保护精神病患者和改善精神保健的原则》来阐释被强制医疗人应当享有的权利，原则24规定：“本套原则适用所有住入精神病院的人。”被强制医疗人属于非自愿住院者，原则16通过3个条款明确了“非自愿住院”的条件，原则17通过7个

① ［美］约翰·罗尔斯：《正义论》，何怀宏、何包钢、廖申白译，中国社会科学出版社1988年版，第302页。

条款对复查机构做出了明确的规定,对于防范“假精神病”、“被精神病”和适时解除非自愿住院发挥了有力的监督作用。

(2)刑事被强制医疗人人权保障的立法实践

在法国,1838 年颁布了“关于精神错乱的 7443 号法律”,其被称为“世界上第一部精神卫生法”,1990 年颁布了《住院精神障碍患者的权利与保护及其住院条件的法律》取代了 1838 年法律;2011 年颁布了《受精神护理的人的权利与保护及其保健安排的法律》,对 1990 年法律进行了大幅度的修订,规定了“自愿精神护理”和“非自愿精神护理”取代了 1990 年法律中规定的“自愿住院”和“非自愿住院”,非自愿精神护理包括应第三人请求的精神护理和危机状态下的精神护理、由国家代表决定的精神护理。

在德国,1532 年的《卡罗莱纳法典》和 1794 年的《普鲁士一般邦法》均排除了对精神障碍患者的刑罚处罚。1933 年颁布的《对抗危险习惯犯及保安矫正处分法》开始了刑罚和保安处分的双轨制。这种双轨制传统延续到现代,《刑法》《刑事诉讼法》《刑罚执行法》《精神障碍者法》成为德国刑事强制医疗程序的法律依据,由法官来决定刑罚和保安处分的适用,也就是说,精神障碍患者非自愿住院治疗实现了诉讼化,这就从程序上保障了这类群体的诉讼权利。

在英国,先后颁布的法律包括 1774 年《疯人院法》、1800 年《精神错乱刑事法》、1808 年《郡收容院法》、1959 年《精神卫生法》,1983 年和 2007 年对《精神卫生法》进行修订。1983 年颁布的《精神卫生法》设立了精神卫生复查法庭,并制定了《精神卫生复查法庭规则》,将复查诉讼化,保障被拘禁的精神障碍患者的权利。《精神卫生法》在第二章和第三章分别从民事和刑事上规定了对精神障碍患者非自愿住院的强制措施。不过,《精神卫生法》调整的是那些被拘禁者本人表示拒绝的非自愿住院情形,对于无责任能力者的非自愿住院则适用 2005 年颁布的《精神能力法》,这部法律旨在解决无责任能力成年人的保护问题,但未解决住院问题,2009 年生效的《剥夺自由的保护措施》通过设置“自由剥夺的授权”程序,明确了无责任能力者的非自愿住院问题。

美国与英国同为判例法国家,但是该国在刑事强制医疗方面形成的规则主要来源于判例,美国最高法院通过强制医疗判决书确立了被强制医疗人人权保障规则,典型案例包括 1962 年 Lynch v. Overholser 案、1966 年 Baxstrom v. Herold 案、1967 年 Specht v. Patterson 案、1972 年 Jackson v. Indiana 案、1983 年 Jones v. United States 案、1996 年 Jaffee v. Redmond 案、2006 年 Clark v. Arizona 案等。当然美国也颁布了相关的成文法,例如 1984 年颁布《精神病辩护制度改革法案》,1984 年通过《刑法精神健康标准》,1990 年颁布《残疾人法》(2008 年修正)。民间组织也积极推动精神障碍患者权利保障,1982 年美国精神病学会提出《成年人精神科住院立法指南》。美国设立了专门的精神健康法庭,对精神障碍患者违法犯罪行为区分为"有病有罪"和"有病无罪"两种情形,前者关押在监狱辅以治疗,后者在精神病院进行治疗。

我国直至 1979 年《刑法》才实现了不负刑事责任精神障碍患者强制住院治疗的法律化,但是未实现司法化。2013 年 1 月 1 日生效的《刑事诉讼法》和 2013 年 5 月 1 日生效的《精神卫生法》为精神障碍患者,特别是刑事强制医疗和非自愿住院治疗的精神障碍患者人权保障提供了明确的依据。在刑事诉讼中强制医疗程序作为特别程序的确立,从程序上为刑事被强制医疗人人权保障提供了明确的依据。

(二)刑事被强制医疗人精神健康权的证成

1. 健康权是刑事被强制医疗人的基本权利

(1)健康权获得国际组织和区域组织的认同

在国际上,最先承认健康权的是 1946 年 7 月 22 日世界卫生组织签署的《世界卫生组织宪章》,其指出:"享有可能获得的最高标准的健康是每个人的基本权利之一。"1948 年 12 月 10 日联合国大会通过的《世界人权宣言》第 25 条规定:"人人有权享受为维持他本人和家属的健康和福利所需的生活水准。"1966 年 12 月 16 日联合国大会通过的《经济、社会及文化权利国际公约》第 12 条规定,健康权是指"人人享有可能达到身体健康和精神健康的最高标准的权利"。1969 年世界卫生组织通过的《国际卫生条例》替换了 1951 年通过的《国际卫生条例》,并于 2005 年作了修订。1978 年 9 月 6 - 12 日,来自 134 个国家的代表,同世界卫生组织、联合国儿童基金会建立正式联系的专门机构及非政府组织的 67 名代表在国际初级卫生保健大会上通过的《阿拉木图宣言》提出:"健康不仅是没有疾病和虚弱,而且是身心健康和社会幸福的总状态,是基本人权。"阿拉木图会议之后,1979 年 11 月联合国大会通过了"关于卫生是社会发展的一个组成部分的决议"。自 2000 年开始,联合国大会开始关注卫生安全,先后通过了《联合国千年宣言》(2000 年)、《关于艾滋病毒/艾滋病问题的承诺宣言》(2001 年)、《2005 年世界首脑会议成果》(2005 年)、《关于艾滋病毒/艾滋病问题的政治宣言》(2006 年)。可见,国际组织已经广泛认可健康权,并且界定了最低标准或最高标准,甚至将健康问题上升至卫生安全高度。

在区域组织上,《欧洲社会宪章》规定"享受所能获得的最高可能的健康标准"。《美洲人权公约关于经济、社会和文化权利的补充议定书》第 10 条第 1 款规定:"人人有健康权利,意即最大程度地享受身心健康和社会幸福。"《非洲人权和民族权宪章》第 16 条第 1 款规定:"人人有权享有能够达到的最佳的身心健康状况。"可见,健康权在区域组织中也得到了确认,由于相关区域的国家在历史、地理、文化等方面具有相似性,所以通过区域组织加强健康权的保障更具针对性,在相关国家中更容易得到落实。

(2)健康权的体系定位

在健康权获得国际组织和区域组织认可的70多年里,各国普遍加强健康权的法治保障,这可以从各国宪法法律、司法判决中得到确证。在人权体系中,不同权利在保障方式上具有明显的差异性。那么健康权属于哪类人权范畴?这既需要从国际人权文件中找寻依据,也需要考察国内人权保障实践状况。

在国际人权文件中,健康权是在社会权中予以规定的。《世界人权宣言》第22条规定,“每个人,作为社会的一员,有权享受社会保障”,这是关于社会权的概括规定,第23条至第26条是关于社会权的具体规定,其中第25条是关于健康方面权利的规定。《经济、社会及文化权利国际公约》第9条规定:“本公约缔约各国承认人人有权享受社会保障”,这是关于社会权的概括规定;第10条至第13条是关于社会权的具体规定,其中第12条是关于健康方面的规定。虽然在这两部具有典型性的国际人权文件中,没有“生存”的明确用语,不过学界主张在社会权之下设立“生存权”概念,“社会权的外延限定为包括生存权、工作权和受教育权的一组权利”①,日本学者大须贺明在《生存权论》一书中将《世界人权宣言》第22条、《经济、社会及文化权利国际公约》第9条定为生存权,其他条款定为生存权性质侧面的相关权利。② 那么何谓生存权,国内研究者提出,“生存权既不是与生存有关的所有权利的总称,也不仅是温饱权,而是温饱权基础上最低限度合于人性尊严的权利,包括社会保障权、适当生活水准权和健康权”③。也就是说保障衣食住行是基础,即“创造良好的自然环境和保持身心的健康就成为替代人类对衣食住行要求的新要求。这种要求在生存权上的表现就是环境权与健康权”④。由此就形成了“社会权—生存权—健康权”的包含与被包含关系。

在我国,健康权的体系定位可以从国务院新闻办公室发布的人权白皮书中得到印证。1991年《中国的人权状况》作为国家层面发布的第一份人权方面的白皮书,将“生存权”和“经济、文化和社会权利”并列论述,不过关于“健康”的阐释在这两部分均有谈及,在“生存权是中国人民长期争取的首要人权”中提出“卫生事业是保障人的生命健康权的必要条件”,在“公民享有经济、文化和社会权利”中指出

---

① 龚向和:《社会权的概念》,载《河北法学》2007年第9期,第52页。
② 参见[日]大须贺明:《生存权论》,林浩译,法律出版社2001年版,第4-6页。
③ 龚向和:《生存权概念的批判与重建》,载《学习与探索》2011年第1期,第102页。
④ 徐显明:《生存权论》,载《中国社会科学》1992年第5期,第48页。

“医疗卫生和防疫工作的发展极大地提高了中国人民的健康水平”和“保障儿童的生命健康”。

1995年《中国人权事业的进展》指出，“将人民的生存权、发展权摆在首位”，并单列“人民的生存权和发展权”，但没有提及“健康”，也没有将社会权单列。在1996年、1998年、2000年、2003年、2004年、2009年《中国人权事业的进展》中将生存权和发展权放在全文的第一部分论述，将经济、社会和文化权利单列一部分，并阐释了健康权保障状况。2012年《中国人权事业的进展》改变了篇章结构，将“保障人民的生存权、发展权放在首位”写在前言之中，未将生存权和发展权单列，而是单列“社会建设中的人权保障”，明确指出“公民的健康权利进一步得到保障”。2013年和2014年《中国人权事业的进展》将生存权和发展权写在前言中，在篇章结构上将发展权单列，将健康权在其中论述，但未列明生存权，2013年的人权白皮书单列社会保障权利，但是2014年的人权白皮书则没有单列社会权。2019年《为人民谋幸福：新中国人权事业发展70年》在“以人民为中心的人权理念”的论述中均强调“生存权、发展权是首要的基本人权”，在“持续提升人民生活水平”中具体阐释新中国成立70年国家在保障人民生存权方面取得的成绩，其中包括对健康权的保障。

人权白皮书是对国家人权状况的权威叙述，篇章结构固然可以反映人权体系，但回归至内容，基本趋势是生存权和发展权是首要的基本人权，发展权在人权体系中越来越受重视，这与1986年联合国大会通过的《发展权利宣言》、1993年世界人权会议通过的《维也纳宣言和行动纲领》、2015年联合国大会通过的《2030年可持续发展议程》相契合，这也是我们国家从站起来到富起来再到强起来的一种体现。社会权无论是否被单列，人权白皮书中均有关于生活保障、劳动权、受教育权、健康权等方面的论述。关于健康权的论述不但分布在生存权、发展权、社会权之中，而且在妇女儿童、残疾人等弱势群体保障中也有具体体现。

总之，与我国人权保障日益健全相同步，学界对人权的研究也逐渐成熟，虽然从人权白皮书中难以明确社会权、生存权、健康权之间的逻辑关系，但是根据国际人权文件和研究者的相关论述以及我国人权白皮书的相关内容，笔者认为，“社会权—生存权—健康权”的包含与被包含关系虽然契合人权体系的理论设计，但是对于健康权的认识我们不能仅仅立足于生存权，而应当站在发展权的高度去认识发展权向度上的健康权，“作为为了谋求发展而存在的权利，发展权仅仅是一个类的概念，而不能作为一个单独的权利”①。2016年国务院新闻办公室发布的《发展权：中国的理念、实践与贡献》白皮书，提出“发展权贯穿于其他各项人权之中，其他人权为人的发展和发展

① 何志鹏：《权利基本理论：反思与构建》，北京大学出版社2012年版，第179页。

权的实现创造条件。发展权的保障,既表现在经济、文化、社会、环境权利的实现之中,又表现在公民权利与政治权利的获得之中"。由此,对健康权的体系定位需要超越传统思维,上升至发展权时代,根据发展权的要求,提升健康权保障力度。

(3)新时代我国健康权的发展

我们党和国家历来重视人民健康事业,1941 年《陕甘宁边区施政纲领》、1946 年《陕甘宁边区宪法原则》、1949 年《中国人民政治协商会议共同纲领》、1954 年《宪法》均有"健康"表述或规定。现行《宪法》第 21 条第 1 款规定:"国家发展医疗卫生事业,发展现代医药和我国传统医药,鼓励和支持农村集体经济组织、国家企业事业组织和街道组织举办各种医疗卫生设施,开展群众性的卫生活动,保护人民健康。"第 21 条属于第一章"总纲",而非第二章"公民的基本权利和义务",所以此条主要规范的是国家义务,而并非公民健康权。还可以对公民健康权予以推导的《宪法》条款是第 26 条第 1 款(保护生活和生态环境)、第 36 条第 3 款(保护公民宗教信仰自由权)、第 45 条第 1 款(公民的物质帮助权)。也就是说,我国宪法中并没有直接规定健康权,即便是 2004 年《宪法修正案》将"国家尊重和保障人权"写入其中,但终归是欠缺对健康权的明确规定,正如有的研究者所指出的,"我国宪法并没有把健康权确认为公民基本权利,它仅属于一项隐含权利,是一种从其他条文中推导得出的权利。虽然健康权不写入宪法,不代表其在事实上就不是公民的一项基本权利"①。为此,学界积极推动健康权入宪,申言之,只有在《宪法》关于公民的基本权利和义务一章中明确规定公民健康权,才能为法律法规保障健康权提供根本法依据。

我们党和国家持续重视人民健康,最为突出的是健康中国战略的提出和实施。2008 年原卫生部启动了"健康中国 2020"战略研究,2015 年政府工作报告首提"健康中国",2015 年 10 月党的十八届五中全会提出"推进健康中国建设"任务,2016 年 10 月 25 日中共中央、国务院印发《"健康中国 2030"规划纲要》,2017 年 10 月党的十九大报告在"实施健康中国战略"中提出"人民健康是民族昌盛和国家富强的重要标志。要完善国民健康政策,为人民群众提供全方位全周期健康服务"。健康中国成为国家战略意味着健康观念和健康行动将全面提升和开展。我们国家在健康事业上取得的成绩可以从近些年国务院新闻办公室发布的三部白皮书上得到有效体现,即 2017 年 9 月《中国健康事业的发展与人权进步》白皮书、2018 年 12 月《改革开放 40 年中国人权事业的发展进步》白皮书、2019 年 9 月《为人民谋幸福:新中国人权事业发展 70 年》白皮书。这三份人权方面的白皮书,无论是对健康的直接性阐释,还是融入综合性分析之中,都表明了健康权是人权组成部分的基本立场。

---

① 杜承铭、谢敏贤:《论健康权的宪法权利属性及实现》,载《河北法学》2007 年第 1 期,第 66 页。

2019 年是健康事业和健康权保障最典型的年份。这一年中央出台了三份相关文件,国务院印发《关于实施健康中国行动的意见》、国务院办公厅印发《关于印发健康中国行动组织实施和考核方案的通知》、健康中国行动推进委员会印发《健康中国行动(2019—2030 年)》,健康中国战略推进步伐在加快。政策上的推行为公民健康权提供了有力的保障。最为重要的是健康权写入法律之中,2019 年 12 月 28 日,经第十三届全国人大常委会第十五次会议表决通过的《基本医疗卫生与健康促进法》第 4 条第 1 款规定:"国家和社会尊重、保护公民的健康权。"这是我们国家首部公民健康权保障书,是医疗卫生领域和健康事业的"基本法",与《民法典》等不同,这部法律的侧重点不在于救济和赔偿,而在于公民可以依据健康权向国家和社会主张什么,国家和社会须承担什么样的义务。

因此我国健康权的新发展是发展权作为首要的基本人权的重要体现,而且党的十七大报告指出,"健康是人全面发展的基础";党的十八大报告指出,"健康是促进人的全面发展的必然要求";党的十九大报告指出,"实施健康中国战略"。这足以体现健康对于个人、国家乃至人民发展的重要性,健康权作为一项基本权利的理由更为充分,特别是健康权在法定权利和实有权利中得以实现后,实现健康权保障的充分性,成为新时代我国人权事业发展的必然要求。

(4)刑事被强制医疗人健康权的保障

健康权贯穿疾病预防、治疗和康复的全过程,刑事被强制医疗人作为患者,享有接受治疗的权利,不过他们终究是依法不负刑事责任的精神障碍患者,是经过法院裁决需要被限制人身自由、接受强制医疗的对象,如果说接受强制医疗是一种责任的话,那么接受治疗就是权利,也就是医疗权利,即"人为实现健康权利而应享有的与医疗有关的权利"①。同时,我们应当认识到刑事强制医疗是国家公权力在医疗中的介入,按照米尔恩的观点,"社会共同体应该建立和维持一种内外部条件,使所有共同体成员能够基于那些确定他的成员身份的条件,尽可能好地生活,这是社会共同体的利益所在,也是伙伴关系的原则所要求的"②。刑事被强制医疗人是公民,是社会的一员,而且强制医疗的目的是使他们能够康复并回归社会。这就涉及如何保障刑事被强制医疗人的健康权问题,核心是在权利的层面上如何享有医疗权。

刑事被强制医疗人作为被限制人身自由的人,适用联合国大会通过的《保护所有遭受任何形式拘留或监禁的人的原则》,医疗方面的规定主要有三项原则,其中原则

---

① 李燕:《医疗权利研究》,中国人民公安大学出版社 2009 年版,第 5 页。

② [英]A. J. M. 米尔恩:《人的权利与人的多样性——人权哲学》,夏勇、张志铭译,中国大百科全书出版社 1995 年版,第 47 页。

24 规定:“在被拘留人或被监禁人到达拘留或监禁处所后,应尽快向其提供适当的体格检查,随后应在需要时向其提供医疗和治疗。医疗和治疗均应免费提供。”原则 25 规定:“只要不违反为确保拘留或监禁处所的安全和良好秩序而定的合理条件,被拘留人或被监禁人或其律师应有权向司法当局或其他当局要求或申请第二次体格检查或医疗意见。”原则 26 规定:“被拘留人或被监禁人接受医疗检查的事实、医生姓名和检查结果,均应妥为记录。这类记录应确保可以查阅。查阅的方式应按照国内法的有关规则。”虽然这三项原则是针对任何形式被拘留或监禁的人,但是免费医疗、二次检查、检查记录对于保障刑事被强制医疗人健康权而言仍是基本要求。

对于刑事被强制医疗人健康权具有针对性的国际文件是《保护精神病患者和改善精神保健的原则》,在原则 1“基本自由和基本权利”中,第 1 条规定:“人人皆有权得到可获得的最佳精神保健护理,这种护理应作为保健和社会护理制度的一个组成部分。”这就肯定了每位精神障碍患者包括刑事被强制医疗人均享有“最佳精神保健护理”。原则 8“护理标准”对精神障碍患者的护理做了具体要求:“每个患者均应有权得到与其健康需要相适应的健康和社会护理,并有权根据与其他患者相同的标准获得护理和治疗。”“每个患者均应受到保护,免受不当施药、其他患者、工作人员或其他人的凌辱或造成精神苦恼、身体不适的其他行为的伤害。”精神障碍患者在接受治疗时,不但享有与其他患者相同的治疗标准,而且享有平等的人格尊严。在原则 9“治疗”中,第 1 条规定:“每个患者应有权在最少限制的环境中接受治疗,并且得到最少限制性或侵扰性而符合其健康需要和保护他人人身安全需要的治疗。”此条保护的是所有精神障碍患者,非自愿住院治疗者包括刑事被强制医疗人,其虽然被依法限制人身自由,但是限制的程度是为治疗所必需的。第 2 条规定:“对每个患者的治疗和护理均应按合格医疗人员所定个人处方计划进行,处方计划应与患者商议、定期审查,必要时加以修改。”第 4 条规定:“对每个患者的治疗应以保护和提高个人和自主能力为宗旨。”刑事被强制医疗人应当在认知范围内享有知情同意权和治疗决定权,即便不具有认知能力,治疗也必须是为了保护和提高个人和自主能力所必需的。

在我国《刑事诉讼法》中,仅规定在刑事强制医疗执行阶段强制医疗机构应当定期对刑事被强制医疗人定期诊断评估,《精神卫生法》在第三章第 37 条至第 53 条对精神障碍的治疗作了规定,但是这是关于精神障碍治疗的一般规定,欠缺与《刑事诉讼法》中刑事强制医疗执行的对接,难以突出刑事被强制医疗人作为非自愿住院者所具有的特殊性。在司法解释中,《刑诉法解释》和《人民检察院刑事诉讼规则》也缺少关于刑事被强制医疗人治疗方面的规定,不过《人民检察院强制医疗执行检察办法(试行)》第三章“医疗、监管活动检察”规定了检察机关检察的内容和方法,对于发现的相关问题应当依法及时提出纠正意见,但是纠正意见的效力欠缺保障措施。在法治国家建设中,保障刑事强制被执行人健康权依靠的是法治,“任何一个体面的社会将会通过法律来保障它的处于劣势地位的成员”[①]。那么如何来实现保障的有效性呢?“一国所能提供的健康保障不得仅向操控政治或经济力量的人提供,也不能仅为国家统治者设置。”[②]这就需要对处于弱势群体的刑事被强制医疗人健康权予以特别设计。

2016年6月8日,国务院原法制办公室决定将公安部起草的《强制医疗所条例(送审稿)》及其说明全文公布,征求社会各界意见,目前这一部门规章尚未出台。应当说,要保障刑事被强制医疗人健康权,实现医疗和监管的法治化,出台专门的部门规章是有必要的。作为刑事特别程序的组成部分,在对刑事被强制医疗人进行治疗过程中除了医疗技术规范外,从法治层面看,主要依靠行业规范。从实践状况看,在新冠疫情防控中,严重的精神障碍患者是重点保护对象。2020年2月17日,国务院应对新型冠状病毒肺炎疫情联防联控机制综合组印发《关于加强新冠肺炎疫情期间严重精神障碍患者治疗管理工作的通知》,要求“各地应当做好疫情期间严重精神障碍患者管理治疗工作,加强住院和居家的严重精神障碍患者管理治疗和社区照护,防范院内感染,降低患者肇事肇祸风险”。将收治严重精神障碍患者的医疗机构作为疫情防控的重点场所,足以体现这类群体的特殊性,即他们自身缺乏有效的防范能力,极容易被感染。因此,面对传染病,精神障碍患者的弱势地位就更为明显,注重他们健康权的保障就显得尤为必要。

2. 刑事被强制医疗人精神健康权的提出与论证

从病症上看,刑事被强制医疗人患有精神疾病,进行治疗的目标是实现精神健康,既然如此,能否将刑事被强制医疗人健康权的核心性具体权利确定为精神健康权呢?这既需要立足于刑事被强制医疗人人权保障的特殊性,也需要对健康权体系和刑事强制医疗执行制度进行审视和分析。

(1)精神健康权提出的文本依据

从国际人权文件中关于健康权的规定来看,《世界卫生组织宪章》将健康权定义为“身体上、心理上和社会适应上的完好状态,而不仅仅是疾病或虚弱”。《经济、社会及文化权利国际公约》第12条规定:“各国承认人人有权享有能够达到的最高的体质和心理健康标准。”《阿拉木图宣言》指出:“健康不仅是没有疾病和虚弱,而且是身心健康和社会幸福的总体状态。”可见,在综合性人权文件中采用的是“心理健康”用语,不过随着精神疾病对人类健康影响的日益凸显,特别是精神障碍患者所引发的诸多

---

① [美]卡尔·威尔曼:《真正的权利》,刘振宇等译,商务印书馆2015年版,第190页。

② [英]保罗·赛格特:《人类的法定权利》,张伟译,中国人民大学出版社2016年版,第155页。

社会问题和精神障碍患者在诊疗中遇到的权利保障问题,针对精神障碍患者及其权利的国际文件开始出台,世界卫生组织发布的《2013—2020 年精神卫生综合行动计划》提出在人权领域,“精神卫生战略、行动以及治疗、预防和促进的干预措施必须符合《残疾人权利公约》及其他国际和区域的人权文书”。其他专门性文件例如《保护精神病人权利的声明》《精神病人的人权宣言》《精神卫生保健法:十项基本原则》《保护精神病患者和改善精神保健的原则》等,均是从精神健康层面加强精神障碍患者的人权保障,精神健康权的提出已经有国际相关文件作为依据。

我国不断提高对公民精神健康的重视度,2016 年 12 月 30 日,原国家卫生计生委、中宣部等 22 部门联合印发《关于加强心理健康服务的指导意见》;党的十九大报告在“打造共建共治共享的社会治理格局”中提出“加强社会心理服务体系建设”,这是我们党和国家注重从心理健康上提升公民健康水平的顶层设计;《“健康中国 2030”规划纲要》将精神障碍干预工作纳入心理健康服务体系之中,可见无论是心理健康还是精神健康都是健康中国战略的组成部分;2015 年原国家卫生计生委等 10 部门联合印发《全国精神卫生工作规划(2015—2020 年)》,公民精神健康有了更为具体的目标和要求。《发展权:中国的理念、实践与贡献》白皮书对健康事业的相关论述,意味着健康乃至精神健康作为发展权内容是每个人全面发展的必然要求;根据《中国健康事业的发展与人权进步》白皮书,我们国家已经将严重精神障碍患者管理纳入基本公共卫生服务范畴,完善精神卫生服务,并实现法治化。这份白皮书的发布明确了精神健康与人权的紧密相关性,在我国精神健康权的提出具有更为明确的依据。

(2)精神健康权作为一项权利的理论依据

精神健康权的正当性可以从道德权利上找到依据,“一项道德权利的正当性,要求它既能给社会的个人成员带来个体利益,又能带来共同利益,所以以权利为基础的精神卫生保健要求满足了道德权利的双重责任”,“精神权利往往独立存在于法律,并可能形成任何批评或辩护的法律权利的基础”①。这实际上从道德权利上阐释了精神健康权存在的正当性。在人们目睹或耳闻越来越多的精神障碍致害后果后,对精神健康的诉求就更为现实。当然,在权利时代,将道德权利转化为法律权利这是法治社会人权保障的必要举措,因为只有如此人们的精神健康诉求才能在法律上获得保护的依据,但是仅此是不够的,对精神障碍治疗效果的关注已经成为人们精神健康的基本诉求,特别是对非自愿住院治疗者来说,如何实现“有效精神治疗权”更为重要,正如国外研究者指出的,“如果非自愿承诺的目的是通过治疗改变患者的行为,使他们

① Stephen A. Green, *An Ethical Argument for a Right to Mental Health Care*, General Hospital Psychiatry, Vol. 22, p. 18(2000).

能够安全地获释,那么没有有效改变行为的治疗就会破坏承诺程序的整个运作,违背国家的目的"①。

积极的权利诉求固然重要,但是如果精神健康权为一项可选择性权利,那么作为权利的属性也就出现残缺,焦点体现在刑事被强制医疗人和非自愿住院治疗者是否可以行使拒绝接受精神健康治疗的权利。"当患者缺乏为自己做出治疗决定的能力时,国家必须进行干预,以保护患者的健康和福利。然而,当心理健康患者被认为缺乏拒绝治疗的必要能力时,重大的法律和道德问题不可避免地出现。"②正是因为精神障碍患者的认知能力存在降低甚至丧失的问题,而且精神治疗容易被滥用,存在"被精神病"或"假精神病"的风险,所以对于刑事被强制医疗人和非自愿住院治疗者,如何规范拒绝接受精神健康治疗权尤为重要,在这一具体权利之上需要一项概括性的权利,这是提出精神健康权的必要性所在。

(3)精神健康权是刑事被强制医疗人的一项基本权利

从国际、区域和各国的立法及其实践看,健康权是一项基本人权,也是为各国法律所认可的基本权利。现今健康权的外延不断扩展,它不仅属于生存权,而且还是一项发展权。虽然精神健康权对于健康人来说是涵括在健康权之中的一般权利,但是对于精神障碍患者特别是刑事被强制医疗人而言,如果仅将精神健康权止步于一般权利,那么在保障力度上会明显不足。

一是要对心理健康权和精神健康权予以界分。在英文中"mental health"可以翻译为心理健康或精神健康,在《经济、社会及文化权利国际公约》和《阿拉木图宣言》中关于心理健康或身心健康的规定,是将心理健康和精神健康等同使用,在理论研究中也缺少对相关概念的界分。笔者认为,可以从心理异常与精神障碍之间的差异性来为二者的界分提供标准。

心理异常是在大脑生理生化功能障碍和人与客观现实关系失调的基础上产生的对客观现实的歪曲的反映。以严重程度为标准可以将心理异常分为一般心理异常、严重心理异常、心理疾病。

一般心理异常属于亚健康状态,是介于健康状态与疾病状态之间的状态,是个人心理素质、生活事件、身体不良状况等因素所引起的。严重心理异常是因为个人及外界因素造成心理状态的某一方面或几方面发展的超前、停滞、延迟、退缩或偏离。心

---

① Ralph Kirkl & Schwitzgebel, *The Right to Effective Mental Treatment*, Calfornia Law Review, Vol. 62, p. 937(1974).

② Simon N. Verdun - Jones & Michelle S. Lawrence, *The Charter Right to Refuse Psychiatric Treatment: A Comparative Analysis of the Laws of Ontario and British Columbia concerning the Right of Mental - Health Patients to Refuse Psychiatric Treatment*, UBC Law Review, Vol. 46, p. 490(2013).

理疾病是由于个人及外界因素引起个体强烈的心理反应并伴有明显的躯体不适感，是大脑功能失调的外在表现，已经发展为精神障碍。

由上，心理健康具有大众性，精神健康对应精神障碍，是以最为严重的心理异常为康复对象。有的研究者在健康权的研究中提出"心理健康权"一词，但是并没有进行概念界定，仅是指出"当今中国公众似乎在一定程度上忽视心理疾病，甚至认为躯体疾病才是真正的疾病，而心理疾病始与个人道德品质有关，是个人心理承受力不强或者个人欲望太强所致"①。也有研究者对心理健康权的概念进行了界定，但将心理健康权等同精神健康权，即"人人享有实现能够达到的最高的心理健康标准所必须的主要是由国家提供的各种设施、商品、服务和条件的权利"②。笔者认为，精神健康权是指人人为了避免遭遇精神障碍，而享有的由国家和社会提供预防、治疗、康复服务的权利。

二是刑事被强制医疗人精神健康权应当获得特殊保障。在人类健康的载体中，身体作为一种有形样态，在健康状况上具有可视性；精神则不同，它是一种主观样态，当人体出现精神障碍时，用现代医疗仪器难以诊察，往往通过量表或个体的语言、行为等才可做出一定的判断，即便如此，在精准治疗上仍不及生理疾病。正因如此，"精神健康是健康权中最被严重忽视的要素之一"，"护理环境非但没有提供一个支持性的环境，而且往往是侵犯人权的地方。尤其是在隔离服务中，包括精神病院和监狱的精神病科"③。联合国经济、社会及文化权利委员会第5号一般性意见在对有关残疾人权利的"身心健康的权利"的解释中指出，"应当向残疾人提供康复服务以使其'达到最佳的独立和功能水平'"，2006年联合国大会通过的《残疾人权利公约》第17条规定："每个残疾人的身心完整性有权在与其他人平等的基础上获得尊重。"这为刑事被强制医疗人精神健康权的保护提供了指引，也就意味着对于刑事被强制医疗人在医疗上赋予特别的保障措施才可能达到正常人的精神健康状况，而这种保障措施不仅仅是诊疗技术，而且重在权利方面，因为就特定的精神障碍而言，在精神医学中已经具有规范的技术要求，权利保障状况会影响到治疗效果。

那么精神健康权是一般权利还是基本权利呢？根据基本权利所具有的防御权功能、收益权功能、客观价值秩序功能三个层次的功能④设定，精神健康权作为基本权利的确立可以使刑事被强制医疗人在接受诊断、治疗和康复的过程中防范强制医疗机

① 朱景文主编：《全球化条件下的法治国家》，中国人民大学出版社2006年版，第577页。

② 万传华：《论心理健康权》，广东商学院2008年硕士学位论文，第16页。

③ Paul Hunt & Judith Mesquita, *Mental Disabilities and the Human Right to the Highest Attainable Standard of Health*, Human Rights Quarterly, Vol. 28, p. 332(2006).

④ 参见张翔：《基本权利的规范建构》（增订版），法律出版社2017年版，第69页。

构对其权利的侵犯,享受相应的服务,进而尽早回归社会。而要成为一项基本权利还需要在《宪法》中找到依据,虽然我国《宪法》尚未明确规定公民健康权,但是在健康中国建设中,健康权对于公民生存与发展的重要性是不言而喻的,所以我们需要积极推动健康权入宪,届时在健康权之下明确公民心理健康权和精神健康权,从基本权利层面保障刑事被强制医疗人的精神健康权。目前,健康中国战略的确立为正常人或残疾人或精神障碍患者精神健康权保障提供了国家政策依据。由此,只有从基本权利层面来保障刑事被强制医疗人的精神健康利益,才能构建出包括知情同意权、治疗权、复查权等在内的精神健康体系。

二、刑事被强制医疗人精神健康权的权利位阶

在近现代法治国家中,任何一项制度存在的正当性都离不开权利的保障,不过,不容忽视的是同一权利主体所享有的权利具有多元性。在刑事强制医疗执行制度中,刑事被强制医疗人除了享有精神健康权外,还享有人身自由权。那么这两种基本权利之间是否存在位阶,何者具有优先性?

(一)自由权与社会权的关系辨析

1. 自由权与社会权存在并列的表象

资产阶级启蒙思想家以人权为利剑控诉封建制对人性的泯灭,将自由摆在权利的核心位置,反对国家对个人自由的干预,正如洛克所说:“人们既然都是平等和独立的,任何人就不得侵害他人的生命、健康、自由或财产。”[①]资产阶级革命胜利后,各国制定宪法对自由价值进行确认,例如美国《1787 年宪法》作为世界上第一部比较完整的资产阶级成文宪法,开篇就提出“确保我们自己及我们后代能安享自由带来的幸福”,不过这部宪法并没有规定公民基本权利,所谓的自由仅仅停留在价值层面;法国《1791 年宪法》则在公民基本权利中构建了自由权体系。自由权的核心要义是要求国家在权利保障上消极不作为。随着资产阶级国家由自由资本主义进入垄断资本主义,广大劳动者陷入贫困的边缘,各国开始主动保护公民的社会权,例如 1919 年德国《魏玛宪法》率先将健康一词写入宪法,由此开启社会权的宪法保障历程。社会权的本质特征是要求国家在权利保障上积极作为。换言之,所谓社会权是指“公民依法享有的,主要是要求国家对其物质和文化生活积极促成以及提供相应服务的权利”[②]。自由权和社会权的关系往往被对应为消极权利和积极权利,具体依据还归结为两部

---

① ［英］洛克:《政府论》(下篇),叶启芳、瞿菊农译,商务印书馆 1964 年版,第 7 页。

② 龚向和:《社会权的概念》,载《河北法学》2007 年第 9 期,第 51 页。

典型的国际人权文件,即《公民权利和政治权利国际公约》被视为消极权利的依据,《经济、社会及文化权利国际公约》被视为积极权利的依据。那么这种“二分法”是否合理呢?会对公民自由权和社会权产生什么样的影响?

2. 自由权与社会权的关系具有相对性

就自由权而言,英国哲学家以塞亚·柏林将自由区分为积极自由和消极自由①;霍尔姆斯和桑斯坦论证了“两分法的徒劳”,并提出“所有权利都是积极权利”②的主张;美国唐纳利认为,“二分法本身产生于政治争论”③。在我国,有的研究者认为,“积极权利与消极权利之间的基本义务区别并不适用于社会权与自由权之间的区别,将这两种区别合二为一是错误的”④;有的研究者还将自由权和社会权的关系界定为“自由权(公民权利和政治权利)以消极权利属性为先、为主,以积极权利属性为后、为辅;而社会权(经济、社会及文化权利)以积极权利属性为先、为主,以消极权利属性为后、为辅”⑤。笔者认为,之所以对自由权和社会权进行界分,是因为两种权利所保护的利益和国家所承担的义务存在不同,二者的区别具有相对性,他们均具有消极权利和积极权利的属性,差异在于何者为主。如果采用绝对主义的观点,那么容易忽略自由权和社会权在体系上的共性和差异,即他们不但隶属于共同的人权体系,而且自成体系且相互关联,体现在两类权利体系中的各种权利之间具有交融性,这有助于从微观上分析自由权体系和社会权体系中具体权利的各种关系类型。

(二)刑事被强制医疗人自由权位阶优位的绝对性

在刑事诉讼价值中,安全和自由此消彼长,形成两种不同的理想类型:“一种是自由优位型,即整体上应当优先满足自由价值的需求,安全价值则相应做出一些让步或牺牲”,“另一种则是安全优位型,即整体上应当优先满足安全价值的需求,自由价值则相应做出一些让步或牺牲”⑥。这是着眼于刑事诉讼整体做出的价值定位,而且根据各国刑事诉讼改革实践,自由优位型越来越受青睐,这与国际、区域、各国加强人权保障力度密切相关。如果我们将视角浓缩到刑事诉讼程序的不同阶段或特别程序,

① 参见[英]以赛亚·伯林:《自由论》(《自由四论扩充版》),胡传胜译,译林出版社 2003 年版,第 170 页。

② [美]史蒂芬·霍尔姆斯、[美]凯斯·R. 桑斯坦:《权利的成本——为什么自由依赖于税》,毕竟悦译,北京大学出版社 2004 年版,第 19 – 20 页。

③ [美]杰克·唐纳利:《普遍人权的理论与实践》,王浦劬等译,中国社会科学出版社 2001 年版,第 27 页。

④ 龚向和:《社会权与自由权区别主流理论之批判》,载《法律科学》2005 年第 5 期,第 23 页。

⑤ 上官丕亮:《宪法基本权利的性质新论》,载《云南大学学报(法学版)》2008 年第 1 期,第 16 页。

⑥ 左卫民、周长军:《刑事诉讼的理念》(最新版),北京大学出版社 2014 年版,第 158 页。

那么自由与安全的位阶关系如何？对于公民来说，所享有的各项权利之间是否具有位阶关系？

刑事强制医疗程序作为我国《刑事诉讼法》中的一项特别程序，与普通程序相比，在执行制度上具有明显的不同，虽然都是限制人身自由，但是执行内容是迥异的。在监狱，"国家为了防卫社会，为了避免进一步的犯罪，不仅可以，而且也应该限制或剥夺受刑人的一定的权利，对其实施强制改造"①。刑事被强制医疗人并不承担刑事责任，但是为了防止其继续危害社会，有责任接受强制医疗。那么强制改造和强制医疗之间存在什么样的本质区别呢？在第二次世界大战后，美国监狱实施的强制改造曾采用医学模式，也就是将监狱被执行人视为患者，将监狱视为医院，美国弗朗西斯·艾伦在《康复理想的衰落》一书中介绍了美国的这一改造模式，罗纳德·拜耳在对这本书的书评中指出，要实现改造模式的理想效果，"必须满足两个条件：存在对人性的可塑性和完美性的广泛信仰，以及至少在精英阶层中，人们以康复为目标的共识存在"②。显然，这两个条件难以得到满足，所以 20 世纪 70 年代美国放弃这种改造模式。

由此可见，在监狱中对身心健康的被执行人采用医疗思维或模式是对犯罪本质和监狱功能的漠视。当然，也不能因此否定监狱应有的医疗措施，美国的研究者指出，"我们的监狱和监狱中被监禁的精神病患者的人数大大增加。由于他们的精神疾病，这些人很难适应严格规范的监狱环境。他们经常违反监狱规则，受到纪律处分，有时甚至被送往最高安全级别监管场所。这些环境通常比普通罪犯人群在管理上更加严格，导致其精神疾病的表现明显。有时这些问题非常严重，以至于需要在专门的医疗机构中接受长时间治疗。一些监狱已经意识到了这个问题，并建立了内部精神卫生部门或特殊需要部门"，"监狱中的医疗问题引起囚犯的抱怨最多，引起很多挫败感和困惑"③。因此，对于监狱被执行人，必须保障他们最低限度的医疗权，但是医疗设备或技术在监狱中的应用与医疗思维或模式在监狱被执行人改造中的应用是截然不同的。

刑事被强制医疗人是严重精神障碍患者，是在医疗机构而非其他监禁机构接受强制医疗，医疗机构承担治疗和监管的职责，不过巴西研究者是这样评价该国的司法精神病院的："从历史上看，刑事司法和监狱系统将司法病人视为非常危险的人，尽管

① 王云海：《监狱行刑的法理》，中国人民大学出版社 2010 年版，第 73 页。

② Ronald Bayer, *Book Review: The Decline of the Rehabilitative Ideal: Penal Policy and Social Purpose*, Crime Delinquency, Vol. 28, p. 328(1982).

③ Angus Love & Rhonda Bronstein, *Brad Colbert & Jamie Graham*, The Right of Prisoners to Health *Care*, Guild Practitioner, Vol. 61, p. 22(2004).

与普通罪犯相比,他们的复发指标微不足道,无视声称这些病人不危险但缺乏帮助的精神卫生专业人员的知识,而且所犯下的罪行,大部分发生在他们不被监视的时候。尽管被称为'医院',但 HCTP(司法精神病院机构)是监狱系统的一个专属责任结构,取代了精神病、隔离和监狱运作的治疗理论,使司法病人受到'精神病'和'罪犯'的双重污名。"①虽然巴西的司法精神病院在管理体制上与我们国家并不相同,但是反映出刑事被强制医疗人在接受强制医疗时的弱势处境。无论是从群体数量、复发概率还是辨认能力和控制能力来看,刑事被强制医疗人在强制医疗过程中所产生的社会危害性都大大降低,通过考察我国法定或指定的强制医疗机构可知,多数刑事被强制医疗人与其他住院精神障碍患者在治疗和监管上并没有明显的特别之处。这固然存在监管弊端,但是在一定程度上也反映出,对于强制医疗机构来说,刑事被强制医疗人首先是一名患者,在治疗中应当运用医疗思维或模式,并采用必要的医疗技术或设备,这是强制医疗与强制改造的典型差别。

那么在刑事强制医疗执行制度中安全与自由是何种价值位阶?刑事强制医疗机构根据刑事强制医疗决定书享有监管权力,但是并没有明定权力的边界,在医疗机构的封闭式治疗下,监管权力更容易被滥用。又由于监管权力与刑事被强制医疗人的权利互相制约,所以在进行制度设计和完善时应当坚持自由优位于安全的价值选择。强调刑事被强制医疗人的个人自由,实则是构建蕴含自由价值的系列权利,既包括诉讼权利,也包括人身自由权,还包括健康权等。

(三)刑事被强制医疗人精神健康权位阶优位的相对性

按照刑事强制医疗决定书,刑事被强制医疗人在强制医疗机构接受的是精神障碍治疗,所以在刑事被强制医疗人权利体系中,精神健康权是更具针对性和直接性的权利。如果从人权体系来考察的话,精神健康权在人权体系中的定位可以表述为"社会权—生存权—健康权—精神健康权"的逻辑关系。从被强制医疗人作为被监管对象来看,他的人身自由权受到限制。那么刑事被强制医疗人的精神健康权和人身自由权是何种关系?根据具体权利的归属实则是社会权和自由权的关系。

从人权发展史看,"社会权是作为为了保障实质上的自由和平等而补充存在的,是一种以自由权为前提而成立的权利"②。时至今日,社会权和自由权作为人权体系

---

① Marden Marques Soares Filho & Paula Michele Martins Gomes Bueno, *Right to Mental Health in Prison System: Reflections on the Process of Deinstitutionalization of the HCTP*, Ciência & saúde coletiva, Vol. 27, p. 2108(2016).

② [日]大须贺明:《生存权论》,林浩译,法律出版社 2001 年版,第 28 页。

中两项重要权利，不可厚此薄彼，二者互为交融，如果从生存权来考量的话，“生存权兼具自由权和社会权的双重性质，在权利体系中处于社会权和自由权之中间地带”①。也就是说，精神健康权与人身自由权并非隔绝的。对于实施暴力，危害公共安全或严重危害公民人身安全，经法定程序鉴定依法不负刑事责任的精神障碍患者，如果不采取限制人身自由的方式进行强制医疗，那么他的人格尊严和健康权都将得不到保障。美国研究者着眼于加利福尼亚州的精神疾病系统，分析了非自愿住院精神障碍患者的人身自由权与精神健康权的关系，认为，“在刑事司法制度中，让有罪的人获释要比对无辜的人定罪要好，而患有使人衰弱的精神疾病并需要治疗的人并非‘完全自由或没有自由’。因此，不能说，一个精神病患者要‘自由’要比一个正常精神的人要好得多”，“尽管以治疗精神疾病为幌子剥夺个人自由并仅仅将其束缚在没有希望的治疗之内是错误的，但这并不意味着应该以这种可怕的可能性作为不治疗精神疾病的借口”②。也就是说，限制刑事被强制医疗人的人身自由权，为的是使他在获得健康后能够具有更大的自由。在精神健康权中，拒绝接受治疗权实际上就是一种选择是否治疗的自由，赞比亚研究者评价该国《精神障碍法》时提出，“他们有权充分、自愿地参与决定他们是否想被送往医疗机构接受治疗以及他们喜欢的治疗类型。他们有权就影响其心理健康的事项做出明智的决定”③。这种观点倾向于保障精神障碍患者的自由权，但是如果对精神障碍患者不做区分的话，就可能出现严重的权利冲突，特别是对刑事被强制医疗人而言，则需要对他们的精神健康权和人身自由权加以平衡。

对于刑事被强制医疗人来说，强制入院治疗是一项法律问题，也是一项医疗问题，如果将其完全视为医疗问题，那么极可能出现以现代医学技术蒙蔽人权的现象。其实，为了维护社会安全，对于这类精神障碍患者采取限制人身自由的方式具有正当性的。但是这种限制与监狱和看守所是不同的，因为其空间范围是医院院内，而在治疗的过程中，只要在院内不出现危害性，医院并不需要采取约束性措施，即便有必要，也是临时性的。其实，对“强制医疗”的争议点在于被强制医疗人是否具有治疗的选择权问题。从刑事法上认定精神障碍患者不负刑事责任，但是并不因此而等同于医学上对认知能力的判定。也就是说，在刑事强制医疗执行制度的设计上，首先应当认

---

① 张扩振：《生存权保障的体系化研究——以中国为论域》，武汉大学2011年博士学位论文，第18页。

② Meredith Karasch, *Where Involuntary Commitment, Civil Liberties, and the Right to Mental Health Care Collide: An Overview of California's Mental Illness System*, Hastings Law Journal, Vol. 54, p. 510(2002).

③ Kayumba F & Nkhata C., *Protection of the Rights of Persons with Mental Disabilities to Liberty and Informed Consent to Treatment: Critique of Gordon Maddox Mwewa & Others Attorney - General Another*, African Disability Rights Yearbook, Vol. 6, p. 80(2018).

可的是被强制医疗人接受强制医疗的责任,在具体采用何种治疗方案上,应当享有知情同意权,特别是要保障近亲属的知情同意权,还应当加强对医院医疗决定权的监督。基于此,在刑事强制医疗执行制度中,法律和医疗产生了交汇,将精神健康权融贯其中,既平衡精神健康权与人身自由权之间的张弛关系,也可以纾解强制医疗中的监管权力和医疗技术的“任性”。

第二节 刑事强制医疗执行的国家义务

按照权利和义务相对应的理论,刑事被强制医疗人享有的精神健康权应该对应某种义务,这就需要考察刑事强制医疗执行制度中所涉及的权力。这项制度的运行是通过法院判决授权强制医疗机构进行治疗和监管,是由国家公权力介入实施的强制医疗,而非公民个人到医疗机构进行私权意义上的诊疗。也就是说,刑事被强制医疗人因为精神障碍需要接受治疗,但这是一种限制人身自由的被动式治疗,这就涉及国家权力介入的正当性问题,即国家权力介入的依据是什么?国家是否应当承担精神健康权对应的义务?

一、既有学说的批驳

(一)法律父爱主义

1.法律父爱主义在精神障碍治疗上的体现

古典经济家亚当·斯密的自由主义经济思想在美国盛行到20世纪20年代后,特别是在1929年的经济危机后,干预主义思想逐渐占据主导地位,体现在美国政府不断加强权力对各个领域的管控。对此,美国学界采用父爱主义对权力介入的正当化予以论证。父爱主义(paternalism)又称家长主义、父权主义,顾名思义,就是国家对待公民就像父亲爱护和管教孩子一样,当权力得以合法化后就意味着作为一种法律介入模式的法律父爱主义应运而生。“法律家长主义是指法律为了当事人自身的利益而限制其自治”①。

法律家长主义适用于各个法律领域,在医疗中,公民到医疗机构就诊产生契约关系,由私法来调整,精神障碍治疗通常也是如此。不过,严重精神障碍患者常常会有自伤或伤人的行为或危险,对社会安全和社会秩序会造成严重威胁甚至破坏,但是他

---

① 孙笑侠、郭春镇:《美国的法律家长主义理论与实践》,载《法律科学》2005年第6期,第110页。

们可能是无民事行为能力人或无刑事责任能力人。且不说他们需要承担民事上的赔偿责任,单就他们的精神障碍问题而言,国家就不能置若罔闻,实践中存在一种现象是家庭因承担不起精神障碍患者的医疗费用,对具有暴力倾向的精神障碍患者采取自制牢笼的方式进行关押,更有甚者,家庭为了制止精神障碍患者实施暴力,而采用私力的方式将其杀害。这进一步证明对于这类精神障碍患者的治疗必须有国家权力的介入,各国纷纷制定法律对特定的精神障碍患者实施非自愿住院治疗制度。也就是说,"在现代法治国家,由于政府对私人行为的干预是以法律为根据进行的,这种干预实际上就是法律对私人行为的干预"①。因此,用法律父爱主义来解释刑事强制医疗执行制度和非自愿住院治疗制度的正当性,实际上是现代国家基于公民健康权保障和社会安全稳定的考虑,发挥权力的主动性开展的一项法治治理工作。

2. 法律父爱主义在刑事强制医疗执行中的隐含问题

在刑事强制医疗执行制度中,制度设立的理想期待与现实状况更容易引起人们的关注。刑事被强制医疗人是严重精神障碍患者,是无刑事责任能力人,国家需要对他们予以特别关爱,这时法律父爱主义在其中似乎更易于理解。不过理想状态并不会因此而形成,在现代,国家不可能像家庭那样去无私地关爱每个成员。这也就意味着国家权力的介入必然会损害这部分人的利益,也就是说国家权力与精神障碍患者权利会发生冲突,最典型的是精神障碍患者的人身自由会受到限制。

之所以限制他们的人身自由是因为这类患者具有社会危害性,国家权力的介入力度必须更强。我国已经将强制医疗纳入司法范畴,也就是经过法定程序,由人民法院作出强制医疗决定。可见,对这类人员的治疗远远超出私法范畴,在执行的过程中,法定的强制医疗所(安康医院)或指定的精神卫生医疗机构和综合类医疗卫生机构获得授权对刑事被强制医疗人实施强制医疗,如何治疗的决定权在强制医疗机构,法律并没有赋予刑事被强制医疗人和家属知情权或选择权,拒绝接受治疗的权利已经被强制医疗所取代。因此按照权力容易被滥用的理论,法律父爱主义在刑事强制医疗执行制度中体现得越明显,被强制医疗人权利被侵犯的可能性就越大。法律父爱主义在刑事强制医疗执行制度中隐含问题的关键点在于在什么条件下以及出于什么原因,国家机构可以强制性地限制个人自由,以及如何进行限制。我国有的论者对法律父爱主义能否在实践中获得应用提出了疑问,"一方面,考虑到法律问题的复杂性,主权者/国家完全可能出现判断的失误,因此那种忽视普通民众之自治能力的理论框架便不足以实现权利保护的目的;另一方面,作为一种政治道德理论,法律家长主义也不会轻易地被纳入进法律的教义学论证之中,除非它能够在更大地范围内拥

① 黄文艺:《作为一种法律干预模式的家长主义》,载《法学研究》2010年第5期,第6页。

有一种整体价值上的融贯性”①。

3. 硬性法律父爱主义在刑事强制医疗执行中的困境

法律父爱主义是对自由的约束，根据约束的程度可以分为软性父爱主义和硬性父爱主义。美国学者萨迪斯·梅森·波普对两个概念进行了界定，“软性父爱主义只约束主体不同意的行为。自由限制原则的核心思想是，只有‘真实的’决策（那些没有认知和意志缺陷的决策）才值得尊重。例如，如果您要吃一个只有我知道会中毒的苹果，那么出于家长式的软禁，我可以合理地干涉您的自由并阻止您食用该苹果”。“硬性家长主义是对主体同意的自我尊重行为的限制，第一，家长式代理人必须故意限制主体的自由，第二，代理人必须限制受试者的自由，第三，代理人的仁慈动机必须独立于对象的同期偏好，第四，代理人必须要么忽略受试者基本上自愿地从事受限行为的事实，要么故意限制受试者，否则，代理人的限制将是软性的家长制。”②萨迪斯·梅森·波普在另一篇文章中进一步对比分析了两种父爱主义的区别：“软性父爱主义制裁仅仅是为了保护对象免受其不同意的伤害，或者确保或确认对象确实同意这种伤害。它不要求任何‘真实’决定的约束。相反，它只要求约束受损的决定，这些决定是强迫或错误信息的产物。与软性父爱主义相反，硬性父爱主义不能使他们做出更明智的决定，也不能使他们有能力做出更明智的决定。取而代之的是，硬性父爱主义旨在压倒他们的决定。”③根据硬性法律父爱主义的含义，在刑事强制医疗执行制度中，被强制医疗人是被动的主体，必须接受强制医疗机构的治疗和监管，这是一种“硬性”，它是一项限制人身自由的约束措施，再加之被强制医疗人精神健康权保障状况一直备受争议，各国努力通过立法不断进行调整和规范。

美国学界对法律父爱主义一直存在争论，主要集中于当国家权力介入原本属于私法范畴的事务时某些国家行动是否具有强制性和是否允许国家以某些意图行事两个方面。尼古拉斯·康奈尔提出了第三种理论论证法律父爱主义的合理性，“要关注于行动或策略所隐含的内容。它始于家长式的行动或政策隐含地表达另一方的观点，这种表达可能是不尊重他人的。通常，被告知在自己控制范围内最不了解的事情，这是非常令人反感的。一个特定家长式例子的规范性效价，开启了同样复杂的语境因素，这些因素影响着一个特定的陈述是错误的还是冒犯性的”④。也就是说，法律

---

① 张帆：《法律家长主义的两个谬误》，载《法律科学》2017 年第 4 期，第 12 页。

② Thaddeus Mason Pope, *Counting the Dragon's Teeth and Claws: The Definition of Hard Paternalism*, Georgia State University Law Review, Vol. 20, p. 669, 683 – 684 (2004).

③ Thaddeus Mason Pope, *Monstrous Impersonation: A Critique of Consent – Based Justifications for Hard Paternalism*, UMKC Law Review, Vol. 73, p. 685 (2005).

④ Nicolas Cornel, *A Third Theory of Paternalism*, Michigan Law Review, Vol. 113, p. 1336 (2015).

父爱主义将国家的“关爱”强加给精神障碍患者,但这是否就是精神障碍患者之所需呢？必须探究强制医疗与精神障碍患者需求的内在关系,如果是一种冒犯则是可以修正的,如果是一种错误则必须革除。

根据“硬性”的语义可以将硬性法律父爱主义进一步区分为强迫性法律父爱主义和强制性法律父爱主义。强迫性法律父爱主义是国家通过威胁或制裁来强行限制主体的自由,使主体没有选择方案。强制性法律父爱主义是将某些方案变得困难或不便,从而破坏这些方案的吸引力,使主体选择遵循国家提供的方案。之所以做这种区分,是因为如果简单地将硬性法律父爱主义套用在刑事强制医疗执行制度正当性论证中,会出现将权力的运行理想化或完美化的问题,从而掩藏制度背后的风险。强迫性法律父爱主义是一种专断,并不考虑被强制医疗人的权利,强制性法律父爱主义虽然考虑被强制医疗人的权利,但是对被强制医疗人的主观意愿采取推定的方式,如果欠缺有效的监督措施,就会滑向强迫性法律父爱主义。

4. 硬性法律父爱主义在刑事强制医疗执行中的三种形态

(1)国家父爱主义

如果依据权力的介入标准,那么在刑事强制医疗执行制度中,父爱主义不仅仅体现在国家的立法权、行政权、司法权之中,而且体现在授权之中。刑事强制医疗执行制度所涉及的主体包括立法机关、行政机关、司法机关、被强制医疗人及其近亲属。如果将国家权力直接介入之处称为国家父爱主义,那么立法机关制定《刑事诉讼法》,司法机关适用法律过程中贯彻的都是国家父爱主义。在执行阶段,《刑事诉讼法》第307条规定:“人民检察院对强制医疗的决定和执行实行监督。”最高人民检察院出台了《人民检察院强制医疗执行检察办法(试行)》,进一步完善了刑事强制医疗执行检察机制。可见,执行阶段的治疗和监管虽然授权给医疗机构,但是为了保障被强制医疗人的权利,国家父爱主义仍然有明显的体现。

(2)医疗父爱主义

进入执行阶段后,强制医疗机构根据法院刑事强制医疗决定书获得授权开展治疗和监管,这时候就产生医疗父爱主义。刑事强制医疗与普通医疗最大的不同是医疗机构获得授权限制被强制医疗人的自由,具体体现在“第一,家长式医生可以限制患者人身自由。第二,家长式医生可能会通过遗漏或不默许来限制患者的自由。第三,家长式医生可能会通过改变患者的选择来限制患者的自由”①。如果回归至医疗本身,我们会发现,随着医疗技术的进步和人们对健康诉求的增强,人们对医生的依

① Thaddeus Mason Pope, *Counting the Dragon's Teeth and Claws: The Definition of Hard Paternalism*, Georgia State University Law Review, Vol. 20, p. 686(2004).

赖乃至信任也越来越强,这是因为医生掌握了疾病诊疗和健康维护的专业知识,在不知不觉中,医疗父爱主义的身影得以显现,特别是在强制医疗、疫情防控、疫苗注射等方面,医生的话语权日益凸显。在刑事强制医疗执行制度中,出现了医疗和法律的交叉,艾伦·布坎南对医疗父爱主义所产生的医疗和法律问题进行了剖析,“法律可以而且应该接受基本的批评,而这种批评不能来自法律本身,而是法律制度的运行机制是否是解决某些问题的最佳方式。对于医学上和法律上产生的问题,前者由医学专家处理,后者由法官和律师处理。医学事实本身不包含道德评判,法院判决中涉及的道德内容则是依据医学事实做出的”①。刑事强制医疗执行的依据是法院决定书,但是对被强制医疗人实施治疗的依据是医疗技术和规范,所以执行是在法律运行框架内的医疗行为,那么对于负责治疗工作的医生来说,如何评判此中所涉及的父权主义呢?这需要健全的刑事强制医疗执行制度,也需要遵守医疗规范的医疗行为。

(3)家庭父爱主义

在刑事强制医疗执行制度中,刑事被强制医疗人是无刑事责任能力人,医疗父爱主义的运行并不意味着医生能够在治疗和监管上尽善尽美,这时为了保护被强制医疗人的利益,家庭的作用就不能忽略,家庭父爱主义具有存在的必要性,例如《刑事诉讼法》第306条第2款规定:“被强制医疗的人及其近亲属有权申请解除强制医疗。”当然,仅仅是解除强制医疗申请权难以涵盖家庭父爱主义,因为在强制医疗过程中,近亲属的探视权、知情同意权等是必不可少的权利,这些权利的存在可以与国家父爱主义、医疗父爱主义形成制约。其实,《精神卫生法》在非自愿住院治疗近亲属方面涉及的家庭父爱主义有更多的体现。例如,第31条规定,精神障碍患者有本法第30条第2款第1项(已经发生伤害自身的行为,或者有伤害自身的危险的)情形的,经其监护人同意,医疗机构应当对患者实施住院治疗;监护人不同意的,医疗机构不得对患者实施住院治疗。监护人应当对在家居住的患者做好看护管理。第32条第1款规定,精神障碍患者有本法第30条第2款第2项(已经发生危害他人安全的行为,或者有危害他人安全的危险的)情形,患者或其监护人对需要住院治疗的诊断结论有异议,不同意对患者实施住院治疗的,可以要求再次诊断和鉴定。

另外,实施刑事强制医疗为的是使被强制医疗人能够回归社会,《刑诉法解释》第647条第1款第1项规定,“被强制医疗的人已不具有人身危险性,不需要继续强制医疗的,应当作出解除强制医疗的决定,并可责令被强制医疗的人的家属严加看管和医疗”。也就是说被强制医疗人解除强制医疗并非要等到完全康复之时,解除强制医疗

---

① Allen Buchanan, *Medical Paternalism or Legal Imperialism: Not the Only Alternatives for Handling Saikewicz - type Cases*, American Journal of Law & Medicine, Vol. 5, p. 114 - 115(1979).

首先需要回归家庭,如果在家里不能坚持服药或受到家庭环境的不良刺激,他们的病情往往会出现复发和加重,因此如果家庭父爱主义的作用不能得到有效发挥,被强制医疗人就可能无法顺利回归社会。

5. 法律父爱主义不是刑事强制医疗执行的正当化依据

按照法律父爱主义的含义,刑事强制医疗执行制度是其最佳例证。那么法律父爱主义的权力一方为何可以称为"父爱"? 有的研究者指出,"《精神卫生法》呈现出的法律父权主义,其整体思路是将政府、医疗方、精神障碍患者监护人等预设为'道德人',而将非自愿入院的精神障碍患者预设为完全无意识能力的'非理性人'"①。道德人是一种完美主义的假设,由此而得出的法律父爱主义也是一种对理想的追求,"法律家长主义是个积极、正当的法律概念,它折射出一个基本精神前提是,现代社会对于人的一种假定,即法律所调整的有需要被救助的个人,也有因理智不够健全需要给予管制的弱势之人"②。当然法律父爱主义在不同法律领域存在的依据也有所不同,例如法律父爱主义与刑事强制医疗的契合依据在于"精神病人基于精神疾病的困扰,缺乏良好的理性控制能力,难以做出符合正常社会规范的行为,而可能对社会造成危害的风险"③。

由此可见,在道德人这一理想假设下,所关爱的一方是弱势群体,用法律父爱主义论证刑事强制医疗执行制度的正当性在动机上表现为为被强制医疗人的利益所考虑,但是却将被强制医疗人定义为非理性之人,这实际上是将"理性"作为人之为人的基本前提,推理可知"非理性之人"就是"另类"。这也就意味着被强制医疗人作为人的价值和存在就被贬低甚至被彻底否定,其实即便是非精神障碍患者也常常存在非理性状态。因此被强制医疗人是存在一种认知能力的减弱或丧失,在刑法上是无刑事责任能力人。

那么如何来为被强制医疗人寻求"父爱"的正当性呢? 这需要从人格上找寻依据,"在人格中来寻求人权的根据意味着对人权的内容施加了一个明显约束:并非任何促进人类的善或者人类繁盛的东西都可以算作人权的对象,唯有人的资格所需要的那些东西才可以称为人权的对象"④。被强制医疗人所需要的就是精神健康,并且应当是有尊严地接受强制医疗,事实上,被强制医疗人虽然经过法院决定不负刑事责

---

① 曾日红:《"被精神病"问题背后的父权主义》,载《南京医科大学学报(社会科学版)》2013 年第 3 期,第 202 页。

② 潘侠:《精神病人强制医疗法治化研究——从中美两国对话展开》,中国政法大学出版社 2015 年版,第 75 页。

③ 宋远升:《精神病强制医疗中的法律父爱主义》,载《政法论丛》2016 年第 2 期,第 40 页。

④ [英]詹姆斯·格里芬:《论人权》,徐向东、刘明译,译林出版社 2015 年版,第 41 页。

任,但是在强制医疗中对其人身自由的限制仍可以视为一种惩罚,而且"精神病"这一标签化的名词,在经过了法院判决后,增强了它的污名性。"这样一种将精神病人非人化、将精神病人驱逐出权利秩序、将精神病人从我们当中隔离出去的观念和想法,却通过各种制度得到实施。"①

基于此,法律父爱主义不适合作为刑事强制医疗执行制度正当性的理论根据。作为一种舶来品,是否适合我国法治实践,须回溯它存在的本质。这一理论实则是为权力介入或权力干涉提供理由,从动机上看是完美的,但这并不能成为充分的论证依据,正如美国学者保罗·高德所言,"要从理由上而非动机上为父爱主义辩护,从自由、平等等价值观上推论父爱主义的正当性,这种理由通常会基于一些隐性或显性的事实主张,即有关问题的主体为什么在没有某种干预的情况下无法满足自己的利益或价值观"②。所以刑事强制医疗执行制度正当化的依据应当是以被强制医疗人精神健康权为出发点,明确国家实施干预的价值基础,阐释被强制医疗人为什么在没有国家强制医疗的情况下无法满足自己的利益或价值观。

(二)国家监护权

1. 成年监护制度在刑事强制医疗执行中存在缺位问题

与原《民法通则》第13条单列"精神病人的民事行为能力"相比,我国《民法典》第21条第1款规定"不能辨认自己行为的成年人为无民事行为能力人",第22条规定"不能完全辨认自己行为的成年人为限制民事行为能力人"。虽然《民法典》中并未列明"成年监护",但是采用"成年人"的用语意味着无民事行为能力和限制民事行为能力的成年人不再局限于精神病人,而应该是指精神上的、心智上的、肢体上的残疾人。第33条规定:"具有完全民事行为能力的成年人,可以与其近亲属、其他愿意担任监护人的个人或者组织事先协商,以书面形式确定自己的监护人,在自己丧失或者部分丧失民事行为能力时,由该监护人履行监护职责。"此条确立了我国的意定监护制度。由此形成了我国的成年监护制度,"成年监护制度是指成年人因意思能力不足而不能处理自己的事务时设立的保护和援助制度"③。

从监护权主体看,成年监护人主要是由自然人来担任,按照《民法典》第32条规定:"没有依法具有监护资格的人的,监护人由民政部门担任,也可以由具备履行监护

---

① 戴庆康:《权利秩序的伦理正当性——以精神病人权利及其立法为例证》,中国社会科学出版社2007年版,第239页。

② Paul Gowder, *Democratic Paternalism, Not Libertarian Paternalism*, Georgetown Journal of Law & Public Policy, Vol. 14, p. 754(2016).

③ 李霞:《成年监护制度研究——以人权的视角》,中国政法大学出版社2012年版,第5页。

职责条件的被监护人住所地的居民委员会、村民委员会担任。”可见组织或单位也可能称为监护人，但是这并没有超过私法范畴，仍然受到民事法律的调整。第34条第1款规定：“监护人的职责是代理被监护人实施民事法律行为，保护被监护人的人身权利、财产权利以及其他合法权益等。”法律明确规定了监护人的职责。目前，精神障碍患者仍然是成年监护的主要群体，具体的监护事宜适用民事法律，这时精神障碍患者主要是居家生活，国家权力并不介入。但是从刑事强制医疗执行制度看，被强制医疗人在医疗机构接受治疗和监管，人身自由受到限制，监护人虽然可以代理一部分民事权利，但是诸如人身自由权、精神健康权等方面的权利却无法代理行使。这时，监护权就陷入缺位的处境，被强制医疗人的权利保障就出现残缺。

2. 国家监护权在公法领域中应用的困境

在我国公法之中并无国家监护权的概念，不过学界将私法中的监护制度引入公法研究之中。研究者认为，“国家权力愈加深入地介入到监护制度中，监护的国家职能性、救助性更加明显，国家监护主义已成共识”①。有的研究者将国家监护制度分为两种方式，即“国家监督和直接代行监护权”②。但是关于国家监护权的研究并没有拓展至成年监护，而是集中于未成年人监护制度，这在一定程度上体现了研究者对未成年人权利的积极关注。

在美国实行的是公共监护制度，根据《公共监护法》，公共监护人与任何其他监护人具有相同的职责和权力，共有四类公共监护权人即法院、独立的国家机关、社会服务机构的部门、一个县级机构，为两类不同的人群提供服务，即丧失决策能力的年长无行为能力的人和智障和/或发育障碍的人。公共监护权是指“在没有愿意和负责任的家庭成员或朋友担任私人监护人的情况下，或在没有资源聘用私人监护人的情况下，由公职人员或公共资助组织担任法定监护人的任命和责任”③。公共监护权的目的是满足病房需求，改善或维持病房功能并保护那些无法照顾自己的人的资产。几乎所有的州监护法规都允许或鼓励法院将监护令的范围限制在病房之中。这实质上是医疗监护模式，“注重的是对身心障碍者的治疗和修复，精神障碍者和其他残疾者通常被封闭在精神病院或者疯人院中，作为医疗、康复和慈善的客体，被隔离于正常人的社会（区）之外”④。

---

① 魏增产：《国家监护主义的一个窗口——〈监护制度比较研究〉评》，载《北京科技大学学报（社会科学版）》2010年第3期，第170－171页。

② 郭晶、曲姣姣：《刑事诉讼期间国家监护制度初探》，载《犯罪研究》2017年第3期，第88页。

③ Pamela B. Teaster & Erica F. Wood, *Wards of the State: A National Study of Public Guardianship*, Stetson Law Review, Vol. 37, p. 205 (2007).

④ 李霞：《成年监护制度的现代转向》，载《中国法学》2015年第2期，第200页。

我国关于单位或组织可以作为监护人的规定与美国的公共监护相类似,但是这在我国仍属于私法范畴,美国的公共监护制度是由国家权力介入,属于公法范畴,由于其实行的是一种医疗监护模式,弊端也非常明显,“作为成年人保护服务连续性的一端,对公共监护的需求日益增加,这是为了促进独立生活并预防或补救日益增加的对成年人的虐待,忽视和剥削。然而,公共监护权的全面干预导致个人丧失几乎所有合法权利,并实现了可疑的系统性结果”①。可见,公共监护制度存在权力过度干预,以至于损害被监护人权利的问题。2006 年联合国大会通过的《残疾人权利公约》加强了对残疾人权利的保障,国家权力不断保障精神障碍患者权利,“将原有的监护进行整合,扩展到决策领域,努力扩大为精神障碍患者提供的基于社区的服务,为他们提供更多机会并更加尊重残疾人固有尊严”②。回归到精神障碍患者的人格尊严,就是要减少国家权力的干预,尊重他们的自主性,从平等性上为这类弱势群体提供保护。

3. 国家监护权对刑事强制医疗执行的意义

(1)刑事被强制医疗人需要被监护

监护权的本质在于监护人对被监护人各项事务的代理,目的是保护被监护人的合法利益,强调的是被监护人因为自身的身体或精神原因无法行使相关权利,而由监护人代理行使和保护。就成年监护而言,监护人通常是成年被监护人的近亲属,他们最了解被监护人的所需所想,而且因为亲属关系,能够最大限度地维护被监护人的利益。《民法典》第 35 条第 3 款规定:“成年人的监护人履行监护职责,应当最大程度地尊重被监护人的真实意愿,保障并协助被监护人实施与其智力、精神健康状况相适应的民事法律行为……”正是因为监护人是被监护人的近亲属所以他们了解被监护人真实意愿的可能性更大。当然,这并不否定监护人存在滥用监护权的情形。对此,《民法典》第 34 条第 2、3 款规定有明确的法律责任,即“监护人依法履行监护职责产生的权利,受法律保护。监护人不履行监护职责或者侵害被监护人合法权益的,应当承担法律责任”。监护人作为私权主体在行使监护权时既有保障也有制约,正如梁慧星教授所说,“中国民法通则规定之监护制度,纯粹为保护被监护人的利益”③。

刑事被强制医疗人在接受治疗和监管期间,其财产权利、诉讼权利固然可以由监护人通过监护权来保护,但是监护人和被强制医疗人处于分离状态,那么监护人就难

① Winsor C. Schmidt & Pamela B. Teaster, *Program and Ward Characteristics and Cost Savings of Public Guardianship: An Evaluation of the Florida Public Guardianship Program*, University of Florida Journal of Law and Public Policy, Vol. 28, p. 351(2017).

② Leslie Salzman, *Guardianship for Persons with Mental Illness - A Legal and Appropriate Alternative*, Saint Louis University Journal of Health Law & Policy, Vol. 4, p. 281(2011).

③ 梁慧星:《民法总论》(第 2 版),法律出版社 2001 年版,第 103 页。

以了解和掌握被强制医疗人的各方面状况，这就出现了监护权被割裂的问题。因此被强制医疗人需要被监护，问题的关键是如何构建与刑事强制医疗执行制度相契合的成年监护制度。

(2)国家监护权难以解决刑事被强制医疗人的成年监护问题

①刑事被强制医疗人在成年监护制度中面临的问题

《残疾人权利公约》第12条第2款规定："缔约国应当确认残疾人在生活的各方面在与其他人平等的基础上享有法律权利能力。"我国监护制度是以行为能力状况为标准，这意味着无行为能力人的法律行为是无效的，"结果是不合理地剥夺个人的自由和地位，全面牺牲了本人的行为能力和自治机会"①。这与残疾人权利保障要求存在不一致，而且容易陷入禁治产制度的旋涡，"禁治产人，是指对于精神发生障碍，致不能处理自己事务之人，经一定范围之人的申请，由法院以裁定方式宣告，使其成为无行为能力、限制行为能力人之制度"②。这项制度存在侵犯人权的问题，《残疾人权利公约》在序言中指出，"确认个人的自主和自立，包括自由作出自己的选择，对残疾人至关重要"，由此确定了残疾人的自我决定权；1989年联合国大会通过的《卢克索尔人权宣言——为患精神疾病的人而发布》宣布，"残疾人(含精神残疾人)，作为人的尊严应受到尊重。他们有权过上正常人的体面生活"。由此"自主决定权""正常化"理念成为残疾人包括精神障碍患者人权保障的基本要求。然而在禁治产人的确认过程中和确认后，被监护人均没有自我决定权，并且生活的正常化也难以保障，于是现代国家纷纷废止了禁治产制度，也就是否定"行为能力"而肯定"意思能力"作为成年监护制度的条件。

我国成年监护制度采取的是行为能力的认定标准，也就是将监护与行为能力相关联，由此导致被监护人意思自治被忽视，也就是说，"行为能力欠缺的认定伴随着法定代理人的指定，由后者代替被监护人实施法律行为，这无疑对被监护人的自主决定权构成了严重侵犯"③。行为能力属于法律概念而非医学概念，但是实践中存在以医学证据等同于行为能力认定的问题。因此被强制医疗人在我国成年监护制度中面临着意思能力未成为认定标准和法院认定过于依赖医学诊断的问题。

②国家监护权与刑事强制医疗执行制度之间的内生障碍

如果按照目前我国成年监护制度来审视刑事被强制医疗人监护问题，会存在以

---

① 李霞、陈迪：《从〈残疾人权利公约〉看我国新成年监护制度》，载《法治研究》2019年第6期，第48页。

② 李霞：《论禁治产人与无行为能力人的当代私法命运》，载《法律科学》2008年第5期，第81页。

③ 彭诚信、李贝：《现代监护理念下监护与行为能力关系的重构》，载《法学研究》2019年第4期，第62页。

下三个方面问题：

一是人民法院对精神障碍患者做出刑事强制医疗决定书的基本条件之一是精神障碍患者“经法定程序鉴定依法不负刑事责任”，似乎同时宣布被强制医疗人是无民事行为能力人，但是又未明确监护人和监护职责，那么无民事行为能力人和无刑事责任能力人之间是什么样的关系？这就涉及《刑事诉讼法》“依法不负刑事责任的精神病人的强制医疗程序”与《民法典》“监护制度”有效衔接的问题。

二是从民事法律层面看，《民法典》第 24 条第 1 款规定：“不能辨认或者不能完全辨认自己行为的成年人，其利害关系人或者有关组织，可以向人民法院申请认定该成年人为无民事行为能力人或者限制民事行为能力人。”据此，法院对无民事行为能力人的认定是以申请为程序启动方式，而且这种申请是“可以”而非“应当”。但是被强制医疗人与普通的精神障碍患者不同，他们的人身自由所受到的限制是因为国家权力的介入，是以法院决定书为依据，如果不明确他们的监护人，那么仅依据《民法典》中关于法定监护的规定，会出现争抢或者推诿的情形，同时还伴随着监护权滥用的问题，导致被强制医疗人在强制医疗机构之外的相关合法权利得不到有效保障。

三是刑事被强制医疗人在强制医疗机构接受治疗和监管期间，也就是在强制医疗机构之内相关权利如何保障的问题，根据《刑事诉讼法》的规定近亲属有权申请解除强制医疗，这仅仅是诉讼权利的保障。此外，还有被强制医疗人的人身权、精神健康权等方面的权利的保障问题。那么国家监护权能否解决这一问题呢？笔者认为，基于民事上成年监护制度的现存问题和刑事强制医疗执行制度的立法规定，假定存在国家监护权，那么作为以医疗为主业的医疗机构，缘何承担以“自主决定权”“正常化”为理念的被强制医疗人权利保障责任；如果由其他国家机关承担监护职责，按照现有制度设计，检察机关可以介入，但是监督权和监护权显然是不同的，更多的是监督纠正医疗机构在治疗和监管中与法律规定不一致的方面。这时又绕回到被强制医疗人的民事监护制度上，但是面对封闭式的强制医疗执行场所，监护人也是心有余而力不足。

基于此，如果将国家监护权作为刑事强制医疗执行制度正当化依据的话，在监护主体、内容、责任等多方面都是模糊不定且欠缺理论依据的，而民事领域中的成年监护制度在刑事强制医疗执行制度中并不能得到全面的适用，再加之，被强制医疗人本人意思能力的欠缺，最终可能会出现权力侵蚀权利后果，这类群体的权利可能会沦为一种宣言或奢望。

二、国家义务论的展开

公民与国家的关系是法学研究的核心问题之一，追溯至近代启蒙思想家关于国家的理论设计,我们可以看到为了反对封建专权和解放人性,启蒙思想家采用自然权利和社会契约论论证国家存在的正当性。资产阶级革命胜利后,近代公民与国家的关系通过宪法确立下来,于是"基本权利"与"国家义务"这对概念得以形成,彼时基本权利是以生命权、财产权、选举权等自由权属性的权利为主,国家义务以消极义务为主;直至"二战"后,国家权力运行由自由放任转向积极干预,以健康权、环境权、劳动权等社会权属性的权利为主的基本权利体系逐渐确立,国家义务以积极义务为主。与此同时,国际人权文件陆续颁布,明确了各国人权保障的国家义务。当然,基本权利和国家义务是以实践为检验标准的,也就是体现在公民基本权利保障和国家权力运行之中。刑事被强制医疗人作为非自由人、精神障碍患者、残疾人,属于弱势群体,他们享有作为一般人的基本权利,同时也享有作为特殊主体的基本权利,那么在刑事强制医疗执行制度中,法律父爱主义和国家监护权作为国家权力运行和被强制医疗人权利保障依据的正当性论证中均存在依据不足的问题,如果采用"国家义务"能否与之形成契合?如果可以,被强制医疗人的基本权利所对应的国家义务是什么?

(一)基本权利与国家义务对应存在

近代启蒙思想家从人类的本性出发,提出自然权利的概念来反对封建专权,并论证自然权利所构筑的国家义务。霍布斯在《利维坦》中提出自然权利是"每个人按照自己的方式运用自己的全部力量保障存在即生命的自由"①,在启蒙思想家的观念中,自由是自然权利的核心内容,是人作为人的最本能诉求,国家承担保护公民自由的责任,其依据在于国家权力是由人民以契约的方式进行的权利让渡,正如卢梭所说:"要寻找出一种结合的形式,使它能够认全部共同的力量来卫护和保障每个结合者的人身和财富,并且由于这一结合使得每一个与全体相联合的个人又只不过是在服从其本人,并且像以往一样地自由。"②资产阶级革命胜利后,启蒙思想家主张的自然权利通过各国的立宪实现了制度化。当然,这离不开古典功利主义对基本权利和国家义务的论证和推动。边沁提出,"最大多数人的最大幸福是正确与错误的衡量标准"③,并将此作为国家权力应当遵循的原则,强调制定法律应当权衡权利和义务,达到最大功利目标;密尔指出,"政治制度是人的劳作;它们的根源和全部存在均有赖于人的意志"④,既然国家权力运行规则是由人来制定的,那么自然要维护人的

---

① ［英］霍布斯:《利维坦》,黎思复、黎廷弼译,商务印书馆1985年版,第97页。

② ［法］卢梭:《社会契约论》,何兆武译,商务印书馆2009年版,第19页。

③ ［英］边沁:《政府片论》,沈叔平等译,商务印书馆1995年版,第92页。

④ ［英］J. S.密尔:《代议制政府》,汪瑄译,商务印书馆1982年版,第7页。

利益。

按照权利与义务相对应的理论,当公民基本权利确立后,与之对应的国家义务本应产生,但是按照有"国家权力"便应产生"国家义务"的思维,那么国家权力横亘在基本权利和国家义务之间,就会导致权力本位常常侵蚀权利本位。进入现代,系列国际人权文件的出台以及各国的纷纷加入,文件中所确立的国家义务逐渐在国内法中得以转化,再加之,人权卫士的积极推动,逐步形成了因为存在国家义务而需国家权力运行的基本逻辑,即"从国家角度出发,出现了国家权力本位逐渐走向国家义务本位的发展趋势;从公民角度出发,历史上出现了义务本位与权利本位思想,也呈现出从公民义务本位逐步走向公民权利本位发展趋势"①。义务主体所行使的权力之所以具有正当性,是因为义务的履行是依据权利主体的利益而产生的,"正是义务的强制力量使权利得以生效"②。因此国家义务一词的提出符合现代国家权力运行规律,具有存在的正当性。否则权力行使者将承担相应的责任,以健康权为例,"政府对健康权的问责源于他们代表人民拥有信任的权力,他们的职责包括尊重、保护和实现健康权的义务,如果不遵守这些义务而采取行动,在民主国家中可能会导致选民选举是最终的民主问责机制"③。基于国家、义务、公民、权利等关键词的含义,可以将国家义务界定为国家按照宪法和法律的规定,以保障公民基本权利的实现为目标,合理、有效地推进权力运行。

(二)国家义务和刑事被强制医疗人基本权利的理论同质性解释

1. 国家义务和被强制医疗人基本权利同源于人的尊严

《世界人权宣言》《公民权利和政治权利国际公约》《经济、社会及文化权利国际公约》在论及人权时均使用"尊严"一词,人的尊严成为"二战"后国际人权运动、各国人权保障乃至国家政治制度正当性的基本依据,"人的尊严和价值代表了人类思想文明的现代深度,作为其制度化成果的人权体系构成了现代国际政治和国内宪治的正当性基础"④。当然,我们也不就此否定人的尊严在理论研究中存在的矛盾点,美国研究者将其概括为三方面的张力:"第一,自然与人为特性之间的张力;第二,它的抽象

---

① 龚向和:《国家义务是公民权利的根本保障——国家与公民关系新视角》,载《法律科学》2010 年第 4 期,第 4 页。

② [美]托马斯·雅诺斯基:《公民与文明社会:自由主义政体、传统政体和社会民主政体下的权利与义务框架》,柯雄译,辽宁教育出版社 2002 年版,第 67 页。

③ Siri Gloppen, *Litigation as a Starategy to Hold Governments Accountable For Implementing the Right to Health*, Health And Human Rights, Vol. 10, p. 22(2015).

④ 齐延平:《"人的尊严"是〈世界人权宣言〉的基础规范》,载《现代法学》2018 年第 5 期,第 23 页。

和具体特征之间的张力；第三，它的普遍和个人特征之间的张力。”①即便如此，我们必须承认的基本前提是人的尊严是不容否定的，它融合了自然与人为、抽象与具体、普遍与个人等多元因素，特别是进入近现代以来，随着人性的回归和民主国家的建设，对于国家和公民来说人的尊严已经成为二者的本质要素。从启蒙思想家关于“天赋人权”“人民主权”的论证看，国家因人民而存在，实际上国家权力的运行融入了人的元素，国家必须平等地尊重人的尊严，否则封建专权仍未消除。

尊严对于公民权利的意义是毋庸置疑的，美国奥黛丽·查普曼教授指出，“人的尊严以传统的法律和道德方式被用来强调个人做出自主选择的权利。这一概念将人的尊严视为增强能力的手段，一些学者甚至认为这是尊严观念的唯一适当规范性使用。当然，尊严还可以反映一种广泛的社会或道德立场”②。可以说，一个国家对于国民尊严的尊重程度反映了这个国家民主化程度和人权保障状况。当前，各国在确认和保障公民基本权利时融贯着人的尊严要素。当然，国情的差异导致国家义务和基本权利的规定不可能达到划一性。在一国之内，对不同群体也应当有所差异，例如对于刑事被强制医疗人，治疗和监管的依据是什么？人身自由应当限制到什么程度？如何进行规范治疗？这些都要从人的尊严这一原点出发进行设计和考量。

人权和人的尊严的传统目标主要是保护个人权利不受国家侵害。如果国家想侵犯一项基本权利，它必须以特殊方式证明这种侵犯是合理的，这也就意味着国家负担对这种干预的合法性进行证明的责任。在设计刑事强制医疗执行制度时，之所以不能由被强制医疗人自主决定是否接受强制医疗，是因为他的先行行为超出了公民可接受的范围，刑法和法律哲学教授埃里克·希尔根多夫指出，“在德国法律中，相称原则极为重要：如果国家要干预受人权或基本权利保护的地区，则国家干预必须追求合法目标，然后必须证明干预适合于实现这一目标，并且有越来越少的侵入手段可供使用。此外，从广义上讲，干预措施必须是适当的，它必须与整个法律体系的基本价值相一致”③。在刑事强制医疗执行制度中，被强制医疗人的尊严是制度运行的基本依据和评判标准，要使他们有尊严地接受治疗和监管，就要明确他们享有的基本权利，并以此为标准为国家义务设立边界。

---

① Monsalve, Viviana Bohorquez & Javier Aguirre Roman, *Tensions of Human Dignity: Conceptualization and Application to International Human Rights Law*, Sur International Journal on Human Rights, Vol. 11, p. 40 (2009).

② Chapman & Audrey R., *Human Dignity, Bioethics, and Human Rights*, Amsterdam Law Forum, Vol. 3, p. 10(2011).

③ Hilgendorf & Eric, *Human Rights, Human Dignity, and the Concept of Honour: A German Perspective*, Cardozo Journal of International and Comparative Law, Vol. 25, p. 507(2017).

2."福利国家"是国家义务和被强制医疗人基本权利的共同场域元素

(1)福利国家体现国家义务和基本权利的统一

福利国家是在资本主义工业化进程中形成的,当资本主义进入垄断阶段,国家对社会的干预程度不断增强,福利国家逐渐制度化;直至"二战"后,欧美等主要资本主义国家为了解决战后出现的诸多社会问题,执政党纷纷抛出自由、平等、公正的福利国家建设宣言,甚至形成了"福利共识","福利国家"一词随之产生,其是指"一种国家形态,在这种国家形态下,国家关注社会福利,对社会经济生活进行全面干预,为公民提供全面而有效的保障,保障社会秩序和经济生活的正常运行"①。"福利"还为国际人权文件所吸纳,例如《世界人权宣言》第25条规定:"人人有权享受为维持他本人和家属的健康和福利所需的生活水准",《经济、社会及文化权利国际公约》在关于缔约国的一般性义务中规定,"只能加以同公约规定的权利性质不相违背且仅为了促进社会福利依法确定的限制"。可见,在人权范畴内,国家义务与基本权利之间具有关联关系。

福利国家是在解决公民生存问题的基础上,力图进一步提高公民的生活幸福感,这也是现代以来公民的社会权得以兴盛的结果。特别是兴起于20世纪90年代的"治理"一词,应用到国家范畴。于是国家治理重塑了国家与公民之间的关系,随之以公民为主、政府为辅的公民与政府关系成为新型民主国家形态。由此来看,福利国家是国家与公民之间达到和谐的一种最佳状态,这是在双方自觉反思下实现了国家义务和基本权利的有机统一。与此同时,不可忽略的是资本主义福利国家的内生矛盾,特别是经济危机对国民生活产生的负面影响,使人们更为理性地看待福利所具有的无私性和资本主义所具有的自利性之间的矛盾。

(2)福利国家具有保障刑事被强制医疗人基本权利的义务

福利国家建设意味着国家任务的增长,就是要确立国家对国民所负担的义务,也就是明确国家义务的具体内容。南非研究者在论述福利国家建设时以国家补助为例认为,"国家补助是一项权利,而不是特权",在权利的保障方面进一步指出,"不论最终采用哪种社会福利模式,其公正运作的最大保障将是公众对权利的了解以及对实施这些权利的准备"②。

其实,福利国家建设看似是增加社会福利,实际上是围绕人的尊严,保障公民基

---

① [美]罗伯特·E.戈定主编:《牛津比较政治学手册》,唐士其等译,人民出版社2016年版,第324页。

② Burman, Sandra & Amanda Barrat, *Human Rights and the Administration of a Welfare System*, South African Journal on Human Rights, Vol. 9, p. 305, 307(1993).

本权利。当然,各国在确立和履行国家义务方面,存在不同的模式,一般而言是通过宪法和法律明确国家应当承担的义务,不过在实行联邦制的国家中,由于各州具有立法权,情况有所不同。例如,在美国,通过鼓励社会发展来增强国家对福利的自由度,实际上是联邦将宪法福利保障义务下放各州来履行,前提是假设各州最适合做出关于社会福利计划的决定,被认为具有更大的结构性能力来保护人权和鼓励参与,但是问题是他们"并不总是保护少数人的公民权利,他们并不总是为公民参与提供更多的机会,而且他们并不总是具有执行其成员的社会福利偏好的资源"①。也就是说,如果国家义务不能在国家宪法中予以明确,那么实行授权方式,会出现各州不一致,甚至差异非常大的问题。在德国,其《基本法》第 20 条第 1 款规定:"德意志联邦共和国是社会福利的联邦制国家。"这就确立了"福利国家原则",也为国家和各州的相关立法提供了基本依据。

(3)刑事被强制医疗人享有"美好生活"的权利

福利国家建设就是将国家发展成就给予国民,也就是让人们获得美好生活的权利,这需要国家积极作为来实现国民的增益,当然不可缺少的是干预行为,但是应当设定底线,也就是让公民的自主决定权保留在私人拥有的范围内,并能够按照自己的意思来行事。对于社会弱势群体,当他们无法提出权利主张时,就需要国家增加自身义务来保障他们的应有权益。法国奥利维尔·德·舒特教授指出,"有面对多种生活选择和对'美好生活'的各种理解,个人才能对他或她想要过的生活做出充分知情的选择。实际上,这可能是激活社会政策对人权构成的最终挑战。人们常说激活政策鼓励'职业道德',个人应积极参与社会活动以分享其利益;此外,还要使人们从福利转向工作,以确保他们的社会融合"②。对于刑事被强制医疗人来说,他们作为社会的一员,应该享有美好生活的权利。其实,对于精神障碍患者来说,他们最需要的是精神健康,这需要健全基本医疗卫生服务制度,他们获得健康权益,才能有机会追求美好生活。

党的十九大报告多次提到"永远把人民对美好生活的向往作为奋斗目标",并且指出"我国社会主要矛盾已经转化为人民日益增长的美好生活需要和不平衡不充分的发展之间的矛盾"。我们党和国家以人民为中心,从人权的层面来保障人民对美好生活的向往。2019 年 9 月 22 日国务院新闻办公室发表《为人民谋幸福:新中国人权

---

① Hershkoff & Helen, *Welfare Devolution and State Constitutions*, Fordham Law Review, Vol. 67, p. 1430 (1999).

② De Schutter & Olivier, *Welfare State Reform and Social Rights*, Netherlands Quarterly of Human Rights, Vol. 33, p. 159(2015).

事业发展70年》白皮书,在"重视保障特定群体权利"中指出,"全面开展残疾预防,不断加强康复服务,努力实现残疾人'人人享有康复服务'的目标"。我国研究者提出,"人权是对美好期望的承诺,其实现依赖于人的活动和劳动,以及人的需要和社会条件之间的矛盾变化"①。刑事被强制医疗人享有美好生活的权利,首先就涉及他们健康权的保障问题,当前《基本医疗卫生与健康促进法》的颁布为他们的精神康复提供了明确的法律依据,除此之外,《"健康中国2030"规划纲要》明确提出,"加强严重精神障碍患者报告登记和救治救助管理。全面推进精神障碍社区康复服务"。当然,并不能就此忽视刑事强制医疗执行制度的法律依据和事实根据,福利国家建设并不否定在特定事项上的必要性干预,这既要考虑社会秩序的维护,也需要权衡被强制医疗人人身自由的限制和精神健康权的保障。

(三)国家义务是保障刑事被强制医疗人基本权利的有效进路

一直以来,对于社会权的保障,我们寄希望于国家的积极作为,这就意味着国家权力在社会领域中的介入乃至干预,这看似是契合人们的内在诉求,实则偏信国家权力"善"的一面,轻视"恶"的因素。当精神疾病演变为社会发展的一项顽疾的时候,不断出现"被精神病""假精神病""武疯子"等现象,人们呼吁从法治层面进行规范,2013年实施的《精神卫生法》和《刑事诉讼法》分别从行政权和司法权上保障精神障碍患者权利,应当说两部法律为精神障碍所牵涉人权保障和社会防卫提供了有力的依据。但是对于具有社会危害性和人身危险性的精神障碍患者来说,是否仅仅通过刑事特别程序,将他们合法地送入强制医疗机构就解决了人权保障的问题呢?

1.国家义务是刑事被强制医疗人获得精神康复的充分条件

对于刑事被强制医疗人本人来说,他们接受强制医疗完全处于被动之中,甚至面临医学范畴的精神障碍诊断结果会成为法院裁决决定因素的风险,这既体现在刑事强制医疗审判阶段的精神障碍鉴定上,也体现在刑事强制医疗解除程序中的诊断评估报告上。可见,如果将司法裁决和医学诊断相混同,就可能导致被强制医疗人仅能获得形式化的诉讼救济权,这就要求"不仅在法律上而且在实际上要对群体或少数群体的身份进行保证,增强社会、技术、环境、生物等领域中的安全性,这只能通过国家的大量服务来实现。而且鉴于手段和资源有限,民主法必须确定个人保护的数量和质量"②。同时,不容忽略的是被强制医疗人在接受治疗和监管过程中在医学技术的干预下,容易被对象化,甚至存在强制医疗成为一种惩罚措施的恶害,劳伦斯·D.霍

---

① 周力:《从实现温饱到美好生活的中国人权叙事》,载《现代法学》2019年第6期,第25页。

② Denninger & Erhard, *State Tasks and Human Rights*, Ratio Juris, Vol. 12, p. 7(1999).

尔盖特否认强制医疗是惩罚的替代品，并认为“这种‘治疗性’惩罚不同于传统的司法惩罚，因为被告罪犯享有丰富的宪法保护，以防止虚假指控和压迫性起诉，而被告精神病人被剥夺了这些保护”①。

当然，为确保被强制医疗人尽早实现精神康复，在其基本权利体系中除了精神健康权之外，还包括自由权、诉讼权利，那么与此对应的国家义务应当包括哪些呢？根据《世界人权宣言》《公民权利和政治权利国际公约》《经济、社会及文化权利国际公约》关于人权保障的相关条款，可以发现国家承担的人权保障义务分为“尊重”“保护”“实现”三类，日本的大沼保昭将国家义务分为“尊重”“保护”“满足”“促进”②四类，我国研究者龚向和、刘耀辉将国家义务分为“保护”“尊重”“给付”③三类。笔者认为，既然基本权利与国家义务相对应，那么国家义务可以分为“尊重”“保护”“给付”“救济”四类。

(1)国家尊重义务

尊重义务要求的是国家不干预公民基本权利，这是一种消极义务，与基本权利的防御功能相对应。防御功能虽然要求国家保持消极不作为，但是要求国家制定法律明确公民基本权利，例如《宪法》第33条第3款规定，“国家尊重和保障人权”。国家尊重义务可以追溯至古典自由主义对个人自由高度推崇的主张，正如卢梭所言，“要寻找一个结合的形式使他以全部共同的力量来卫护和保障每个结合者的人身和财富，并且由于这一结合而使每一个与全体联合的个人又只不过是在服从自己本人，而且仍像以往一样自由”④。就自由来说，国家尊重个人自由的内容是什么呢？“国际文书承认特定的自由，但不承认‘自由’，即自治和选择自由，并且所保障的特定自由在重要的‘私人事务’中不包括个人自治。个人自治不受美国宪法的明确保护，而且长期以来在最高法院也一直被拒绝，但是我们现在知道的‘自由’也意味着自治。”⑤这实际上是对公民自主决定权的尊重，要求国家在制定法律时应当赋予公民选择自由。这也就意味着为公民自主决定权设定边界，因为权利的本质是一种利益，也就意味着是一种选择，不过由公民义务来约束。

刑事被强制医疗人被限制人身自由是依法而定，但是这并非否定他们的人身自

---

① Laurence D. Houlgate, *Rights, Health and Mental Disease*, Wayne Law Review, Vol. 22, p. 94(1975).

② [日]大沼保昭：《人权、国家与文明》(第2版)，王志安译，生活·读书·新知三联书店2014年版，第44页。

③ 龚向和、刘耀辉：《从保护、尊重到给付的国家义务内涵拓展——以自由主义的发展、转向为视角》，载《云南师范大学学报(哲学社会科学版)》2011年第2期，第90页。

④ [法]卢梭：《社会契约论》(第2版)，何兆武译，商务印书馆1980年版，第23页。

⑤ Louis Henkint, *A Post－Cold War Human Rights Agenda*, Yale Journal of International Law, Vol. 19, p. 250(1994).

由，在有限的人身自由范围内，应当尊重他们的自主决定权，根据《保护精神病患者和改善精神保健的原则》对于非自愿住院者规定的保障措施，“首先设立了一个推定，即对患者实施治疗须由患者在知情的前提下作出同意表示，即使非自愿住院患者。如患者没有能力做出这样的意思表示，那么这种治疗一般应经其私人代表或一个独立机构同意”①。因此，由监护人代理而为，同样是对本人自由的尊重。当然，此处的自由不能仅仅局限于人身自由权利，对于政治权利也同样应当适用个人自主决定或监护人代理行使的规定。

(2) 国家保护义务

保护义务要求国家应当积极作为，主动保障公民权利。例如，《宪法》第 13 条第 2 款规定“国家依照法律规定保护公民的私有财产权和继承权”；第 21 条第 1 款规定“保护人民健康”；第 40 条规定“中华人民共和国公民的通信自由和通信秘密受法律的保护”。保护义务与基本权利的客观价值秩序功能相对应。基本权利具有双重属性，即主观权利和客观价值秩序属性，前者是指“各种权利主体所享有的已经获得承认的权利的综合”，后者是指“所有基本权利都应作为直接有效的法律，约束国家权力”②。可见，客观价值秩序功能实现了基本权利的开放性，并为保护义务的制度化提供依据。

刑事被强制医疗人具有生命健康权，他们实施暴力行为是因精神障碍，国家担负着公民基本医疗卫生保障义务，他们虽然在实施暴力行为之前不一定获得国家基本医疗卫生服务，但是在实施暴力行为之后，国家有义务持续性或重新履行精神障碍的诊治义务。强制医疗执行制度的国家保护义务体现在防止被强制医疗人被精神障碍继续侵扰，同时也保护他们避免私力救济的伤害，并以司法裁决的方式启动国家的精神健康保护义务。那么医疗保健是政府应提供给公民的一项权利或应享权利，还是应根据私人选择和支付能力，像其他任何基于市场的商品或服务一样分配医疗保健呢？伊丽莎白·周·伦纳德指出，“健康是美国政府应向所有人提供的一项基本权利，这需要确定支持该主张的法律渊源。寻求这种保证的第一位是该国最高的法律，即《美国宪法》。《美国宪法》主要涉及保护个人自由和不受政府干预的自由，并未具体规定政府的职责或义务。其次，对健康，安全和福利的保护完全属于各州的第十修

① [英]奈杰尔·S. 罗德雷：《非自由人的人身权利——国际法中的囚犯待遇》，毕小青、赵宝庆等译，生活·读书·新知三联书店 2006 年版，第 325 页。

② 赵晶：《国家义务研究——以公民基本权利演变为分析视角》，天津人民出版社 2017 年版，第 127、128 页。

正案保留的权力”①。《美国宪法》强调对个人自由的消极保护,把保障公民健康权的国家义务赋予各州来履行,各州也通过制定相关的精神卫生法律来保障公民的精神健康权。

(3)国家给付义务

如果说保护义务是一项为公民提供的最低限度保障,那么给付义务就是国家以积极作为的方式,最大化地实现公民基本权利,这是基本权利的增益性功能,为实现公民基本权利的具体制度可以以此为依据实现正当化,以制度的方式履行给付义务,进一步明确了基本权利的具体内涵,加强了基本权利的效力,为国家权力确立了更为具体的约束力。2000 年联合国大会通过的《第 14 号一般性意见:享有能达到的最高健康标准的权利(第十二条)》对《经济、社会及文化权利国际公约》第 12 条规定的健康权进行了具体的阐释,“在一段时间内逐步实现健康权,不应解释为缔约国的义务已失去一切有意义的内容。相反,逐步实现意味着缔约国有一项具体和始终存在的义务——尽可能迅速和切实地充分实现第十二条”。

刑事强制医疗执行制度在作为一项具体制度来保障被强制医疗人获得最低限度生存标准的前提下,应当是以精神健康权为着力点,最大化地保障被强制医疗人的各项权利。“在国家范围内无障碍实现健康权具有四个重叠的方面:一是非歧视:所有人,特别是人口中最脆弱或边缘化的人群都必须能够获得医疗设施、商品和服务,并且不得以任何禁止的理由进行歧视。二是身体可及性:医疗设施、商品和服务必须达到公民身体可及的范围内,尤其是弱势或边缘化群体。三是经济上的可及性(负担能力):所有人必须负担得起医疗设施、商品和服务。四是信息可访问性:可访问性包括寻求、接收和传递有关健康问题的信息和想法的权利。”②当然,强调国家给付义务保障被强制医疗人基本权利,并不是忽略这类群体的潜存危险性,而是在限制人身自由的合理限度内,使他们平等地享有精神健康权,接受有效的治疗,确保及早回归社会。

(4)国家救济义务

“无救济则无权利”,国家义务自然包含救济义务,其中,司法救济是保障公民基本权利的最后一道防线,即当基本权利受到侵害需要补救和恢复的时候,公民通过诉讼权利请求法院审判来获得保障。“司法救济义务的绝对性对于公民基本权利是否能得到保障是有着决定性意义的。”③要实现公民基本权利的司法保障,首先需要确认

---

① Elizabeth Weeks Leonard, *State Constitutionalism and the Right to Health Care*, University of Pennsylvania Journal of Constitutional Law, Vol. 12, p. 1328(2010).

② Poudel & Mahesh Sharma, *Right to Health and Its Jurisprudence: An Overview*, NJA Law Journal, Vol. 5, p. 217(2011).

③ 张翔:《基本权利的规范建构》(增订版),法律出版社 2017 年版,第 195 页。

的是这些权利具有可诉性，以往存在争议的是社会权的可诉性问题，对此学界进行了充分的论证，普遍承认社会权具有可诉性①。其实，国家救济义务是尊重义务、保护义务、给付义务每一项义务的必要组成部分，之所以将其单列，是因为司法救济方式作为一种独立程序，具有特定的运行机制；实体权利具有可诉性，诉讼权利本身也需要获得救济。“诉讼可以促使政府对‘政策差距’和‘实施差距’负责。政策差距是国家根据国际法和国家宪法承担的法律义务与尊重、保护和履行法律之间的差异。对于健康权而言，诉讼可以在弥合这些差距以及使国家卫生法律和政策与人权规范所规定的健康权利义务保持一致方面发挥作用。实施差距是既定政策与已实施政策之间的差异。卫生权诉讼可以使政府和个人有权授权个人和团体更直接地执行法律，从而使政府对其法律和政策负责，并有助于实施。”②

在刑事强制医疗执行制度中，被强制医疗人所享有的实体权利受到侵犯时可以通过诉讼的方式获得救济，有的研究者指出公民健康权的司法救济有三个方面的作用：“通过制裁侵权和对权利人救济，保障公民的基本权利；通过对立法与行政权利的制约，限制权力的滥用和无为；通过违宪审查，维护宪法的权威”③；而刑事强制医疗执行阶段本就是刑事诉讼特别程序的组成部分，被强制医疗人享有申请解除强制医疗权、定期诊断评估权、申请复议权等。因此国家救济义务作为一项积极义务，所对应的是公民诉讼权利，这是一项国家义务，而非一种恩赐。

2. 国家义务是刑事被强制医疗人回归社会的有效保障

事实上，刑事被强制医疗人虽然不负刑事责任，但是他们已经实施了暴力行为，危害公共安全或者严重危害人身安全，被破坏的社会秩序以及被害人的利益仅仅通过对他们实施强制医疗并不能得到恢复，这在相关法律中并没有明确的规定。这时如果期待国家权力主动介入，效果未必明显，如果规定明确的国家义务，配之以责任条款，那么情形就会有所不同。

最主要的是，当解除刑事强制医疗时，刑事被强制医疗人可以走向社会，但是这并不意味着他们能够顺利回归社会。一方面，如果先前由被强制医疗人破坏的秩序和损害的利益没有获得及时有效恢复，那么必然成为他们回归社会的障碍，国家的积极救助固然重要，但是如果被强制医疗人本人能够主动修复的话，更有利于社会秩序

① 参见龚向和等：《从民生改善到经济发展：社会权法律保障新视角研究》，法律出版社 2013 年版，第 253 页；袁立：《传承与嬗变：社会权可诉性的多重面相》，载《中南民族大学学报（人文社会科学版）》2011 年第 2 期，第 118 页；汤闳淼：《社会权的确证与实现》，吉林大学 2016 年博士学位论文，第 122 页。

② Siri Gloppen, *Litigation as a Starategy to Hold Governments Accountable For Implementing the Right to Health*, Health And Human Rights, Vol. 10, p. 24(2015).

③ 邓海娟：《健康权的国家义务研究》，法律出版社 2014 年版，第 71 页。

的维护，正如美国研究者主张对精神障碍患者适用恢复性司法，其认为“当精神障碍患者的疾病相对稳定并且他们具有足够的人际交往能力与受害者进行有意义的对话时，应当适用恢复性司法”①。另一方面，解除刑事强制医疗的条件之一是刑事被强制医疗人不具有人身危险性，而非实现精神的完全康复，如果国家在解除刑事强制医疗后，不再履行帮助精神障碍患者精神康复的义务，那么这类群体的精神健康权就没有得到持续性保障，甚至可能出现病情复发而再次接受强制医疗的问题，所以精神障碍患者普遍存在“康复困境”和“社会排斥困境”②。美国参议员爱德华·肯尼迪呼吁，“现在是时候，将优质、负担得起的医疗保健视为所有美国人的基本权利，而不仅仅是少数人的昂贵特权”③。据此，要从平等性上确保刑事被强制医疗人在解除刑事强制医疗后能够与其他人一样平等地享有精神健康权。

---

① Sharon G. Garner & Thomas L. Hafemeister, *Restorative Justice, Therapeutic Jurisprudence, and Mental Health Courts: Finding a Better Means to Respond to Offenders with a Mental Disorder*, Developments in Mental Health Law, Vol. 22, p. 1 (2003).

② 高圆圆：《对精神残疾群体回归社会的思考》，载《黑龙江社会科学》2009 年第 5 期，第 168 页。

③ Senator Edward M. Kennedy, *Health Care as a Basic Human Right: Moving from Lip Service to Reality*, Harvard Human Rights Journa, Vol. 22, p. 168 (2009).

第三章

刑事强制医疗执行的基本原则

按照理念、原则、规则的制度逻辑，基本原则在法律规范体系和法学理论体系中均处于承上启下的地位，德国海德格尔认为，原则“即某物据以被规定为它所是和如何是的那个东西。是某物赖以立足的根据，是贯通并且支配着某物的整个结构和本质的东西。我们也把原则理解为原理”①。美国学者贝勒斯指出：“法律原则是那些由法官作出判决时使用的原则，或者是由发展立法以供法官使用的人们所使用的原则。因而，重要的是指出法官的角色和权力，而不是先入为主地判断实体和程序问题。”②由此体现了法律原则的内在属性与外在特征。在各法系国家的刑事诉讼法中均有关于基本原则的规定。我国《刑事诉讼法》规定了 14 项基本原则，这些原则“是由刑事诉讼法规定的，贯穿于刑事诉讼的全过程或主要诉讼阶段，公安机关、人民检察院、人民法院和诉讼参与人进行刑事诉讼活动所必须遵循的基本准则”③。不可忽略的是《刑事诉讼法》所增设的刑事特别程序不同于普通程序，所以特别程序除了应当遵循一般性的基本原则外，还需要根据各自的特点设立特殊性的基本原则，否则当特别程序运行涉及权力与权利关系调整时容易出现错位或失序的问题；刑事强制医疗执行也不同于刑罚执行，在规范体系上，后者比前者更为健全，目前《刑事诉讼法》关于刑事强制医疗的规定共计 6 条，其中执行的规定仅有两条，并无关于这一特别程序的基本原则规定，所以从制度建构的层面看，不仅需要健全的规则，也需要科学的原则。本书结合中外关于刑事强制医疗执行制度的理论基础和立法规定，重申程序法定原则在刑事强制医疗执行基本原则体系中的重要性，同时提出将比例原则和相对不定期原则也作为基本原则的主张，以此为刑事强制医疗执行制度的再设计和有效运行提供基本遵循。

---

① ［德］马丁·海德格尔：《尼采》（上卷），孙周兴译，商务印书馆 2010 年版，第 34 页。

② ［美］迈克尔·D. 贝勒斯：《法律的原则：一个规范的分析》，张文显等译，中国大百科全书出版社 1996 年版，第 14 页。

③ 陈光中主编：《刑事诉讼法》（第 4 版），北京大学出版社、高等教育出版社 2012 年版，第 89 页。

第一节　程序法定原则

法治建设离不开实体和程序的协同,二者均需法律的明确规定,任何一方出现失重,都是对法治精神的违反,所以要改变“重实体、轻程序”的现象,确立程序法定原则至关重要,因为在法治国家中,这项原则是规范权力运行和保障权利行使的基本原则。在刑事诉讼中,权力与权利的对峙更为明显,《刑事诉讼法》是一国人权状况的“晴雨表”,所以通过程序来实现正义,得到了各国的普遍采行。刑事强制医疗程序在2012年《刑事诉讼法》中成为特别程序,从此告别了刑事强制医疗只有实体法规定而缺少程序法规定的尴尬局面。这也意味着刑事强制医疗程序实现了司法化,强制医疗权纳入程序法的规制范畴,刑事强制医疗由不确定性走向确定性。相比刑事强制医疗审判程序的健全化和显性特点,《刑事诉讼法》关于刑事强制医疗执行的规定仅有两个条款,执行实践和状况存在隐性特点。因此本书在坚持程序法定原则作为刑事诉讼法一般性基本原则的同时,主张在刑事强制医疗执行制度中确立具有特殊性的程序法定原则,以此为刑事强制医疗执行制度的适用和完善确立依据。

一、作为一般性原则的程序法定原则

(一)程序法定原则的含义

刑事诉讼法上的程序法定原则是指国家刑事司法机关的职权设置以及追究犯罪、惩罚犯罪的程序必须由立法机关制定的刑事诉讼法做出明确规定,刑事司法机关违反刑事诉讼法的规定行使职权,就要承担相应的法律后果。国家刑事司法权包括实体层面的刑事处罚权和程序层面的刑事追诉权,所以从这个层面看,刑事实体法与刑事程序法本是一体的,在法律格言中“没有程序(法)即无实体(法)”这一说法足以体现刑事程序法的地位和作用。从刑法和刑事诉讼法关于基本原则的规定来看,也呈现出相互呼应的关系。刑法中的罪刑法定原则与刑事诉讼法中的程序法定原则,既体现两项原则各自的独立价值,也体现了二者之间互为支撑的关系,而且两项基本原则在刑事法律中均发挥着基石的作用。

1. 程序法定原则的两层含义

程序法定原则蕴含着一种静态和动态的含义,前者是指法律条文,后者是司法实践,正如宋英辉教授所指出的“程序法定原则是现代刑事诉讼的基本要求,它包含两层含义:一是立法方面的要求,即刑事诉讼程序应当由法律事先明确规定;二是司法方面的要求，即刑事诉讼活动应当依据国家法律规定的刑事程序来进行"[①]。可见，程序法定原则具有立法和司法双重要求。从司法实践看，"制定程序性法律是为了保证正确司法，所以，这种法律原则上被看成是有利于犯罪人的法律，它可以即行得到适用，并且可以对其做扩张解释"[②]。当然，即便是扩张解释也是相对的，因为随着时代的发展，采取绝对主义的观点，不利于惩罚犯罪，对此我国研究者提出"有限度地将有利于被追诉者作为优先适用原则"[③]。

2. 程序法定原则的两项内涵

刑事程序蕴含着形式和实质两项内容，按此逻辑，程序法定原则具有两项基本内涵，即程序法定的形式性和程序法定的实质性，也可以说形式意义上的程序法定原则和实质意义上的程序法定原则。

程序法定的形式性，又可称为狭义的程序法定原则，偏重于强调程序本身所具有的形式属性：一是这种形式性并非随意而为，因为刑事诉讼涉及司法权对公民基本权利的干预，所以必须由立法机关以法律的形式制定，而不能授权给其他机关。二是刑事诉讼是由不同的阶段组成，各阶段并非孤立存在，相互之间具有关联性，并形成一种严谨的体系，方能使刑事诉讼的运行符合司法规律、实现司法目的。三是刑事诉讼蕴含着技术性，既体现在立法技术上，也体现司法技术上，主要表现为将程序涉及的各种要素组成一种规范合理的有机结构，并在司法实践中合理理解和科学适用。

程序法定的实质性偏重于强调程序存在的正当性。任何一项制度要发挥生命力，就必须具有存在的正当性。程序的正当性源于价值根基，当然由于各国历史传统和社会制度等方面的不同，价值选择也是不同的，这就决定了各国在刑事诉讼的程序设计上各不相同。

（二）程序法定原则在国外的发展

程序法定原则在国家和国际的人权文件中均有体现。1789 年法国《人权宣言》第 7 条规定："除非在法律规定的情况下，并按照法律所规定的程序，不得控告、逮捕和拘留任何人。"联合国《公民权利和政治权利国际公约》第 9 条第 1 款规定："每个人都享有人身自由与安全的权利，任何人不得被任意逮捕或羁押，除非依据法律所规定的理由并遵守法定的程序，任何人不得被剥夺自由。"从两大法系的情况看，程序法定

---

① 宋英辉等：《刑事诉讼原理》，北京大学出版社 2014 年版，第 42 页。

② ［法］卡斯东·斯特法尼等：《法国刑事诉讼法精义》（上），罗结珍译，中国政法大学出版社 1999 年版，第 10－11 页。

③ 徐阳：《程序法定原则对刑事司法的规范意义》，载《法学》2014 年第 10 期，第 132 页。

原则是大陆法系的称谓，英美法系则存在正当程序原则，二者具有相通性，但存在差异。相通性一是体现在他们的最终目标都是保障人权，二是体现在程序法定的正当性和正当程序具有相似性。

在差异性方面，正当程序起源于英国1215年《大宪章》，最典型的当属《美国宪法修正案》第14条规定的正当程序条款，即"不经正当法律程序，不得剥夺任何人的生命、自由或财产"。美国还进一步将正当程序区分为程序性正当程序和实质性正当程序。纽约上诉法院在马克诉萨博（Mark v. Sabol）案件中对正当程序条款涉及的程序性和实质性正当程序进行了解释，"程序性正当程序主张对政府实行剥夺权利的程序进行质疑，而实质性正当程序主张则对诉讼本身提出了挑战"，"在实质性正当程序下，当政府将某人羁押时，它有义务承担一定的照顾和保护义务，而在政府羁押中对个人负有的义务的性质取决于其中的羁押类型"①。美国研究者对两种正当程序的区别也做了阐释，"虽然实质性正当程序在很大程度上通过限制政府权力的范围来限制任意政府行为，但程序性正当程序通过要求行使权力的规律性来限制政府的任意性，确保政府不会仅凭意愿就制定任何程序作为'正当的法律程序'"②。可见，程序性正当程序涉及的是法律实施的过程与方法，强调的是程序存在的法定化，并且要合理且公正；实质性正当程序又可称为实体性正当程序，从范围上对权力进行规范，是对立法机关和政府制定的法律、法规的实体内容必须符合公平和正义的标准。

由上，狭义的程序法定原则离不开正当程序原则，程序法定原则应当是形式性和实质性的有机结合体。虽然两大法系程序法定原则和正当程序原则在称谓、起源时间、产生原因、作用对象上有所不同，但是从未来的发展趋势看，基于共同防范权力的任性和发挥权利保障的作用，二者会相互借鉴和融合。

（三）程序法定原则在我国的体现

《刑事诉讼法》第3条第2款规定："人民法院、人民检察院和公安机关进行刑事诉讼，必须严格遵守本法和其他法律的有关规定。"这是程序法定原则的基本规定。在我国，随着法治国家建设进程的加快，司法改革蹄疾步稳，1979年《刑事诉讼法》在经过1996年、2012年和2018年三次修正后，已经由最初的164条增加到现在的308条；在《刑事诉讼法》的基础上，相关司法解释不但与时俱进地更新，而且数量也非常之多，职权配置、程序设计等各方面都得到了不断的优化，程序法定原则在法律条文

① Mark v. Sabol, 93 N. Y. 2d 710, 695 N. Y. S. 2d 730(1999).

② Burnett & Donna Sue., *The Constitutional Tolling Principle: Procedural Due Process Right to Judicial Review*, Houston Law Review, Vol. 17, p. 141(1979).

和司法实践中实现了有效的贯彻落实。当然,这其中还存在许多与程序法定原则不相契合之处,典型的体现是在刑事诉讼中"司法立法"和"行政立法"的现象依然存在。但是总体而言,司法解释使程序法定原则在刑事诉讼中的规范效力得到了强化,法律中的模糊性在非常大程度上实现了明晰。因此司法解释的存在价值应当得到肯定,如何避免司法解释对《刑事诉讼法》的突破以及解释条款之间的冲突,则可以通过健全制定技术和完善审查制度予以解决。在刑事诉讼制度中,不可忽略的是"行政立法"问题,"行政立法"意味着《刑事诉讼法》不再是规制国家刑事追诉权和保障公民刑事诉讼权利的唯一法律,那么不在刑事诉讼程序中运行的行政权,极易侵犯公民的刑事诉讼权利,《刑事诉讼法》上的程序法定原则就会处于虚置状态。

二、作为特殊性原则的程序法定原则

(一)刑事强制医疗司法化前程序法定原则的缺位

程序法定原则贯穿于刑事诉讼制度的全过程和全方位,并且需要设计具体的规则来予以贯彻。对于刑事强制医疗程序而言,其同样需要贯彻程序法定原则,并且作为一项特别程序,还需要有针对性的规定。根据刑事强制医疗执行制度可知,这是一项限制公民人身自由的措施,按照《立法法》的规定,需要由基本法律来予以规定。回溯到 2012 年《刑事诉讼法》颁布之前的制度状况,从 1979 年《刑法》规定刑事强制医疗开始计算,刑事强制医疗已经实施了 30 多年,但是在这么长时间里一直没有刑事程序法作为依据,虽然《刑事诉讼法》规定了程序法定原则,但是就刑事强制医疗游离于《刑事诉讼法》之外的现实而言却难以以这项原则来进行调整和规范。也就是说,长期以来刑事强制医疗在程序法上无法可依,程序法定原则呈现缺位状态。

(二)刑事强制医疗司法化后程序法定原则的不足

从程序法定原则的功能来看,"在考虑刑事诉讼程序时,我们自然倾向于通过评估在权利要求之类的目标上应用或不应用这些权利的后果来证明和衡量合理性,以工具性方式提出程序性权利制定实体刑法,发现历史真相,将事实错误、成本、效率降至最低,阻止警察的不当行为或维护公众对刑事司法制度的尊重"。[①] 于是,在学界多年的呼吁下和精神障碍患者肇事肇祸问题日益凸显的现实下,2012 年刑事强制医疗实现司法化,不过其作为一项特别程序只有 6 条规定,关于执行的规定也仅有两条,这显然难以满足制度运行之所需,再加之普通程序规则难以直接适用以及保安处分

---

① McMunigal & Kevin C, *The Craft of Due Process*, Saint Louis University Law Journal, Vol. 45, p. 491 (2001).

制度的缺失,亟须司法解释发挥作用。具体体现在最高人民法院《关于适用〈中华人民共和国刑事诉讼法〉的解释》规定了20条,其中执行规定4条;《人民检察院刑事诉讼规则》规定了17条,其中执行规定3条,在“刑罚执行和监管执法监督”一章中关于强制医疗执行监督的规定3条;最高人民检察院发布《人民检察院强制医疗执行检察办法(试行)》,这一司法解释虽然是专门针对刑事强制医疗执行,但仅是由最高人民检察院制定和颁布,而且是规定的是执行阶段中的检察监督。综合来看,对于刑事强制医疗执行制度而言,虽然有法可依,但是并不健全,因为尚未形成制度体系,导致执行中存在很多问题。

(三)刑事强制执行缺少程序法定原则的伴生问题

一是在普通程序的执行制度中尚且有《监狱法》《监狱服刑人员行为规范》《监狱教育改造工作规定》等法律及部门规章为依据,刑事强制医疗执行制度的具体规则则主要依据最高人民法院、最高人民检察院的司法解释,除此之外并无规范性文件方面的依据。二是即便是《强制医疗所条例(送审稿)》也仅仅是部门规章或行政法规,当其涉及限制刑事被强制医疗人人身自由的时候,从法律的位阶上并不符合《立法法》的规定。三是至于医疗机构、精神卫生等方面的管理规定或政策规定,更是无法达到法律对人权保障的强制性标准。四是目前刑事强制医疗执行机构尚且不明确的情况,刑事强制医疗执行制度在实践运行中随意性更强,甚至产生任意创制执行规则的风险。

由上,刑事强制医疗执行的程序性规则亟待健全,但是应当坚持程序法定原则,而且紧扣刑事强制医疗执行的特殊性,依据程序法定原则设计出具有针对性的运行规则,如此除了规范医疗机构的监管和治疗外,还可以在执行阶段为识别“假精神病”和“被精神病”提供法律依据。

三、刑事强制医疗执行之程序法定原则的实现

一是通过立法实现程序法定原则。刑事强制医疗程序作为特别程序在我国刑事诉讼法中的确立意味着从形式意义上解决了程序法定原则的入法问题。从这个层面上看,刑事强制医疗包含审前、审判、执行等完整的程序,而执行阶段是必不可少的,这也是近些年来我国加强和完善三大诉讼法执行制度的应有之义,所以单靠《刑事诉讼法》现有的两个条款难以保障刑事强制医疗执行制度的有法可依。从实质意义上看,健全刑事强制医疗执行制度应当按照权力制约和权利保障的要求,通过立法来完善刑事强制执行制度的法律规定。当然,即便是在立法难以实现细化规定的情况下,也应当在现有法律条文基础上,对这项制度应当具备的执行主体、执行监督、解除程

序等方面作出概括规定,然后司法解释遵循程序法定原则对相关法条的规定予以细化,进而从法律及其司法解释上保障刑事强制医疗执行制度符合程序法定原则的要求。

二是通过司法实现程序法定原则。司法作为社会公平正义的最后一道防线,就是要让公平正义以一种公开、公平、公正的方式得以实现。执行对于法院裁决的实现至关重要,尤其是执行效果与人们对司法的信任度息息相关,更是当事人权利保障的关键要素,直接彰显着司法价值。刑事强制医疗执行与刑事公诉案件和自诉案件虽然有所不同,但是均属于司法范畴,具有典型的司法性。刑事强制医疗执行在具有健全法律依据的前提下,通过健全的司法体制和机制可以有效保障刑事被强制医疗人在医疗期间的合法权益,甚至对于解决强制医疗后的相关权益保障都是至关重要的。

三是通过检察监督实现程序法定原则。在刑事强制医疗执行制度中,被强制医疗人是在医疗机构接受治疗、护理、康复等措施,他们的权利保障容易在司法上出现真空地带。人民检察院作为国家法律监督机关不断加强执行阶段的监督,对于刑事强制医疗执行而言,《人民检察院刑事诉讼规则》《人民检察院强制医疗执行检察办法(试行)》对其做出了相关的规定,表明国家力图通过检察监督来保障有效执行,但是仅有最高人民检察院制定的司法解释及相关文件并不能从体系上实现程序法定原则,这就需要立法、司法解释、检察监督体制机制等方面为刑事强制医疗执行制度的健全提供基本依循。

第二节 比例原则

在刑事强制医疗执行中,最核心的两项内容是治疗和监管,那么如何治疗和监管呢?是由强制医疗机构自主开展,还是以规则的形式进行约束呢?首先需要认识到,刑事强制医疗执行是在医疗机构开展的,而不是在执行机关开展的,这就面临如何协调法学和医学之间关系的问题,就是要避免法律对治疗的羁绊,也要消除治疗对法律的罔顾。监管则是对刑事被强制医疗人人身自由的限制,这种限制是为治疗服务的,需要避免监管对治疗的侵蚀。在我国相关法律及司法解释中并没有关于治疗和监管的明确规定,即便未来"强制医疗所条例"能够颁布实施,也难以对治疗和监管规定过细的条款,在这种情况下,可以通过基本原则来进行调整,那么能否在刑事强制医疗执行制度中引入比例原则呢?如果可以,那么引入的逻辑思路是什么呢?

一、比例原则在宪法和法律中的地位

法学上的比例原则最早产生于德国,起先是应用于行政法之中,行政法中的比例原则旨在使手段与目的之间具有合理比例,也就是行使行政权力所造成的损害不能超越为实现特定目的所能获得的利益。比例原则在平衡权力与权利的关系,实现公平正义方面所表现出来的独特优势,使得这一原则得到了扩展应用,虽然德国《基本法》中并没有将比例原则确立为基本原则,但是德国最高法院在 1958 年 6 月 11 日药店判决中对此予以确立,联邦宪法法院审查立法机关限制基本权利的立法时,"审查的标准就是比例原则即审查立法机关限制基本权利的目的是否正当,以及限制手段与限制目的之间的因果关系,还有限制手段是否具有不可避免性"①。也就是说,在德国比例原则已经应用到宪法诉讼之中,正如我国研究者在论及比例原则在德国的发展时指出,"'二战'以后至今,比例原则被最高法院与高级法院作为重要原则使用,其作用已具备像基本权利那样的地位"②。我们国家没有宪法诉讼,但是全国人大常委会拥有对法律进行违宪审查的权力。比例原则对权力的有效限制,使之成为制约公权力的最高指导原则,因为"比例原则主要在保护人类基本权利和自由领域中得到使用,被认为是在限制行使某些权力的情况下赞赏国家当局干预措施合法性的有效标准"③。这一原则也获得了欧洲人权法院的高度认可,"在欧洲人权法院的判例中,比例原则被认为是实际情况之间的一种公平、公正的关系,限制某些权利的行使的手段与旨在达到的合法目的之间的关系,或者被视为一种公平的关系。比例原则是确定缔约国在行使受公约保护的权利时进行干涉的合法性的标准"④。

在权利的时代,如何发挥权利作为权力的边界的作用?特别是在公民权利依法受到限制或剥夺时,应当如何把握此中的尺度?比例原则以一种可视化和可量化的效果,展现法律公平、公正价值。当然,比例原则作为一项原则,具有概括性和指导性,不过立法、行政、司法在贯彻这一原则的时候,并非跳跃式地进入具体规则,而是由三项具体原则形成原则体系:适当性原则,要求所采取的手段必须有助于目的达成;必要性原则,要求在同等有效地达成目的的手段中,应选择采取对人民权益干涉

---

① 张翔主编:《德国宪法案例选释:基本权利总论》(第 1 辑),法律出版社 2012 年版,第 61 页。

② 范剑虹:《欧盟与德国的比例原则——渊源、内涵及借鉴》,载《浙江大学学报(社会科学版)》2000 年第 5 期,第 100 页。

③ Marius Andreescu, *Principle of Proportionality, Criterion of Legitimacy in the Public Law*, Lex ET Scientia International Journal., Vol. 18, p. 117,118(2011).

④ Andreescu, Marius, *Proportionality - A Constitutional Principle*, Annales Universitatis Apulensis Series Jurisprudentia, Vol. 13, p. 9(2010).

最小的；狭义的比例原则，要求应对所牵涉的相关价值法益作轻重的权衡。① 这也足以体现这项原则的科学与缜密。

二、比例原则在刑事诉讼法中的应用

刑事法作为重要的公法领域，在权力与权利的关系上，特别是实现刑事正义上，也离不开比例原则。如果从司法角度来看，根据德国宪法法院在药店判决中确立的比例原则可知，比例原则在司法中的运用，一直被认为过于主观和缺乏规则，药店判决则通过划分自由权的不同层次和限制的不同强度的方式，来使其更具可操作性②。在我国，比例原则主要体现在审前羁押上。我国《刑事诉讼法》第95条规定："犯罪嫌疑人、被告人被逮捕后，人民检察院仍应当对羁押的必要性进行审查……"对此，我国研究者指出"从法理上考量，羁押必要性审查，应当围绕适用逮捕的比例性、必要性和例外性条件而展开"③，这是我们国家比例原则在《刑事诉讼法》中应用的典型之处。不过，《刑事诉讼法》及相关的法学教材均没有将比例原则作为基本原则予以列明。

德国刑事法对比例原则非常青睐。德国《刑事诉讼法》第112条规定："如果羁押与案件的重大性和预期判处的刑罚或矫正及保安处分不成比例，不得命令待审羁押。"德国学者罗科信对"精神病院之观察"的分析是"如果所犯仅为一轻微之处罚，则不得将之命入精神病院接受观察。适当原则为一般性的共通原则，其仍需视个案的需要而定，以决定有无必要来实施刑事诉讼法上所规定的事项"④。比例原则在国际上的相关决议也有体现，1994年《世界刑法学协会第十五届代表大会关于刑事诉讼法中的人权问题的决议》第3条规定："在预审阶段，无罪推定要求在与一切强制措施有关的活动中使用比例原则。"联合国1990年通过的《非拘禁措施最低限度标准规则》规定："审前拘留应作为刑事诉讼程序的最后手段加以使用，并适当考虑对被指控犯法行为的调查和对社会及受害者的保护。"

宪法和刑事诉讼法均对保障权利和限制权力进行了设计，德国学者缇德曼就刑事诉讼法与宪法的关系指出，"若查清真实不能不计一切代价，而只能在保障被指控人的人之尊严和基本权利的情况下进行，这就再次明确了刑事诉讼法与宪法的紧密联系"⑤。刑事诉讼制度的设计是诉讼文明化的典型代表，不过，权力容易被滥用的风险，也使国家权力干预存在越界的问题，打击犯罪往往成为国家权力侵犯公民权利的

---

① 参见姜昕：《公法上比例原则研究》，吉林大学2005年博士学位论文，第14页。
② 张翔主编：《德国宪法案例选释：基本权利总论》（第1辑），法律出版社2012年版，第67页。
③ 王树茂：《"羁押必要性审查"的理解与适用》，载《法学评论》2013年第6期，第124页。
④ ［德］克劳思·罗科信：《刑事诉讼法》（第24版），吴丽琪译，法律出版社2003年版，第317页。
⑤ 宗玉琨译注：《德国刑事诉讼法典》，知识产权出版社2013年版，第11页。

合法化根据，所以要有效平衡惩罚犯罪和保障人权的关系，将比例原则引入刑事诉讼制度中成为必选内容。但是从法律文本和理论研究看，我国《刑法》中的罪责刑相适应原则和《刑事诉讼法》中关于强制措施的规定均有比例原则的内容，然而该原则在执行阶段的规定较为薄弱；理论研究上，有的研究者提出“除了侦查机关在进行侦查取证、采取强制措施时应遵守比例原则外，起诉机关的起诉行为、审判机关行使审判权的行为也应当遵守比例原则之规定”①。通常《刑事诉讼法》对权力的约束主要集中在审前阶段和审判阶段，司法公开、检察监督等措施的实施进一步强化了约束力度，但是在执行阶段，公开的力度是有限的，主要靠的是检察监督和权力自我约束，即便如此此比例原则在刑事诉讼执行中的应用可以为司法执行权提供约束的标准，有助于刑事被执行人权利的保障。

三、刑事强制医疗执行之比例原则的实现

比例原则要求的是在符合目标的情况下，最小限度的干预。刑事强制医疗的目标是刑事被强制医疗人康复并回归社会，与普通患者不同的是这种医疗带有强制性，也就是国家权力对精神障碍患者治疗的干预，那么这种限制的度是什么呢？这需要明确比例原则，并将其确立为刑事强制医疗执行制度的基本原则，设计具体的运行规范。

比例原则的功能包括形式层面和实质层面，“比例原则的形式功能是支持(a)判决的正当性，(b)法律解释的正确性以及(c)使用的论点的透明度。实质功能是(a)为人权提供更有效的保护；(b)加深法治的价值；(c)加强民主的民主性”②。在执行制度中，刑事强制医疗依据的是法院作出的刑事强制医疗决定书，在监管和治疗上，应当按照最低限度的限制来获得最大的治疗效果，按照美国学者帕克的观点，“处遇的主要目的在于使被处遇者从中受益。它关注的焦点并不是被处遇者过去或将来的行为，而是对他进行帮助。处遇给受其影响的人所带来的益处和损害是一个矛盾结合体，在处遇思想中，这个矛盾结合体总是存在的”③。在监管上，所限制的是人身自由，其边界是满足治疗的需要。从目前我国刑事强制医疗机构来看，主要是公立的精神卫生机构，他们在获得对被强制医疗人的监管权后，如何来把握限制自由的边界，在强制医疗实践中所产生的风险可能是为了治疗的需要而过度限制人身自由；在治

---

① 秦策：《刑事诉讼比例原则研究》，中国政法大学2008年博士学位论文，第26页。

② Pozsar - Szentmiklosy & Zoltan, *The Formal and Substantive Functions of the Principle of Proportionality*, Acta Juridica Hungarica., Vol. 56, p. 191 (2015).

③ [美]哈伯特·L. 帕克：《刑事制裁的界限》，梁根林等译，法律出版社2008年版，第24－25页。

疗上，刑事被强制医疗人的治疗选择权受到了严格的限制，特别是当存在过度医疗问题时，被强制医疗人的精神健康权将受到极大的损害。“过度医疗是指因在医疗过程中所采用的诊断及治疗措施超出治疗疾病本身的需要，并造成医疗费用和资源的浪费甚至不利于机体的医疗行为。”①比例原则对于矫正医疗过度问题也具有适用性，不过这属于诊疗规范方面的问题。如果采用法律手段来规制过度医疗的话，那么既需要有专业的医疗鉴定，还需要法官的合理评判。②

那么如何应用比例原则呢？有研究者提出了适用比例原则的步骤：“(a)确定限制要追求的合法目标；(b)在限制与实现一个或多个这些合法目标之间建立合理的联系；和(c)相称性检验，即限制必须是相称的回应，并且不得超过实现有关正当目的所必需。”③在刑事强制医疗执行制度中，比例原则的实现包括如下方面：

一是将比例原则确立为刑事强制执行制度的基本原则。既然刑事强制医疗执行涉及法学和医学两个领域，那么就需要找到二者的交叉范畴，也就是从权利和权力的关系上着手，按照理念、原则、规则的生成逻辑，既要从理念上为比例原则的确立做出正当化论证，也要从法律上将其确立为基本原则，还需要在具体规则的制定上予以遵循和体现。

二是要从手段和目的上明确刑事强制医疗执行的适当性和必要性。刑事强制医疗执行的目的在于实现被强制医疗人的健康和保障社会秩序的稳定，手段是限制被强制医疗人的人身自由，并实施医疗，这就涉及人身自由的限制程度和医疗方法的合理使用两方面关键问题。虽然刑事诉讼法难以对此做出明确的规定，但是可以采用司法解释、部门规章、行业规范等形式确立比例原则的具体适用规则。

三是比例原则的适用应注重相称性检验的设计和运用。就刑事强制医疗执行而言，相称性检验具有非常专业的医学属性，但是并不能因此排除法律在程序等方面的规制，而且专家辅助人制度在刑事诉讼中的引入和推广有助于司法人员对于跨领域专业性问题的解决。因此比例原则与程序法定原则应当是有机衔接和相辅相成的，要实现这项原则的有效适用，就需要在立法、行政、司法上对人身自由限制、医疗措施、医院管理等方面进行科学设计，司法人员要综合运用定量和定性检验，有效评估被强制医疗人的监管和治疗状况。

---

① 雷振之：《过度医疗之我见》，载《医学与哲学》2003 年第 9 期，第 30 页。

② 参见张洪松、朱家明：《过度医疗的司法界定与伦理审视》，载《医学与哲学》2019 年第 20 期，第 23 页。

③ Carnwath, *From Rationality to Proportionality in the Modern Law*, Hong Kong Law Journa, Vol. 44, p. 455(2014).

第三节 相对不定期原则

在刑罚制度史上,曾经的不定期刑备受诟病,当然,绝对不定期刑较少适用,相对不定期刑则是常态。刑事强制医疗与刑罚之间最大的不同体现在前者依赖于治疗效果,而且精神障碍的治疗本就难以预测期限,但是这不意味着可以对治疗期限予以放任,因为那样的话,就会使刑事强制医疗沦为一种监禁。既然如此,强制医疗期限如何确定?是否有可以遵循的原则呢?

一、不定期原则与不定期刑的区别

不定期刑是指作出刑事判决时,并不确定刑罚期限,而是留待行刑机关来确定释放时间,最早可见于1532年《加洛林纳法典》。这是依据刑罚个别化原则,对刑罚制度所做的设计,目标是犯罪人经过改造能够重新回归社会。此后美国、英国、日本、澳大利亚、意大利等国在刑罚制度中纷纷采用不定期刑。不过,人们发现不定期刑与罪刑法定原则相冲突,焦点是不定期刑导致刑罚不确定性,存在侵犯人权的问题,20世纪60年代各国陆续开始废止不定期刑,广泛采用相对确定的法定刑,由此宣告刑具有了确定性。有的论者在否定不定期刑时指出倡导者的思维定式,"人们对传统定期刑原则产生了怀疑,正如医生不能事先精确预期病人的治愈时间一样,法官也不能事先知道犯人的复归日期"①。这种将刑罚与治病相类比的逻辑忽视了惩罚犯罪与治疗疾病之间的本质差别,这也是美国曾经推行的"医疗矫正"没能持续下去的原因所在。在司法实践中,实务者针对不定期刑所应具有的刑罚个别化特点,在少年司法中积极探索应用,不过有的研究者对福建省三明市中院在少年司法中试行的"考察确定刑"进行了分析,并认为作为不定期刑过于理想,难以实施。②

与刑罚不同,保安处分是一种防卫社会的手段,人身危险性是其适用的基本手段,何时能够消除这种危险,对于法官来说难以判断,所以涉及人身自由方面的限制期限就存在不确定性,也就是说对于人身危险性只能依靠执行机关在执行过程中灵活掌握,以此来发挥保安处分的应有价值。当然这是一种理想化的设想,执行机关到底能否合理地执行保安处分就成为一种不确定性。有的国家和地区在立法中进行了

---

① 李贵方:《不定期刑比较研究》,载《法律科学》1992年第1期,第52页。

② 参见孙鉴:《我国少年司法中的不定期刑试点及其未来》,载《青少年犯罪问题》2018年第6期,第70页。

期限的设定,例如意大利《刑法典》第 222 条第 1 款规定:“因精神病、酒精或麻醉剂慢性中毒或喑哑不罚者,得令入精神病院矫正,期间为 2 年以上。”我国台湾地区“刑法”第 87 条规定监护处分的期间为 3 年以下。德国对保安处分则没有关于期限的规定。可见,立法上对保安处分期限的规定并没有统一的做法,对于涉及期限规定的可以称为相对不定期。不过保安处分的类型不同,单就限制人身自由的就有多种,从各国的规定来看,有少年保护、保安拘禁、强制工作、强制医疗等,每种类型之间的差异非常大,如果不作区分,划一性地对保安处分设定期限,那么法官在适用时容易出现机械性问题。

再者,理论中存在将不定期原则与不定期刑混同使用的问题,如有的研究者在讨论刑事强制医疗期限时是在保安处分语境中使用,可是在定性时却定为不定期刑。[①]以不定期刑来分析刑事强制医疗期限,容易改变刑事强制医疗作为刑事法上保安性措施的属性,欠缺从实体和程序上认识刑事强制医疗,不利于刑事强制医疗执行制度的运行和完善。

二、相对不定期原则作为刑事强制医疗执行基本原则的正当依据

刑事强制医疗执行制度规范的是如何实施被强制医疗人治疗和监管的问题。法院决定对精神障碍患者实施强制医疗是基于患者的精神障碍与社会危害性和人身危险性之间的因果关系。于是在决定生效后,治疗是核心,能否解除医疗是以是否具有人身危险性为依据,这是法官依据诊断评估和法律规定做出的综合性决定。但是对于医生来说,被强制医疗人何时能够达到不具有人身危险性的标准,则是难以用准确的期限来进行界定。就精神障碍而言,与生理疾病不同,人体的内在性难以在医学上进行精准分析,而只能靠患者的语言、行为等方面来判断。因此在刑事强制医疗执行制度中,期限难以确定,正如菲利所言,“至于在精神病院隔离的期限不定,最好记住,从个人权利的观点来说,当‘陛下愿意时’可以根据它将精神病犯人交付精神病院的程序来源于曾经产生了‘人身保护令’——普通公民紧急时的依靠——的英格兰”[②]。这是从社会防卫层面指出不定期隔离是不可避免的。

那么刑事强制医疗执行期限是否会就此陷入由医疗来决定的境况呢?如果采取绝对的不定期原则,将是否解除强制医疗完全交由强制医疗机构来决定,那么就可能出现医疗绑架司法的问题。不过,刑事强制医疗实现司法化后,不但解除强制医疗需

① 参见肖吕宝:《罪刑法定原则与保安处分之适用》,载《安徽师范大学学报(人文社会科学版)》2019 年第 2 期,第 91 页。

② [意]恩里克·菲利:《犯罪社会学》,郭建安译,商务印书馆 2018 年版,第 185 页。

要由法院来决定,而且在强制医疗期间,检察机关会以监督权介入其中。按照我国《刑事诉讼法》第306条的规定:“强制医疗机构应当定期对被强制医疗的人进行诊断评估……”定期诊断评估的好处在于司法机关了解治疗的过程和效果,有助于适时地解除强制医疗。问题的关键在于,“定期”如何来确定,这在法律和司法解释中并没有明确的规定,那么检察机关在此方面的监督就会陷入被动之中。基于此,相对不定期原则的提出具有必要性,所谓相对不定期原则是指法院在刑事强制医疗决定书中并不设定强制医疗期限,而是由法律明确规定定期诊断评估的期限,并提交法院综合判断是否解除强制医疗。当然,这还需要发挥检察机关对定期诊断评估的监督作用,由此发挥司法机关与医疗机构在强制医疗过程中的合力作用。

三、刑事强制医疗执行之相对不定期原则的实现

一是相对不定期原则的设立应当科学合理。在明确相对不定期原则与相对不定期刑的区别的前提下,不采用法律规定期限范围的方式,而是通过规范的程序设计,健全强制医疗执行过程的司法化。虽然精神障碍的医疗过程存在较大的不确定性,但是根据疾病治疗的演变和发展规律,通过健全的定期诊断评估机制可以阶段性地研判治疗效果,当符合解除强制医疗条件时,及时通过诉讼程序予以解除,从而以确定性来实现相对不定期原则。

二是相对不定期原则的适用应当合法有效。在没有实现强制医疗机构专门化的情况下,刑事被强制医疗人与普通精神障碍患者往往在治疗和监管方面具有相似性。这在医疗资源的有限性和治疗的专业性方面尚属可接受范围,但是从相对不定期原则的适用上看,刑事强制医疗不仅仅要接受效果的评估,对于治疗和监管过程同样需要进行监测。因此相对不定期原则并非单纯强调期限,而是通过这一原则的适用,既避免法律的过度干预,也预防医疗的失控,从而达到刑事被强制医疗人健康得到有效维护的效果。

三是相对不定期原则的监督应当有机协同。由于人民法院承担的是审判和裁决职能,所以在刑事强制医疗执行过程中,法院负责解除强制医疗的裁决,司法的介入依赖于检察监督,在尚未实现派驻检察室常驻的情况下,定期检察监督成为一种可靠的选择。相对不定期原则强调的是诊断评估的定期性,除了医疗机构从医学上做到定期评估外,还需要人民检察院从法律上进行定期评估。当然,检察监督并非孤立而为,而是通过贯彻相对不定期原则与医疗机构、公安机关、人民法院实现有机协同,如此可以发挥相对不定期原则制约权力与保障权利的作用。

第四章

刑事强制医疗执行的模式分析

人类对精神障碍的认知经历了从无到有的过程，但是这类疾病的非器质性导致即便是在现代医学科技下，仍然难以得到彻底且精准的解决。与技术性问题相伴生的是社会治理问题，因为精神障碍的存在不但使患者本人陷入疾病状态，而且还可能增加社会的风险系数。在社会发展史上，精神障碍既没有出现中断，也没有消失的迹象，反而在人类与其相抗争的过程中引发越来越广泛且尖锐的社会问题。于是人类在与精神障碍共存的同时，一直在探索精神障碍患者的最佳处置模式，如果说普通精神障碍患者尚且可以求助于医疗，那么肇事肇祸的严重精神障碍患者所引发的社会冲突则难以依靠医疗来修复，而必须由国家权力及相关制度介入。在历史维度上，介入方式在历史进程中不断优化，特别是在法治成为国家治理最优选择的过程中，各国对刑事强制医疗执行开展了更为精细和多元的制度设计。制度的形成离不开观念这一深层要素，而制度的运行又需要有效的运行机制，基于此，本研究通过历史考察和比较分析，抽取相关国家刑事强制医疗执行制度发展过程中的共性元素，归纳出四种观念模式和六种机制模式，以此研判这一制度的发展状况，力求为我国刑事强制医疗执行制度的健全提供思路和方法。

第一节　刑事强制医疗执行的观念模式

人类认识精神障碍和处置精神障碍患者都是处在不断的发展过程中，这就意味着人们在不同的认知状态下，会有不同的处置方法，即便是在同一时期也会因为社会治理的需要或人们的普遍诉求而出现不同的处置方法。应当说，人类对精神障碍的认知度越低，在处置程序上就越简单。到了近现代，人们对精神障碍患者和精神障碍所引发的社会问题进行了类型化区分，处置程序不但可以进行阶段性划分，而且分化为不同的程序形态，即行政强制医疗程序、民事强制医疗程序、刑事强制医疗程序。

就刑事强制医疗执行而言,在主旨上,不同的国家在整体性和阶段性上都可能存在互融的共性元素。从制度的技术性设计与操作的深层意义看,可以从观念上进行元素的归纳,进而概括为隔绝中心主义、收容中心主义、治疗中心主义、多元复归主义四种观念模式。

一、隔绝中心主义

在19世纪之前,精神病学虽然未产生,但是"疯人"这一名词或现象早已注入人们的思想观念中,但是人们又无法从医学上提出有效的治疗方法,当然统治者对精神障碍患者也并非放任不管,而是采取不同的措施进行处置,隔离中心主义就是当时统治者的一种观念形态,并且形成了两种表现形式。

(一)驱魔式隔绝

在远古时期精神障碍患者要接受肉体上的处置。精神障碍患者往往被视为神魔附体,在将精神障碍患者神化的时期,他们往往被视为巫师或女巫。不过,人们逐渐转变认知,将精神障碍患者视为邪魔附体,统治者将他们交由巫师来处置,补救办法是"把魔鬼打出去",其中一种方式是环钻术,"因为那些病状原因不明的患者相信,这是可能治疗他们病症的唯一办法,因为在患者的头颅上钻孔是唯一可能为进入人体的魔鬼开启一条通道,好让魔鬼离开人体"①。如果巫师将精神障碍患者与灾难性事件相关联,他们就会被施以酷刑或长期关在铁笼中。也有的采用祈祷方式,实施捆绑、悬吊、火烧精神障碍患者的方法进行驱魔。这种驱魔方式与当时人们对精神障碍认知不足有关系,其否定人的自然属性,这看似是一种驱魔,实际上是将精神障碍患者从人类社会中隔绝出去。

(二)驱逐式隔绝

如果说为精神障碍患者进行驱魔是从肉体上进行的一种处置的话,那么驱逐出城则是从地域上进行的排除。在中世纪,麻风病为一种传染病,欧洲国家通过麻风病院对麻风病人进行隔离,在宗教上的认知就是"他们是罪恶的神圣证明"②,这实际上就是一种社会排斥甚至遗弃。这种观念延续到中世纪结束后,体现在"贫苦流民、罪

---

① 余凤高:《智慧的痛苦——精神病文化史》,湖南文艺出版社2006年版,第16页。

② [法]米歇尔·福柯:《疯癫与文明——理性时代的疯癫史》(第2版),刘北成、杨远婴译,生活·读书·新知三联书店2003年版,第4页。

犯和‘精神错乱者’将接替麻风病人的角色”①。统治者往往将流浪的精神障碍患者或本城邦的精神障碍患者驱逐出城,新的城市如果同样采取这种隔绝方式的话,他们将继续漂泊,这就远远超出对传染病进行隔离的功能,反而异化为隔绝。对待不具有传染性的精神障碍采取隔绝的方式,实际上是在精神障碍患者无人监管的情况下,政府为了避免精神障碍患者可能产生的社会风险,迫使他们流离失所。

可见,隔绝中心主义在现代看来是一种异乎寻常的观念,这终究是与当时的医学发展水平相关联。从两种处置方式看,在当时可以称为“治疗”,但是因为含有政治因素或宗教因素,导致这种“治疗”本身就陷入“谵妄”的樊篱,在中世纪时期甚至成为排除或迫害异教徒的一种手段,沦为宗教的工具。隔绝中心主义所秉持的是精神障碍患者是异类的原则,这种观念将精神障碍患者与正常人划清界限,需要隔绝的精神障碍患者只要符合当时认定标准的异样表现,那么不管他们是否肇事肇祸都需要接受相应的处置。随着人类文明的进步,隔绝中心主义必然会被人类所摒弃,为新的观念所取代。

二、收容中心主义

(一)收容对治疗的屏蔽

在19世纪之前,欧洲国家并非对所有的精神障碍患者都持有隔绝中心主义观念,与此同在的还有一种观念是收容中心主义。驱逐出城导致精神障碍患者从一个城市到另一个城市,当一些城市聚集了越来越多精神障碍患者的时候,统治者不得不将外来的和本土的精神障碍患者进行收容,有的是在原来的麻风病院,有的是在新建的收容院,而且一些流浪贫民也一并被收容。收容具有收留和照顾之意,对精神障碍患者的收容以监管为主,福柯指出“欧洲大部分的都市,在中世纪和文艺复兴年代里,始终都有专门为无理智者保留的拘留所”②,这足以体现当时的收容对象非常广泛。从收容机构来看,最为典型的是1656年法国国王路易十四在巴黎设立的“总收容院”,所谓的“总”就是收容各类不同情况的人,精神障碍患者和其他人员混住在一起,他们根本无法取得医学上的地位。对此,福柯进一步指出,“以其运作方式或目的而言,收容总署和医疗概念完全无关。它是一个维护秩序的单位,维护的是当时在法国

---

① [法]米歇尔·福柯:《疯癫与文明——理性时代的疯癫史》(第2版),刘北成、杨远婴译,生活·读书·新知三联书店2003年版,第5页。

② [法]米歇尔·福柯:《古典时代疯狂史》,林志明译,生活·读书·新知三联书店2005年版,第14页。

同时组织的君王和中产阶级秩序”①。这种大规模的收容甚至被称为“大禁闭”，实际上是统治者对那些与公共管理秩序相违背者的一种惩罚。18世纪的医院，“特别是在法国和意大利，医院通常更兼具监护和管制的公用，因为许多医院都将病人与轻犯、乞丐、老弱者、孤儿、妓女、失业者和疯子集中在一起”②。可见，当大量的非患者入住医院时，医院就沦为收容场所，也就是说治疗已经被收容屏蔽。

（二）收容对道德治疗哲学的抵触

在收容中心主义下，如何处置那些因病免罪的精神障碍患者呢？根据法国1679年刑事法案注释说明，“如果根据被告生活信息，观察有精神失常，由法官决定他应该交由家人看管，或是送入救护院，或是送入拘留所”③。在收容中心主义下，所谓的刑事强制医疗实际上是强制收容，他们在收容所接受的是惩罚而非治疗，甚至被戴上铁链或关入铁笼。收容中心主义在收容对象和处遇上存在的弊端引发人们的反对。法国巴黎萨皮特里医院的首席精神病学家皮内尔是第一个将人道主义原则引入精神病院管理的人：皮内尔的主要贡献是改变社会对精神障碍患者的态度，使他们不再被视为被魔鬼附身，而是被视为病人，需要给予他们照顾和治疗。

“18世纪的启蒙运动的确自以为通过理性的运用，能极大地改进前代的疗法，可治愈的观念是有益的启蒙运动思想，它是通过社会、行政、或医学工程来实施的改良议程的一部分。”④这实际上是一种道德治疗哲学，在美国，这种哲学最早由革命战争时期著名的政治领袖本杰明·拉什博士倡导，他被称为美国精神病学之父。如果将这种哲学实践化的话，就是所谓的道德疗法。1811年，纽约医生贝克的界定是“这包括把病人的居所移至适当的疗养院。为此，最好选择位于乡间的宁静疗养院：因为后来发现，一直住在家里不但无法消除不适当的观念联想，反而让病情恶化。因此，必须实行人性化的警戒制度”⑤。然而，现实的情况是19世纪下半叶随着移民的涌入，美国人口不断增加，精神障碍患者的人数也在增加，虽然精神病院数量多了，但是医护人员人数跟不上患者人数增长速度以至于难以应对。于是精神病院本已开始的治疗职能逐渐又转为监管职能，所以收容中心主义在实践中仍然处于主流态势。不过，

---

① ［法］米歇尔·福柯：《古典时代疯狂史》，林志明译，生活·读书·新知三联书店2005年版，第78页。

② ［英］威廉·F.拜纳姆：《19世纪医学科学史》，曹珍芬译，复旦大学出版社2000年版，第32页。

③ 刘白驹：《非自愿住院的规制：精神卫生法与刑法》（上），社会科学文献出版社2015年版，第6页。

④ ［美］爱德华·肖特：《精神病学史——从收容院到百忧解》，韩健平、胡颖翀、李亚明译，上海科技教育出版社2007年版，第10页。

⑤ ［美］艾里克斯·宾恩：《雅致的精神病院——美国一流精神病院里的死与生》，陈芙扬译，上海人民出版社2007年版，第11页。

道德治疗哲学的出现已经从观念上对收容中心主义予以扬弃,道德治疗时代的开始可以视为治疗中心主义的萌芽。

三、治疗中心主义

隔绝中心主义与收容中心主义都是将精神障碍患者作为客体来看待,否定他们作为人的基本属性。在这两种观念下,统治者对待肇事肇祸的严重精神障碍患者和普通精神障碍患者在监管手段上,前者更甚于后者,但并没有本质差别,因为二者在治疗上都是缺失或残缺的。

(一)治疗中心主义的障碍

随着科学技术的发展和人类认知能力的提高,特别是在19世纪精神医学学科确立后,人们对精神障碍有了新的认识,也有了相应的治疗药物和治疗措施,所以在人们的反对声中,统治者逐步转变观念,加强对精神障碍患者的治疗。在美国,19世纪末20世纪初,西格蒙德·弗洛伊德创立精神分析心理学,他作为人道主义者,给精神障碍患者带来了解脱、希望和热情,虽然不是基于经验的创造,但至少在心理上是令人鼓舞的,因为他倡导的是注重对精神障碍患者的治疗。20世纪中期,美国民众对精神医疗的认同度越来越高,这与在第二次世界大战期间治疗疲劳士兵所取得的成功经验有关。

对于肇事肇祸的严重精神障碍患者来说,精神医学技术的发展并不能解决这一群体带来的社会问题,所以对于他们来说需要的不仅仅是治疗,而且是应当纳入社会治理范畴内的治疗,于是非自愿住院制度或强制医疗制度就应运而生。"二战"后,随着人权运动的兴盛,特别是司法程序的发展,刑事强制医疗执行制度面临着人权和正义的拷问,20世纪中后期出现的去机构化运动和反精神病学运动使得社区成为刑事强制医疗执行的替代场域。暂且不论这两种运动导致的弊端,就治疗而言,这恰恰是对收容中心主义的否定,是治疗中心主义的集中体现。那么在治疗中心主义下,精神障碍患者是否都能在社区获得治疗呢?美国研究者认为,"随着非机构化的出现,精神疾病患者的治疗从未被非机构化,只是从国立医院转移到监狱,从而导致所谓的跨机构化——精神疾病患者从一种机构(例如医院)到另一家(例如监狱)","在不同国家和不同时期,教养院和精神病院人数的一直呈反比关系;换句话说,随着教养院人数的增加,精神病院的人数减少,反之亦然"①。如果是按照这种逻辑,那么刑事强制

① Slate & Risdon N., *Deinstitutionalization*, *Criminalization of Mental Illness*, *and the Principle of Therapeutic Jurisprudence*, Southern California Interdisciplinary Law Journal, Vol. 26, p. 349(2017).

医疗执行制度以监狱为替代，而非以社区为替代，虽然监狱对罪犯的精神障碍也开展治疗，但是监狱终究是一种关押场所，故收容中心主义重返刑事强制医疗执行制度。所以去机构化运动在反对医疗机构收治精神障碍患者的同时，也会陷入另一种机构化的旋涡之中。

（二）治疗在刑事强制医疗执行制度中的地位

虽然治疗是医学上的事项，但是当刑事强制医疗执行成为一项制度的时候，医学与法律产生了交融，即便如此，医疗机构所承担的核心职能也不可改变，在 Rouse 诉 Cameron 一案中，巴泽隆法官指出，"非自愿住院应该是为了治疗，而不是惩罚，没有治疗，医院就成了监狱"，他还明确指出，"对这类病人的评估应在最初和定期进行，以确保设计适合特定个人需要的治疗方案。虽然他承认对每个患者的治疗可能得不到保证，但他坚持认为，精神病医生和其他医务人员应依靠目前的知识，确保作出合法努力，实现康复"①。刑事强制医疗的执行机构是医疗机构，对患者实施治疗是医疗机构的核心职能，人们之所以对刑事强制医疗执行制度心存顾虑甚至否定批判，是因为这项制度具有强制性，并且治疗对象是不负刑事责任的精神障碍患者，如果不能合理确定治疗在刑事强制医疗执行制度中的地位，那么治疗可能会遭遇监管的挤压，就会滑向收容中心主义。如果在刑事强制医疗执行制度中片面强调治疗，忽略制度中应当具有的监管要素，那么就可能出现医疗专权的问题。

因此在治疗中心主义下，刑事强制医疗执行制度应当是以治疗为核心，而且法律不应当成为治疗的羁绊，它所规范的是制度化的程序运行机制。在各国刑事强制医疗执行制度中，日本在 2003 年制定、2005 年实施的《医疗观察法》是对刑事强制医疗执行制度贯彻治疗中心主义，正如日本研究者指出，"《医疗观察法》的要义是法院决定精神障碍犯罪人入院医疗或门诊医疗，但不单纯以社会方位或保安为目的，而更多地考虑精神障碍者的医疗和福祉。但是医疗观察制度也并非没有社会防卫和保安的色彩"②。

（三）治疗中心主义的泛化

随着医学科学的进步和人类健康诉求的提高，治疗的作用越发凸显。治疗中心主义不仅仅是一种观念，而且被奉为一种思想，其中用精神医学思维来对待罪犯即是

---

① Rouse v. Cameron, 373 F. 2d 451, 456 (D. C. Cir., 1966).

② ［日］石川正兴：《精神障碍与保安处分》，载王牧、张凌主编：《中日犯罪学之比较研究——中日犯罪学学术研讨会论文集（1－4）》，中国检察出版社 2011 年版，第 14 页。

例证。精神科医生本杰明·卡普曼认为:“监禁和惩罚并不构成对付罪犯的适当方法。我们必须把他们当作精神病患者对待,从各个方面来说都是如此”,“在未来,更进步的精神病理学和犯罪学要素的希望是,警卫和狱卒将被护士取代,而法官将被精神病学家取代,精神病学家的唯一尝试将是治疗和治愈个人,而不仅仅是惩罚他”①。刑事强制医疗执行制度与刑罚执行制度虽然都是强调刑事程序价值,但是二者的适用对象却存在本质的不同。当然罪犯也存在生病的可能,而且他们的心理问题乃至精神问题同样不能忽视,但是监狱的核心职能是惩罚,虽然日本的刑罚执行制度强调“设施内处遇”和罪犯的社会回归,特别是“重返社会模式,是从改造犯罪人、使其重返社会中寻求犯罪人处遇理念的思考方式,又称为改造模式。在重返社会模式中,将处遇看作为对病人的医疗的见解被称为医疗模式,在美国以此为基础的不定期刑和假释在处遇中历来占据中心地位”②,但现今医疗模式已经衰退,所以难以将监狱内的处遇称为“治疗”。所以治疗中心主义需要立足于所处的制度类型之中,从制度的本质着手,去审视治疗中心主义的可应用性。

治疗中心主义还有一个泛化表现是,应用在精神卫生领域的治疗法学是治疗中心主义的一种拓展性成果,“在精神健康法领域内,当治疗性判例产生时与以往相比,就有很大的不同,因为传统的精神健康法已经发展起来,部分原因是在承诺程序中发生了严重的侵权行为。精神科医生和精神病学领域都存在未经审查、可能是肆无忌惮的精神病治疗的做法,甚至出现不尊重司法的问题”③。当法律介入精神卫生领域的时候,可能会产生不同程度的冲突,要对这些冲突进行修复或调整,需要医疗实践对法律完善进行反哺。有的研究者就提出“将精神健康见解引入法律研究的工具是治疗性判例,即是将法律作为治疗剂来予以研究”,“治疗法学表明,法律本身可以被视为一种治疗师或治疗代理人。法律规则、法律程序和法律行为者(如律师和法官)的作用构成了社会力量,在处理现实问题的时候可能会产生治疗或抗治疗后果。治疗性判例建议我们对这些后果应当认真对待,而不是忽视它们”④。如果从治疗法学角度来看待刑事强制医疗执行制度的话,我们会发现法学和医学应当具有共同的目标,就是刑事被强制医疗人能够获得康复并回归社会,法学和医学在刑事强制医疗执

---

① Gray & David J., *Criminology: The Treatment - Punishment Controversy*, William and Mary Law Review, Vol. 4, p. 161(1963).

② [日]大谷实:《刑事政策学》(新版),黎宏译,中国人民大学出版社2009年版,第173页。

③ Wexler & David B., *Two Decades of Therapeutic Jurisprudence*, Touro Law Review, Vol. 24, p. 23(2008).

④ Wexler & David B., *Justice, Mental Health, and Therapeutic Jurisprudence*, Cleveland State Law Review, Vol. 40, p. 517(1992).

行制度中形成交融地带，医疗的核心路径是治疗，法学具有规范属性，但是如果法学与医学能够形成合力，那么对于刑事强制医疗执行制度会有很强的助推力，如果二者形成逆反，那么就会产生反治疗恶果。换言之，治疗实践是对刑事强制医疗执行制度的一种检验，这就为法官的司法裁决和立法者的立法修法提供了依据。

总之，法律的适用可能具有治疗或抗治疗作用。传统的刑事司法程序往往是向后看，找出错误，提出指控，并施加惩罚。然而，在治疗性判例精神范围内作出的裁决反映了人们对个人、关系和社区在与司法系统的接触结束很久之后的未来后果的关切。因此，适当的干预和与治疗的联系可以防止精神病患者通过刑事司法系统不断循环，并长期受益。

四、多元复归主义

治疗中心主义纠正了隔绝中心主义和收容中心主义在人的主体性和精神健康权保障方面的偏误，从而为刑事强制医疗执行制度的存在提供了正当化依据。在现代社会，人们的观念在不断地实现聚合性变化，就这项制度而言，医学与法学的发展状况和二者的融合程度对此有着深刻的影响，于是在观念上形成了多元复归主义。

（一）精神医学的多元复归取向

在精神医学方面，人们运用现代医学科技不断地探索治疗思路和方法。实践中，精神医学界对中医、西医，抑或中西医结合方法的应用，综合性医疗机构精神医学科或心身医学科以及专科性精神卫生医疗机构的建设和发展从院内层面体现了多元化趋势。从社会层面看，由于精神障碍的多发性和普遍性，全人类对精神障碍的治疗更为聚焦，例如在国际社会上，世界精神病学会制定了《夏威夷宣言》《马德里宣言》等精神病学实践中的伦理学指南，每三年举办一次“世界精神病学大会”。

在刑事强制医疗执行制度中，人们巩固治疗在这项制度中的核心地位的同时，探索更为全周期性的治疗思路，这得益于人们对普通精神障碍患者的关注，例如各国将精神健康列入公共卫生范畴，普及心理健康教育，注重社区精神卫生工作。可见，人们对精神障碍的预防和治疗已经实现多元化取向，刑事被强制医疗人作为精神障碍患者中严重的一类，在接受一般性治疗的同时，还有符合个体特征的特殊性治疗。

与此同时，我们还应当看到，自精神病学产生以来，人类重点是从药物上寻求治疗的最佳方案，随着人们对精神障碍产生原因的分析和复发状况的评估，精神医学专家对住院精神障碍患者的康复和护理也会制定相应的方案，尤其是对刑事被强制医疗人在治疗、康复、护理的同时，还开展相应的教育，实现心理上的可行性介入。各国在不断探索以社区为基础的精神卫生服务、通过初级卫生保健提供精神卫生服务等的思路和举措,这对于刑事被解除强制医疗人、普通出院患者、所有社区居民的精神健康提供了有效的保障。对于刑事被解除强制医疗人来说,可以预防他们病情的反复,保障他们能够及时回归健康和回归社会。例如,2004 年美国卫生与人力资源服务部发布国家精神健康康复共识声明,主张对精神障碍患者的心理干预采用“复元”概念,“把复元看作精神健康条例和服务唯一涉及的概念。精神康复的过程,是治愈和转化的过程,该过程使精神健康存在问题的人可以在自己选择的社区过有意义的生活,同时充分发挥自身潜能”①。美国针对精神障碍患者的复元概念制定了十项基本原则,即“自我主导、个别化及以案主为中心、积极赋权、整体化思维、非直线性思维、优势视角、患者间的支持、尊重、责任及希望”②。复元的目的在于精神障碍患者的个体康复和社会适应,笔者认为,采用“复归”一词是一种更直接的表述,特别是在刑事强制医疗执行制度中,刑事被强制医疗人在结束长期的封闭式治疗后,亟待解决的就是社会回归问题,这离不开精神医学的持续性关注,这时社区精神卫生医疗服务显得尤为重要。

(二)精神卫生法治的多元复归导向

刑事强制医疗执行要成为一项制度,首先需要有明确的法律依据,当这项制度实现司法化后,它的正当化依据和运行机制更具科学性和合理性,支配刑事强制医疗执行制度发展的核心要素是刑事被强制医疗人的人权,国际组织对此持续加强。例如,1991 年联合国大会通过的《保护精神病患者和改善精神保健的原则》成为各国精神障碍患者权利保障的基本依据;世界卫生组织制定的《精神障碍患者人权促进指引》提出保护与改善精神障碍患者健康照护的十项原则;1994 年国际劳工组织、联合国教科文组织、世界卫生组织联合发表《社区康复——残疾人参与、残疾人受益》指出“社区康复是属于社区发展范畴内的一项战略性计划,其目的是促进所有残疾人得到康复”,这就从国际组织层面肯定了精神障碍患者社区康复的重要性。可见,从国际层面看,多层面的保障文件使各国刑事强制医疗执行制度不仅仅立足于强制医疗机构的治疗,而且需要多元化的保障措施。

在各国的精神卫生法治发展中,多数国家的刑事强制医疗执行制度除了专门性的法律规定外,还有多元化的法律规范,例如我国既有《精神卫生法》,而且将刑事强

① 叶锦成等:《中国取向复元模式实践:精神健康社会工作案例研究》,华东理工大学出版社 2017 年版,第 20 页。

② 叶锦成等:《中国取向复元模式实践:精神健康社会工作案例研究》,华东理工大学出版社 2017 年版,第 21 页。

制医疗单独成章规定于《刑事诉讼法》之中。英国《1973 年刑事法庭法》规定法庭可以对精神失常犯罪人作出入院令,同时还有专门的《精神卫生法》来保障精神障碍患者的权利。德国的刑事强制医疗作为保安处分的一种,除了在刑事法中有明确的依据外,同样制定《精神卫生法》对精神卫生进行调整和规范。可见,多数国家关于精神卫生法治的多元化立法规定使刑事强制执行制度在执行前和执行后均有相关法律可供适用。

精神医学强调刑事被强制医疗人的社会回归,精神卫生法治同样将此作为目标,"对患者回归社区的保护,需要有相关的一系列程序、社区设施、随访制度、转诊途径,甚至探索开展'社区非自愿随访'和治疗等制度的空间"①。例如,英国 2007 年对《精神卫生法》的修订中增加了监督社区治疗的规定,也就是说社区精神卫生服务机构不仅仅是医疗卫生事业的组成部门,而且需要纳入精神卫生法治范畴。因此就刑事被强制医疗人复归而言,以治疗中心主义为观念形态的日本《医疗观察法》对于刑事被强制医疗人的复归做了全程性的规定,而大部分国家在刑事强制医疗执行制度中并没有对复归作出明确的规定,通常纳入其他精神卫生法律之中。

因此,精神卫生法治是对精神障碍治疗的有力保障和基本导向,以多元化医疗、多元化法律、精神健康恢复、社会回归为元素的多元复归主义使刑事强制医疗执行制度更具体系性和整体性。当然,各国的实施模式不可能是划一的,这是各国经济社会发展、社会治理、精神卫生服务水平、法治发展程度等因素的差异所使然。

第二节　刑事强制医疗执行的机制模式

刑事强制医疗执行的观念模式反映在实践层面就是各种不同的运行机制。当然,人类历史上形成了刑事强制医疗执行的不同机制模式,当一项制度以司法程序为正当化依据的时候,制度的正义价值得以彰显。刑事强制医疗执行机制模式可以分为六种:私人监护模式、行政处置模式、行政—医疗模式、司法—医疗模式、司法—行政—医疗模式、司法—医疗—社会模式。观念模式与机制模式并非一一对应关系,一国在不同的时期可能存在不同的观念模式,同一时期不同的国家或不同时期的不同国家也可能存在相同的机制模式。对这六种机制模式的划分,所依据的标准是行政、司法、社会、医疗所组成的不同结构,当然从刑事强制执行制度来看,各种机制模式均

---

① 李筱永、张博源主编:《精神健康治理研究——立法、实施和效果》,中国政法大学出版社 2019 年版,第 188 页。

是以制度的内在体系为视域,并未考虑外在体系所涉及的元素。

一、私人监护模式

在没有精神病学的世界里,人们对精神障碍患者的处置除了驱逐外,安置在家中也是常见方式。在人类对精神障碍有了初步认识后,犯罪的精神障碍患者被纳入刑事法律之中,一些国家在早期对犯罪的精神障碍患者实施无罪或免除或减轻处罚,例如1532年《卡罗林娜法》规定犯罪的精神障碍患者不应受刑罚制裁,在精神病院产生之前或产生之初的年代里,他们主要是由亲属通过监护措施来处置的。例如"在罗马日耳曼法时代,主要系以监护措施来对付精神疾病犯罪人"①,日本在1900年制定的《精神病人监护法》规定了将精神障碍患者限制在自己家中的程序。在我国,1979年《刑法》第15条规定,对于不负刑事责任的精神障碍患者,法院"应当责令他的家属或者监护人严加看管和医疗",1997年《刑法》第18条在原有的基础上添加"在必要的时候,由政府强制医疗"。这两部《刑法》虽然都提出了"责令"的规定,但2012年《刑事诉讼法》实施前并非以司法程序来制作裁决书,最终导致的结果是不负刑事责任的精神患者进入私人处置模式。即便是现行刑法中的"政府强制医疗"也仅是在必要的时候,并非常态。

既然精神障碍患者是由家庭来进行监管,那么实则是一种私人监护模式,但是我们并不能就此认为精神障碍患者在私人监护模式下是自由的或者能够享受亲属温暖的照顾,因为私人监护并非罗曼蒂克式,"在19世纪70年代,瑞士法语区弗里堡州的官员们在引进收容院前曾实施了一次精神病患者人口普查。调查人员坚持无法相信他们的眼睛。在他们认定的164名精神病患者中,有1/5曾被拘禁在家中,通常关进不能取暖的房间和牲口棚子里"②。从现代意义上看,精神障碍患者理应得到家庭的照护,特别是在精神障碍多发的时代下,家庭支持已经成为破解精神障碍问题不可缺少的要素。但是精神障碍患者往往被贴上标签,导致家庭蒙羞,特别是在精神医学尚未确立和精神病院建设不规范的情况下,精神障碍患者在家庭中境况不容乐观。

当精神医学发展起来后,对于精神障碍患者尤其是对犯罪的精神障碍患者来说,在精神病院接受专业的治疗是最优的选择方案,这就需要法律调整,并能够形成一种制度形态。其实,在近现代,那些未纳入刑事强制医疗执行制度范畴的精神障碍患者接受私人监护仍然是主流模式,但是实践中那些家庭经济困难,具有暴力倾向的精神

---

① 张丽卿:《司法精神医学——刑事法学与精神医学之整合》,中国检察出版社2016年版,第139页。

② [美]爱德华·肖特:《精神病学史——从收容院到百忧解》,韩健平、胡颖翀、李亚明译,上海科技教育出版社2007年版,第3页。

障碍患者也会被家庭拘禁甚至遭遇大义灭亲的灾难，这足以说明私人监护模式在古今都存在，都可能产生一定的恶害，所以即便称为私人监护，仍需有效的制度介入。

二、行政处置模式

起初，人类对精神障碍患者的认识源自他们的异常行为，但是由于精神障碍难以诊断，以至于被神化或妖魔化，特别是当精神障碍患者被妖魔化后，异常行为威胁到统治秩序，以至于出现精神障碍患者被驱逐或遭受惩罚的现象。这在行政权专断的时代，就是一种行政处置模式，在这种模式下，精神障碍患者实施的是危害社会的行为，但是不属于犯罪。虽然在封建专制时代统治者依据法律进行审判，但是在立法、司法、行政不分的状态下，对肇事肇祸精神障碍患者的审判本质上仍属于行政处置，正如孟德斯鸠所说，“在专制政体下，君主可以亲自审案，在君主政体下则不可以，否则，政制就会遭到破坏，从属的中间力量就会被消灭，所有的司法程序就会统统被废除”①，所以资产阶级国家建立后按照三权分立思想设置国家权力的分工。司法权独立使司法裁决的正当化趋于合理，但是对于刑事强制医疗执行制度而言，无论是行政权还是司法权的介入，如果解决不了精神障碍患者的治疗问题，制度的真谛都难以实现。19 世纪后精神医学的独立和精神病院的发展，治疗在刑事强制医疗执行制度中的核心地位有所体现。

刑事强制医疗执行制度作为政治上层建筑的组成部分，容易受到统治者的统治政策的影响，特别是在国家法治化程度不高和刑事强制医疗执行制度尚不健全的情况下，政治因素更容易改变这项制度的发展方向。在观念形态上，治疗中心主义在发展过程中出现倒流问题；在具体表现上，精神医疗机构在收治对象上泛化，以至于成为普通的收容机构，甚至成为政治上排除异己的工具。

从具体国家来看，德国在对犯罪的精神障碍患者进行处置的时候，曾经历了警察法时代，也就是采用行政收容的方式，“普鲁士高等行政法院曾特别授权给警察，对‘有公众危险的精神病患’得以警察法上的原因加以收容”②。“1714 年颁布的《流浪者法》是第一部对精神病人进行禁闭管理的法律。但是，经常有正常人被疯人院关押的现象发生。”③日本在 1919 年《精神病院法》中规定了在庇护场所强制拘留的行政程序。可见，当刑事强制医疗执行制度被行政处置冲抵后，这种制度的治疗功能消失

① ［法］孟德斯鸠：《论法的精神》（上卷），许明龙译，商务印书馆 2012 年版，第 96 页。

② 张丽卿：《司法精神医学——刑事法学与精神医学之整合》，中国检察出版社 2016 年版，第 139 页。

③ 李筱永、张博源主编：《精神健康社区治理与法治保障研究》，中国政法大学出版社 2018 年版，第 151 页。

殆尽,在场所上无论是医疗机构还是拘留所,监管职能都更为彻底和全面,最终导致在行政处置模式下犯罪的精神障碍患者的精神健康权被严重弱化甚至被剥夺。

三、行政—医疗模式

在刑事强制医疗执行制度中,如果漠视刑事被强制医疗人的精神健康权,那么就意味着治疗职能遭受虚置,这也是近代以来这项制度备受诟病之处。其实,私人监护模式和行政处置模式与刑事强制医疗执行制度的本质属性相违背,即便如此,如果能够将治疗置于这项制度的核心部分,那么对于精神障碍患者而言也是一种进步。在刑事强制医疗执行制度的传统模式中,各种模式的不同恰恰在于医疗在其中是否有一席之地,行政—医疗模式的出现是对私人监护模式和行政处置模式的一种质的超越。

(一)日本传统的措置入院

1.精神障碍患者处遇的基本依据

"二战"后,日本在1950年制定《精神卫生法》,同时废止"二战"前的两部法律。该法表面上禁止私人监护,以便精神障碍患者能够得到适当的治疗,实际上仍然坚持通过行政命令强制入院的原则,这对患者和公众都存在危险。日本研究者以数字作为例证指出,"截至1987年,日本精神病院90%以上的人口是非自愿患者"①。此后日本对此法进行多次修改,其中1965年在《精神卫生法》的第12次修订中鼓励社区一级的门诊服务和其他精神卫生服务。即便如此,精神卫生制度仍然问题不断,最为典型的是1983年发生的"宇都宫病院事件"②,该事件暴露出这项制度存在秘密性、强制性等问题。面对联合国人权委员会和国内精神神经学会评议委员会等组织的批评,日本在1987年修改《精神卫生法》,并改名为《精神保健法》,旨在保护患者的人权,改变入院条件和指定医生的标准,设立精神病审查委员会,审查非自愿住院的必要性和治疗的适当性;增加了关于精神障碍患者的康复的规定,但是"精神康复政策缺乏充分的社会支持系统和财政支持"③。日本在1995年制定《关于精神卫生和精神障碍者福利的法律》(以下简称《精神卫生福利法》),取代《精神保健法》,对非自愿住

① Asai & Kunihiko, *Mental Health Services in Japan*, Journal of Sociology and Social Welfare, Vol. 18, p. 141(1991).

② 刘白驹:《非自愿住院的规制:精神卫生法与刑法》(上),社会科学文献出版社2015年版,第287页。

③ Asai & Kunihiko, *Mental Health Services in Japan*, Journal of Sociology and Social Welfare, Vol. 18, p. 154(1991).

院作出了进一步细化，此后这部法律进行多次修正，特别是在1999年修正后，仍然"发生了多起少年杀人致死伤事件，精神医疗的应对成为重大社会问题"①。《精神卫生法》和《精神保健法》实施过程中所出现的问题主要体现在非自愿住院以及精神病院的治疗和监管工作方面，尤其是实施重大伤害行为的精神障碍患者如何处置的问题更为焦点化。对此，日本在2003年制定、2005年实施《医疗观察法》，这部法律被称为"日本有史以来第一项针对精神错乱罪犯的立法"②；日本还有一部关于精神障碍服刑人员的处遇的法律，即2006年实施的《关于刑事收容设施和被收容者等的处遇的法律》（以下简称《刑事收容设施法》）。对于在监狱内服刑的精神障碍患者，"为了治疗此类精神疾病，很多服刑人员被从普通监狱送到医疗监狱，而在室内精神病院接受住院治疗的情况极为稀少"③。

现今，《精神卫生福利法》《医疗观察法》《刑事收容设施法》成为日本规范和调整不同类型的精神障碍患者处遇问题的基本依据，刑事强制医疗执行制度是依据《医疗观察法》形成的，在《医疗观察法》实施前，是以《精神卫生法》和《精神保健法》为法律渊源。

2.《医疗观察法》实施前的刑事强制医疗执行制度

日本《刑法》第9条规定心神丧失者的行为，不予处罚。心神耗弱者的行为，减轻处罚；根据《刑事诉讼法》，"心神丧失者在被起诉后，由法官认定无刑事责任能力而被判处无罪的案例非常少，绝大多数都是由检察官认定无刑事责任能力进而作出不起诉处分"④。可见，日本《刑法》和《刑事诉讼法》对精神障碍患者的规定主要是责任能力、责任制度、起诉程序等，对于如何进行监管和医疗并未涉及，所以日本刑事法律并未建立刑事强制医疗制度和刑事强制医疗执行制度。从日本的精神卫生制度的发展来看，与《刑法》《刑事诉讼法》相衔接的精神卫生方面的法律先后经历有三部，即《精神卫生法》《精神卫生福利法》《医疗观察法》，但前两部法律采用行政程序，《医疗观察法》才是日本刑事强制医疗执行制度的法律依据。

《精神卫生法》和《精神卫生福利法》对于已经发生危害行为的精神障碍患者和未发生危害行为的精神障碍患者均可实施强制医疗，采用的是行政程序，在日本称为

---

① 张志泉：《日本犯罪者处遇研究》，山东人民出版社2010年版，第124页。

② Yoshikawa, Kazuo & Pamela J. Taylor, *New forensic mental health law in Japan*, Criminal Behaviour and Mental Health, Vol. 13, p. 226(2003).

③ ［日］佐藤诚：《日本触法精神障碍者处遇制度——以刑事设施中的处遇为中心》，载王牧主编：《犯罪学论丛》第6卷，中国检察出版社2008年版，第452页。

④ 刘白驹：《非自愿住院的规制：精神卫生法与刑法》（上），社会科学文献出版社2015年版，第293页。

“措置入院”,这“是一种保安性的强制住院,针对的是可能伤害自身或他人的精神障碍者”①。这种强制入院的适用对象非常广泛,其中对于已经进入刑事司法程序的精神障碍患者,由检察官向都道府县知事通报,知事委托两名以上的精神保健医生进行诊断,一致确诊后,知事下发强制医疗命令。在强制医疗执行的过程中,发生重大伤害行为的精神障碍患者与普通精神障碍患者在治疗和监管上并无不同;强制医疗过程和解除强制医疗均无司法介入,也无监督机制;没有回归社会措施。所以行政强制医疗执行制度的决定和解除由政府知事决定,治疗和监管完全置于精神病院的权力范畴。

由上,《医疗观察法》实施前,强制医疗不是由法院决定,而是由政府决定,具有典型的行政处分性质,这就导致精神障碍患者“被排除在刑事司法的对象之外,在刑事司法体系当中,不存在抑制精神病人的犯罪的手段”②,日本研究者指出:“在现状里,这些无责任能力者乃运用行政处分即依据《精神保健法》第29条的措施入园制度以资对应。然而,在运用的实际状况里,存在很多问题。该《精神保健法》本来是以确保与犯罪无关系的精神障碍者的治疗与保护为目的而制定的法律,也由于该法具有此种性质,所以不能期待该法称为刑事政策利用的对象”③。日本刑法采用刑罚一元主义,在未设置保安处分制度和《刑事诉讼法》也没有专门的刑事强制医疗制度的情况下,面对精神障碍患者所产生的严重社会问题,催生立法机关构建刑事强制医疗制度和刑事强制医疗执行制度。

(二)我国传统刑事强制医疗执行制度

我国1979年《刑法》和1997年《刑法》中关于不负刑事责任精神障碍患者规定的区别体现在,后者规定对于不负刑事责任精神障碍患者“在必要的时候,由政府强制医疗”,在2012年《刑事诉讼法》实施前,在特殊情况下由行政机关决定实施刑事强制医疗,这种特殊情况通常是指亲属无力看管或者没有亲属看管。可见,刑事强制医疗执行制度在2012年《刑事诉讼法》实施前缺少程序法依据,有的研究者指出,“我国刑事诉讼法在强制医疗方面却是一片空白,由此导致刑法与刑事诉讼法的程序设置相脱节,强制医疗的实施在程序上失去依托,造成保障机制失灵”④。在刑事强制医疗执

① 刘白驹:《非自愿住院的规制:精神卫生法与刑法》(上),社会科学文献出版社2015年版,第283页。

② [日]大谷实:《刑事政策学》(新版),黎宏译,中国人民大学出版社2009年版,第427页。

③ [日]加藤久雄:《针对精神障碍犯罪者的刑事法上诸问题》,载[日]西原春夫主编:《日本刑事法的形成与特色:日本法学家论日本刑事法》,李海东等译,法律出版社、成文堂1997年版,第343页。

④ 韩旭:《论精神病人强制医疗诉讼程序的构建》,载《中国刑事法杂志》2007年第6期,第68页。

行制度未实现司法化的情况下,根据刑法的规定,仍然需要由行政机关来处置,因为不负刑事责任精神障碍患者实施严重危害社会行为的情况出现多发态势,由亲属实施私人监护的模式已经难以适应维护社会秩序的需求,再加之在私人监护模式下治疗效果难以保障,精神障碍患者多次出现实施严重危害社会行为的案例,这就要求行政机关必须广泛介入。

原卫生部、民政部、公安部、中国残疾人联合会发布的《中国精神卫生工作规划(2002—2010 年)》提出"公安部门要重点掌握辖区内可能肇事肇祸精神疾病患者的基本情况,落实日常监管和控制措施;依法做好严重肇事肇祸精神疾病患者的强制收治工作";2004 年原卫生部等七部委颁布的《关于进一步加强精神卫生工作的指导意见》进一步指出公安机关"对严重肇事肇祸精神疾病患者实施强制治疗,安康医院负责做好治疗工作"。所谓的行政机关主要是公安机关,按照《人民警察法》和《治安管理处罚法》,这两部法律对精神障碍患者的调整主要是立足于肇事肇祸者,但是缺少明确的行政程序规定。虽然各地制定了"精神卫生条例"但是由于其是地方性法规,无法作为公安机关实施强制医疗的正当化依据,有的研究者提出"采取政府强制医疗措施是一种刑事诉讼活动,必须通过刑事诉讼活动来实现,因而采取政府强制医疗措施程序应当属于刑事诉讼程序的范畴,而且是一种特殊的刑事诉讼程序"①,但是完全由行政机关来处置也难以纳入《刑事诉讼法》范畴。

因此,在 2012 年《刑事诉讼法》实施之前,公安机关对不负刑事责任精神障碍患者实施强制医疗的依据主要是政策和地方性法规,在《刑事诉讼法》中缺少关于刑事强制医疗执行制度的程序性规定的情况下,在实践中暴露出人权保障不足等问题,这也是行政—医疗模式的内生弊端。

由上可见,上述三种机制模式并没有司法的介入,既然司法是维护社会公平正义的最后一道防线,那么如果刑事强制医疗执行制度缺少司法要素,就会出现行政处置的专断性和私人处置的任意性问题,所以现代各国注重司法在刑事强制医疗执行制度中的介入,刑事强制医疗执行制度因为有了司法元素,从根本上改变了这项制度的内在结构,实现新的质的跨越。虽然介入的方式有所差异,但是程序价值不断彰显。

四、司法—医疗模式

司法—医疗模式强调的是在刑事强制医疗执行制度中除了刑事被强制医疗人外,由法院和医疗机构作为制度运行的主导者,即法院决定刑事强制医疗执行的开始和结束,医疗机构负责治疗和监管,或者法院只决定开始,而医疗机构决定治疗、监管和结束。

---

① 申君贵:《设立"采取政府强制医疗措施程序"的构想》,载《政治与法律》2002 年第 6 期,第 58 页。

（一）英国一般情况下的住院令

根据英国《1983年精神健康法》，对犯罪精神障碍患者实行的是由皇室法院颁发住院令的司法程序，“收到适当的医学证据后，就一项可监禁犯罪处理罪犯的法院可以命令他被收容并羁押在医院，在那里对其精神不正常接受治疗”①。这是由法院通过司法程序决定实施刑事强制医疗，采取的是“住院令”的方式。“住院令的效果是批准罪犯被送往医院并在那里羁押起初六个月。即使是在这六个月期间，负责治疗罪犯的医生可以将其从医院放走。相反，在六个月之后，医生也可能命令再羁押六个月，而且此后他还可以每隔一年命令继续羁押。”②所以通常情况下，医疗机构可以决定是否解除刑事强制医疗。

（二）美国的精神卫生法庭

美国对“有病无罪”和“有病有罪”的精神障碍患者都要实施刑事强制医疗，在21世纪之前，美国对两类患者在刑事强制医疗执行制度上略有差异，对于“有病无罪”者，法院裁决后自动予以收容，对于“有病有罪”者按照传统的方式是先经过普通程序送入监狱然后由监狱转到精神病院。由于这样会影响治疗效果和执行效果，为了减少严重精神病患者被起诉的人数和频率，美国按照刑事司法系统的标准方式探索实施“快速转移计划”，也就是通过设立精神卫生法庭提前对进入刑事程序的精神障碍患者进行分流。2008年美国联邦政府在之前试点的基础上开始正式实施转移方案，包括正式设立精神卫生法庭（MHC），“MHC是专门的刑事法庭，负责强制和监督社区治疗，目标是提高公共安全和改善精神病罪犯生活。实施这个方案的一个主要理由是减少处置前后的监禁天数”③。精神卫生法庭不是简单的监督和制裁，而是帮助刑事被强制医疗人作为一个公认的团队成员重新融入社区守法成员，是恢复性司法原则的具体体现。“恢复性司法原则有助于治愈与犯罪有关的伤害冒犯。在法庭上，是法官公开传递信息，承认行为是错误的不给罪犯贴标签就越轨。法院避免污名化标签，把重点放在积极的现在的联系和关系上，而不是过去的犯罪行为法案和具体的医疗问题上，鼓励拒绝作为一个主人的身份越轨。设立的刑事强制医疗结束仪式标

① ［英］约翰·斯普莱克：《英国刑事诉讼程序》，徐美君、杨立涛译，中国人民大学出版社2006年版，第616页。

② ［英］约翰·斯普莱克：《英国刑事诉讼程序》，徐美君、杨立涛译，中国人民大学出版社2006年版，第617－618页。

③ Allison D. Redlich, Siyu Liu et al., *Is Diversion Swift? Comparing Mental Health Court and Traditional Criminal Justice Processing*, Criminal Justice and Behavior. Vol. 39, p. 421 (2012).

志着刑事司法程序的结束，因为刑事被强制医疗人被欢迎回到守法公民的社区代表该社区的人。”①当然，解除刑事强制医疗并不意味着所有的精神障碍患者都能够回到社区，只有那些按照精神卫生法庭和医疗机构的要求接受治疗的，才可能被撤销指控或获得减轻处罚；反之，就会重新开始普通程序。

虽然美国刑事强制医疗执行制度可以归入司法—医疗模式中，但是并不否定美国社区精神卫生服务的发展，例如加利福尼亚州颁布的《福利与事业法典》属于州的精神卫生法，这部法律中就规定了社区精神卫生服务，刑事被解除强制医疗人仍可以接受社区精神卫生服务，但是这并没有纳入刑事强制医疗执行制度范畴，所以从美国精神卫生法庭来考察现行的刑事强制医疗执行制度实则是司法—医疗模式。

五、司法—行政—医疗模式

司法—医疗模式强调的是司法在医疗中的介入，也就是说在刑事强制医疗执行制度中具有司法的元素，当然司法权并非融贯在医疗的全过程或各个环节之中，而是在保持司法权被动属性的前提下，在不同的节点上通过法院的裁决来调控刑事强制医疗执行状态。实践中，还存在行政权也介入其中的情形，也就是司法—行政—医疗模式。这种模式的最大特点在于避免因为司法权的被动性而可能出现放任医疗情形，强调的是以行政权的主动性来调控刑事强制医疗执行过程。但是也隐含着如何控制行政权的问题，相关国家对此也采取相应的防范措施。

（一）英国特殊情况下的限制令

英国的刑事强制医疗执行制度以司法—医疗模式为主，特殊情况下会出现行政介入的方式，形成司法—行政—医疗模式。在这种模式中，“当皇室法院作出医院令时，它还可以添加一项‘限制令’，其效果是只有在收到内政大臣或精神健康审查法院的指令后，罪犯才能被从医院释放”②。也就是说，虽然治疗的过程中不存在行政介入的情形，但是解除强制医疗的时候，可以根据刑事强制医疗决定所作出的限制而产生行政介入的情形。

（二）德国的矫治与保安处分

19 世纪末德国开始将强制医疗纳入刑事范畴，采取的是保安处分的方式，最终在

① Dollar, Cindy Brooks & Bradley Ray, *The Practice of Reintegrative Shaming in Mental Health Court*, Criminal Justice Policy Review, Vol. 26, p. 40(2015).

② ［英］约翰·斯普莱克：《英国刑事诉讼程序》，徐美君、杨立涛译，中国人民大学出版社 2006 年版，第 616 页。

刑法中确立了刑罚和保安处分的双轨制，并且在1969年的改革中，将保安矫治处分改名为矫治保安处分，也就是将矫治置于保安之前，突出治疗在刑事强制医疗执行中的优先性。到2017年10月30日德国最新一次修订《刑法》时在第三章第六节中仍然沿用这一表述，具体条文是第63条“收容于精神病院”。除了实体法的规定外，在德国联邦议会1975年11月6日的第200次会议上，其通过了《关于自由刑和剥夺自由的改善和保安处分执行的法律——刑事执行法》，该法将精神病院作为保安处分机构予以明确规定，第136条和第138条对“收容于精神病院”作了一定的规定，但是仍然缺少详细的程序性规定。“在实际上刑罚执行法仍然是受到1920年发展出来的体系所影响，换言之，保安思想一直扮演重要的背景理由”，“有关收容于精神病院的规定依各邦法，则刑罚执行法只是一个框架规定，这个框架规定的刑罚执行法，仍需依赖各邦的法律来加以补充”①。与德国《刑法》中关于刑事强制医疗的规定相配套的是《刑事诉讼法》在第六编“特别诉讼程序”的第二章中规定的保安处分程序，但这只是一种笼统性的规定，并没有涉及刑事强制医疗执行制度如何运行的事项，所以刑事强制医疗执行制度的法律渊源主要在于《刑事执行法》。

由于德国属于联邦制国家，所以各州制定了各自的关于收容于精神病院的规定，例如巴伐利亚州制定了《精神病人收容和护理法》，在巴伐利亚州“为了避免或尽可能缩短收容，或者给予相关人员在收容结束后必要的帮助以使其恢复健康并融入社会，应穷尽一切现有、预防、陪护和补充的帮助。为了实现治疗目的，卫生局应与提供这些帮助的医生、精神病院、社会救济和青少年帮助者、自由社会福利协会、其他公共、社会和私人组织密切合作”②。可见，在德国刑事强制医疗执行制度中，需要行政机关的介入，当然卫生局是作为协调者或服务者的身份出现行使职权的，这与公安机关的介入就存在明显不同。

德国虽然在刑事实体法和程序法中均有关于收容于精神病院的规定，但是在定性方面，“在整个法律体系上，保安处分是刑法与行政法之混合，亦即收容之宣告属于刑法（刑法、刑事诉讼法、刑事执行法），收容的执行属于行政法（各邦的收容法）”③。德国刑事强制医疗执行制度虽然在名称上将矫治放在优先位置，但是在执行上所具有的明显的行政属性，使得防卫社会的目的更为突出，德国的耶塞克和魏根特指出，“鉴于这种绝望的处境，使人不得不考虑，将精神病犯罪人或心理障碍犯罪人——值得考虑的尤其是属于其他严重精神障碍概念范畴的精神变态者——安置于独立的机

① 张丽卿：《司法精神医学——刑事法学与精神医学之整合》，中国检察出版社2016年版，第143页。
② 司绍寒：《德国刑事执行法研究》，中国长安出版社2010年版，第229页。
③ 张丽卿：《司法精神医学——刑事法学与精神医学之整合》，中国检察出版社2016年版，第144页。

构以代替安置于精神病院，是否可能会更加有效些”[①]。罗科信也指出，“在保安处分程序中，犯罪行为并非施以保安处分的原因，而只是动机；法官在此只是执行行政性质之事务”[②]。

（三）法国的刑事强制医疗执行制度

法国刑事强制医疗执行制度的法律依据是《刑法典》《刑事诉讼法典》《公共卫生法典》。法国刑法实行双轨制，即在刑事制裁中规定了刑罚和保安处分。在保安处分中按照行政性制度运作的保安处分措施包括“精神病患者的住院治疗”。法国刑事强制医疗制度适用两种对象和两类程序，前者包括无刑事责任能力的精神障碍患者和限制刑事责任能力的精神障碍患者，也就是法国《刑法典》第122－1条第1款和第2款的规定；后者包括预审法官因精神障碍患者不负刑事责任而结束侦查的程序，预审法官在侦查终结时有理由认为精神障碍患者不负刑事责任。

在侦查过程中，预审法官根据精神病专家提出的报告确认精神障碍患者应当住院治疗，然后由预审法官将报告通报给省长，由省长签发住院治疗的决定，预审法官据此作出的是不起诉裁定，此后司法不再介入其中。在出院中，“是否让一个人出院，还是应当由精神病医院的院长在听取精神病医生的意见或者听取省委员会的建议后，向省长报告”[③]。从法国《刑法典》的规定看，虽然预审法官在决定环节发挥作用，但是到了刑事强制医疗执行环节行政属性居于主导地位。

在侦查结束时，预审法官有理由认为精神障碍患者不负刑事责任。从刑事诉讼法典来看，刑事强制医疗执行制度更为细化，在司法裁决中融合了《刑法典》《刑事诉讼法典》《公共卫生法典》三部法典。具体来看，在法国《刑事诉讼法典》第四卷“几种特别诉讼程序”第二十八编“因精神障碍免负刑事责任的程序和判决”中对刑事强制医疗决定作了明确的规定，根据第706－120条的规定，“如果共和国检察官或某一当事人提出请求，预审法官作出裁定，由共和国检察官将诉讼案卷移送驻上诉法院检察长。检察长提请上诉法院预审庭受理案卷。预审法官也可以依职权裁定向检察长移送案卷”。根据第706－135条的规定，预审庭在审理后认为需要强制医疗的“命令将当事人安置到《公共卫生法典》第3222条所指的某一机构内完全住院，接受精神病治疗”，该条还规定“相关省内的国家代表（省长），或者在巴黎，其警察局长，立即得到

---

① ［德］汉斯·海因里希·耶塞克、［德］托马斯·魏根特：《德国刑法教科书》（下），徐久生译，中国法制出版社2017年版，第1088页。

② ［德］克劳思·罗科信：《刑事诉讼法》（第24版），吴丽琪译，法律出版社2003年版，第597页。

③ ［法］卡斯东·斯特法尼等：《法国刑法总论精义》，罗结珍译，中国政法大学出版社1998年版，第512页。

有关该决定的通知。当事人住院接受治疗的制度是按照《公共卫生法典》第 3213 - 1 条之规定宣告的接受精神病治疗的制度”。对于限制刑事责任能力的精神障碍患者，根据法国《刑事诉讼法典》第 706 - 136 - 1 条的规定，“刑罚执行法官可以在该人获释时，命令其在确定的期限内继续接受治疗”。也就是说刑罚执行前需要强制医疗的，按照在侦查结束时，预审法官有理由认为精神障碍患者不负刑事责任的程序实施强制医疗，然后再执行刑罚，刑罚执行完毕后再由刑罚执行法官来决定是否需要继续接受强制医疗。

(四)我国现代刑事强制医疗执行制度

2012 年《刑事诉讼法》将刑事强制医疗执行制度纳入其中，改变了行政—医疗模式的结构，引入了司法元素，彰显我国刑事强制医疗执行制度的程序性价值。在具体模式上，由人民法院对刑事强制医疗和解除强制医疗作出决定，公安机关送交执行，强制医疗机构负责具体的治疗和监管工作，人民检察院负责执行检察监督。

我国的刑事强制医疗执行制度从文本和实践层面上看，执行机关在完成移送工作后，不再介入这项制度之中，而人民法院、人民检察院、强制医疗机构、刑事被强制医疗人是最主要的主体。即便如此，在执行制度中，公安机关终究被赋予特定的职能，所以我国现在的刑事强制医疗执行制度属于司法—行政—医疗模式，尤其是人民检察院作为司法机关，在这项制度的运行中贯彻始终，展现出制度的司法化程度。

六、司法—医疗—社会模式

由于精神障碍的高发，所以现代各国普遍加强精神卫生法治工作，这是基于精神障碍所引发的社会问题，同时也是人类对精神健康的基本诉求。刑事强制医疗执行制度虽然实现了司法化，但是其并不是一个闭环式结构，否则会导致刑事强制医疗执行制度和精神卫生法治之间产生隔阂，甚至会使纠纷或冲突升级，因为无论是刑事被强制医疗人的社会属性，还是这项制度所要解决的社会问题，最终都离不开社会这一重要环节，这是司法—医疗—社会模式形成的应然逻辑。基于对外国国家刑事强制医疗执行制度和精神卫生法治的考察，能够实现司法、医疗、社会贯通的立法例主要体现在去机构化运动形成的模式和日本的《医疗观察法》。

(一)美国去机构化运动的具体体现

美国在 20 世纪 60 年代兴起的去机构化运动中并非取消刑事强制医疗执行制度，而是减少非自愿住院患者的人数，并且将他们纳入社区治疗之中。

美国在去机构化运动中，设计了替代性措施，“有三种替代住院性医疗措施为多数州所采纳,他们分别是预防性监管、非住院性监管及有条件释放”①。对于刑事被强制医疗人采取的是有条件释放。如果说对普通的非自愿住院患者尚可扩大式地进行社区治疗,那么对于“有病无罪者”和“有病有罪者”考虑到他们曾经因精神障碍而犯下的罪行,所以采取由法院决定附条件的出院许可。正如美国研究者指出的,“当一个人可能仍然对社会造成一些威胁,但处于进一步监禁不利于治疗的阶段时,释放的问题就成了一个两难的问题。一方面,释放这样一个人是有风险的。另一方面,如果拒绝释放,几乎会导致终身监禁。这就造成了一种情况,即被认定为‘无罪’的人被无限期的监禁,而被认定为‘有罪’的人可以在较短的刑期后被释放”②。当然附条件出院许可首先要求刑事被强制医疗人在强制医疗机构中接受治疗,法院根据医院的评估报告作出出院许可。

通过发挥社区精神卫生机构的作用,既可以监控刑事被强制医疗人在强制医疗机构外的行为,也可以确保他们可以继续接受治疗。不过,在出院许可的程序设计上缺少听证程序,美国研究者对此认为,“在释放之前应该举行听证会,因为这是保护患者的正当程序,以此可以通过阐明释放的条件对目标行为和风险因素进行列举,对门诊医生来说这样可以减少社区治疗中存在的一些模棱两可问题,因为他们担心会卷入复杂的法律纠纷情境”③。

美国各州对刑事被强制医疗人在社区接受治疗,注重过程的管控。美国加利福尼亚州采取的是司法假释放程序,“来自1984年加州立法通过之‘福祉设施法’,是自1986年开始实施之触法精神障碍者社区外来治疗、监督程序”,“主要由州立精神保健局之司法部主管负责实施,虽然如此,由于所处遇之对象为触法精神障碍者,与司法机关之协力连携十分密切。[CONREP](司法假释放程序)负责人必须定期将处遇之触法精神障碍者之治疗过程、治疗程序等资讯,向法院汇报”④。明尼苏达州最高法院的一份判决中指出“通过使用临时出院程序逐步将受让人重新纳入社会,允许受让人证明他能够成功地适应开放社会,同时允许国家通过监测他的进展和提供所需的

① 潘侠:《精神病人强制医疗法治化研究——从中美两国对话展开》,中国政法大学出版社2015年版,第241页。

② Foster & Joan, *Commitment - Conditional Release from Mental Institutions Made Available to Persons Confined under Criminal Statutes*, Seton Hall Law Review, Vol. 6, p. 132(1974).

③ Elbogen, Eric B. & Alan J. Tomkins, *From the Psychiatric Hospital to the Community: Integrating Conditional Release and Contingency Management*, Behavioral Sciences & the Law, Vol. 18, p. 427 - 441(2000).

④ 林思平:《强制治疗与监护处分——对精神障碍者之社会控制》,台湾大学法律学院法律研究所2009年硕士学位论文,第140页。

服务来提供公众安全”①。

由上,去机构化运动对于刑事强制医疗执行制度模式产生的最大影响就是将“社会”这一元素彻底地引入其中,使司法、医疗、社会实现有机融合,通过充分挖掘社会范畴内的医疗资源,从而将刑事被强制医疗人置于“社会”之中,这就改变了司法—医疗模式中社会处于刑事强制医疗执行制度外围的现象。当然美国作为联邦制国家,在国家层面推行去机构化运动的政策指引下,各州开展形式不一的立法和司法探索,所以美国的司法—医疗—社会模式在全国并非划一的,而是一种抽象性的归纳。

(二)日本现代的《医疗观察法》

2005 年实施的《医疗观察法》确立了日本刑事强制医疗执行制度,形成了从住院决定到出院决定再到终止处遇的体系化和全程化的执行模式。本研究将其称为刑事强制医疗执行制度,但日本刑事法律和精神卫生法律均未明确将其定性为保安处分,反而立法者对此也是极力避免,“当初的草案是将‘不继续治疗就有可能再犯对象行为’作为入院要件的,但很多反对的人认为将‘可能再犯’作为要件,就是认可了保安处分”②。虽然立法者希望突出强制医疗的医疗属性,弱化保安属性,但是从实质层面,也就是立法主旨上看,采取医疗观察制度足见日本在刑事强制医疗执行制度上坚持的是一种治疗思维,提倡的是治疗处置而非保安处置,而且刑事强制医疗执行属于社会内处遇而非设施内处遇,说明日本对因精神障碍产生的社会问题回归到社会自身去解决。

1. 刑事强制医疗机构

由国家指定的医疗机构作为承担治疗和监管职责的专门机构,“一般的精神病院,将触法精神障碍者和其他精神障碍者置于同样的设施和人员的看护之下使其接受治疗这就会产生一定的问题,并且对犯罪的精神障碍者进行专门的治疗也是十分必要的”③。专门的治疗还体现在医疗机构设置了专门的司法病房。

2. 两次裁决

日本刑事强制医疗执行制度存在两次法院合议庭审判,一次是下达出院决定,另一次是决定终止定期治疗决定。合议庭由地方法院的法官和精神科医生担任的精神保健审判员各一人组成,由法官决定法律事宜,精神科医生决定医疗事项,二者达成

① Lidberg v. Stefen, 514 N.W. 2d 779(Minn. 1994).

② [日]大谷实:《刑事政策学》(新版),黎宏译,中国人民大学出版社 2009 年版,第 427 页。

③ [日]鹤见隆彦:《精神障碍者危险行为(犯罪行为)的预防对策——医疗观察制度下心神丧失者的处遇》,载王牧主编:《犯罪学论丛》第 6 卷,中国检察出版社 2008 年版,第 492 页。

一致即可下发决定。强制医疗程序由检察官启动,但是在执行的过程中,检察机关不再介入;出院申请方面,入院医疗机构的管理人、精神障碍患者本人、监护人可以提出出院申请。

3. 治疗期限方面

住院治疗期限大约一年半时间,分为急病期、恢复期、重返社会期三个阶段,通过设定阶段性治疗目标来实施治疗方案;在住院治疗结束后,如果法院认为可以出院但需要继续接受治疗则决定实施定期医疗,由国家指定定期医疗机构开展收治和治疗工作,定期约为三年,分为前期、中期、后期三个阶段,治疗措施着眼于使精神障碍患者适应社会生活,开展相关社会活动,以此确保精神障碍患者有效地回归社会。

4. 注重精神障碍患者社会回归

在指定医疗机构之外设立保护观察所,保护观察所设置重返社会辅导官,在强制医疗执行中全程接入,内容包括访问调查、促进治疗和援助、交谈、沟通等,为精神障碍患者回归社会做好充分的服务与准备。

由上,日本和美国采用司法—医疗—社会模式都是为了使刑事被强制医疗人能够回归社会,都是注重发挥社会的作用,但日本是通过制定在全国适用的法律来进行制度设计的。从刑事强制医疗执行制度的整体性来看,日本的制度设计更为注重法律的统领和预设。

第五章

刑事强制医疗执行制度运行的实证分析

刑事强制医疗执行制度从2013年1月1日起开始运行,在初期,实务界和理论界即对此进行了剖析和预判,特别是实务界在适用这项制度时,遇到不少的具体难题,既有制度的内在弊端,也有配套措施的不健全。于是,各地积极探索完善举措,最高司法机关也制定了若干部司法解释及司法解释性质文件,目前相关法律和司法解释及司法解释性质文件主要包括2012年和2018年《刑事诉讼法》,2012年和2021年两版《刑诉法解释》,2012年《人民检察院刑事诉讼规则(试行)》(已失效),2019年《人民检察院刑事诉讼规则》,另外还有《人民检察院强制医疗执行检察办法(试行)》《人民检察院强制医疗决定程序监督工作规定》等。

2018年《刑事诉讼法》延续2012年关于刑事强制医疗执行的规定;虽然最高人民法院的两版司法解释对刑事强制医疗执行的规定基本没有发生变化,但是最高人民检察院前后两版司法解释却发生了较大的变化,这与最高人民检察院颁布的两部专门性司法解释、司法实践探索以及检察制度改革有关,由此也反映出刑事强制医疗执行制度在静与动之中逐步发展。那么这项制度经过若干年的运行后,法官、检察官、律师对其有何认知和评判?对未来的发展有何心理倾向?对此,本研究采用实证研究方法制作调查问卷,对这三个群体进行调查分析。这项制度的运行状况还可以从裁判文书中予以审视,重点是对解除强制医疗决定书和继续强制医疗决定书的统计与分析。通过问卷调查和裁判文书统计,并结合实地考察和现场访谈,从而对这项制度的运行状况及其存在的问题和原因进行研判,可以为这项制度的完善提供目标和方向。

第一节 实证分析方法的说明

本研究采用实证研究方法是通过问卷调查和裁判文书统计进行的定量分析,为确保数据统计的科学和合理，需要做好实证研究的基本设计，主要包括问卷设计与调查统计、裁判文书的检索与统计。

一、问卷设计与调查统计

（一）问卷设计

1. 问卷的类别设计

调查问卷由作者依据相关法律和司法解释，通过阅读实务界和理论界的相关著述以及在实地进行考察和访谈后，自主制作而成。问卷的设计立足于被调查者对刑事强制医疗执行制度的规范性文件和司法实践状况的法律认知和主观评判，所以笔者将问卷的类别设计为主观选项问卷，问卷的题目为"健全刑事强制医疗执行制度的调查问卷"。

2. 问卷的内容设计

调查问卷共33道题，在内容设计上，除了被调查者基本信息外，分为6个维度，即防范当事人被精神病方面的情况、刑事强制医疗机构的设置与管理情况、刑事被强制医疗人的社会保障状况、诊断评估机制的运行状况、检察监督状况、解除强制医疗程序的适用情况。

在各个维度的具体题目设计中，有6道关于程度或效果的评估题目，也就是由被调查者对刑事强制医疗执行制度运行状况的某个方面进行评估。这6道题分别是"防止当事人被精神病方面的保障程度""检察机关对刑事强制医疗执行的整体监督效果""交付执行中检察监督效果""执行（治疗、监管）活动中检察监督效果""执行解除中检察监督效果""在费用保障方面的难度"。在这6道题后紧接着又分别设计影响因素题目，目的是通过相关性分析和回归分析确定在这些方面具有统计学意义的影响因素。

3. 问卷的填写原则

问卷的填写原则是根据题型不同采取不同的填写方式。题型分为3种：一是单选题，二是不定项选题，三是赋值题。赋值题是指与上述6道评估题目相对应的影响因素题目所涉及的具体指标，在尽量做到周延选项的情况下，由被调查者对各个指标进行赋值，数值按照0－10依次升高，赋分越高说明被调查者认为该指标的影响度越大。

（二）调查统计

1. 调查对象

本研究调查时间为2019年9月至12月，调查对象为法官、检察官、律师3个群体。被调查者的入选条件包括：一是办理过刑事案件，但不限于办理过刑事强制医疗案件；二是基层人民法院和中级人民法院法官，基层人民检察院和地市级人民检察院检察官，对律师的调查则是在选定省份中随机抽取律师事务所来进行；三是在地域上，选择两个省一个直辖市的相关法院、检察院、律师事务所进行调查。

笔者与相关法院、检察院、律师事务所取得联系和获得支持后，采取现场调查和邮寄调查两种方式。每个单位发放10份至20份问卷，随机选取办理过刑事案件的法律工作者填写问卷。邮寄调查是将印制好的调查问卷，附上填写说明和联系电话，采用快递邮寄的方式交给法院、检察院、律师事务所受托的工作人员帮忙发放、回收和寄回。

2. 质量控制

(1)调查前，认真研制调查问卷，召开小型讨论会，完善问卷；邀请同行专家对问卷进行指正；进行预调查，然后进一步完善问卷，以此确保问卷的信度和效度。

(2)调查过程中，现场调查的，进行现场说明和解释；邮寄调查的，除了附上填写说明外，对被调查者的电话咨询认真、详细予以解答。

(3)问卷整理和筛选阶段，作者清点调查问卷，对作答完成率低于90%的问卷视为无效问卷，予以剔除；数据统计在Excle中进行，汇总后复查一次。

(4)在数据分析中，聘请专家对分析方法进行指正，采用SPSS17.0版本统计学软件进行百分比统计、相关性分析和回归分析。

3. 统计工具

本研究作为一项社会科学研究，选用SPSS17.0版本统计学软件对问卷的调查数据进行统计与分析，这是因为社会问题的发生实则是概率性问题，而社会问题又是千变万化的，对于同一问题，不同的被调查者会有不同的认识，同一被调查者在不同时期也会有不同的认识，但是通过采用抽样调查方法，并予以赋值和概率统计，可以找到相关问题相对稳定的趋势或倾向，从而为问题的发现与改革措施的设计提供启示和参考。当然，这种分析所得出的并非一种必然性的结论，而是最大概率结果的统计。

本研究对问卷数据进行统计后，采用百分比的方式，按照"法官、检察官、律师"和"未办理过、办理过"的分组规则，进行对比分析。对于6道程度或效果评估题目结合评价指标对影响因素进行相关性分析和回归分析。这6道题目在问卷中采用的是单项选择方式，在统计时由统计员对其选择结果进行赋值，赋值规则是在这6道题的选项设计中，按照先负向后正向的原则，赋值从1开始递增，比如在防止当事人被精神病方面的保障程度中设定了5个等级，即"明显降低""降低""没有变化""提高""明显提高"，赋值则是从1至5。

在相关性分析中，采用 Spearman 法①，对 6 道程度或效果评估题目与所对应的影响因素选题进行分析，也就是将 6 道题分别作为因变量，以影响因素选题中的各个具体性指标为自变量，分析这 6 个方面与所对应的影响因素选题之间的相关关系，P② <0.05 具有统计学意义。在回归分析中，本研究采用 PLS－DA③（偏最小二乘法回归——群组）法，将 Vip④ >1 列入研究范围，且值越大证明影响度越大。具体来说，将 6 道程度或效果评估题目分别作为因变量，将对应的影响因素选题的具体性指标设为自变量，然后采取 PLS－DA 法分析出每一方面具有统计学意义的影响因素。

（三）问卷基本信息的统计结果

本研究共调查法院 15 家、检察院 12 家、律师事务所 14 家，共发放调查问卷 523 份，回收 510 份，回收率为 97.51%；回收有效问卷 505 份，占回收问卷的 99.02%。在回收的有效问卷中，法官 199 份，占比 39.41%；检察官 133 份，占比 26.33%；律师 173 份，占比 34.26%。办理过不负刑事责任精神病人强制医疗案件的人员 390 份，占比 77.23%；未办理过不负刑事责任精神病人强制医疗案件的人员 115 份，占比22.77%。被调查者从事法律职业工作年限方面，5 年以下的 190 份，占比 37.62%；6—10 年的 168 份，占比 33.27%；11—15 年的 69 份，占比 13.66%；16—20 年的 34 份，占比 6.73%；21—25 年的 20 份，占比 3.96%；26—30 年的 17 份，占比 3.37%；30 年以上的 7 份，占比 1.39%。（详见图 5－1）

① 在变量之间的关系中，有确定性关系和非确定性关系。前者是指对于一个变量的每个可能取值，另外的变量都有完全确定的值与之对应；后者是指变量间的关系是不确定的，变量之间存在十分密切的关系，但不能由一个或几个变量的值精确地求出另一个变量的值。相关性分析和回归分析都是研究变量间非确定性关系的统计方法。在相关性分析中，当变量正态分布时，采用 Pearson 积差相关系数分析；当变量呈非正态分布时，采用 Spearman 秩相关系数分析。本研究中，呈正相关表示影响因素分值越高，相关性越强。反之，则越弱。

② P 值（P value）就是当原假设为真时，比所得到的样本观察结果更极端的结果出现的概率。如果 P 值很小，说明原假设情况的发生概率很小，根据小概率原理，我们就有理由拒绝原假设，P 值越小，我们拒绝原假设的理由越充分。总之，P 值越小，表明结果越显著。但是检验的结果究竟是“显著的”（0.1）、“中度显著的”（0.05）还是“非常显著的”（0.01）需要我们自己根据 P 值的大小和实际问题来解决。

③ 在本研究中，刑事强制医疗执行制度中涉及的七个方面的程度状况分别与多个自变量之间发生关系，所以采取多种线性回归分析。本研究选用 PLS－DA 法，其于 1983 年由伍德（S. Wold）和阿巴诺（C. Albano）等人首先提出。它是一种新型的多元统计数据分析方法，可以同时实现回归建模（多元线性回归）和数据结构简化（主成分分析）。

④ VIP 值常用于反映自变量（X）对于因变量（Y）的影响力度，值越大说明解释力度越强。

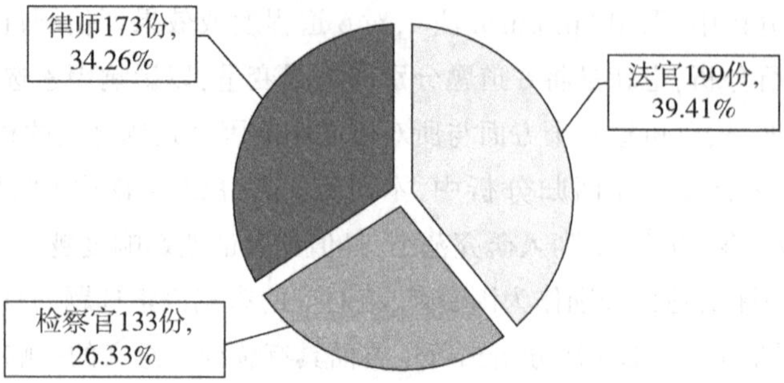

(a)调研对象的职业情况

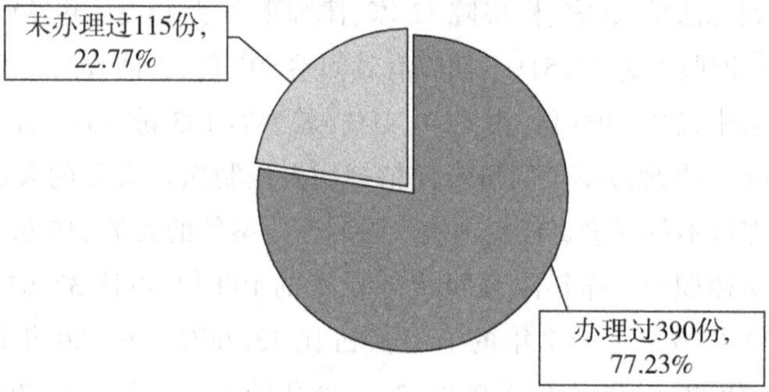

(b)调研对象是否办理过相关案件情况

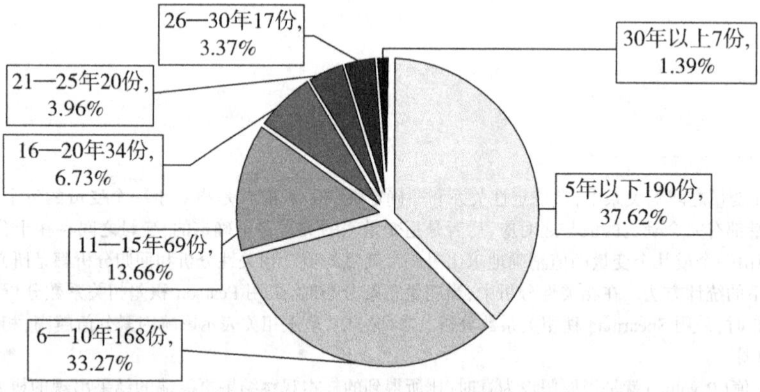

(c)调研对象从业年限情况

图 5-1　问卷基本信息

二、裁判文书的检索与统计

(一)裁判文书的检索

本研究从 Alpha 案例库中进行刑事强制医疗相关裁判文书的检索,这个案例库的好处是对检索到的裁判文书可以进行批量下载,而且还有高级检索选项,使检索更为便捷和快速。弊端是难以确保达到全样本检索的效果。另外,由于裁判文书在网上公开时并非文书的全貌,而是进行了一定的处理,再加之同类案件的相关术语难以达到统一的标准,所以检索出的裁判文书难免会存在遗漏。

本研究在检索和筛选裁判文书的时候,尽量做到周延。具体的检索过程是,在“高级检索”的“判决结果”中输入“强制医疗”,裁判时间设定为 2013 年 1 月 1 日至 2020 年 12 月 31 日。考虑到本研究选题是刑事强制医疗执行制度,在案例库中与此相关的是解除强制医疗决定书和继续强制医疗决定书两种,于是本研究仍然以 2013 年 1 月 1 日至 2020 年 12 月 31 日为区间,在“裁判结果”中输入“解除强制医疗”进行检索。对于继续强制医疗决定书的检索,在经过预检索和对部分决定书进行阅读后,发现此类决定书的裁判结果使用的语词有“继续强制医疗”“驳回解除强制医疗申请”,然后针对这两个关键词进行检索,尽量做到相关检索能够达到周延性。

(二)裁判文书基本信息的统计情况

笔者对本研究所检索的裁判文书,经过逐一阅读,剔除驳回强制医疗申请、驳回解除强制医疗申请、同意撤回强制医疗复议申请以及其他非相关的裁判文书,仅保留解除强制医疗决定书和继续强制医疗决定书两类。

1. 解除强制医疗决定书的地域与年份分布情况

本研究共检索到“判决结果”中带有“解除强制医疗”的决定书 930 份,剔除驳回解除强制医疗申请、同意撤回解除强制医疗复议申请,能够显示人民法院作出的解除强制医疗的决定书,共计 878 份,完整的解除强制医疗决定书 737 份,另外只有“本院认为……”的解除强制医疗决定书 117 份,只有标题显示解除强制医疗的决定书 24 份。

(1)解除强制医疗决定书的地域分布情况

根据解除强制医疗的 878 份决定书中载明的省份分布情况可知,31[①] 个省、自治

① 本书是从 AIPha 案例库中进行的裁判文书检索,检索地域仅包括我国大陆(内地)31 个省、自治区、直辖市,不包含港澳台地区。

区、直辖市均有解除强制医疗案件，平均每个省份28.3件，最多的是浙江省共计97件，最少的是新疆、西藏各2件。（详见表5-1）

表5-1　2013—2020年解除强制医疗决定书各省分布情况（不包括港澳台地区）

单位：份

北京	天津	上海	重庆	河北	山西	辽宁	吉林	黑龙江	江苏	浙江
40	7	7	18	3	26	16	80	46	40	97
安徽	福建	江西	河南	山东	湖北	湖南	广东	海南	四川	贵州
45	48	41	19	41	44	67	30	4	53	31
云南	陕西	甘肃	青海	内蒙古	广西	西藏	宁夏	新疆	总计	
7	19	10	5	8	14	2	8	2	878	

（2）解除强制医疗决定书年份分布情况

为了准确反映解除强制医疗决定书与所对应的强制医疗决定书之间在年份上的走向关系，本研究仅选取表述完整的737份解除强制医疗决定书所记载的人民法院作出刑事强制医疗决定的年份和人民法院作出解除强制医疗决定的年份的情况。作出刑事强制医疗决定随年份增长呈现抛物线态势，从2012年有1例，上涨至2015年的135例、2016年的130例、2017年的138例，然后下降至2020年的15例。作出解除强制医疗决定随年份增长基本呈现上涨趋势，从2013年的1例，上涨至2019年的183例，小幅下降至2020年的142例。（详见图5-2）

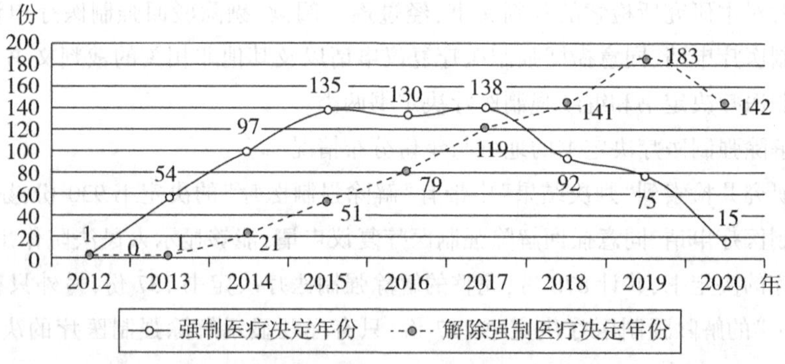

图5-2　强制医疗决定和解除强制医疗决定年份分布

2. 继续强制医疗决定书的地域与年份分布情况

本研究共检索到“判决结果”中带有“继续强制医疗”“驳回解除强制医疗申请”“不予解除强制医疗”的决定书473份，剔除同意撤回解除强制医疗申请，能够显示人民法院作出的解除强制医疗的决定书，共计464份，其中完整的继续强制医疗决定书

461 份，另外只有“本院认为……”的解除强制医疗决定书 2 份，只有标题显示解除强制医疗的决定书 1 份。

(1) 继续强制医疗决定书的地域分布情况

根据继续强制医疗的 464 份决定书中载明的省份分布情况可知，31 个省、自治区、直辖市中有 2 个地区无作出继续强制医疗裁决的案件，在有继续强制医疗决定书的地区平均每个省份 16 份，最多的是浙江省共计 44 份，最少的是甘肃、青海、广西、宁夏、新疆各 1 份。（详见表 5－2）

表 5－2 2013—2020 年继续强制医疗决定书各省分布情况

单位：份

北京	天津	上海	重庆	河北	山西	辽宁	吉林	黑龙江	江苏	浙江
12	9	3	3	3	24	4	58	5	37	44
安徽	福建	江西	河南	山东	湖北	湖南	广东	海南	四川	贵州
20	32	9	20	23	25	34	14	2	30	19
云南	陕西	甘肃	青海	内蒙古	广西	西藏	宁夏	新疆	总计	
0	25	1	1	4	1	0	1	1	464	

(2) 继续强制医疗决定书的年份分布情况

为了准确反映继续强制医疗决定书与所对应的强制医疗决定书之间在年份上的走向关系，本研究仅选取表述完整的 461 份继续强制医疗决定书所记载的人民法院作出强制医疗决定的年份和人民法院作出继续强制医疗决定的年份情况。作出强制医疗决定随年份增长呈现抛物线态势，从 2010 年 2 例，上涨至 2016 年 88 例、2017 年 86 例，然后下降至 2020 年 16 例。继续强制医疗决定随年份增长基本呈现上涨趋势，从 2013 年的 6 例，上涨至 2020 年的 115 例。（详见图 5－3）

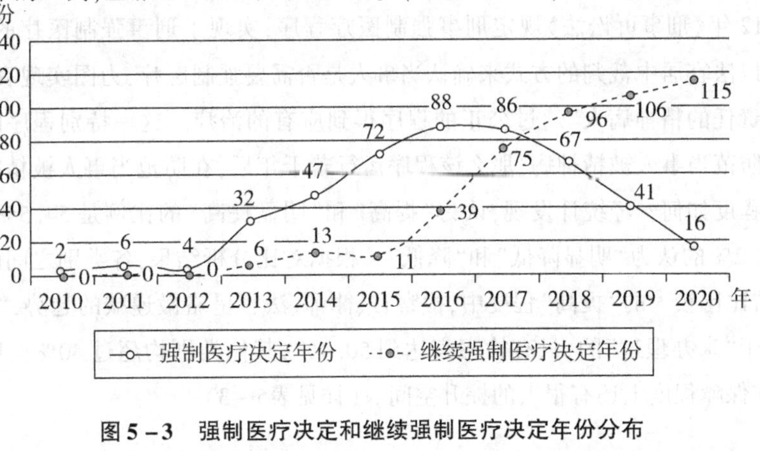

图 5－3 强制医疗决定和继续强制医疗决定年份分布

3.裁判文书的量化统计规则和使用范围

本研究重点关注的是刑事强制医疗执行制度,所以在决定书的统计上,仅选取解除强制医疗决定书和继续强制医疗决定书作为统计对象。通过阅读决定书,选取其中关键项,在Excel中建立相应字段,进行逐份录入。本研究对决定书中所选取出的相关字段进行量化统计,并将量化结果归入调查问卷所涉及的维度中。笔者将调查问卷的统计结果和裁判文书的统计结果结合使用,按照调查问卷的设计和裁判文书的统计,形成了6个维度。这6个维度与调查问卷的维度一致,裁判文书的统计结果应用在除了第一个维度外的其他4个维度之中,即刑事强制医疗机构的设置与管理情况、诊断评估机制的运行状况、检察监督状况、解除强制医疗程序的适用情况,这4个方面的裁判文书统计数据均与调查问卷的统计结果进行结合分析。

第二节　刑事强制医疗执行制度的运行现状

根据调查问卷的设计和裁判文书的信息,本研究按照6个维度对我国刑事强制医疗执行制度的运行现状进行量化分析,即防范当事人被精神病方面的情况、刑事强制医疗机构的设置与管理情况、刑事被强制医疗人的社会保障状况、诊断评估机制的运行状况、检察监督状况、解除强制医疗程序的适用情况。在问卷分析中,分两个对照组,一是法官、检察官、律师,二是办理过刑事强制医疗案件、未办理过刑事强制医疗案件。在每个对照组中,注明某一选项在每一类主体的选择结果中所占的比例,在总数中,注明某一选项在所有类主体的选择结果中所占的比例。

一、防范当事人被精神病方面的情况

2012年《刑事诉讼法》规定刑事强制医疗程序,实现了刑事强制医疗的司法化,也就是以法官居中裁判的方式来确认当事人是否需要强制医疗,力图实现真正的“不负刑事责任的精神病人”通过公正的程序得到应有的治疗。这一特别程序的功能之一在于防范当事人被精神病,那么该程序运行若干年后,在防范当事人被精神病方面的保障程度如何?经统计发现,认为“提高”和“明显提高”的比例是54.5%,特别是还有18.2%的认为“明显降低”和“降低”。根据对比分析结果,各类别之间的偏差不大,在占比比较大的“提高”程度中,检察官、律师、法官呈略微递减的趋势,“办理过”的略高于“未办理过”的,只有检察官达到50.4%,其他类别均超过40%。所以综合来看,在保障程度上还有很大的提升空间。(详见表5-3)

表 5-3　防范当事人被精神病方面的认知对比

选项		明显降低		降低		没有变化		提高		明显提高	
		份数（份）	比例（%）	份数（份）	比例（%）	份数（份）	比例（%）	份数（份）	比例（%）	份数（份）	比例（%）
职业类别	法官	4	2.0	24	12.1	62	31.1	81	40.7	28	14.1
	检察官	2	1.5	27	20.3	29	21.8	67	50.4	8	6.0
	律师	4	2.3	31	17.9	47	27.2	80	46.2	11	6.4
是否办理过此类案件	办理过	7	1.8	60	15.4	109	27.9	181	46.4	33	8.5
	未办理过	3	2.6	22	19.1	29	25.2	47	40.9	14	12.2
合计		10	2.0	82	16.2	138	27.3	228	45.2	47	9.3

为了进一步分析防范当事人被精神病方面的影响因素，本研究围绕执行制度设定了16个影响因素，分别为“强制医疗执行的法律法规是否健全，是否具有可操作性”“强制医疗执行中的‘交付执行’环节是否规范”“强制医疗执行中的‘医疗’是否科学、规范”“强制医疗执行中的‘监管’是否科学、规范”“定期诊断评估是否科学、规范”“强制医疗费用的落实情况”“强制医疗‘解除’的法律法规是否健全，是否具有可操作性”“强制医疗执行监督的法律法规是否健全，是否具有可操作性”“检察机关纠错意见的强制力状况”“强制医疗执行过程中律师介入情况”“被强制医疗人的权利体系是否健全，保障是否到位”“被强制医疗人的法定代理人及其近亲属的意愿表达渠道是否通畅，保障是否到位”“被害人及其法定代理人、近亲属在刑事强制医疗执行制度中的权利体系是否健全，保障是否到位”“被强制医疗人解除强制医疗后的再社会化问题是否得到解决”“是否有专门的规范强制医疗机构的相关法律、法规”“其他”。

经过相关性分析发现，有5个影响因素具有统计学意义，并且都呈正相关（详见表5-4）。经过PLS分析发现，有8个影响因素具有统计学意义（详见表5-5）。相关性分析和回归分析中，排在前三位的均是“强制医疗执行的法律法规是否健全，是否具有可操作性”“强制医疗‘解除’的法律法规是否健全，是否具有可操作性”“强制医疗执行监督的法律法规是否健全，是否具有可操作性”。从总体来看，集中体现在执行制度中法律法规的健全性和可操作性方面，所以要从执行制度层面来防范当事人被精神病，需要进一步健全法律法规，尤为关键的是要注重法律法规在实践层面上的可操作性。

表 5-4 防范当事人被精神病方面与影响因素的相关性分析

影响因素	相关系数	Sig.(双侧)
强制医疗执行的法律法规是否健全,是否具有可操作性	0.81**	0.012
强制医疗"解除"的法律法规是否健全,是否具有可操作性	0.79***	0.004
强制医疗执行监督的法律法规是否健全,是否具有可操作性	0.78***	0.000
强制医疗执行中的"监管"是否科学、规范	0.69**	0.029
定期诊断评估是否科学、规范	0.60*	0.100

注:*表示在10%的水平上显著,**表示在5%的水平上显著,***表示在1%的水平上显著。

表 5-5 防范当事人被精神病方面与影响因素的 PLS 分析

影响因素	Vip 值
强制医疗执行的法律法规是否健全,是否具有可操作性	1.886
强制医疗"解除"的法律法规是否健全,是否具有可操作性	1.544
强制医疗执行监督的法律法规是否健全,是否具有可操作性	1.244
强制医疗执行中的"监管"是否科学、规范	1.214
定期诊断评估是否科学、规范	1.201

注:Vip 值越大说明自变量对因变量的解释力度越强。

二、刑事强制医疗机构的设置与管理情况

(一)可以作为刑事强制医疗机构的医疗单位情况

1. 调查问卷的统计结果

在刑事强制医疗执行制度中,医疗机构是不可缺少的,那么哪些医疗机构适合作为刑事强制医疗机构呢?2012 年和 2018 年《刑事诉讼法》、2012 年和 2021 年《刑诉法解释》、2012 年《人民检察院刑事诉讼规则(试行)》、2019 年《人民检察院刑事诉讼规则》规定的均是"强制医疗机构";《人民检察院强制医疗执行检察办法(试行)》对强制医疗机构作了区分,第 6 条第 1 款规定,"对强制医疗所的强制医疗执行活动,人民检察院可以实行派驻检察或者巡回检察。对受政府指定临时履行强制医疗职能的精神卫生医疗机构的强制医疗执行活动,人民检察院应当实行巡回检察";公安部起草的《强制医疗所条例(送审稿)》规定的强制医疗机构是"强制医疗所",强制医疗所也就是安康医院。当然,从医疗机构的科室设置看,综合类卫生医疗机构的精神科也收治精神障碍者。可见,可能作为刑事强制医疗机构的包括强制医疗所(安康医院)、精神卫生医疗机构、综合类卫生医疗机构三类。为了能够更全面地了解被调查者对可以作为强制医疗机构单位的主观意向,本研究将可以作为刑事强制医疗机构备选

单位的选项设置为不定项选择,经统计发现,强制医疗所(安康医院)的被选次数略高于精神卫生医疗机构,不过二者均明显高于综合类卫生医疗机构。

从职业类别的比较来看,在选择强制医疗所(安康医院)的次数中,法官、律师、检察官呈略微递减的趋势;在选择精神卫生医疗机构的次数中,律师、法官、检察官呈略微递减的趋势。在法官中,选择强制医疗所(安康医院)的次数高于选择精神卫生医疗机构的;在检察官中,选择强制医疗所(安康医院)的次数略高于选择精神卫生医疗机构的;在律师中,选择强制医疗所(安康医院)的次数等于选择精神卫生医疗机构的。

在未办理过此类案件的被调查者中,选择强制医疗所(安康医院)的次数高于选择精神卫生医疗机构的;在办理过此类案件的被调查者中,选择强制医疗所(安康医院)的次数略高于选择精神卫生医疗机构的。(详见图 5－4)

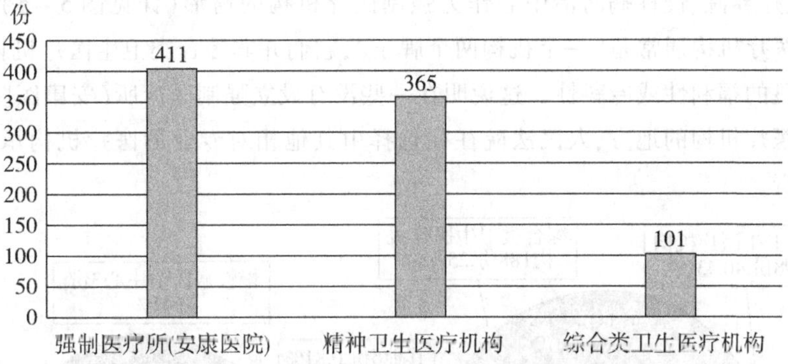

(a)被调查者对适合作为强制医疗机构的总体选择

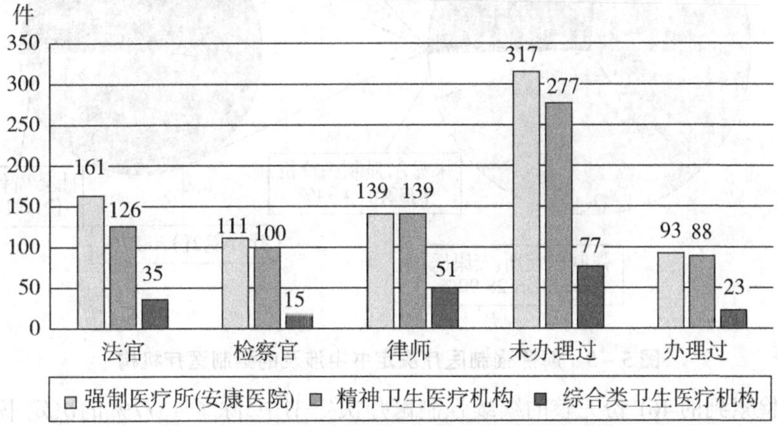

(b)不同职业和是否办理过此类案件的被调查者的分项选择

图 5－4　被调查者对强制医疗机构类型的认识

2. 裁判文书的统计结果

从裁判文书的内容上看，在检索到的737份完整的解除强制医疗决定书中，除了4.34%的决定书未显示强制医疗机构外，强制医疗机构同样呈现多元化景象。具体来看，精神卫生医疗机构、强制医疗所（安康医院）、综合类卫生医疗机构所占的比例呈递减趋势，其中精神卫生医疗机构所占的比例明显高于后两者达到40.43%，而且这两者所占比例相差不大，这与调查问卷所呈现的数据在排序上有所不同，体现于被调查者在主观上倾向于由强制医疗所（安康医院）、精神卫生医疗机构作为强制医疗机构，但解除强制医疗决定书显示的是精神卫生医疗机构所占的比例明显高于强制医疗所（安康医院）。

还有两点不容忽视，一是司法实践中有1/4的强制医疗机构是由综合类卫生医疗机构承担的；二是司法实践中有0.81%的解除强制医疗决定书显示，存在社会福利院、疗养院、慢性病防治中心作为强制医疗机构的情形（详见图5－5）。其实这三类医疗机构通常是“一个机构两个牌子”，它们并非综合类卫生医疗机构，而是带有明显的福利性或专科性。这说明在一些没有设立强制医疗所（安康医院）和精神卫生医疗机构的地方，人民法院往往选择由其他相对专业的医疗机构承担强制医疗职责。

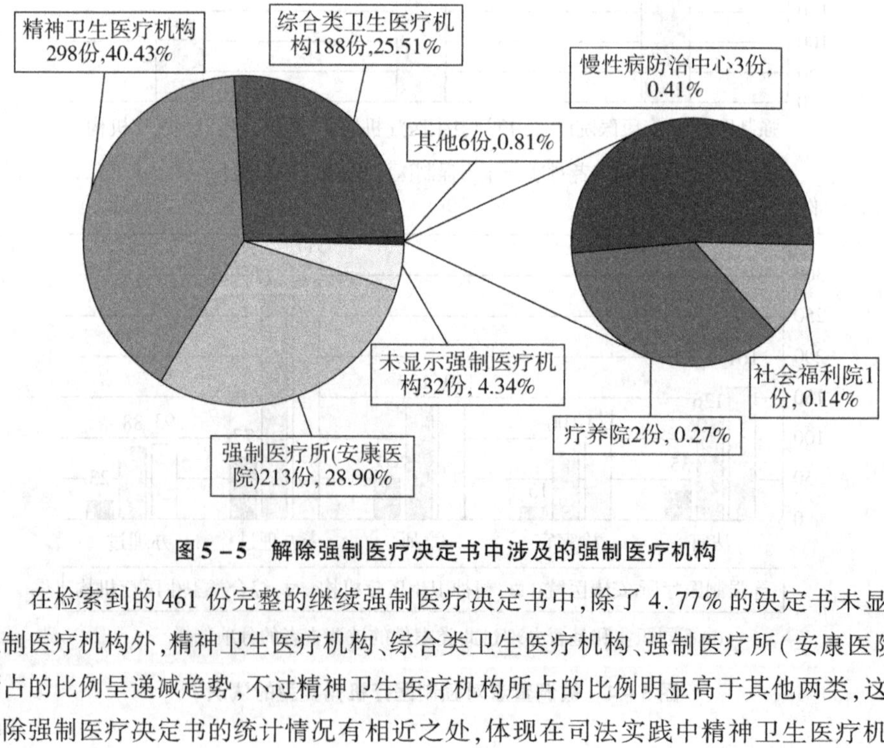

图5－5 解除强制医疗决定书中涉及的强制医疗机构

在检索到的461份完整的继续强制医疗决定书中，除了4.77%的决定书未显示强制医疗机构外，精神卫生医疗机构、综合类卫生医疗机构、强制医疗所（安康医院）所占的比例呈递减趋势，不过精神卫生医疗机构所占的比例明显高于其他两类，这与解除强制医疗决定书的统计情况有相近之处，体现在司法实践中精神卫生医疗机构作为强制医疗机构所占比例都是最高的。但是根据继续强制医疗决定书所统计的各类强制医疗机构所占比例顺序与被调查者的主观意向存在较大偏差(详见图5-6)。也就是说,虽然被调查者主观上倾向于强制医疗所(安康医院)作为强制医疗机构,但是实践中受到强制医疗所(安康医院)数量过少的限制。

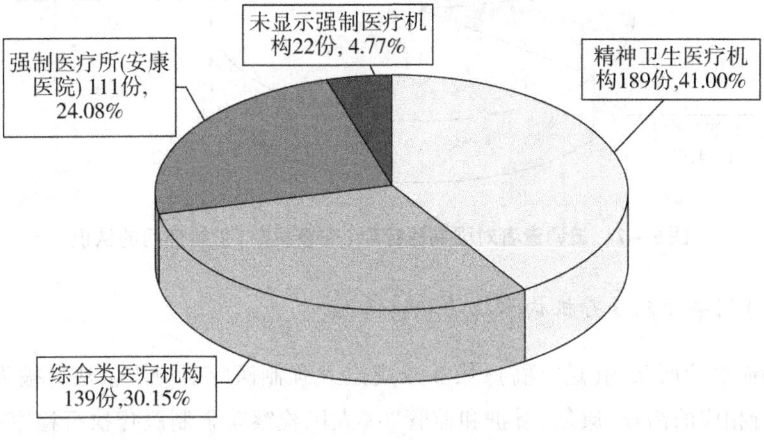

图5-6　继续强制医疗决定书中涉及的强制医疗机构

(二)强制医疗所(安康医院)的主管部门情况

1988年1月29日公安部印发的《全国公安机关第一次精神病管治工作会议纪要》记载,一些省、市公安机关报请政府批准,在卫生、民政、财政等部门的支持和配合下,逐步建立了由公安机关管理的精神病管治院,文件发布时全国已有16所。关于统一院名的问题,鉴于目前公安机关管理的精神病管治院名称不统一,为了便于工作,统称"安康医院",即某省(自治区、直辖市)公安厅(局)安康医院。根据2016年6月8日国务院原法制办公室发布的公安部起草的《强制医疗所条例(送审稿)》,欲将安康医院改名为强制医疗所。溯源可知,公安机关是安康医院的主管部门。但是强制医疗所(安康医院)终究是以医疗为主,由公安机关作为主管部门是否合适？本研究调查了被调查者对此问题的认知,经统计发现,主张由公安部门、卫生部门、民政部门联合管理的占比为64.35%,明显高于其他选项(详见图5-7)。这说明从法律工作者的角度看,在刑事被强制医疗人中实际上存在无法定抚养人和赡养人、无劳动能力、无经济来源("三无"人员)的情形,这就涉及医疗、监管、救助事项,所以三部门联合管理可能更有利于协调相关方面的资源。

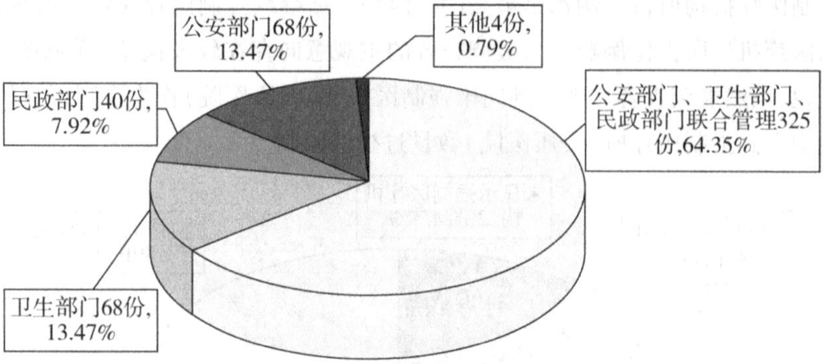

图5－7 被调查者对强制医疗所（安康医院）主管部门的认识

（三）刑事强制医疗机构承担的职能情况

《强制医疗所条例（送审稿）》第3条规定，“强制医疗所应当依法对被强制医疗人员进行相应的治疗、康复、看护和监管”；《人民检察院强制医疗执行检察办法（试行）》（已失效）在第三章规定检察机关对执行过程中医疗机构的医疗和监管活动进行检察。那么刑事强制医疗机构到底应当承担何种职能？本研究设计了若干项职能，采用不定项，由被调查者进行填写。

经统计发现，治疗的被选次数最高，监管、看护、康复、教育、其他依次呈递减趋势。不过，在被调查者认知中，治疗和监管是强制医疗机构的主要职能，看护职能次之，而康复和教育位列最后。通过对比分析可知，各项职能的被选率与各类别被调查者的人数呈正相关，与各职能的整体被选率基本一致。（详见图5－8）

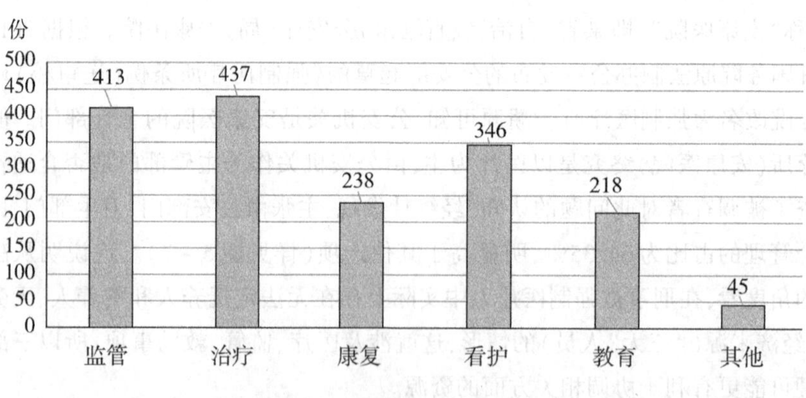

(a)被调查者对强制医疗机构职能的总体选择

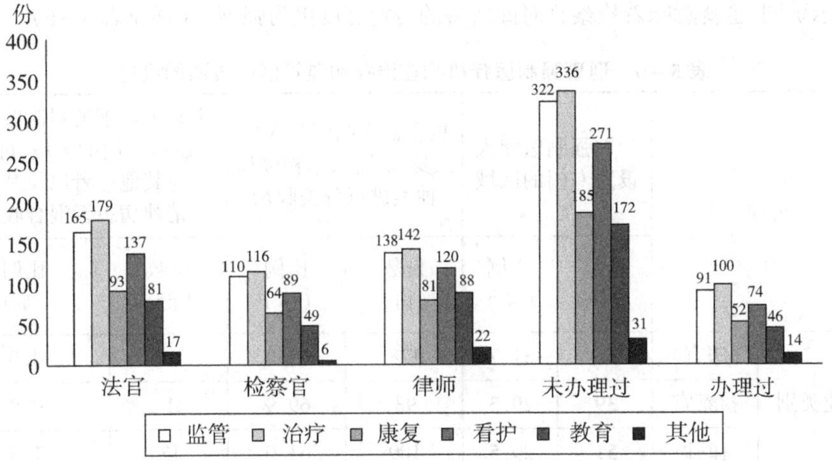

(b)不同职业和是否办理过此类案件的被调查者的分项选择

图5-8　被调查者对强制医疗机构职能的认识

(四)刑事强制医疗机构职能的运行机制状况

医疗机构作为一个组织体,都会注重内部管理质量的提升,他们会根据各自的资源条件,设置不同的病区、科室和病房,以实现有效的治疗和监管。应当说医疗机构对治疗和监管区域的设置实则是各项职能在运行机制上的体现。对于开展精神医疗的医院或科室来说,是否需要在治疗和管理区域的设置上予以特殊的考虑呢?

经统计发现,绝大部分被调查者对于“不必为刑事被强制医疗人设置专门的区域,可以与其他患者以及其他精神病患者混合收治”的观点持否定态度。也就是说,要充分地考虑被强制医疗人的特殊性。具体来看,有接近2/3的被调查者认为应当“根据刑事被强制医疗人的人身危险性、精神障碍种类进行分类收治”,有接近1/3的被调查者认为应当“为被强制医疗人设置专门的区域”,这说明在被调查者的主观认知中,更多人倾向于将人身危险性和精神障碍种类作为分类收治的依据,这其中还蕴含着对刑事被强制医疗人采取细化且动态的治疗和管理方式,而非静态地以身份属性为依据。

通过对比分析发现,办理过此类案件的被调查者选择“根据被强制医疗人的人身危险性、精神障碍种类进行分类收治”的略高于未办理过此类案件的,这进一步说明采取细化且动态的分类收治方式优于笼统地以刑事被强制医疗人这一身份属性进行专门的管理。在“不必为刑事被强制医疗人设置专门的区域,可以与其他患者以及其他精神病患者混合收治”的选项上,律师、法官、检察官的选择率呈递减趋势,检察官对此仅有一

人表示赞同,也就意味着检察官对此所持的否定态度更为强烈。(详见表 5 - 6)

表 5 - 6　刑事强制医疗机构在治疗和监管区域方面的设置

选项		为被强制医疗人设置专门的区域		根据被强制医疗人的人身危险性、精神障碍种类进行分类收治		不必为刑事被强制医疗人设置专门的区域,可以与其他患者以及其他精神病患者混合收治	
		份数(份)	比例(%)	份数(份)	比例(%)	份数(份)	比例(%)
职业类别	法官	63	31.7	128	64.3	8	4.0
	检察官	39	29.3	93	69.9	1	0.8
	律师	51	29.5	109	63.0	13	7.5
是否办理过此类案件	办理过	116	29.7	261	66.9	13	3.4
	未办理过	37	32.2	69	60.0	9	7.8
合计		153	30.3	330	65.3	22	4.4

三、刑事被强制医疗人的社会保障状况

刑事被强制医疗人属于弱势群体范畴,离不开健全的社会保障制度。在社会保障制度方面,医疗救助是最明显的方面,所以本研究对刑事强制医疗执行制度在医疗费用保障方面的状况进行了调研。

(一)刑事强制医疗执行制度在医疗费用保障方面的状况

在我国刑事强制医疗执行制度实践中,主要由综合类卫生医疗机构、强制医疗所(安康医院)、精神卫生医疗机构作为执行机构。他们都属于非营利性事业单位,实施的是财政差额拨款政策,医疗机构并不承担患者的医疗费用。刑事被强制医疗人与其他住院精神障碍患者一样,都会因为接受医疗而产生相关费用。那么医疗费用保障状况如何呢?经统计发现,被调查者中仅有 6.3% 认为"没有困难",认为"比较难"的占比最高达到 44.4%;通过对比分析发现,办理过此类案件和未办理过此类案件的被调查者中,在"比较难"的选择率上前者高于后者,其他 3 个难度等级中后者略高于前者。在不同的职业类别中,选择"比较难"的法官、检察官、律师在各自的职业类别中的占比都是最高的。对比分析发现,选择"比较难"的律师高于其他两类职业群体,达到 54.3%,超过 44.4% 的平均入选率;选择"没有困难"的法官高于其他两类职业群体。(详见表 5 - 7)从总体上看,在这三类职业群体中,绝大部分被调查者发现或

感觉刑事强制医疗执行制度在费用保障方面存在不同等级的难度，相比而言，在“比较难”这一等级上的选择率更为突出。

表5-7 刑事强制医疗费用保障方面的情况

选项		非常难		比较难		一般难		没有困难	
		份数（份）	比例（%）	份数（份）	比例（%）	份数（份）	比例（%）	份数（份）	比例（%）
职业类别	法官	30	15.1	76	38.2	71	35.7	22	11.0
	检察官	25	18.8	54	40.6	48	36.1	6	4.5
	律师	22	12.7	94	54.3	53	30.7	4	2.3
是否办理过此类案件	办理过	54	13.9	187	47.9	129	33.1	20	5.1
	未办理过	23	20.0	37	32.2	43	37.4	12	10.4
合计		77	15.2	224	44.4	172	34.1	32	6.3

（二）刑事强制医疗执行制度医疗费用保障状况的影响因素

为了进一步分析刑事强制医疗执行制度费用保障方面的影响因素，本研究设定了10个影响因素，经过相关性分析发现，有3个影响因素具有统计学意义，并且都呈正相关，相关度从高到低依次是“政府在刑事强制医疗方面是否设立专项资金”“基本医疗保险制度是否健全”“被强制医疗人及其法定代理人、近亲属的经济状况”（详见表5-8）。经过PLS分析发现，有3个影响因素具有统计学意义，影响度从高到低依次是“基本医疗保险制度是否健全”“被强制医疗人及其法定代理人、近亲属的经济状况”“政府在刑事强制医疗方面是否设立专项资金”（详见表5-9）。相关性分析和回归分析中，虽然筛选出来的影响因素相同，但是相关度和影响度并不同。在法官、检察官、律师的认知中，基本医疗保险制度状况对刑事强制医疗执行制度费用保障的影响度最高，而且制度越健全难度等级越低，所以基本医疗保险制度可以成为分析此问题的原因及解决措施的着眼点。

表5-8 刑事强制医疗费用保障方面与影响因素的相关性分析

影响因素	相关系数	Sig.（双侧）
政府在刑事强制医疗方面是否设立专项资金	0.89**	0.012
基本医疗保险制度是否健全	0.78**	0.045
被强制医疗人及其法定代理人、近亲属的经济状况	0.54*	0.100

注：*表示在10%的水平上显著，**表示在5%的水平上显著，***表示在1%的水平上显著。

表 5 -9 刑事强制医疗费用保障方面与影响因素的 PLS 分析

影响因素	Vip 值
基本医疗保险制度是否健全	1.898
被强制医疗人及其法定代理人、近亲属的经济状况	1.789
政府在刑事强制医疗方面是否设立专项资金	1.453

注：Vip 值越大说明自变量对因变量的解释力度越强。

(三)刑事被强制医疗人及其法定代理人、近亲属支付医疗费用的比例情况

与刑事强制医疗执行制度在费用保障方面所存在的困难相关的是被强制医疗人及其近亲属在医疗费用支付中承担费用的情形，本研究设计了“不需要支付费用”“支付所有费用”“支付一定比例费用，其余的由其他途径解决”3 种情形。被调查者对 3 种情况的选择比例分别为 23.9%、14.9%、61.2%。可见，较多的被调查者倾向于“被强制医疗人及其法定代理人、近亲属支付一定比例的费用，其余的由其他途径解决”。对此，经过对比分析发现，在办理过此类案件和未办理过此类案件的被调查者中，前者选择率微高于后者，法官、检察官、律师的选择率差别不大，从高到低依次是检察官、律师、法官。(详见表 5 - 10)

表 5 - 10 刑事被强制医疗人及其法定代理人、近亲属支付医疗费用的情况

选项		被强制医疗人及其法定代理人、近亲属不需要支付费用		被强制医疗人及其法定代理人、近亲属支付所有费用		被强制医疗人及其法定代理人、近亲属支付一定比例的费用，其余的由其他途径解决	
		份数(份)	比例(%)	份数(份)	比例(%)	份数(份)	比例(%)
职业类别	法官	47	23.6	36	18.1	116	58.3
	检察官	35	26.3	12	9.0	86	64.7
	律师	39	22.5	27	15.6	107	61.9
是否办理过此类案件	办理过	88	22.6	63	16.2	239	61.2
	未办理过	33	28.7	12	10.4	70	60.9
合计		121	23.9	75	14.9	309	61.2

由此可见，较少的被调查者赞同“被强制医疗人及其法定代理人、近亲属不需要支付费用”和“被强制医疗人及其法定代理人、近亲属支付所有费用”两种情形，这与目前我们国家医疗保障改革中患者需要自付一定比例费用的现状相契合。当然，“被

强制医疗人及其法定代理人、近亲属不需要支付费用”可以作为一种理想化的发展期望,“被强制医疗人及其法定代理人、近亲属支付所有费用”则是在国家医保制度不健全的情况下存在的问题。

四、诊断评估机制的运行状况

《刑事诉讼法》第306条规定:“强制医疗机构应当定期对被强制医疗的人进行诊断评估……”刑事强制医疗执行制度中的诊断评估是强制医疗机构及其医务人员在对刑事被强制医疗人进行治疗的过程中对疾病情况、治疗效果、康复效果等实施的一项医疗行为。医学上的诊断是指诊查判断病情,目的在于确定病情,诊断的结果需要依靠一定的评估手段或方法,以便为治疗方案的制定提供科学依据。在临床医学上有疗效评价,其实际上是对治疗过程的一种评估,我们国家通常实行四级评定即痊愈、显效、进步、无效。因此刑事强制医疗执行制度中的诊断评估与临床医学上的疗效评价同义。当然,从临床医学上看,疗效评价是医疗机构的一项自主性医疗行为,而刑事强制医疗执行制度中的诊断评估具有医疗行为和法律行为双重属性,如果从运行机制上考察诊断评估的话,实践状况如何?被调查者有何认知?

(一)定期诊断评估的启动主体

既然刑事强制医疗执行制度中的诊断评估具有医疗行为和法律行为双重属性,而且这项制度中涵括不同的法律主体,那么在法律层面上,诊断评估机制需要具备合理的启动主体。在启动主体上本研究选取了“人民法院”“人民检察院”“强制医疗机构”“被强制医疗人及其法定代理人、近亲属”作为被选项,并且采用单项选择的方式。

经统计发现,人民检察院、人民法院、强制医疗机构作为启动主体入选比例差别不大,由低到高依次为27.3%、28.1%、30.5%,刑事被强制医疗人及其法定代理人、近亲属作为启动主体的入选比例则明显偏低,仅有14.1%。分别从3个职业群体考察人民法院、人民检察院、强制医疗机构作为启动主体的入选比例看,虽然他们之间的差别并不大,但是比例的高低则有所不同,法官中选择由人民检察院作为启动主体的最多,检察官和律师选择由强制医疗机构作为启动主体的最多。从是否办理过此类案件的类别来看,存在明显差异的是未办理过此类案件的被调查者中有40%选择由强制医疗机构作为启动主体,明显超过平均选择比例,而仅有18.3%选择由人民法院作为启动主体,明显低于平均选择率。办理过此类案件的被调查者在人民法院、人民检察院、强制医疗机构作为启动主体中的选择比例差别不大。总体而言,与被强制医疗人及其法定代理人、近亲属作为诊断评估的启动主体相比,被调查者更倾向于人民法院、人民检察院、强制医疗机构。(详见表5-11)

表5－11　刑事强制医疗执行制度中启动定期诊断评估的主体

选项		人民法院		人民检察院		强制医疗机构		被强制医疗人及其法定代理人、近亲属	
		份数（份）	比例（%）	份数（份）	比例（%）	份数（份）	比例（%）	份数（份）	比例（%）
职业类别	法官	55	27.6	64	32.2	57	28.6	23	11.6
	检察官	39	29.3	32	24.1	40	30.1	22	16.5
	律师	48	27.7	42	24.3	57	32.9	26	15.1
是否办理过此类案件	办理过	121	31.0	106	27.2	108	27.7	55	14.1
	未办理过	21	18.3	32	27.8	46	40.0	16	13.9
合计		142	28.1	138	27.3	154	30.5	71	14.1

（二）在刑事强制医疗执行中承担定期诊断评估的单位

根据我国《刑事诉讼法》的规定，诊断评估实行的是定期制度，这说明诊断评估是贯穿于刑事强制医疗执行过程中的，那么应当由何者承担定期诊断评估工作呢？虽然法律规定的是强制医疗机构，但是实践中承担强制医疗职能的机构呈现多元化特点，据此本研究设计了“强制医疗机构”“精神病鉴定机构”“联合诊断评估”3个选项，采用单选方式。

经统计发现，联合诊断评估、强制医疗机构、精神病鉴定机构的入选比例，由高到低分别为45.3%、31.3%、23.4%，说明较多的被调查者更倾向于由强制医疗机构和精神病鉴定机构联合诊断评估。从职业类别来看，每个职业群体也都倾向于联合诊断评估。从比例上看，由高到低依次是检察官、法官、律师，不过三者之间选择率差别非常小。从是否办理过此类案件的被调查者来看，办理过和未办理过此类案件的被调查者对于联合诊断评估的选择率差别非常小。未办理过此类案件的被调查者对于强制医疗机构的选择率高于办理过的，而且高于平均数；办理过此类案件的被调查者对于精神病鉴定机构的选择率高于未办理过的，而且高于平均数。总体而言，虽然联合诊断评估的入选率高于强制医疗机构和精神病鉴定机构，但是选择率并未过半，而且根据职业类别和是否办理过此类案件进行分类统计发现，被调查者对刑事强制医疗执行中承担定期诊断评估的单位也是各有所向。（详见表5－12）

表 5－12　在刑事强制医疗执行中承担定期诊断评估的单位

选项		强制医疗机构		精神病鉴定机构		联合诊断评估	
		份数（份）	比例（%）	份数（份）	比例（%）	份数（份）	比例（%）
职业类别	法官	57	28.6	51	25.6	91	45.8
	检察官	41	30.8	31	23.3	61	45.9
	律师	60	34.7	36	20.8	77	44.5
是否办理过此类案件	办理过	116	29.7	97	24.9	177	45.4
	未办理过	42	37.1	21	18.1	52	44.8
合计		158	31.3	118	23.4	229	45.3

（三）在解除强制医疗程序中承担诊断评估的单位

除了定期诊断评估外，在解除强制医疗程序中也存在诊断评估的事项。不过《刑诉法解释》第 646 条第 1 款规定："强制医疗机构提出解除强制医疗意见，或者被强制医疗的人及其近亲属申请解除强制医疗的，人民法院应当审查是否附有对被强制医疗的人的诊断评估报告。"可见，诊断评估是解除强制医疗程序的必备事项，那么在解除强制医疗程序中应当由谁来出具诊断评估报告呢？

1. 裁判文书的统计情况

通过统计裁判文书发现，在解除强制医疗程序中，根据解除强制医疗决定书和继续强制医疗决定书，在大部分案件中强制医疗机构与出具诊断评估报告的单位是一致的，其中在解除强制医疗决定书中有 82.50% 的案件显示是一致的，在继续强制医疗决定书中占比为 64.64%。在两类决定书中，强制医疗机构与出具诊断评估报告的单位不一致的占比比较接近，分别为 15.33% 和 21.26%。当然还有一定比例的决定书未能显示强制医疗机构与出具诊断评估报告的单位是否一致。（详见图 5－9）

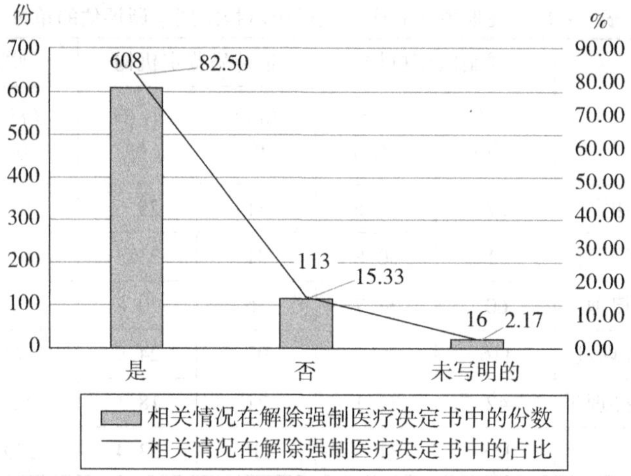

(a)解除强制医疗决定书

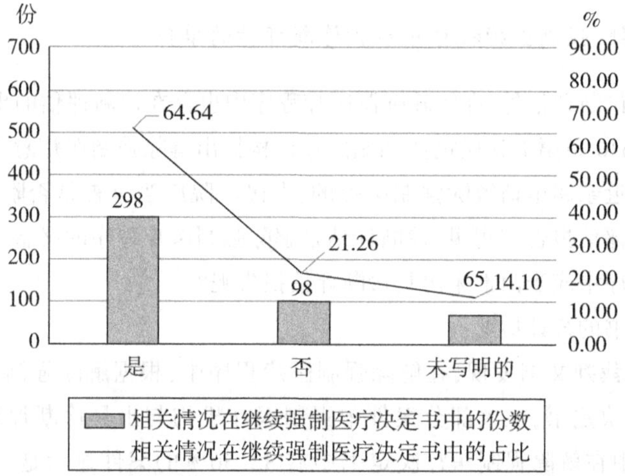

(b)继续强制医疗决定书

图 5－9　强制医疗机构与出具诊断评估报告单位是否一致

既然不一致,那么出具诊断评估报告的是何种单位呢？根据 113 份强制医疗机构与出具诊断评估的报告单位不一致的解除强制医疗决定书和 98 份强制医疗机构与出具诊断评估报告的单位不一致的继续强制医疗决定书,出具诊断评估报告的单位包括精神病院/精神卫生中心、司法鉴定所/法医学鉴定中心、普通医院,这些单位可以概括地称为精神病鉴定机构。通过统计发现,三类鉴定单位所占的比例相差不大,在两类判决书中,居多的均是司法鉴定所/法医学鉴定中心,分别为 38. 13% 和 38. 18% 。(详见图 5－10)

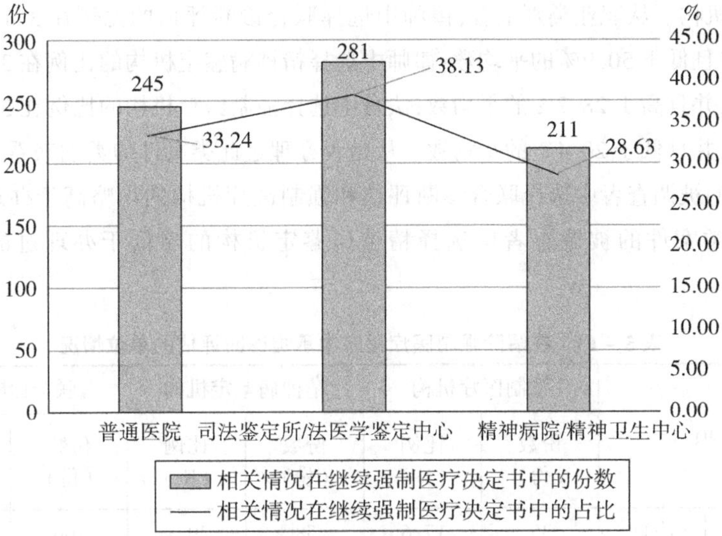

(a)解除强制医疗决定书

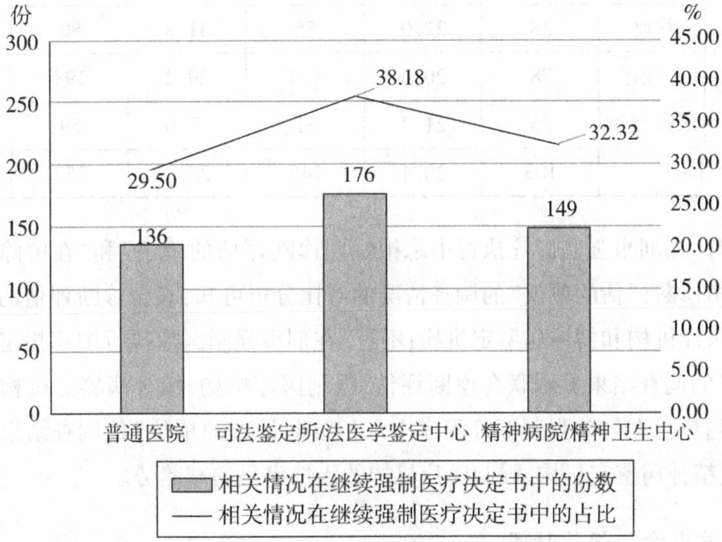

(b)继续强制医疗决定书

图 5－10 在解除强制医疗审理中出具诊断评估报告的单位情况

2. 调查问卷的统计情况

为了深入考察法官、检察官、律师对解除强制医疗程序中承担诊断评估的单位的认识，本研究将强制医疗机构、精神病鉴定机构、联合诊断评估作为 3 个选项进行调查。经统计发现，50.9% 的被调查者选择联合诊断评估，明显高于强制医疗机构和精神病鉴定机构。从职业类别上看,律师中选择联合诊断评估的比例在3个职业群体中最低,并且低于50.9%的平均数;律师中选择精神病鉴定机构的比例在3个职业群体中最高,并且高于28.7%的平均数;法官中选择强制医疗机构的比例在3个职业群体中最低,并且低于20.4%的平均数。从是否办理过此类案件的类别来看,未办理过此类案件的被调查者中选择联合诊断评估和强制医疗机构的均略高于办理过的,未办理过此类案件的被调查者中选择精神病鉴定机构的略低于办理过的。(详见表5-13)

表5-13 在解除强制医疗程序中承担诊断评估的单位情况

选项		强制医疗机构		精神病鉴定机构		联合诊断评估	
		份数(份)	比例(%)	份数(份)	比例(%)	份数(份)	比例(%)
职业类别	法官	35	17.6	58	29.1	106	52.3
	检察官	30	22.6	32	24.0	71	53.4
	律师	38	22.0	55	31.8	80	46.2
是否办理过此类案件	办理过	78	20.0	114	29.2	198	50.8
	未办理过	25	21.7	31	27.0	59	51.3
合计		103	20.4	145	28.7	257	50.9

通过对"在刑事强制医疗执行中承担定期诊断评估的单位"和"在解除强制医疗程序中承担诊断评估的单位"的调查情况的对比分析可知,联合诊断评估的入选率均高于强制医疗机构和精神病鉴定机构;不过"在刑事强制医疗执行中承担定期诊断评估的单位"的调查结果显示联合诊断评估、强制医疗机构、精神病鉴定机构的入选率呈现递减趋势,"在解除强制医疗程序中承担诊断评估的单位"的调查结果显示联合诊断评估、精神病鉴定机构、强制医疗机构的入选率呈递减趋势。

(四)首次诊断评估时间

目前《刑事诉讼法》及相关司法解释和司法解释性质文件规定了定期诊断评估制度,但无关于首次诊断评估时间和诊断评估周期的规定。例如,《刑事诉讼法》第306条规定,"强制医疗机构应当定期对被强制医疗的人进行诊断评估……"2012年和2021年《刑诉法解释》《人民检察院刑事诉讼规则》均未提及定期诊断评估,《人民检察院刑事诉讼规则(试行)》第664条和《人民检察院强制医疗执行检察办法(试行)》第12条将强制医疗机构是否依照规定定期对刑事被强制医疗人进行诊断评估纳入应当依法及时提出纠正意见的款项中。

其实，公安机关将刑事被强制医疗人送交强制医疗机构执行时，强制医疗机构对其收治入院会开展例行的诊断评估，但这仅属于临床诊疗范畴，而非刑事诉讼法上的首次诊断评估，在法律和司法解释对此没有明确规定的情况下，自公安机关交付强制医疗执行之日起首次诊断评估的合理时间应当如何确定？本研究根据经验逻辑，设计了“满一个月”“满三个月”“满半年”“满一年”“满一年半”“满两年”“随机确定”7个选项供被调查者选择。经统计发现，“满三个月”和“满半年”的入选率最高，分别为40.2%和31.1%，明显高于其他选项。（详见表5－14）这说明无论是常识性认知还是理性之判断，较多的被调查者能够认识到精神障碍与躯体疾病不同，特别是对于患有严重精神障碍患者，治疗见效慢、时间长，所以他们更倾向于选择“满三个月”和“满半年”作为首次诊断评估时间，“满一年半”“满两年”“随机确定”存在距离收治入院时间过长或随意性过强的问题。

从职业类别上看，通过纵向比较可知，选择“满一个月”的律师比例最高，超过14.9%的平均数，达到23.1%，明显超过其他两个职业群体；选择“满三个月”的检察官比例最高，超过40.2%的平均数，达到48.1%，明显高于其他两个职业群体；选择“满半年”的法官比例最高，超过31.1%的平均数，达到38.6%，明显高于其他两个职业群体；选择“满一年”检察官比例最高，其次是法官，均超过11.3%的平均数，分别达到16.5%和13.1%（详见表5－14）。可见，在入选率超过10%的四个选项中，在纵向上，3个职业群体呈现不同的走向。从是否办理过此类案件的类别来看，在入选率超过10%的4个选项中，除了未办理过此类案件的被调查者选择“满一年”的高于办理过的外，在“满一个月”“满三个月”“满半年”的选择情况中，办理过的均略高于未办理过的，这说明此两类被调查者对于首次诊断评估时间的确定在认知上基本相同。

表5－14　自公安机关交付强制医疗执行之日起的首次诊断评估时间

选项		满一个月		满三个月		满半年		满一年		满一年半		满两年		随机确定	
		份数（份）	比例（%）	份数（份）	比例（%）	份数（份）	比例（%）	份数（份）	比例（%）	份数（份）	比例（%）	份数（份）	比例（%）	份数（份）	比例（%）
职业类别	法官	20	10.1	70	35.2	77	38.6	26	13.1	1	0.5	2	1.0	3	1.5
	检察官	15	11.3	64	48.1	28	21.1	22	16.5	1	0.7	2	1.5	1	0.8
	律师	40	23.1	69	39.8	52	30.1	9	5.2	0	0.0	1	0.6	2	1.2
是否办理过此类案件	办理过	60	15.4	159	40.8	122	31.3	39	10.0	1	0.3	4	1.0	5	1.2
	未办理过	15	13.1	44	38.4	35	30.4	18	15.7	1	0.8	1	0.8	1	0.8
合计		75	14.9	203	40.2	157	31.1	57	11.3	2	0.4	5	0.9	6	1.2

(五)定期诊断评估周期

1.裁判文书的统计情况

通过统计裁判文书中关于定期诊断评估的情况发现,在解除强制医疗决定书和继续强制医疗决定书中,医疗机构定期对刑事被强制医疗人进行诊断评估所占比例居少,前者占比为12.89%,后者占比为37.96%(详见图5-11)。《刑事诉讼法》将定期诊断评估规定为强制医疗机构应当履行的职责,而且这理应成为解除强制医疗审理中予以考虑的因素,但是两类决定书对此记载并没有达到100%。这反映出法院在解除强制医疗案件的审理中,关于医疗机构定期诊断评估工作,法院或者是未予以审查,或者是审查了但未予以记载,也可能存在在解除强制医疗案件审理前医疗机构未开展定期诊断评估的情形。

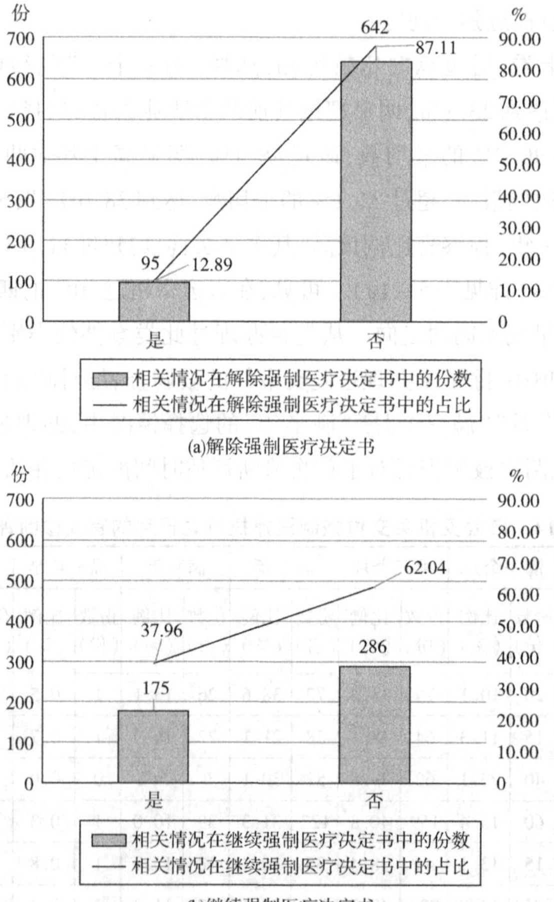

图5-11 强制医疗机构是否定期对被强制医疗人进行诊断评估

2. 调查问卷的统计情况

既然检察机关将强制医疗机构是否依照规定定期对被强制医疗人进行诊断评估列入执行检察监督，那么与首次诊断评估时间的确定具有密切关联性的是后续诊断评估周期的问题，不过法律和司法解释对此问题没有明确的规定，本研究根据经验逻辑，设计了“每个月一次”“每三个月一次”“每半年一次”“每一年一次”“每一年半一次”“每两年一次”6个选项供被调查者选择。入选率排在前两位的是“每半年一次”和“每三个月一次”，二者差别不大，分别为37.8%和36.2%，不过明显高于其他选项，“每一年一次”和“每个月一次”，仅占13.7%和10.9%，“每一年半一次”和“每两年一次”更低，后者甚至为0。（详见表5-15）这说明在被调查者看来，“每个月一次”过于频繁，“每年一次”“每一年半一次”“每两年一次”周期过长。

从职业类别上看，通过纵向比较可知，律师中选择“每三个月一次”的比例明显高于其他两个群体，达到44.5%，超过36.2%的平均数，而法官与检察官对此的选择比例相差不大。律师中选择“每半年一次”的比例明显低于其他两个群体，为32.9%，低于37.8%的平均数，而法官和检察官对此选择比例均超过平均数，分别为39.1%和42.1%。从各职业群体对“每三个月一次”和“每半年一次”选择的横向比较可知，律师更倾向于“每三个月一次”，法官和检察官则倾向于“每半年一次”。从是否办理过此类案件的类别来看，通过纵向比较可知，未办理过此类案件的被调查者选择“每三个月一次”的比例略高于办理过的，办理过此类案件的被调查者选择“每半年一次”的比例略高于未办理过的。即便是横向比较，办理过此类案件和未办理过此类案件的被调查者对这两类诊断评估周期的认知状况也基本一致。（详见表5-15）

表5-15　首次诊断评估后的诊断评估周期

选项		每个月一次		每三个月一次		每半年一次		每一年一次		每一年半一次		每两年一次	
		份数（份）	比例（%）	份数（份）	比例（%）	份数（份）	比例（%）	份数（份）	比例（%）	份数（份）	比例（%）	份数（份）	比例（%）
职业类别	法官	23	11.6	61	30.7	78	39.1	36	18.1	1	0.5	0	0.0
	检察官	12	9.0	45	33.8	56	42.1	16	12.0	4	3.1	0	0.0
	律师	20	11.6	77	44.5	57	32.9	17	9.8	2	1.2	0	0.0
是否办理过此类案件	办理过	40	10.2	138	35.4	152	39.0	55	14.1	5	1.3	0	0.0
	未办理过	15	12.1	45	38.8	39	35.3	14	12.1	2	1.7	0	0.0
合计		55	10.9	183	36.2	191	37.8	69	13.7	7	1.4	0	0.0

五、检察监督状况

在《刑事诉讼法》对刑事强制医疗执行的两条规定中，其中之一是执行检察监督，法律依据是《刑事诉讼法》第307条规定，“人民检察院对强制医疗的决定和执行实行监督”。2012年和2021年《刑诉法解释》两处涉及执行检察监督，一是在解除强制医疗程序中涉及“必要时，人民法院可以开庭审理，通知人民检察院派员出庭”；二是“人民检察院认为强制医疗决定或者解除强制医疗决定不当，在收到决定书后二十日以内提出书面纠正意见”。执行检察监督相对细化的规定主要体现在《人民检察院刑事诉讼规则（试行）》（已失效）、《人民检察院刑事诉讼规则》、2016年颁布的《人民检察院强制医疗执行检察办法（试行）》、2018年颁布的《人民检察院强制医疗决定程序监督工作规定》中。可见，刑事强制医疗执行检察监督在刑事强制医疗执行制度中所占据的比例和被赋予的功能是最大的，因为检察机关依法对刑事强制医疗执行开展监督既是检察机关的法定职责，也是确保刑事强制医疗执行制度有效运行的基本保障。本研究围绕执行检察监督效果、监督方式、引入有专门知识的人、首次开展监督的时间、三个环节的检察监督效果五个方面开展问卷调查和裁判文书统计。

（一）刑事强制医疗执行检察监督效果

1. 裁判文书的统计情况

根据《刑事诉讼法》及其司法解释，检察机关对强制医疗执行实行监督贯穿于强制医疗期间和申请解除强制医疗期间。当然，相关条文并没有明确规定检察机关作为解除强制医疗审理程序中的一方介入其中，而是以监督者的身份开展检察监督工作。

对解除强制医疗决定书和继续强制医疗决定书进行统计后发现，强制医疗期间和申请解除强制医疗期间检察机关介入的案件所占比例并不多，在两类决定书中所占比例分别为38.13%和42.95%（详见图5-12）。也就是说，单从裁判文书上看，检察机关对于刑事强制医疗执行检察监督的介入率并不高，未实现全覆盖。当然，也可能存在法院在审理解除强制医疗案件过程中并未将检察机关在强制医疗期间和申请解除强制医疗期间的检察监督工作作为审理工作的组成部分，还可能存在虽然考量了检察监督，但在决定书中未记载的情形。

2. 调查问卷的统计情况

为了有效分析检察机关对刑事强制医疗执行活动的监督效果，本研究设计了“非常差”“比较差”“一般差”“一般好”“比较好”“非常好”6个评价等级，前3个属于不满意等级，后3个属于满意等级。经统计发现，45.9%的被调查者认为监督效果“一般好”，明显超过其他5个等级，“一般好”以上等级的为60%；“一般差”所占比例为21.2%，“一般差”以下等级为40%。这说明被调查者对于刑事强制医疗执行检察监督的满意度虽然能够达到60%，但是选择“比较好”和“非常好”两个等级的仅有14.1%，而且还有40%的被调查者持有不满意态度。其中满意度最高的“非常好”也低于不满意度最高的“非常差”，这也是不可忽略的问题。

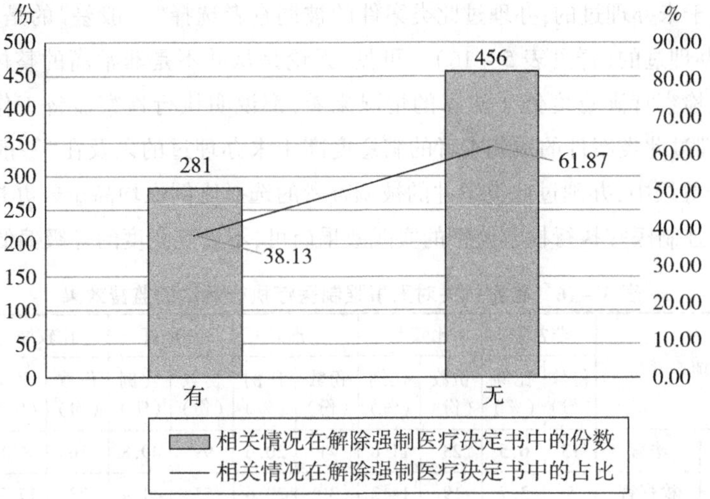

(a)解除强制医疗决定书

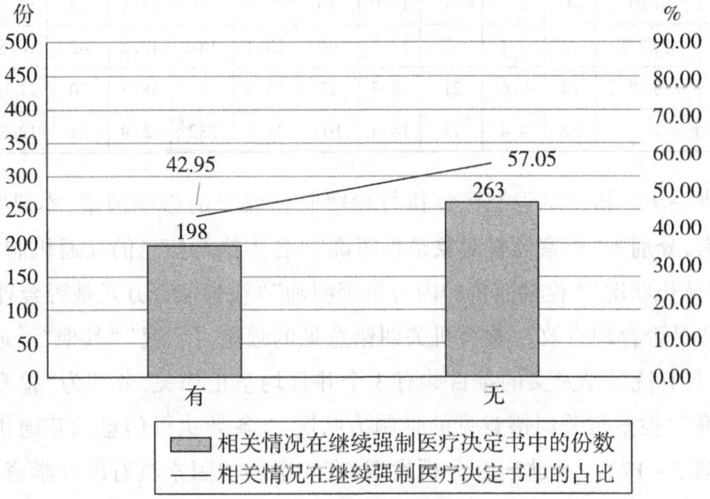

(b)继续强制医疗决定书

图5-12　强制医疗期间和申请解除强制医疗期间有无检察机关介入

从职业类别上看，通过纵向比较可知，3个职业群体对刑事强制医疗执行检察监督的满意度从高到低依次是法官、检察官、律师，分别为61.3%、59.4%、59%；法官中有49.8%的满意度为“一般好”，超过45.9%的平均比例，律师和检察官的选择情况依次略低于法官。检察官中有22.6%的不满意度为“一般差”，略高于21.2%的平均比例，但与律师和法官的选择情况基本相近。从是否办理过此类案件的类别来看，办理过此类案件的被调查者对刑事强制医疗执行检察监督的满意度略高于未办理过的，分别为60.5%、58.3%。办理过此类案件的被调查者选择“一般好”的达到48.2%，高于未办理过的；办理过此类案件的被调查者选择“一般差”的是23.1%，也是高于未办理过的（详见表5-16）。可见，无论是从并不是非常高的整体满意度来看，还是从检察官满意度低于法官的情况来看，都说明执行检察监督工作仍需要改进。从办理过此类案件的被调查者的满意度高于未办理过的以及在“一般好”和“一般差”两个等级中，办理过此类案件的被调查者的选择比例也均高于未办理过的情况来看，刑事强制医疗执行检察监督的实践效果尚可，不过满意度的等级偏低。

表5-16 检察机关对刑事强制医疗执行活动的监督效果

选项		非常差		比较差		一般差		一般好		比较好		非常好	
		份数（份）	比例（%）	份数（份）	比例（%）	份数（份）	比例（%）	份数（份）	比例（%）	份数（份）	比例（%）	份数（份）	比例（%）
职业类别	法官	13	6.5	23	11.6	41	20.6	99	49.8	16	8.0	7	3.5
	检察官	5	3.7	19	14.3	30	22.6	55	41.4	23	17.3	1	0.7
	律师	4	2.3	31	17.9	36	20.8	78	45.1	23	13.3	1	0.6
是否办理过此类案件	办理过	12	3.1	52	13.3	90	23.1	188	48.2	42	10.8	6	1.5
	未办理过	10	8.6	21	18.3	17	14.8	44	38.3	20	17.4	3	2.6
合计		22	4.4	73	14.4	107	21.2	232	45.9	62	12.3	9	1.8

为了进一步分析刑事强制医疗执行检察监督效果的影响因素，本研究设计了8个影响因素，分别为“检察监督对象是否明确”“各类执行信息的互通机制是否健全”“检察监督队伍状况”“检察监督的内容是否明确”“检察监督方式是否合理有效”“检察监督方法是否合理有效”“检察机关纠错意见的强制力状况”“其他”。通过相关性分析发现，具有统计学意义的条目共有3个并且均呈正相关，分别为“检察监督的内容是否明确”“检察机关纠错意见的强制力状况”“各类执行信息的互通机制是否健全”（详见表5-17）。经过PLS分析发现，有3个影响因素具有统计学意义，分别为“检察监督的内容是否明确”“检察机关纠错意见的强制力状况”“各类执行信息的互通机制是否健全”（详见表5-18）。

表 5－17　检察监督效果与影响因素的相关性分析

影响因素	相关系数	Sig.（双侧）
检察监督的内容是否明确	0.71**	0.011
检察机关纠错意见的强制力状况	0.69*	0.056
各类执行信息的互通机制是否健全	0.54*	0.090

注：*表示在10%的水平上显著，**表示在5%的水平上显著，***表示在1%的水平上显著。

表 5－18　检察监督效果的影响因素的PLS分析

影响因素	Vip值
检察监督的内容是否明确	1.878
检察机关纠错意见的强制力状况	1.456
各类执行信息的互通机制是否健全	1.387

注：Vip值越大说明自变量对因变量的解释力度越强。

可见在相关性分析和PLS分析中具有统计学意义的影响因素是相同的，所以对这3个影响因素在强制医疗执行检察监督效果的分析和研判中应当予以重点关注。

（二）刑事强制医疗执行检察监督的有效方式

人民检察院在履行监督职责时可以采取不同的方式，那么何种方式更有效呢？本研究根据检察实践设计了“巡回检察监督”“派驻检察室监督”“其他”3种方式。经统计发现，选择“巡回检察监督”的比例略高于“派驻检察室监督”，并且两个选项的入选率在所有的被调查者中占93.5%。

从职业类别上看，通过纵向比较可知，3个职业群体中选择“巡回检察监督”的比例从高到低依次为检察官、律师、法官，分别为54.9%、48.6%、44.2%；选择“派驻检察室监督”的比例从高到低依次是法官、律师、检察官，分别为48.3%、45.1%、39.8%。可见，检察官在“巡回检察监督”和“派驻检察室监督”的选择上，明显倾向于前者，法官和律师在“巡回检察监督”“派驻检察室监督”的选择上偏差不大，不过法官中选择“派驻检察室监督”的偏多，律师中选择“巡回检察室监督”的偏多。

从是否办理过此类案件的类别来看，未办理过此类案件的被调查者在“巡回检察监督”和“派驻检察室监督”的选择上，更倾向于前者，办理过此类案件的被调查者在“巡回检察监督”和“派驻检察室监督”的选择上，偏差不大，但后者居多。通过纵向比较可知，未办理过此类案件的被调查者选择“巡回检察监督”的比例明显高于办理过的，办理过此类案件的被调查者选择“派驻检察室监督”的比例明显高于未办理过的。（详见表5－19）

表 5－19　检察监督的最有效方式

选项		明显降低		降低		没有变化	
		份数(份)	比例(%)	份数(份)	比例(%)	份数(份)	比例(%)
职业类别	法官	88	44.2	96	48.3	15	7.5
	检察官	73	54.9	53	39.8	7	5.3
	律师	84	48.6	78	45.1	11	6.3
是否办理过此类案件	办理过	179	45.9	188	48.2	23	5.9
	未办理过	66	57.4	39	33.9	10	8.7
合计		245	48.5	227	45.0	33	6.5

可见,“巡回检察监督”更受承担检察监督职能的检察官的青睐,而“派驻检察室监督”在具有实务经验的被调查者中有明显赞同倾向。

(三)刑事强制医疗执行检察监督中引入有专门知识的人的必要性调查

刑事强制医疗执行制度融合了法学和医学双重要素,执行检察监督作为一项刑事诉讼行为,是由检察人员来具体实施的,那么如何从技术层面上确保监督效果呢?这也就是在刑事强制医疗执行检察监督中是否应当引入有专门知识的人的问题。《刑事诉讼法》中有 3 个条款涉及有专门知识的人,即第 128 条规定侦查人员在进行勘验、检查时,“在必要的时候,可以指派或者聘请具有专门知识的人,在侦查人员的主持下进行勘验、检查”;第 146 条关于鉴定的范围和鉴定人的种类中规定,“为了查明案情,需要解决案件中某些专门性问题的时候,应当指派、聘请有专门知识的人进行鉴定”;第 197 条第 2 款关于调取新证据中规定,“公诉人、当事人和辩护人、诉讼代理人可以申请法庭通知有专门知识的人出庭,就鉴定人作出的鉴定意见提出意见”。那么在刑事强制医疗执行检察监督中是否有必要引入有专门知识的人?

本研究设计了 3 个选项,即“应当引入”“不应当引入”“检察机关自主决定”。经统计发现,多数的被调查者赞同“应当引入”,比例为 73.9%,而这就需要将其作为一项制度予以确立;“检察机关自主决定”,作为一种授权方式,在被调查者中获得了 20.4% 的赞同;对引入有专门知识的人持否定态度的被调查者占比更少,仅有 5.7%。

从职业类别上看,通过纵向比较可知,法官中选择“应当引入”的比例为 71.4%,低于 73.9% 的平均比例,并且略低于检察官和律师,检察官和律师在此方面的选择比例几乎一致,但检察官对此的选择比例略微高出 0.8%;法官中选择“检察机关自主决定”的比例为 22.6%,高于 20.4% 的平均比例,也略高于检察官和律师的选择比例。

从是否办理过此类案件的类别来看,未办理过此类案件的被调查者选择“应当引入”的比例略微高于办理过的,高出的比例为1.2%,办理过此类案件的被调查者选择“检察机关自主决定”的比例略微高于未办理过的,高出的比例为1.7%。(详见表5-20)

表5-20　检察机关在执行检察监督中引入有专门知识的人的必要性

选项		应当引入		不应当引入		检察机关自主决定	
		份数(份)	比例(%)	份数(份)	比例(%)	份数(份)	比例(%)
职业类别	法官	142	71.4	12	6.0	45	22.6
	检察官	101	75.9	6	4.5	26	19.6
	律师	130	75.1	11	6.4	32	18.5
是否办理过此类案件	办理过	287	73.6	22	5.6	81	20.8
	未办理过	86	74.8	7	6.1	22	19.1
合计		373	73.9	29	5.7	103	20.4

由此可见,检察官对检察机关在开展刑事强制医疗执行检察监督中引入有专门知识的人的必要性的认知与律师和法官基本一致。办理过此类案件和未办理过此类案件的被调查者对引入有专门知识的人的必要性的认知也是基本一致的。

(四)人民检察院对强制医疗机构开展首次监督的时间

人民检察院对强制医疗机构开展监督从何时开始更合理呢?本研究根据经验逻辑设计了从公安机关交付执行之日起“10天之内”“15天之内”“20天之内”“一个月之内”“一个半月之内”“两个月之内”“三个月之内”七个时间点。经统计发现,被调查者对此问题的认知状况呈现分散态势,被选比例最高的是“一个月之内”,为33.9%,其他被选比例相对比较高的是“15天之内”“10天之内”“20天之内”,所占比例依次为23.9%、18.4%、12.1%。

根据各个时间点的被选情况,本研究重点对比例在前三位的“一个月之内”“15天之内”“10天之内”的被选情况进行对比分析。从职业类别上看,通过纵向比较可知,在3个职业群体中,检察官中选择“一个月之内”的比例达到46.6%,明显高于33.9%的平均比例,法官的选择比例与平均比例基本一致,略低0.2%,律师的选择比例则明显低于平均比例,低了9.6%。检察官中选择“15天之内”的比例最低,占比为16.5%,低于23.9%的平均比例,分别比律师和法官低13.5%和7.1%。法官中选择“10天之内”的比例最低,为15.1%,检察官的比例为18.1%,二者均稍低于18.4%的平均比例,律师中选择此项的比例最高,为22.5%。

从是否办理过此类案件的类别来看,虽然办理过此类案件的被调查者中选择“一个月之内”的比例略高于平均比例,高出的比例为0.3%,但是与未办理过此类案件的被调查者选择情况相差不大,仅高1.2%。办理过此类案件的被调查者中选择“15天之内”的比例高于未办理的情况,高出的比例为5.1%;办理过此类案件的被调查者中选择“10天之内”的比例高于未办理过的,高出的比例为9.2%。办理过此类案件的被调查者中选择“一个月之内”“15天之内”“10天之内”的比例均高出未办理过的。(详见表5-21)

表5-21　人民检察院对强制医疗执行活动开展首次监督的时间

选项		10天之内		15天之内		20天之内		一个月之内		一个半月之内		两个月之内		三个月之内	
		份数(份)	比例(%)	份数(份)	比例(%)	份数(份)	比例(%)	份数(份)	比例(%)	份数(份)	比例(%)	份数(份)	比例(%)	份数(份)	比例(%)
职业类别	法官	30	15.1	47	23.6	23	11.6	67	33.7	11	5.5	2	1.0	19	9.5
	检察官	24	18.1	2	16.5	13	9.8	62	46.6	0	0.0	2	1.5	10	7.5
	律师	39	22.5	52	30.0	25	14.5	42	24.3	6	3.5	1	0.6	8	4.6
是否办理过此类案件	办理过	80	20.5	98	25.1	41	10.5	133	34.2	9	2.3	4	1.0	25	6.4
	未办理过	13	11.3	23	20.0	20	17.4	38	33.0	8	7.0	1	0.9	12	10.4
合计		93	18.4	121	23.9	61	12.1	171	33.9	17	3.4	5	1.0	37	7.3

可见,检察官对于人民检察院自收到强制医疗决定书之日起对强制医疗机构开展第一次检察监督的时间倾向于“一个月之内”,但是对“15天之内”和“10天之内”的选择情况并不是最高的,而律师对这两个选项的选择比例却是最高的,这反映出律师更倾向于检察机关能够尽早介入,单从律师对各个时间点的选择情况来看,他们对“15天之内”更具倾向性。办理过此类案件的被调查者与检察官对“一个月之内”所具有的明显倾向性是一致的。因此根据调查结果,对“一个月之内”和“15天之内”应当进行重点的分析和研判。

(五)刑事强制医疗执行检察监督三个环节的检察监督效果

刑事强制医疗执行制度运行效果离不开检察监督,而这项制度贯穿具体执行过程,本研究将其分为“交付执行”“执行(治疗、监管)活动”“执行解除”3个环节,对每个环节的检察监督效果均设计了“非常差”“比较差”“一般差”“一般好”“比较好”“非常好”6个评价等级,同时还进行相关性分析和PLS分析,从统计学意义上筛选出相关的影响因素。

1.第一个环节“交付执行”的检察监督效果

根据《人民检察院刑事诉讼规则》第651条的规定,人民检察院发现交付执行活动中有违反规定情况的,应当依法提出纠正意见;根据《人民检察院强制医疗执行检察办法(试行)》第7条的规定,人民法院作出强制医疗决定后,人民检察院应当对强制医疗交付执行活动实行监督。经统计发现,被调查者中有48.3%认为这个环节的检察监督效果是“一般好”,持有满意意见的合计63.6%;持有不满意意见的合计36.4%,其中比例比较高的是“一般差”,占比为20.7%。总体而言,被调查者对于交付执行环节的检察监督效果的满意度虽然超过60%,但是持“比较差”和“非常差”等级的占比是15.7%,这也是不容忽视的问题。

通过纵向比较可知,在职业类别上,3个职业群体中认为检察监督效果“一般好”的比例由高到低依次是律师、检察官、法官,法官中选择此项的比例为46.7%,略低于48.3%的平均比例,不过三者的比例相差并不明显;从3个职业群体各自的满意度来看,从高到低依次为检察官、律师、法官,比例分别为68.4%、63.5%、60.3%。3个职业群体中选择“一般差”的比例由高到低依次是法官、律师、检察官,检察官中选择此项的比例为18.0%,略低于20.7%的平均比例,不过三者的比例相差并不明显;与满意度相对应,不满意度从高到低依次为法官、律师、检察官,比例分别为39.7%、36.5%、31.6%。

在是否办理过此类案件的类别中,办理过此类案件的被调查者中选择“一般好”的比例为51.5%,明显高于未办理过此类案件的且高出了14.1%,办理过此类案件的被调查者中选择“一般差”的比例虽然也高于未办理过此类案件的,但是比例差5.6%。办理过此类案件的被调查者中对这一环节持满意意见的合计63.3%,未办理过的占比为64.4%。(详见表5-22)

表5-22　第一个环节“交付执行”的检察监督效果

选项		非常差		比较差		一般差		一般好		比较好		非常好	
		份数(份)	比例(%)	份数(份)	比例(%)	份数(份)	比例(%)	份数(份)	比例(%)	份数(份)	比例(%)	份数(份)	比例(%)
职业类别	法官	10	5.0	25	12.6	44	22.1	93	46.7	20	10.1	7	3.5
	检察官	1	0.8	17	12.8	24	18.0	65	48.9	23	17.3	3	2.2
	律师	2	1.2	24	13.9	37	21.4	86	49.7	21	12.1	3	1.7
是否办理过此类案件	办理过	8	2.1	49	12.5	86	22.1	201	51.5	40	10.3	6	1.5
	未办理过	5	4.3	17	14.8	19	16.5	43	37.4	24	20.9	7	6.1
合计		13	2.6	66	13.1	105	20.7	244	48.3	64	12.7	13	2.6

由此可见,从职业类别上看,检察官对刑事强制医疗执行程序第一个环节"交付执行"中的检察监督效果在满意度上是最高的,而法官的不满意度是最高的。从办案经验上看,办理过此类案件的被调查者对交付执行中的检察监督效果的满意度略低于没有办理过此类案件的被调查者。

为了进一步分析在强制医疗执行程序的第一个环节"交付执行"中检察监督效果的影响因素,本研究设计了 11 个影响因素,分别为"能否有效地赴现场进行实地检察""能否有效地审查强制医疗决定书、强制医疗执行通知书、证明被强制医疗人无刑事责任能力的鉴定意见书等相关法律文书""与强制医疗机构工作人员谈话的情况""与被强制医疗人及其法定代理人、近亲属谈话情况""与被害人及其法定代理人、近亲属谈话情况""能否有效地对人民法院的交付执行活动开展监督""能否有效地对公安机关将被决定强制医疗的人送交强制医疗机构执行情况开展监督""能否有效地监督强制医疗机构对被决定强制医疗的人拒绝收治情况""能否有效地监督强制医疗机构收治未被人民法院决定强制医疗的人的情况""检察机关的纠错意见是否具有强制力""其他应当检察监督的内容"。

经过相关性分析发现,具有统计学意义的条目共有 3 个,均呈正相关,分别是"检察机关的纠错意见是否具有强制力""能否有效地对公安机关将被决定强制医疗的人送交强制医疗机构执行情况开展监督""能否有效地赴现场进行实地检察"(详见表 5 - 23)。经过 PLS 分析发现,具有统计学意义的条目共有 3 个,分别是"能否有效地审查强制医疗决定书、强制医疗执行通知书、证明被强制医疗人无刑事责任能力的鉴定意见书等相关法律文书""检察机关的纠错意见是否具有强制力""能否有效地对人民法院的交付执行活动开展监督"。(详见表 5 - 24)

表 5 - 23 "交付执行"检察监督效果与影响因素的相关性分析

影响因素	相关系数	Sig.(双侧)
检察机关的纠错意见是否具有强制力	0.81*	0.076
能否有效地对公安机关将被决定强制医疗的人送交强制医疗机构执行情况开展监督	0.79**	0.041
能否有效地赴现场进行实地检察	0.78*	0.090

注:*表示在 10% 的水平上显著,**表示在 5% 的水平上显著,***表示在 1% 的水平上显著。

表 5 - 24 "交付执行"检察监督效果的影响因素的 PLS 分析

影响因素	Vip 值
能否有效地审查强制医疗决定书、强制医疗执行通知书、证明被强制医疗人无刑事责任能力的鉴定意见书等相关法律文书	1.789

续表

影响因素	Vip 值
检察机关纠错意见是否具有强制力	1.456
能否有效地对人民法院的交付执行活动开展监督	1.376

注:Vip 值越大说明自变量对因变量的解释力度越强。

可见,“检察机关的纠错意见是否具有强制力”在相关性分析和 PLS 分析结果中,均具有统计学意义,所以在刑事强制医疗执行程序第一个环节“交付执行”中的检察监督效果的影响因素上对其应当予以重点分析和研判,而对于通过相关性分析出的其他两项具有统计学意义的影响因素和通过 PLS 分析出的其他两项具有统计学意义的影响因素也应当进行一定的分析和研判。

2. 第二个环节“执行(治疗、监管)活动”的检察监督效果

刑事强制医疗执行的第二个环节“执行(治疗、监管)活动”是这项制度运行的核心部分,所以检察监督工作至关重要。经统计发现,被调查者中有 51.4% 认为在这一环节中检察监督效果“一般好”,达到满意等级的合计为 67.5%,这比第一个环节中满意等级占比 63.6% 的比例高出 3.9%;同时,有 18.8% 的被调查者认为在这一环节中检察监督效果“一般差”,达到不满意等级的合计为 32.5%。虽然被调查者比较认同这一环节的检察监督效果,但是满意等级主要集中在“一般好”上,“比较好”占比并不高,“非常好”占比更低,仅有 2.0%。

通过纵向比较可知,在职业类别上,3 个职业类别中选择“一般好”的比例从高到低依次为检察官、法官、律师,其中检察官的比例高于法官 7.1%,高于律师 10.5%。这与第一个环节的检察监督效果统计结果不同,在第一个环节中,3 个职业群体中选择“一般好”的比例从高到低依次是律师、检察官、法官,而且相互之间比例差非常小。在 3 个群体中持满意态度的比例从高到低依次为检察官、律师、法官,比例分别为 74.4%、65.4%、64.8%,虽然排序与第一个环节相同,但是对应的比例均高于第一个环节,尤其是第二个环节中,检察官持满意态度的比例明显高于律师和法官,比第一个环节中 68.4% 的比例高出 6%。在“一般差”的选择上,检察官的选择比例为 15%,低于 18.8% 的平均比例,这与第一个环节中检察官 18.0% 的选择比例相近,排序上检察官的选择比例都是最低;与满意度相对应,不满意度从高到低依次是法官、律师、检察官,比例分别为 35.2%、34.6%、25.6%。

从是否办理过此类案件的类别来看,办理过此类案件的被调查者选择“一般好”的比例明显高于未办理过此类案件的,高出 12.6%;在未办理过此类案件的被调查者中选择“比较好”的明显高于办理过此类案件的,高出 9.9%。在办理过此类案件的

被调查者中持有满意意见的比例合计 67.5%，未办理的占比合计 67.8%，相差 0.3%。这与第一个环节相比，总比例上第二个环节高于第一个环节，排序相同，比例差都非常小，第一个环节中办理过和未办理过此类案件的被调查者持有满意意见的比例分别为 63.3% 和 64.4%，相差 1.1%。（详见表 5－25）。

表 5－25　第二环节“执行（治疗、监管）活动”的检察监督效果

选项		非常差		比较差		一般差		一般好		比较好		非常好	
		份数（份）	比例（%）	份数（份）	比例（%）	份数（份）	比例（%）	份数（份）	比例（%）	份数（份）	比例（%）	份数（份）	比例（%）
职业类别	法官	10	5.0	21	10.6	39	19.6	101	50.8	22	11.0	6	3.0
	检察官	2	1.5	12	9.1	20	15.0	77	57.9	20	15.0	2	1.5
	律师	3	1.7	21	12.1	36	20.8	82	47.4	29	16.8	2	1.2
是否办理过此类案件	办理过	9	2.2	39	10.0	79	20.3	212	54.4	46	11.8	5	1.3
	未办理过	6	5.2	15	13.1	16	13.9	48	41.8	25	21.7	5	4.3
合计		15	3.0	54	10.7	95	18.8	260	51.4	71	14.1	10	2.0

由此可见，与第一个环节相比，被调查者的满意度有所提升，满意度最高的仍然是检察官，最低的是法官。具有此类案件办案经验和没有此类案件办案经验的被调查者对这一环节的检察监督效果的满意度比第一个环节均有所上升，但是与第一个环节相同，具有此类案件办案经验者的满意度也是略低于没有此类案件办案经验者。

为了进一步分析在强制医疗执行程序的第一个环节“交付执行”中检察监督效果的影响因素，本研究设计了 16 个影响因素，分别为“能否有效地查阅有关法律文书、会见、通信登记等材料”“能否有效地查阅有关医疗文书、诊断评估等材料”“能否赴被强制医疗人的医疗、生活现场进行实地检察”“与强制医疗机构工作人员谈话情况”“与被强制医疗人及其法定代理人、近亲属谈话情况”“与被害人及其法定代理人、近亲属谈话情况”“能否有效地对强制治疗机构的人员配备、设备、设施开展检察”“检察官是否具备精神医学知识”“能否有效地监督强制医疗机构的医疗工作”“能否有效地监督强制医疗机构的监管工作”“能否有效监督强制医疗机构开展诊断评估工作”“能否有效地检察被强制医疗人的合法权利是否得到保障”“能否有效地检察被强制医疗人的合法权利是否受到侵犯”“被强制医疗人实施或将要实施伤害自身、危害他人安全、扰乱医疗秩序行为的，当强制医疗机构采取约束、隔离等保护性医疗措施后，检察机关能否有效监督”“检察机关纠错意见是否具有强制力”“其他应当检察的内容”。

通过相关性分析发现，具有统计学意义的条目共有 4 个，均呈正相关，分别为

“能否有效地监督强制医疗机构的监管工作”“能否有效监督强制医疗机构开展诊断评估工作”“能否有效地查阅有关医疗文书、诊断评估等材料”“能否赴被强制医疗人的医疗、生活现场进行实地检察”（详见表5－26）。通过PLS分析发现，具有统计学意义的条目共有4个，分别为“能否有效地监督强制医疗机构的监管工作”“能否有效监督强制医疗机构开展诊断评估工作”“能否有效地查阅有关医疗文书、诊断评估等材料”“能否赴被强制医疗人的医疗、生活现场进行实地检察”（详见表5－27）。

表5－26　执行（治疗、监管）活动”检察监督效果与影响因素的相关性分析

影响因素	相关系数	Sig.（双侧）
能否有效地监督强制医疗机构的监管工作	0.69***	0.000
能否有效监督强制医疗机构开展诊断评估工作	0.54**	0.012
能否有效地查阅有关医疗文书、诊断评估等材料	0.51**	045
能否赴被强制医疗人的医疗、生活现场进行实地检察	0.49***	0.001

注：*表示在10%的水平上显著，**表示在5%的水平上显著，***表示在1%的水平上显著。

表5－27　“执行（治疗、监管）活动”检察监督效果的影响因素的PLS分析

影响因素	Vip值
能否有效地监督强制医疗机构的监管工作	1.678
能否有效监督强制医疗机构开展诊断评估工作	1.671
能否有效地查阅有关医疗文书、诊断评估等材料	1.456
能否赴被强制医疗人的医疗、生活现场进行实地检察	1.123

注：Vip值越大说明自变量对因变量的解释力度越强。

综合分析可知，这4个影响因素在相关性分析和PLS分析中均具有统计学意义，所以在刑事强制医疗执行制度第二个环节“执行（治疗、监管）活动”的检察监督效果中对这4个影响因素应当予以重点分析和研判。

3. 第三个环节“执行解除”的检察监督效果

虽然刑事强制医疗决定书并未设定解除医疗时间，但是当刑事被强制医疗人符合医学和法学上的解除标准时，需要由法院判决解除强制医疗，因此要确保执行解除的公正性，需要发挥检察机关的监督作用。为了进一步研判刑事强制医疗执行第三个环节“执行解除”中的检察监督效果，本研究进行了满意度调查，经统计发现，被调查者中选择“一般好”的占比为50.9%，高于第一个环节48.3%的比例，低于第二个环节51.4%的比例。被调查者对这一环节的监督效果持满意意见的合计占比

68.3%，高于第一个环节63.6%的比例，也高于第二个环节67.5%的比例。同时，被调查者中选择“一般差”等级的比例为19.6%，不满意的比例合计占比31.7%。（详见表5-28）虽然被调查者对本环节的检察监督效果在“一般好”的选择比例上略低于第二个环节，但是“比较好”的选择比例为16.0%，略高于第二个环节14.1%的比例。在3个环节中被调查者持满意态度的比例呈现递增趋势，分别为63.6%、67.5%、68.3%，所以除了关注不同环节满意度的差异外，也应当看到检察监督效果还需要进一步提升。

通过纵向比较可知，在职业类别上，3个职业群体中选择“一般好”的比例从高到低依次是检察官、法官、律师，律师中选择“一般好”的比例为42.8%，低于50.9%的平均比例，检察官和法官中选择此项的比例均高于50.9%的平均比例，分别为55.6%和54.8%。检察官中选择“一般差”的比例最低，为17.3%，低于19.6%的平均比例。本环节中，3个职业群体中持满意态度的比例从高到低依次是检察官、律师、法官，分别为72.9%、67%、66.3%；在第一个环节中，从高到低依次为检察官、律师、法官，比例分别为68.4%、63.5%、60.3%；在第二个环节中，从高到低依次为检察官、律师、法官，比例分别为74.4%、65.4%、64.8%。可见，在3三个环节中，3个职业群体中持满意态度的从高到低均是检察官、律师、法官。

从是否办理过此类案件的类别来看，办理过此类案件的被调查者中选择“一般好”的比例为52.8%，高于未办理过的，高出的比例为8.5%；办理过此类案件的被调查者中持有满意意见的比例合计为68.2%，未办理过的为68.7%，比例差为0.5%。在这3个环节中，办理过此类案件的被调查者持有满意意见的比例分别为63.3%、67.5%、68.2%，未办理过此类案件的被调查者持有满意意见的比例分别为64.4%、67.8%、68.7%。可见，无论是办理过此类案件的被调查者还是未办理过的被调查者，满意意见所占比例从第一个环节到第三个环节均呈现递增趋势。从两类被调查者在满意态度上的对比情况看，3个环节中未办理过此类案件的被调查者的满意度均略高于办理过此类案件的。（详见表5-28）。

表5-28　第三环节“执行解除”的检察监督效果

选项		非常差		比较差		一般差		一般好		比较好		非常好	
		份数（份）	比例（%）	份数（份）	比例（%）	份数（份）	比例（%）	份数（份）	比例（%）	份数（份）	比例（%）	份数（份）	比例（%）
职业类别	法官	7	3.5	20	10.1	40	20.1	109	54.8	21	10.5	2	1.0
	检察官	2	1.5	11	8.3	23	17.3	74	55.6	21	15.8	2	1.5
	律师	2	1.2	19	11.0	36	20.8	74	42.8	29	22.5	3	1.7

续表

选项		非常差		比较差		一般差		一般好		比较好		非常好	
		份数（份）	比例（%）	份数（份）	比例（%）	份数（份）	比例（%）	份数（份）	比例（%）	份数（份）	比例（%）	份数（份）	比例（%）
是否办理过此类案件	办理过	5	1.3	36	9.2	83	21.3	206	52.8	56	14.4	4	1.0
	未办理过	6	5.2	14	12.2	16	13.9	51	44.3	25	21.8	3	2.6
合计		11	2.2	50	9.9	99	19.6	257	50.9	81	16.0	7	1.4

由此可见，在3个环节中，总体上被调查者对第三个环节的满意度是最高的，其中检察官在每个环节的3个职业群体中的满意度均是最高的，法官是最低的。在是否办理过此类案件的类别中，在3个环节中，未办理过此类案件的被调查者虽然在满意度上高于办理过此类案件的，但是二者仅有微小差别。

为了进一步分析在强制医疗执行程序的第三个环节"执行解除"中检察监督效果的影响因素，本研究设计了11个影响因素，分别为"能否有效地查阅解除强制医疗的相关法律文书""能否有效地查阅解除强制医疗的医疗文书、诊断评估报告""与强制医疗机构工作人员的谈话情况""与被强制医疗人及其法定代理人、近亲属的谈话情况""与被害人及其法定代理人、近亲属的谈话情况""对于已不具有人身危险性，不需要继续强制医疗的被强制医疗人，强制医疗机构是否依法及时提出解除意见，报送作出强制医疗决定的人民法院""检察机关是否被赋予解除强制医疗的启动权""能否参加且有效监督人民法院强制医疗解除审理程序及其决定""检察机关不服解除决定或不解除决定是否可以抗诉""被强制医疗人、法定代理人及其近亲属提出解除申请，强制医疗机构提出解除意见，人民法院不进行审查的，是否可以向检察机关申诉，由检察机关依法开展监督""其他应当检察的内容"。

通过相关性分析发现，具有统计学意义的条目共有4个，均呈正相关，分别为"检察机关是否被赋予解除强制医疗的启动权""检察机关不服解除决定或不解除决定是否可以抗诉""能否有效地查阅解除强制医疗的医疗文书、诊断评估报告""对于已不具有人身危险性，不需要继续强制医疗的被强制医疗人，强制医疗机构是否依法及时提出解除意见，报送作出强制医疗决定的人民法院"。（详见表5－29）

表5－29　"执行解除"检察监督效果与影响因素的相关性分析

影响因素	相关系数	Sig.（双侧）
检察机关是否被赋予解除强制医疗的启动权	0.79*	0.012
检察机关不服解除决定或不解除决定是否可以抗诉	0.71**	0.049

续表

影响因素	相关系数	Sig.(双侧)
能否有效地查阅解除强制医疗的医疗文书、诊断评估报告	0.65**	0.013
对于已不具有人身危险性,不需要继续强制医疗的被强制医疗人,强制医疗机构是否依法及时提出解除意见,报送作出强制医疗决定的人民法院	0.60**	0.012

注:*表示在10%的水平上显著,**表示在5%的水平上显著,***表示在1%的水平上显著。

通过PLS分析发现,具有统计学意义的条目共有4个,分别为"检察机关是否被赋予解除强制医疗的启动权""检察机关不服解除决定或不解除决定是否可以抗诉""能否有效地查阅解除强制医疗的医疗文书、诊断评估报告""对于已不具有人身危险性,不需要继续强制医疗的被强制医疗人,强制医疗机构是否依法及时提出解除意见,报送作出强制医疗决定的人民法院"。(详见表5-30)

表5-30 "执行解除"检察监督效果的影响因素的PLS分析

影响因素	Vip值
检察机关是否被赋予解除强制医疗的启动权	1.748
检察机关不服解除决定或不解除决定是否可以抗诉	1.567
能否有效地查阅解除强制医疗的医疗文书、诊断评估报告	1.474
对于已不具有人身危险性,不需要继续强制医疗的被强制医疗人,强制医疗机构是否依法及时提出解除意见,报送作出强制医疗决定的人民法院	1.128

注:Vip值越大说明自变量对因变量的解释力度越强。

综合分析可知,这4个影响因素在相关性分析和PLS分析中均具有统计学意义,所以在刑事强制医疗执行制度第三个环节"执行解除"的检察监督效果中应当对这4个影响因素予以重点研判和分析。

六、解除强制医疗程序的适用情况

《刑事诉讼法》关于刑事强制医疗执行的两个条文中,其中之一是解除强制医疗程序,法律依据是《刑事诉讼法》第306条第1款规定:"……对于已不具有人身危险性,不需要继续强制医疗的,应当及时提出解除意见,报决定强制医疗的人民法院批准。"司法解释依据是2012年和2021年《刑诉法解释》。《刑诉法解释》第二十六章"依法不负刑事责任的精神病人的强制医疗程序"从第645条至第648条共计四条较为详细地规定了解除强制医疗程序。笔者认为,解除强制医疗程序包括实体和程序双重要素,另外还包括保障刑事被解除强制医疗人权利的预设措施,所以本研究围绕这三个方面进行调查分析。

(一)解除强制医疗的实体要素情况

1. 人民法院判断刑事被强制医疗人人身危险性的依据

人民法院判断刑事被强制医疗人人身危险性的依据可能存在两种情况:一是完全以强制医疗机构出具的诊断评估报告为依据;二是依据各种可能影响刑事被强制医疗人的人身危险性因素来裁量。经统计发现,82.8%的被调查者赞同"依据各种可能影响被强制医疗人的人身危险性因素来裁量",这明显高于"完全以强制医疗机构出具的诊断评估报告为依据"的被选情况。通过纵向比较可知,在职业类别上,三个职业群体中赞同"依据各种可能影响被强制医疗人的人身危险性因素来裁量"的被调查者比例由高到低依次是检察官、律师、法官,其中法官的占比为76.4%,低于82.8%的平均比例,这意味着法官中选择"完全以强制医疗机构出具的诊断评估报告为依据"的占比最高,调查数据显示比例为23.6%。在是否办理过此类案件的类别中,办理过此类案件的被调查者中赞同"依据各种可能影响被强制医疗人的人身危险性因素来裁量"的比例高于未办理过的,高出5.8%。(详见表5-31)

表5-31　在刑事强制医疗解除程序中人民法院判断被强制医疗人的人身危险性的依据

选项		完全以强制医疗机构出具的诊断评估报告为依据		依据各种可能影响被强制医疗人的人身危险性因素来裁量	
		份数(份)	比例(%)	份数(份)	比例(%)
职业类别	法官	47	23.6	152	76.4
	检察官	13	9.8	120	90.2
	律师	27	15.6	146	84.4
是否办理过此类案件	办理过	62	15.9	328	84.1
	未办理过	25	21.7	90	78.3
合计		87	17.2	418	82.2

由此可见,被调查者在刑事强制医疗解除程序中人民法院判断被强制医疗人的人身危险性的依据上更倾向于"依据各种可能影响被强制医疗人的人身危险性因素来裁量",不可忽视的是调查也显示法官在3个职业群体中赞同此选项的比例最低,而检察官的选择比例却明显高于法官。

2. 诊断评估报告对法官是否作出解除强制医疗决定的影响度

在刑事强制医疗解除程序中，需要由法官对被强制医疗人的人身危险性进行判断，前述调查结果显示，被调查者在判断刑事被强制医疗人人身危险性方面倾向于综合考虑各种因素，其中，诊断评估报告是必不可少的，这是法官作出裁决时必须考虑的实体要素，那么诊断评估报告对法官是否作出解除强制医疗决定的影响度如何呢？本研究设计了 4 个等级，从高到低依次是“根本作用”“主要作用”“次要作用”“无影响”。

经统计发现，被调查者中有 71.1% 选择主要作用，选择根本作用的占比为 19.0%，这与前述调查中被调查者在判断被强制医疗人人身危险性方面倾向于综合考虑各种因素的调查结果形成印证。通过纵向对比分析发现，在职业类别中，3 个职业群体中，选择“主要作用”的占比由高到低依次是检察官、律师、法官，其中，法官占比最低，比例为 65.3%，低于 71.1% 的平均比例；不过 3 个群体中选择“根本作用”的占比最高的是法官，比例为 23.6%，高于 19.0% 的平均比例。在是否办理过此类案件的类别中，未办理过此类案件的被调查者中选择“主要作用”的比例高于办理过的，高出的比例为 3.6%，办理过此类案件的被调查者中选择“根本作用”的比例高于未办理过的，高出的比例为 3.1%。（详见表 5－32）

表 5－32 诊断评估报告对法官是否作出解除强制医疗决定的影响度

选项		根本作用		主要作用		次要作用		无影响	
		份数（份）	比例（%）	份数（份）	比例（%）	份数（份）	比例（%）	份数（份）	比例（%）
职业类别	法官	47	23.6	130	65.3	21	10.6	1	0.5
	检察官	18	13.5	102	76.7	12	9.0	1	0.8
	律师	31	17.9	127	73.4	14	8.1	1	0.6
是否办理过此类案件	办理过	77	19.7	274	70.3	38	9.7	1	0.3
	未办理过	19	16.6	85	73.9	9	7.8	2	1.7
合计		96	19.0	359	71.1	47	9.3	3	0.6

综合而言，几乎所有的被调查者赞同诊断评估报告是法官是否作出解除强制医疗决定的影响因素，在影响度上，少部分的被调查者强调诊断评估报告发挥着根本作用，大部分的被调查者倾向于主要作用，也就是除了诊断评估报告之外，其他的因素同样需要考虑。

3. 解除强制医疗审理中代理人情况

(1)解除强制医疗决定书中代理人情况

通过对解除强制医疗决定书中代理人情况进行统计发现,有59.43%的案件中未涉及代理人。在其余的案件中,虽然有代理人,但代理人类型多样,包括"法定代理人""诉讼代理人""委托代理人""委托诉讼代理人""指定代理人""指定诉讼代理人""法定代理人、诉讼代理人""法定代理人、委托代理人""法定代理人、指定代理人""法定代理人、指定诉讼代理人"共计10类,其中"法定代理人"占比最高,为16.83%,其次是"法定代理人、诉讼代理人",为7.06%。(详见表5-33)

表5-33 解除强制医疗决定书中代理人情况

代理人类别	份数(份)	比例(%)
法定代理人	124	16.83
诉讼代理人	41	5.56
委托代理人	9	1.22
委托诉讼代理人	4	0.54
指定代理人	4	0.54
指定诉讼代理人	18	2.44
法定代理人、诉讼代理人	52	7.06
法定代理人、委托代理人	5	0.68
法定代理人、指定代理人	13	1.76
法定代理人、指定诉讼代理人	29	3.94
无	438	59.43
合计	737	100.00

可见,根据解除强制医疗决定书,在解除强制医疗审理中,在较多案件中被强制医疗人没有任何类型的代理人,这在刑事被强制医疗人诉讼能力尚不明确的情况下,对他们权利的保障力度明显偏弱。当然,在近亲属作为申请人时,刑事被强制医疗人权利在保障程度上尚可增强。在既有申请人,又有其他类型代理人的情况下,刑事被强制医疗人权利保障程度可以得到进一步的增强。

(2)继续强制医疗决定书中代理人情况

通过对继续强制医疗决定书中代理人情况进行统计发现,有48.37%的案件中未涉及代理人。与解除强制医疗案件情况相似,在其余的案件中,虽然有代理人,但代理人类型多样,包括"法定代理人""诉讼代理人""委托代理人""指定代理人""指定诉讼代理人""法定代理人、指定诉讼代理人""法定代理人、诉讼代理人""法定代理人、指定代理人""法定代理人、指定委托代理人"共计九类，其中"法定代理人、诉讼代理人"占比最高，为14.75%，其次是"法定代理人"，为13.88%（详见表5－34）。与解除强制医疗案件中的代理人情况不同的是，在这类案件中没有"委托诉讼代理人""法定代理人、委托代理人"这两种类型，有"法定代理人、指定委托代理人"这一类型。

表5－34 继续强制医疗决定书中代理人情况

代理人类别	份数（份）	比例（%）
法定代理人	64	13.88
诉讼代理人	23	4.99
委托代理人	5	1.09
指定代理人	5	1.09
指定诉讼代理人	25	5.42
法定代理人、指定诉讼代理人	31	6.73
法定代理人、诉讼代理人	68	14.75
法定代理人、指定代理人	15	3.25
法定代理人、指定委托代理人	2	0.43
无	223	48.37
合计	461	100.00

但从比例上看，解除强制医疗决定书中未涉及代理人的占比明显高于继续强制医疗决定书，解除强制医疗决定书中"法定代理人"的占比略高于后者，解除强制医疗决定书中"法定代理人、诉讼代理人"的占比稍低于后者。

两类决定书中关于代理人的统计情况，反映出以下特点：一是从代理人的整体占比看，在解除强制医疗审理中刑事被强制医疗人的代理人缺项较多，接近一半，甚至一半以上。二是从法律依据看，《刑事诉讼法》及相关司法解释并没有在解除强制医疗程序中明确规定代理人事宜，不过既然《刑事诉讼法》总则的规定同样可以适用于特别程序，那么代理人制度可以适用于解除强制医疗程序。三是从用语的使用看，根据《刑事诉讼法》第108条的规定，法定代理人是指"被代理人的父母、养父母、监护人和负有保护责任的机关、团体的代表"。关于委托代理人和委托诉讼代理人则可以参照《民事诉讼法》第61条的规定，二者同义，"律师、基层法律服务工作者；当事人的近亲属或者工作人员；当事人所在社区、单位以及有关社会团体推荐的公民"都可以作为代理人。指定代理人、指定诉讼代理人、指定委托代理人则通常是在相关类型代理人无法确定或有争议的时候，由法院来指定。

(二)解除强制医疗的程序要素情况

1. 解除强制医疗程序的启动主体情况

根据《刑事诉讼法》及相关司法解释的规定,启动解除强制医疗程序的主体包括两类,即强制医疗机构、刑事被强制医疗人及其近亲属,前者是采取提出解除强制医疗意见的方式,后者是采取提交申请的方式。

通过对两类决定书进行统计可以发现,在解除强制医疗决定书中启动主体呈现的形式包括五类,即“近亲属”“强制医疗机构”“被强制医疗人”“近亲属、强制医疗机构”“被强制医疗人及近亲属”,所占比例依次递减,占比最高的是近亲属作为启动主体,为69.20%,其次是强制医疗机构,为23.07%(详见图5-13),其他各种形式所占比例非常小。在继续强制医疗决定书中启动主体呈现的形式包括三类,即“近亲属”“强制医疗机构”“被强制医疗人”,所占比例依次递减。

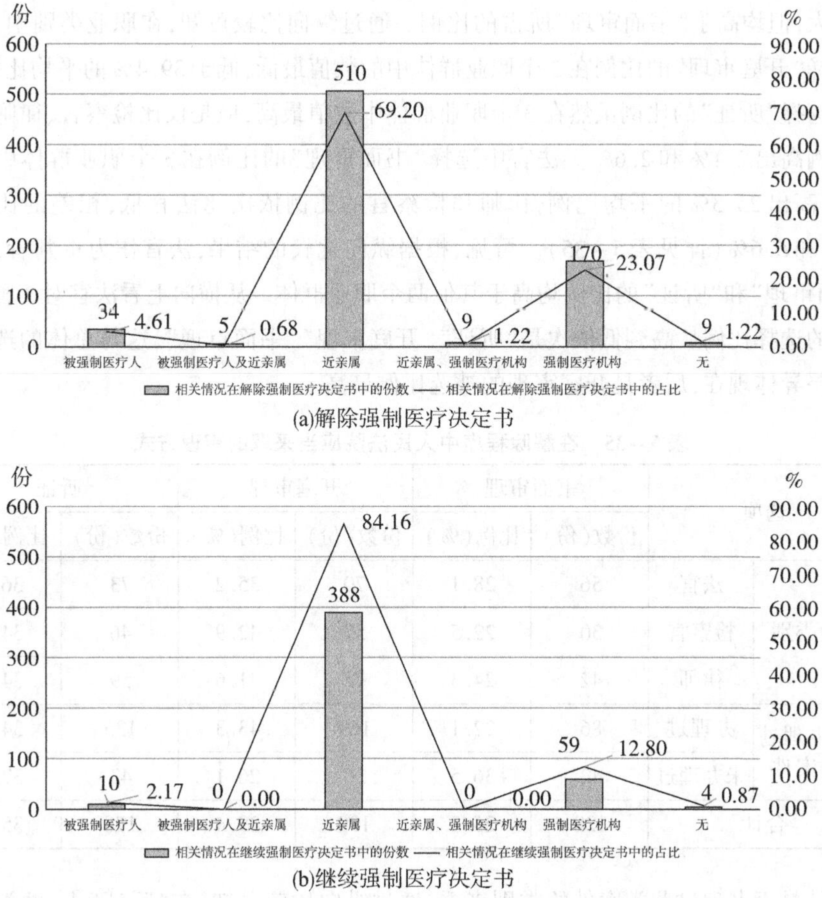

图5-13　解除强制医疗程序的启动主体情况

通过对比两类决定书可知,继续强制医疗决定书的启动主体的形式相对简单,尤其明显的是后者中近亲属作为启动主体所占的比例明显高于解除强制医疗决定书,继续强制医疗决定书中强制医疗机构作为启动主体的比例明显低于解除强制医疗决定书,总体来看刑事被强制医疗人作为申请人在两类决定书中所占的比例相差不大,不过在各自决定书中所占比例非常小。因此,两类决定书中启动主体情况的差异性与目的是解除强制医疗还是继续强制医疗在一定程度上具有相关性。

2. 在解除强制医疗程序中人民法院应当采取的审理方式

在解除强制医疗案件的审理中,人民法院应当组成合议庭进行审查,但是并未明确具体的审理方式。本研究根据刑事诉讼法中涉及的案件审理方式,设计了"书面审理""开庭审理""听证"3 种供被调查者选择。

经统计发现,被调查者对 3 种审理方式的选择各有倾向,所占比例的偏差并不是非常大,按照占比从高到低依次是"开庭审理""听证""书面审理",前两者的比例相差不大,但均高于"书面审理"所占的比例。通过纵向比较可知,在职业类别中,法官中选择"开庭审理"的比例在 3 个职业群体中的数值最低,低于 39.4% 的平均比例;法官中选择"听证"的比例虽然在 3 个职业群体中数值最高,但是仅比检察官、律师的选择比例高出 2.1% 和 2.6%。法官中选择"书面审理"的比例在 3 个职业群体中数值最高,高出 25.3% 的平均比例,律师和检察官的比例依次比法官低,相差的比例为 3.8% 和 5.6%(详见表 5-35)。可见,根据纵向比较的结果,法官作为审判者,选择"书面审理"和"听证"的比例均高于其他两个职业群体。从横向上看法官对 3 种审理方式的选择比例从高到低依次是"听证""开庭审理""书面审理",这与总体的选择情况的差异体现在,后者是开庭审理的被选比例最高。

表 5-35 在解除程序中人民法院应当采取的审理方式

选项		书面审理		开庭审理		听证	
		份数(份)	比例(%)	份数(份)	比例(%)	份数(份)	比例(%)
职业类别	法官	56	28.1	70	35.2	73	36.6
	检察官	30	22.5	57	42.9	46	34.6
	律师	42	24.3	72	41.6	59	34.1
是否办理过此类案件	办理过	86	22.1	169	43.3	135	34.6
	未办理过	42	36.5	30	26.1	43	37.4
合计		128	25.3	199	39.4	178	35.3

从是否办理过此类案件的类别来看,通过纵向比较可知,在"听证"上,两类群体

选择的比例差别不大；在“书面审理”上，办理过此类案件的被调查者中选择此项的比例明显高于未办理过的，高出的比例为 17.2%；在“书面审理”上，未办理过此类案件的被调查者选择此项的比例明显高于办理过的，高出的比例为 14.4%。根据横向比较的结果可知，办理过此类案件的被调查者对 3 种审理方式的选择比例从高到低依次是“开庭审理”“听证”“书面审理”，而且三者之间的比例差比较明显；未办理过此类案件的被调查者对 3 种审理方式的选择比例从高到低依次是“听证”“书面审理”“开庭审理”，与办理过此类案件的被调查者选择情况的不同既体现在比例的顺序上，也体现在比例差上，“书面审理”与“听证”之间的比例差不大，不过明显高于“开庭审理”的占比。

3. 解除强制医疗程序中合议庭最合理的组成方式

解除强制医疗程序中合议庭最合理的组成方式是什么呢？本研究设计了 5 种组成方式供被调查者选择，即“合议庭成员应当由法官组成”“合议庭成员应当由法官和作为陪审员的精神病专家组成”“合议庭成员应当由法官和随机确定的陪审员组成”“合议庭成员应当由法官、作为陪审员的精神病专家及其他陪审员组成”“由人民法院根据案件情况决定合议庭的组成”。

经统计发现，5 种组成方式的被选比例之间具有明显差异。被调查者最倾向于“合议庭成员应当由法官、作为陪审员的精神病专家及其他陪审员组成”，占比为 45.4%，其次是“合议庭成员应当由法官和作为陪审员的精神病专家组成”，占比为 27.9%。可见，这两种组成方式中均有“作为陪审员的精神病专家”，概括比例为 73.3%，这两种组成方式的差别体现在组成人员中是否有其他陪审员。其他 3 种组成方式的占比比较小，尤其是“合议庭成员应当由法官组成”的被选比例仅有 5.9%（详见表 5－36）。

表 5－36　在决定是否解除强制医疗的程序中合议庭最合理的组成方式

选项		合议庭成员应当由法官组成		合议庭成员应当由法官和作为陪审员的精神病专家组成		合议庭成员应当由法官和随机确定的陪审员组成		合议庭成员应当由法官、作为陪审员的精神病专家及其他陪审员组成		由人民法院根据案件情况决定合议庭的组成	
		份数（份）	比例（%）	份数（份）	比例（%）	份数（份）	比例（%）	份数（份）	比例（%）	份数（份）	比例（%）
职业类别	法官	19	29.5	49	24.6	23	11.6	80	40.2	28	14.1
	检察官	5	3.8	42	31.6	8	6.0	70	52.6	8	6.0
	律师	6	3.4	50	28.9	25	14.5	79	45.7	13	7.5

续表

选项		合议庭成员应当由法官组成		合议庭成员应当由法官和作为陪审员的精神病专家组成		合议庭成员应当由法官和随机确定的陪审员组成		合议庭成员应当由法官、作为陪审员的精神病专家及其他陪审员组成		由人民法院根据案件情况决定合议庭的组成	
		份数（份）	比例（%）	份数（份）	比例（%）	份数（份）	比例（%）	份数（份）	比例（%）	份数（份）	比例（%）
是否办理过此类案件	办理过	25	6.4	112	28.7	38	9.7	174	44.7	41	10.5
	未办理过	5	4.3	29	25.2	18	15.7	55	44.7	8	7.0
合计		30	5.9	141	27.9	56	11.1	229	45.4	49	9.7

通过纵向比较可知，从3个群体对各个组成方式的选择情况看，3个群体中选择“合议庭成员应当由法官、作为陪审员的精神病专家及其他陪审员组成”和“合议庭成员应当由法官和作为陪审员的精神病专家组成”的比例从高到低均是检察官、律师、法官。具体可以对作为审判者的法官的选择情况予以分析。法官中选择“合议庭成员应当由法官、作为陪审员的精神病专家及其他陪审员组成”的比例在3个群体中最低，为40.2%，低于45.4%的平均比例，明显低于检察官对此项的选择比例；法官中选择“合议庭成员应当由法官和作为陪审员的精神病专家组成”的比例在3个群体中最低，为24.6%，低于27.9%的平均比例，较低于检察官对此项的选择比例。在5种组成方式中，法官中选择“合议庭成员应当由法官组成”和“由人民法院根据案件情况决定合议庭的组成”的比例均高于其他两个群体，虽然所占的比例并不高，但是通过对比分析可以在一定程度上反映出法官的主观倾向。

从是否办理过此类案件的类别来看，办理过此类案件的被调查者中选择“合议庭成员应当由法官、作为陪审员的精神病专家及其他陪审员组成”的比例略低于未办理过的，低出的比例为3.1%；办理过此类案件的被调查者中选择“合议庭成员应当由法官和作为陪审员的精神病专家组成”的比例略高于未办理过的，高出的比例为3.5%。可见从纵向比较上看，办理过和未办理过此类案件的被调查者对5种组成方式选择的比例差不大，也就是说，在此类案件合议庭的组成方式上，有经验者和没有经验者的认知非常相近。

4.解除强制医疗审理中法院会见、询问、征求意见情况

(1)解除强制医疗审理中法院会见被强制医疗人的情况

在《刑事诉讼法》及相关司法解释中,并没有关于解除强制医疗审理中法院会见刑事被强制医疗人的规定。经统计发现,在解除强制医疗决定书和继续强制医疗决定书中法院不会见刑事被强制医疗人的情况占比为较多数,分别为60.38%和70.93%,后者明显高于前者(详见图5-14)。法院会见被强制医疗人实则是由法官到强制医疗机构进行会见,显然这种会见是由法院自主决定的,不过会见的正当性、必要性尚需评判。

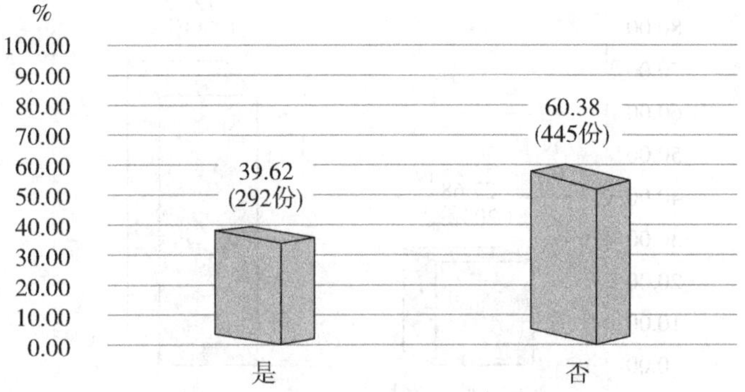

(a)解除强制医疗决定书

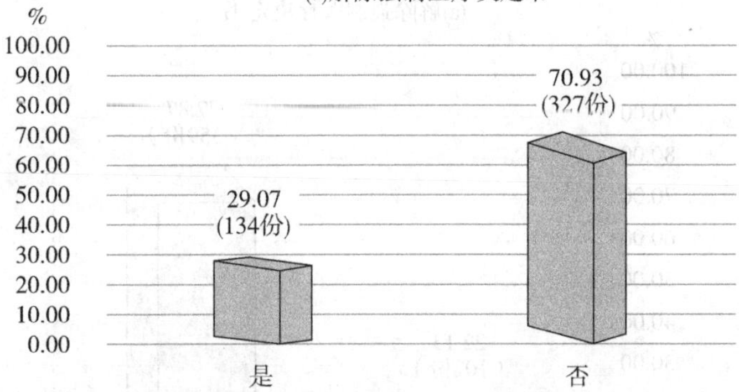

(b)继续强制医疗决定书

图5-14　解除强制医疗审理中法院是否会见被强制医疗人

(2)解除强制医疗审理中法院征求被申请人意见的情况

在解除强制医疗审理中,被申请人同时也是刑事被强制医疗人,那么法院在对解除强制医疗案件进行裁决时是否需要征求被申请人的意见。对裁判文书进行统计后发现,在两类决定书中,大部分案件未征求被申请人意见,所占比例分别为72.32%和77.87%,二者比例相差不大(详见图5-15)。《刑事诉讼法》和相关司法解释中对解

除强制医疗审理是否需要征求被申请人意见没有明确规定,具体工作由法院来决定。在解除强制医疗审理中,法院在决定是解除强制医疗还是继续强制医疗时,需要考量多种因素,正如在刑事强制医疗解除程序中人民法院判断被强制医疗人的人身危险性依据的调查中,大部分被调查者倾向于"依据各种可能影响被强制医疗人的人身危险性因素来裁量",被申请人意见应否成为法官进行裁决的考量因素,这需要进一步分析和论证。

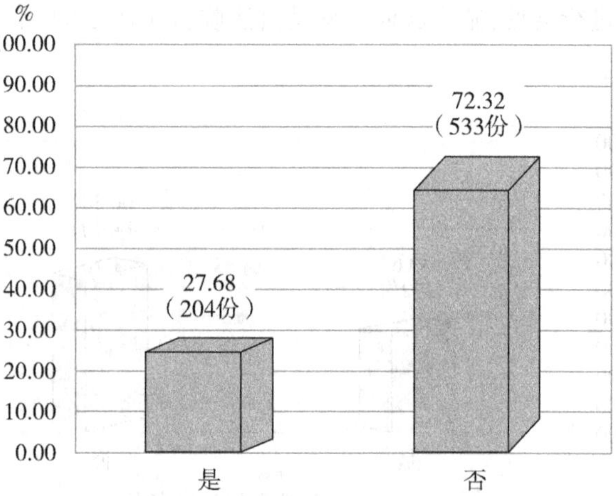

(a)解除强制医疗决定书

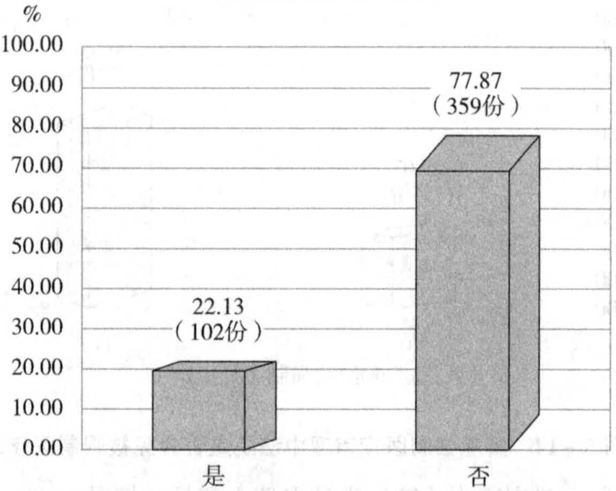

(b)继续强制医疗决定书

图-15 解除强制医疗审理中法院是否征求被申请人意见

(3)解除强制医疗审理中法院询问申请人的情况

根据《刑事诉讼法》第288条的规定,有权申请解除强制医疗的人包括刑事被强制医疗人及其近亲属。在解除强制医疗审理中法院先进行审查,然后作出决定,但是《刑事诉讼法》及相关司法解释对审查的方式并没有作出明确规定,实践中通常包括开庭审理、书面审理、听证,当刑事被强制医疗人及其近亲属作为申请人的时候,法院是否询问他们呢?

经统计发现,在两类决定书中,多数载明法院询问过申请人,不过相差比较大,在解除强制医疗决定书中占比为85.62%,在继续强制医疗决定书中占比为68.76%,前者高于后者16.93%(详见图5-16)。其实,无论法院询问申请人对裁判结果的影响度如何,申请人的意见均应当作为法院作出裁决时予以考虑的因素。显然,按照现有决定书,法院询问申请人的情况有待改进。

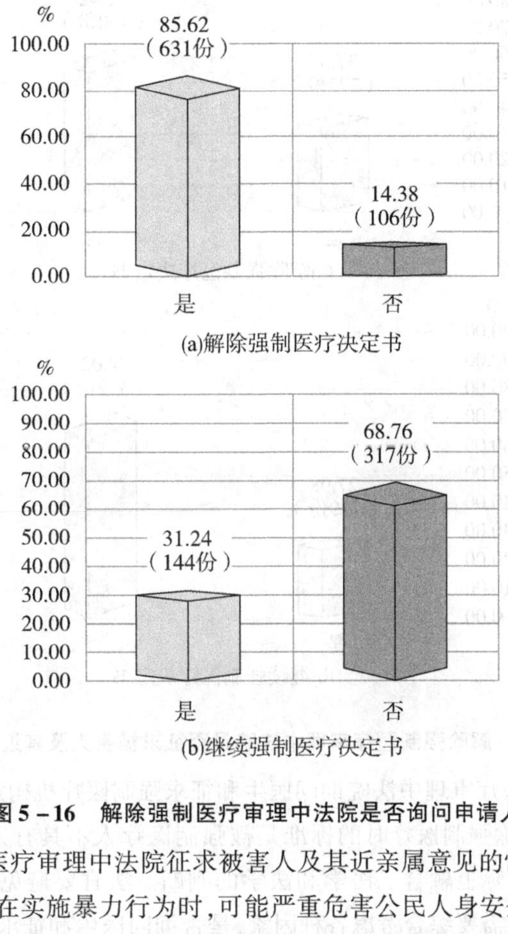

图5-16　解除强制医疗审理中法院是否询问申请人

(4)解除强制医疗审理中法院征求被害人及其近亲属意见的情况

精神障碍患者在实施暴力行为时,可能严重危害公民人身安全,于是产生了被害人。刑事强制医疗制度的设立,虽然以司法化的方式对精神障碍患者实施强制医疗,但是如何抚慰被害人及其近亲属受到的伤害,这是被强制医疗人能否顺利回归社会的重要影响因素。当法院决定解除强制医疗后,刑事被强制医疗人就将回归社会,被害人及其近亲属的意见不可忽略。

经统计发现,在两类决定书中,法院在解除强制医疗审理中未征求被害人及其近亲属意见的所占比例分别为62.42%和72.02%,尤其需要引起重视的是,在继续强制医疗决定书中征求被害人及其近亲属意见所占的比例较低于解除强制医疗决定书中的情况,低出的比例为9.6%(详见图5-17)。也就是说,虽然《刑事诉讼法》及相关司法解释对此没有明确要求,但是如果对被害人及其近亲属的意见不予考虑的话,那么对刑事被强制医疗人回归社会的质量可能会产生重要影响。

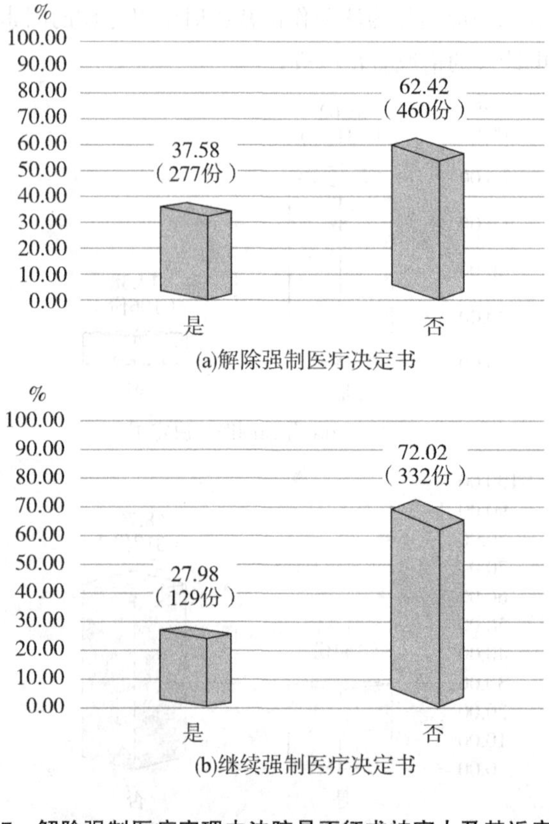

图5-17 解除强制医疗审理中法院是否征求被害人及其近亲属意见

(5)解除强制医疗审理中法院询问医生和征求强制医疗机构意见的情况

法院在决定解除强制医疗时的标准是被强制医疗人不具有人身危险性,不需要继续强制医疗,这实际上融合了医学和法学的判断。法官要避免出现以诊断评估报告为中心的问题,就需要综合考虑各种因素,是否询问医生和征求强制医疗机构的意见显得尤为必要。

经统计发现,在两类决定书中关于法院是否询问医生的情况存在明显差异。在解除强制医疗决定书中询问医生的仅占41.25%，未过半数，而继续强制医疗决定书中询问医生的占比刚过半数，比例为53.36%（详见图5－18）。强制医疗机构的医生，尤其是被强制医疗人的主治医生对他的病情和康复情况掌握得最为清楚，虽然存在定期诊断评估，启动解除强制医疗程序也需要诊断评估，但是将诊断评估与询问医生相结合有利于法官的综合判断。

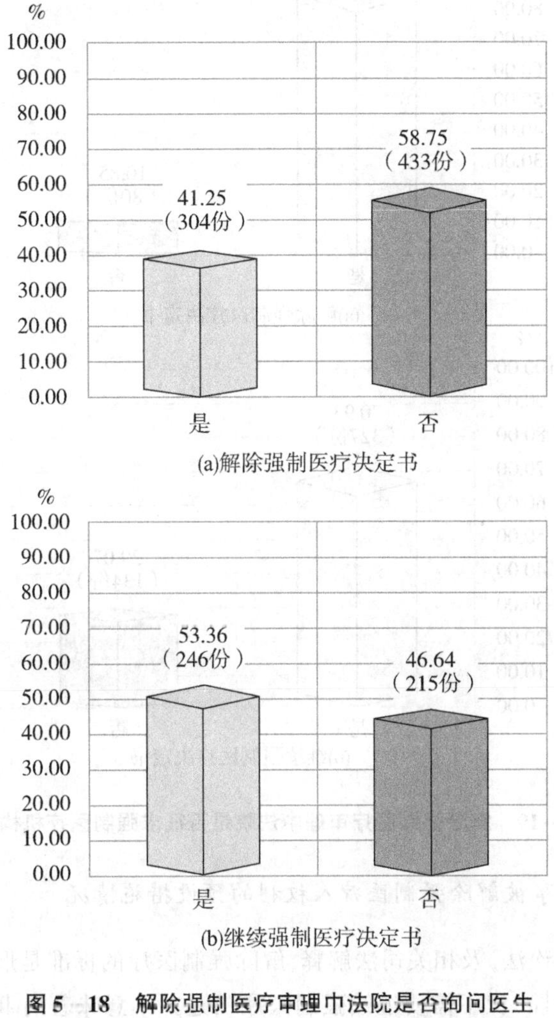

图5－18　解除强制医疗审理中法院是否询问医生

与是否询问医生的情况存在明显差异的是，在两类决定书中关于征求强制医疗机构意见的情况，经统计发现，在两类决定书中，法院征求强制医疗机构意见所占的比例分别为89.15%和70.93%，虽然后者明显低于前者，但是明显高于询问医生的情况（详见图5－19）。这说明，法院在解除强制医疗审理中重视强制医疗机构的意见，与询问医生的情况相结合来看，可能存在4种情形：一是法院既征求强制医疗机构意见，也询问医生；二是法院只征求强制医疗机构意见，未询问医生；三是法院未征求强制医疗机构意见，但询问医生；四是法院既未征求强制医疗机构意见，也未询问医生。

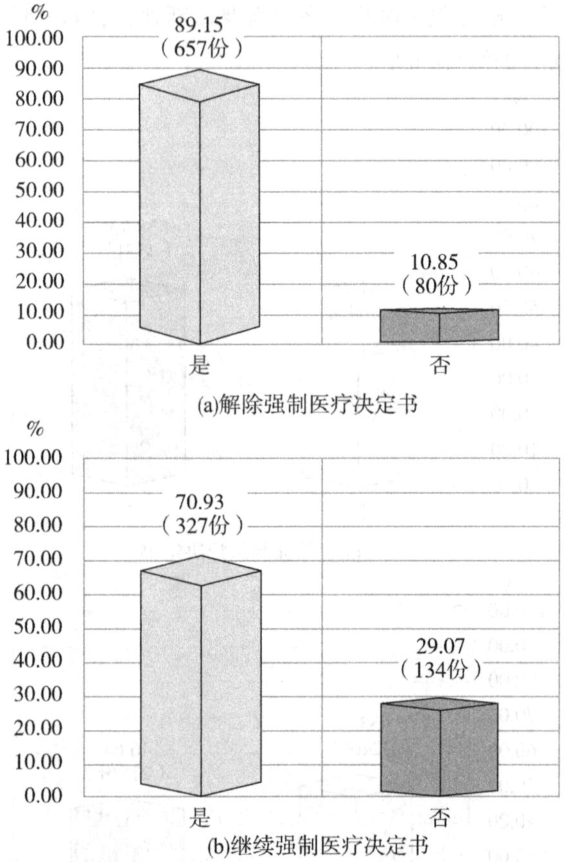

图5－19　解除强制医疗审理中法院是否征求强制医疗机构意见

（三）保障刑事被解除强制医疗人权利的预设措施情况

根据《刑事诉讼法》及相关司法解释，解除强制医疗的标准是刑事被强制医疗人“不具有人身危险性”，“不需要继续强制医疗”，这并不意味着刑事被强制医疗人完全康复，只是在法律层面上刑事被强制医疗人不需要在强制医疗机构接受治疗和监管。不容忽视的是，刑事被强制医疗人接受强制医疗的时间非常长，他们与社会之间形成长时间的隔绝，于是他们如何回归社会就是一道不可回避的难题。换言之，刑事被强制医疗人在解除强制医疗后，不但需要接受看管和继续接受治疗，而且需要达到有效回归社会的状态。

1. 刑事被强制医疗人接受强制医疗的期限情况

（1）刑事被强制医疗人接受强制医疗期限的总体情况

在我国强制医疗决定中并没有规定具体的治疗期限，而是由法官综合各种因素，判断被强制医疗人是否具有人身危险性，是否需要继续强制医疗，这就意味着强制医疗的期限直至解除强制医疗时才可以确定。本研究对两类决定书中记载的强制医疗决定时间和解除/继续强制医疗决定时间进行了数值计算，统计了决定书中的最大值、最小值和平均数。具体来看，在 737 份解除强制医疗决定书中，被强制医疗人接受强制医疗的期限最大值为 1932 天，合为 5.29 年，最小值为 125 天，合为 0.34 年，平均数为 789.64 天，合为 2.16 年。根据 461 份继续强制医疗决定书，从强制医疗决定至继续强制医疗决定的时间间隔最大值为 2778 天，合为 7.61 年，这个值高于解除强制医疗决定书中的情况，最小值为 112 天，合为 0.31 年，略微低于解除强制医疗决定书中的情况，平均数为 694.81 天，合为 1.90 年，略低于解除强制医疗决定书中的情况（详见表 5－37）。虽然根据继续强制医疗决定书统计出来的时间间隔数值并非强制医疗期限，但是也反映出强制医疗的部分期限。总体来看，无论是强制医疗决定至解除强制医疗决定的时间间隔数值，还是强制医疗决定至继续强制医疗决定的时间间隔数值，平均数都基本是 2 年。

表 5－37 强制医疗决定至解除/继续强制医疗决定的时间间隔数值

类别	最大值		最小值		平均数	
	天数	年数	天数	年数	天数	年数
强制医疗决定至解除强制医疗决定的时间间隔数值	1932	5.29	125	0.34	789.64	2.16
强制医疗决定至继续强制医疗决定的时间间隔数值	2778	7.61	112	0.31	694.81	1.90

（2）刑事被强制医疗人接受强制医疗期限的分段情况

本研究按照“半年”“半年至一年”“一年至一年半”“一年半至两年”“两年至两年半”“两年半至三年”“三年以上”的标准，将决定书中的期限进行分段统计，在强制医疗决定至解除强制医疗决定的时间间隔中，出现频次最高的是“两年至两年半”共计 172 次，其次是“两年半至三年”共计 164 次，二者次数略有差别，最低的是“半年”共计 3 次。在强制医疗决定至继续强制医疗决定的时间间隔中，出现频次最高的是“一年半至两年”共计 123 次，其次是“一年至一年半”共计 109 次，二者次数略有差距，最低的是“半年”共计 18 次（详见图 5－20）。可见，在强制医疗决定至解除强制医疗决定的时间间隔中居于前两位的期限略微长于强制医疗决定至继续强制医疗决定的时间间隔中的情况。通过分段统计,可以进一步发现,大部分强制医疗期限在“两年至两年半”以上。如果从继续强制医疗决定书中所反映的期限来看,最终的强制医疗期限显然会高于现有的数值。

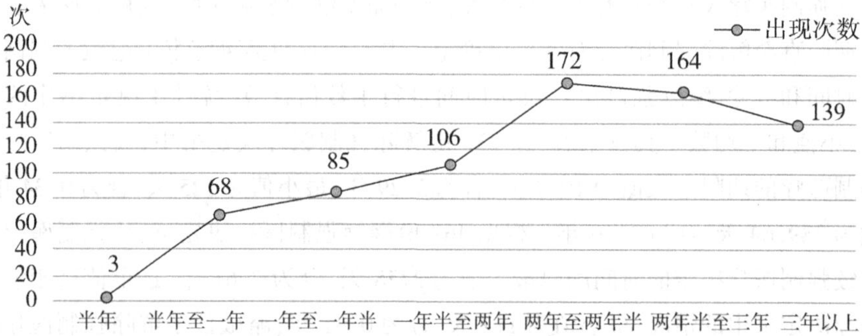

(a)解除强制医疗决定书

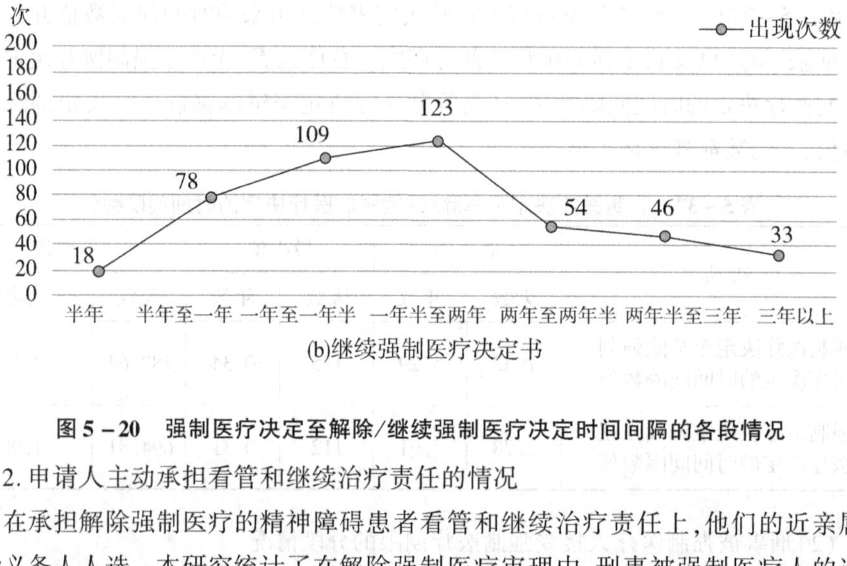

(b)继续强制医疗决定书

图 5－20　强制医疗决定至解除/继续强制医疗决定时间间隔的各段情况

2. 申请人主动承担看管和继续治疗责任的情况

在承担解除强制医疗的精神障碍患者看管和继续治疗责任上,他们的近亲属就成为义务人人选。本研究统计了在解除强制医疗审理中,刑事被强制医疗人的近亲属主动承担看管和继续治疗责任的情况。经统计发现,在两类决定书中,刑事被强制医疗人的近亲属愿意承担看管和继续治疗责任所占的比例分别为60.24%和24.95%(详见图5－21),两个比例之间存在明显的差异性,这可能会成为法官决定是否解除强制医疗时的考量因素。不过,从解除强制医疗决定书的情况看,刑事被强制医疗人的近亲属愿意承担看管和继续治疗责任所占的比例比较高,也就意味着还有39.76%的案件中存在近亲属被动承担看管和继续治疗责任的情况。

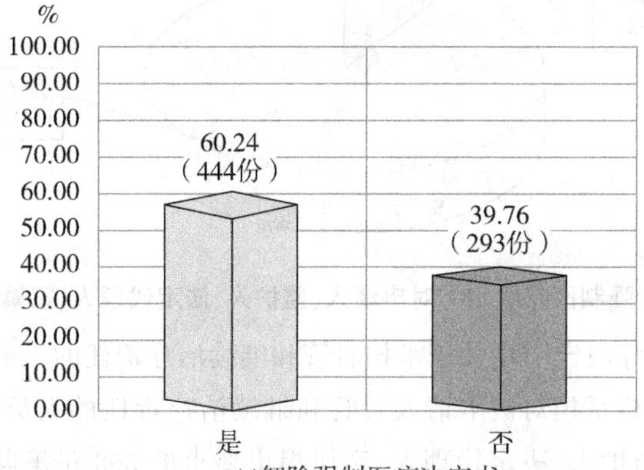

(a)解除强制医疗决定书

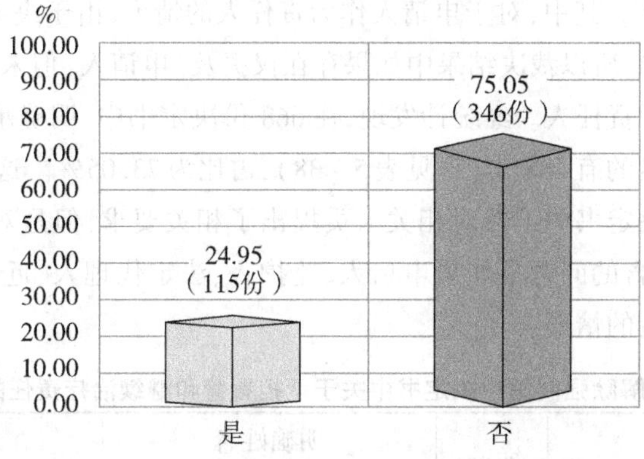

(b)继续强制医疗决定书

图 5－21　被强制医疗人的近亲属作为申请人是否愿意承担看管和继续治疗责任

3. 解除强制医疗决定书中关于看管和继续治疗的规定情况

申请人愿意承担看管和继续治疗责任固然有助于刑事被强制医疗人的社会回归，但是如果没有裁判文书作为依据，那么其中的保障性就大打折扣。当然，申请人固然可以作为责任人，但他们并不是唯一人选，法院会根据被申请人的具体情况，另行确定责任人，根据裁判文书，“监护人”“法定代理人”“家属”也是责任人的人选。经统计发现，在解除强制医疗决定书中，对申请人、监护人、法定代理人、亲属提出要求的占比为 90.64%，要求的内容为承担看管和继续治疗责任，这个比例虽然不低，但是仍有 9.36% 的决定书中未涉及解除强制医疗后看管和继续治疗的事宜。（详见图 5－22）

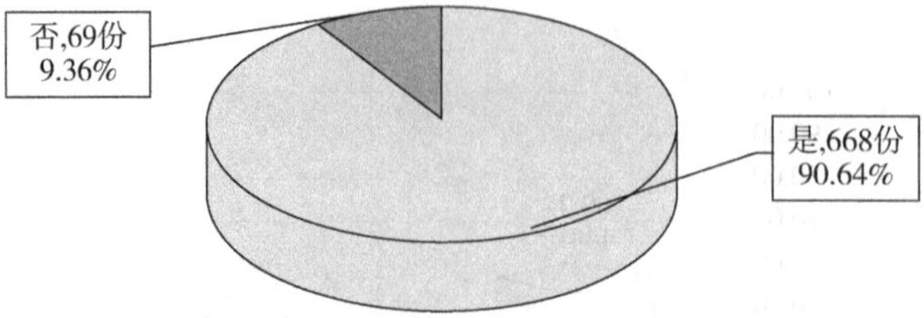

图 5-22 解除强制医疗决定书对申请人、监护人、法定代理人、家属是否提出要求

4.解除强制医疗决定书中关于承担看管和继续治疗责任的人员情况

为了进一步分析承担对被申请人看管和继续治疗责任的人员的具体情况,本研究对于对申请人、监护人、法定代理人、亲属提出要求的668份解除强制医疗决定书做了进一步的统计。其中,对于申请人作为责任人的情形,由于决定书在开头部分已经写明申请人姓名,所以裁决结果中如果存在仅提及“申请人”但未写明姓名的情形,也视为已经明确了责任人。经统计发现,在668份决定书中,明确承担看管和继续治疗责任的人员姓名的有488份(详见表5-38),占比为73.05%。这说明还有26.95%的解除强制医疗决定书中虽然对相关人员提出了相关要求,但是对具体人员是谁则没有明确指明,隐含的问题是如果申请人、监护人、法定代理人、近亲属不只一人,可能出现推诿或争抢的情形。

表 5-38 解除强制医疗决定书中关于承担看管和继续治疗责任的人员情况

类别	份数	明确姓名		未明确姓名	
		份数	比例(%)	份数	比例(%)
申请人	299	299	100.00	0	0.00
家属/亲属	178	49	27.53	129	72.47
法定监护人	74	45	60.81	29	39.19
法定代理人	84	72	85.71	12	14.29
监护人及家属	10	2	20.00	8	80.00
申请人及家属	5	5	100.00	0	0.00
申请人及法定代理人	4	4	100.00	0	0.00
申请人及监护人	2	2	100.00	0	0.00
家属或有关部门	2	0	0.00	2	100.00
法定代理人及其他家属	10	10	100.00	0.00	0.00
合计	668	488	73.05	180	26.95

具体来看,488 份明确责任人姓名的解除强制医疗决定书中承担看管和继续治疗责任的人员类型包括“申请人”“家属/亲属”“法定监护人”“法定代理人”“ 监护人及家属”“申请人及家属”“申请人及法定代理人”“申请人及监护人”“家属或有关部门”“法定代理人及其他家属”,共计 10 种,具体情况如下:

一是写有“申请人”字样的份数是 299 份,在所有写有责任人的决定书中占比为 44.76%,而且这些“申请人”实则已经明确到具体人。虽然享有申请解除强制医疗权的是被强制医疗人及其近亲属,但是承担看管和继续治疗责任的人员并不包括被强制医疗人本人,而是指被强制医疗人的近亲属,即刑事诉讼法上的夫、妻、父、母、子、女、同胞兄弟姊妹。

二是写有“家属/亲属”字样的份数有 178 份,在所有写有责任人的决定书中占比为 26.65%,明确人员姓名的份数为 49 份,在此类决定书中的占比为 27.53%。这反映出此类决定书不但在具体人员上不够明确,而且决定书中所采用的“家属/亲属”字样,并非法律术语。家属或亲属的范围要广于近亲属,也就是说,决定书虽然写有“家属/亲属”,但如果不写明具体的人员姓名,会存在责任人不明确的问题。当然,在这类决定书中,还有一种情形是只写明“父亲”“母亲”“父母”“子女”,却未写明姓名,对于这种情形理论上也可以明确具体责任人,但是如果“子女”是多人,同样存在推诿的可能。

三是决定书中写有“法定监护人”“法定代理人”的情况。关于法定监护人,根据《民法典》第 28 条的规定,包括配偶;父母、子女;其他近亲属;其他愿意担任监护人的个人或者组织,但是须经被监护人住所地的居民委员会、村民委员会或者民政部门同意。这既是法定监护人的范围,也是监护顺序。指定监护则是在法定监护人的范围内进行指定。决定书中存在“监护人”和“法定监护人”两种用法,单从承担看管和继续治疗责任上看,无论使用哪种用语,具体的责任人都应当属于法律所规定的监护人范围,而且需要有明确的姓名。在所统计的写有“法定监护人承担看管和继续治疗责任”的决定书中,明确法定监护人姓名的决定书所占的比例为 60.81%,在写有“法定监护人”这类责任人的决定书中的占比并不是非常高。关于法定代理人,根据《刑事诉讼法》的规定,包括被代理人的父母、养父母、监护人和负有保护责任的机关、团体的代表。可见,监护人属于法定代理人范畴。在所统计的写有“法定代理人承担看管和继续治疗责任”的决定书中,明确法定代理人姓名的决定书所占比例为 85.71%,在写有“法定代理人”这类责任人的决定书中的占比比较高。

四是其他类别的责任人,其是前三类人员的不同组合,共有 6 种组合类型。总体来看,其他类别的写有责任人姓名的决定书在所有写有责任人姓名的决定书中所占比例非常低,仅为 4.71%。如果从写有其他类别责任人的决定书来看,有明确的责任人姓名的决定书在其中所占的比例为 69.70%。通过比较前三类人员和其他类别可知,前者的责任人是一人以上,而后者的责任人是二人以上。不过,比较特殊的是写有“家属或有关部门”的这类决定书,其特殊之处不但在于人数上可能是一人以上,而且在于增加了“有关部门”,并采用“或”的用词,这就进一步增加了责任人的不确定性。

第三节 刑事强制医疗执行制度运行中的问题及原因分析

调查问卷和裁判文书所得到的量化结果反映出刑事强制医疗执行制度在6个维度上所呈现的运行状况,无论这些状况是优还是劣,均需要进行深入的研判,尤其是要对制度运行中存在的问题及原因进行系统且深入的分析。具体而言,本研究仍围绕运行状况的6个维度进行研究。

一、刑事强制医疗执行制度的功能未实现有效耦合

(一)刑事强制医疗执行制度的功能初衷

1. 刑事强制医疗执行制度的功能溯源

除了精神障碍对自然人个体产生困扰外,精神障碍患者作为社会人,也使他人产生担忧,严重肇事肇祸精神障碍患者最为典型,以至于其成为一种严重的社会问题,所以出于对社会秩序的维持和人权的保障,采取强制医疗的方式就成为近现代国家的一项基本选择。当然,在法治国家,实施强制医疗是通过制定法律来实现限制人身自由的合法化。从社会学上功能主义的观点来看,法国社会学家迪尔凯姆提出:“社会强制既然是由个人心悦诚服地产生出来的,要使个人服从这种强制,自然不必要机械地压迫个人,只要利用人类自然的服从心和人类自然的弱点就足够了。”①在刑事强制医疗制度中,所谓的“个人心悦诚服”采取的是法律推定,并通过程序化的设计,确保这种推定的真实。美国社会学家J. C. 亚历山大力图超越以迪尔凯姆为代表的社会功能主义,提出新功能主义:“如果我们把行动界定为一个人在时间和空间内的活动,那么我们就可以看到,不管是反制度和独立的行动,还是服从和依赖性的行动都包含了一个自由意志,或者说能动性的层面。”②可见,即便在新功能主义理论中,强制之中

---

① [法]埃米尔·迪尔凯姆:《社会学方法的规则》(第2版),胡伟译,华夏出版社1999年版,第100页。

② [美]J. C. 亚历山大:《新功能主义及其后》,彭牧、史建华、杨渝东译,译林出版社2003年版,第265页。

仍不能忽略个体的“自由意志”或“能动性”，这就涉及强制医疗在实现其功能的时候，是否需要考虑刑事被强制医疗人意思自由的问题。

2. 刑事强制医疗执行制度的具体功能

刑事强制医疗执行制度的具体功能体现为治疗和监管，也就是通过限制人身自由实现刑事被强制医疗人的精神健康权。监管是为了避免被强制医疗人继续肇事肇祸，也是为了保障治疗效果的实现；对于治疗而言，所面对的患者应当是“真患者”，精神障碍患者与其他疾病患者不同之处在于这类患者难以通过现代仪器来进行诊断，更多的是采用量表或行为表现来进行分析，所以应当避免的是“假患者”的产生，典型的当属“假精神病”和“被精神病”现象，发生在刑事强制医疗中的“假精神病”实则是逃避刑事责任，“被精神病”存在被动性，当事人的人权更容易受到侵犯。

其实，在2012年《刑事诉讼法》和《精神卫生法》颁布之前，“被精神病”现象曾引起人们激烈的讨论，例如2011年曾被广泛关注的五位“被精神病者”彭某泉、徐某、陈某明、高某喜、周某德，联名致信全国人大常委会法工委，提出应对非自愿住院患者提供司法保护。其中涉及的上访者“被精神病”现象“昭示了政府服务理念和角色的不适应，行政权力的监督无力以及精神卫生统一立法的滞后”①。还有的研究者从民事诉讼程序角度就防止“被精神病”提出改革建议。② 针对“被精神病”这一社会问题和当时立法的不完善，立法机关于2013年实施了《刑事诉讼法》和《精神卫生法》，力图在功能上构建“被精神病”现象的两道防线。

（二）非自愿承诺在防止当事人“被精神病”方面运用效果有限

1. 防止当事人“被精神病”方面整体设计的合理性不强

2012年《刑事诉讼法》和《精神卫生法》实施后，无论是刑事方面还是非刑事方面对于强制医疗都有了明确的法律依据，不过仅是刑事强制医疗才有司法程序保障，有的研究者就此指出，“这种两极化的程序待遇并不存在站得住脚的理由。未来应参考国际标准改革我国非刑精神病强制医疗制度”③。其实，从防止当事人“被精神病”现象来看，可以实行双轨制，但是应当从程序上避免两极化。具体到刑事强制医疗，在审前程序和审判程序中，对当事人是否属于不负刑事责任的精神障碍患者需要经法定鉴定程序，不过应当避免鉴定中心主义的产生，我国在实施刑事强制医疗司法化

---

① 房清侠：《上访者“被精神病”现象的法社会学思考》，载《河北法学》2011年第1期，第84页。

② 张学军：《“被精神病”民事诉讼程序保障研究》，载《社会科学战线》2012年第9期，第190页。

③ 魏晓娜：《从“被精神病”再现看我国非刑强制医疗制度之疏失》，载《国家检察官学院学报》2015年第4期，第126页。

后,不断加强检察监督。2018 年最高人民检察院印发《人民检察院强制医疗决定程序监督工作规定》,坚决防止和纠正犯罪嫌疑人"假冒精神病人"逃脱法律制裁和普通人"被精神病"而错误强制医疗。通常而言,患者到医疗机构就诊享有知情同意权,也就是是否就诊和接受何种诊疗需要基于患者的自愿承诺,特别是特殊的治疗还需要签订知情同意书。承诺生效后,医疗机构和医护人员实施的医疗行为在法律的范围内就具有了正当性。

2. 非自愿承诺在刑事强制医疗审判阶段的体现模糊

在刑事强制医疗中,精神障碍患者在正式接受医疗前,需要经过专门设置的审判程序,这是此种医疗的强制属性使然,这时非自愿承诺就成为一种必然内容,但是精神障碍患者并非客体,所以如何确保非自愿承诺的正当性就成为法律上不可忽略的问题。对于"被精神病"的当事人来说,承诺自然是非自愿性的,但是精神障碍患者的话语谁能够相信呢?人们通常将防止"被精神病"现象的功能寄托于审判阶段,对法官来说,在决定当事人是否有必要作出承诺时,必须权衡对个人的潜在损害,包括剥夺宪法权利,以及国家在为个人提供待遇并防止将来对个人和社会造成损害方面的利益。美国研究者提出的标准是"在符合以下条件的限制性最低的替代性环境中对待人:他们的治疗需要和只有在有合理期望改善其精神状况的情况下,才产生有精神病但对他人没有危险的人的责任"①。这实际上是以当事人真实地患有精神障碍为本质前提。

3. 非自愿承诺在刑事强制医疗执行制度中的运用逻辑不清

如果当事人"被精神病"现象跨越了审判阶段的话,就需要通过执行阶段来进行防范。在刑事强制医疗执行制度中,治疗和监管发挥着核心作用,这时医疗机构和医护人员可以动态地分析刑事被强制医疗人的真实情况。虽然医疗机构和医护人员并非司法机关和法律工作者,但是他们对于非自愿承诺的真实性仍然可以作出合理判断,即医学评估显得尤为必要。而且非自愿承诺带来的精神障碍强制医疗标签不但剥夺当事人的自由,而且存在污名化的风险。美国研究者提出:"在没有医疗评估的情况下对精神病治疗的非自愿承诺会触犯良心并违反实质性正当程序,法院将使用平衡测试来确定国家行动是否足以震撼良心并侵犯个人的实质性正当程序权。"②根据联合国《残疾人权利公约》可知,其对精神障碍患者的非自愿承诺也有相应的处理方式,也就是精神障碍患者享有获得医疗知情同意的自由和知情同意权,医疗保健在

---

① Proud Usahacharoenporn, *E. P. v. Alaska Psychiatric Institute: The Evolution of Involuntary Civil Commitments from Treatment to Punishment*, Alaska Law Review, Vol. 28, p. 196(2011).

② Baumgarten & Austin, *Medical Treatment Demands Medical Assessment: Substantive Due Process Rights in Involuntary Commitments*, UC Davis Law Review, Vol. 45, p. 618(2011).

自由和知情同意的基础上提供。但是对于刑事被强制医疗人这种严重的精神障碍患者来说，"即使剥夺了决策自主权并由监护人掌握，监护人也应考虑到残疾人的观点。因此，在承认监护权的范围内，标准是一种有限形式的监护，它承认并尊重残疾人的自主权，仅在残疾人的程度范围内替代决策"①。

从我国刑事强制医疗执行制度来看，强制医疗机构和医护工作人员从业时需要遵守《医师法》《护士条例》《医疗机构管理条例》等，但是这些是对所有医疗机构和医护工作人员的共同要求，特别是大量的职业伦理方面的规定可以说是防止当事人"被精神病"现象的柔性因素，而检察机关在执行阶段的介入，就是以检察监督权评判非自愿承诺的真实性，这是防止当事人"被精神病"现象的刚性因素。《人民检察院强制医疗执行检察办法（试行）》第9条规定人民检察院在交付执行活动中享有监督权力，其第5项规定，"强制医疗机构收治未被人民法院决定强制医疗的人的"，人民检察院应当依法提出纠正意见。第22条规定："人民检察院在强制医疗执行监督中发现被强制医疗人不符合强制医疗条件，人民法院作出的强制医疗决定可能错误的，应当在五个工作日以内报经检察长批准，将有关材料转交作出强制医疗决定的人民法院的同级人民检察院……"但是目前从法律和司法解释看，无论是柔性因素还是刚性因素，均缺少将非自愿承诺真实性作为检察监督的内容的规定，即便是现有的定期诊断评估也欠缺细化的规定，所以当事人未经充分的精神病学评估而做出非自愿承诺容易陷入国家权力的任意性之中。因此在医疗过程中，无论是司法机关还是医疗机构以及医护人员评判刑事被强制医疗人非自愿承诺的真实性，基本的前提都是从法律上作出全面有效的制度设计，然后从体制机制上保障制度的贯彻落实。根据本研究的统计结果，在防止当事人"被精神病"现象保障程度的影响因素中排在前三位的均为法律法规的健全性和可操作性方面内容，这印证了要提升非自愿承诺在防止当事人"被精神病"方面的运用效果，必须有据可循。

二、刑事强制医疗机构的设置与管理规范化不足

（一）我国刑事强制医疗机构的总体设置欠缺科学性

1. 刑事强制医疗机构应然性类别的被动性

在刑事强制医疗执行制度中最关键的主体是强制医疗机构，既然刑事被强制医疗人属于精神障碍患者，从应然性看，强制医疗所（安康医院）和精神卫生医疗机构作

① Lee & Bryan Y. , *The U. N. Convention on the Rights of Persons with Disabilities and Its Impact upon Involuntary Civil Commitment of Individuals with Developmental Disabilities*, Columbia Journal of Law and Social Problems, Vol. 44, p. 422(2011).

为专科性医院理应承担监管和治疗任务。然而目前强制医疗所(安康医院)隶属于公安机关,是执行强制医疗措施的专门机构,其收治对象是有杀人、伤害、强奸、抢劫等暴力行为,严重危害社会治安的精神障碍患者,但难以做到在全国各区县进行普及性设置,而面对不断增长的精神障碍患者,精神卫生医疗机构也不可能只接收刑事被强制医疗人,为了进一步分析研判刑事强制医疗机构的存在状况,有必要对强制医疗所(安康医院)和精神卫生医疗机构的设置状况作历史考察。

1987 年 4 月 20 日原卫生部、民政部、公安部颁布的《关于加强精神卫生工作的意见》指出, 1985 年,全国已有精神病院 348 所,比 1958 年增加 6 倍。1988 年 1 月 29 日公安部印发的《全国公安机关第一次精神病管治工作会议纪要》指出,当时全国安康医院已有 16 所。1993 年 5 月 13 日公安部原副部长田期玉在全国精神病防治康复工作会议开幕式上指出,当时全国已有 19 所安康医院,6072 张病床,5 年以来累计收治严重肇事肇祸的精神病患者 35, 000 人次。[①] 2001 年“全国各种精神卫生专业机构 969 家,其中隶属卫生部门 567 家(58. 51%),民政部门 123 家(12. 69%),公安部门 22 家(2. 27%),三者共约占去四分之三(73. 47%);部队办医 20 家(2.06%),企业办医 46 家(4. 75%),个体办医 92 家(9. 49%),其他形式办医 96 家(9.91%)[②]。”2010 年年底“全国共有 1650 家精神卫生机构,其中精神专科医院 874 家,综合医院精神科/心理科 608 所,康复机构 74 家,精神科门诊 94 所”[③]。

《全国精神卫生工作规划(2015 — 2020 年)》指出:“我国精神卫生服务资源十分短缺且分布不均,全国共有精神卫生专业机构 1650 家,精神科床位 22.8 万张,精神科医师 2 万多名,主要分布在省级和地市级,精神障碍社区康复体系尚未建立。”这是截至 2014 年的数据,与 2010 年的数据相比总数上并没有发生变化,这份规划也提出到 2020 年“健全省、市、县三级精神卫生专业机构,服务人口多且地市级机构覆盖不到的县(市、区)可根据需要建设精神卫生专业机构,其他县(市、区)至少在一所符合条件的综合性医院设立精神科”。在这一目标实现的基础上,2022 年 12 月 29 日民政部会同财政部、国家卫生健康委中国残联印发《关于开展“精康融合行动”的通知》提出:拟用三年时间提高精神障碍社区康复质量和水平,到 2025 年实现 80% 以上的县(市、区、旗)开展精神障碍社区康复服务的目标任务。《国家人权行动计划(2016—2020

① 《公安部副部长田期玉在全国精神病防治康复工作会议开幕式上的讲话》,载中国残疾人联合会:《中国残疾人事业年鉴(1949 - 1993)》,华夏出版社 1996 年版,第 153 页。

② 参见朱紫青、张明园、何燕玲:《中国精神卫生专业机构设置的分布现状》,载《上海精神医学》2002 年 S1 期,第 5 页。

③ 马宁、严俊等:《2010 年中国精神卫生机构和床位资源现状分析》,载《中国心理卫生杂志》2012 年第 12 期,第 6 页。

年)》提出:“到2020年,基本实现每个地级市拥有1所精神卫生社会福利机构,70%以上的县(市、区)设有精神障碍社区康复机构或通过政府购买服务等方式委托社会组织开展康复工作。”《国家人权行动计划(2021—2025)》指出:“在精神卫生服务能力不足的地区建设100个精神卫生福利设施,为困难精神障碍患者提供集中养护,康复服务。”总体来看,针对不断上涨的精神障碍发病率,我国不断加强精神卫生服务能力的提升,并采取多种措施增加精神卫生医疗机构,但是我国精神卫生医疗机构的数量,仍然不足,体现在全国各个区县专门的精神卫生医疗机构未实现全覆盖,这就意味着刑事强制医疗执行必须由综合类卫生医疗机构来承担,所以现实的状况导致刑事强制医疗执行机构类别在应然性认知和预设上出现被动性。

2. 刑事强制医疗机构实然性类别的随意性

我国承担精神障碍治疗的医疗机构类型呈现多元化格局,数量逐年增加,这契合了精神障碍患者不断增加的现实。但是哪些适合作为刑事强制医疗机构呢?强制医疗所(安康医院)的数量虽然比改革开放之初增加了,但是远远难以满足肇事肇祸精神障碍患者的医疗和监管的要求,作为一种法定的刑事强制医疗执行机构,在数量不足的情况下,只能诉诸精神卫生医疗机构。《刑事诉讼法》及相关司法解释和公安机关的办案规定均没有关于强制医疗机构的规定,仅在《人民检察院强制医疗执行检察办法(试行)》第6条第1款有体现,即“对强制医疗所的强制医疗执行活动,人民检察院可以实行派驻检察或者巡回检察。对受政府指定临时履行强制医疗职能的精神卫生医疗机构的强制医疗执行活动,人民检察院应当实行巡回检察”。这意味着,强制医疗所是法定的强制医疗执行机构,而精神卫生医疗机构是受政府指定临时来履行强制医疗职能。

实践中,这两类医疗机构都不能满足刑事强制医疗执行的需要,所以综合类卫生医疗机构就成为选择对象,如果对“受政府指定临时履行强制医疗职能的精神卫生医疗机构”做扩张解释的话,可以将其纳入其中,但是综合类卫生医疗机构的入选标准、指定程序等尚不明确,可能会出现指定的随意性。再加之,综合性卫生医疗机构的精神科在硬件设计上往往是满足普通精神障碍患者医疗需要,而面对刑事被强制医疗人则可能存在监管上的障碍,导致强制医疗质量不高的问题。至于实践中存在的福利院、疗养院、慢性病防治中心作为刑事强制医疗机构的情况,虽然这些机构常常也设有精神科,但是他们的医疗资源终究有限,同样会存在医疗和监管上的问题而导致强制医疗质量不高的弊端。

(二)强制医疗所(安康医院)的管理体制难以达到执行制度要求

1. 多元化的执行机构对强制医疗所(安康医院)管理体制的冲击

根据公安部原副部长田期玉在1993年全国精神病防治康复工作会议开幕式上

所指出的，我国的精神卫生医疗机构的管理体制是“主要由卫生部门负责主管全国精神卫生工作，负责掌握全国精神病发病情况和精神疾病医疗机构的建立和管理，制定对策、措施，组织精神疾病医疗、药物的生产、科研；民政部门负责对‘三无’精神病人的收容治疗管理；公安机关负责对严重危害社会治安肇事肇祸精神病人的管理治疗”①。可见，三个部门所主管的医疗机构都可能收治精神障碍患者，如果按照精神障碍患者的不同来区分主管部门的话，尚且可以实现管理的有序化，但是现实状况是三个部门所主管的精神卫生医疗机构都可能收治刑事被强制医疗人，这就存在管理上分散化问题。申言之，虽然各类精神卫生医疗机构在医疗机构设置、医护人员管理等方面需要遵循统一的法律法规，但是具体的实施办法或实施细则乃至考核评估仍然是由主管部门来进行制定的。这就出现一个景象，就是刑事强制医疗决定书由法院统一制作，接收刑事被强制医疗人的医疗机构却可能归属不同的主管部门，也就意味着刑事强制医疗执行机构存在不明确和不统一的问题。

2. 执行机关的缺位与强制医疗所（安康医院）管理体制的矛盾

在刑事强制医疗执行制度中，各类医院并非执行机关，仅是执行机构，那么何者为执行机关呢？2012 年《刑事诉讼法》及相关司法解释和公安机关的办案规定均没有明确刑事强制医疗执行机关，仅是在《刑诉法解释》第 641 条规定：“人民法院决定强制医疗的，应当在作出决定后五日以内，向公安机关送达强制医疗决定书和强制医疗执行通知书，由公安机关将被决定强制医疗的人送交强制医疗。”公安机关在刑事强制医疗执行制度中承担的是送达和送交任务，整个执行过程并未规定公安机关职责。但是卫生医疗机构作为强制医疗执行机构并不能称为执行机关，这与强制医疗执行机构存在多元化现象的问题是相并存和相关联的。进一步暴露出的问题是公检法在刑事强制医疗执行制度中回避“执行负担”，造成精神障碍患者进入执行阶段“随案流转”。概言之，人民法院的刑事强制医疗决定书存在缺少国家机关来执行的弊端。

其实，强制医疗所（安康医院）以公安机关为主管部门，既是一种监管场所，同时也是精神病专科医疗机构，有的还被卫生行政部门评为甲等专科医院。从医疗层面来看，这个机构与卫生行政部门主管的医疗机构一样，也需要接受卫生行政部门的业务指导，医护人员的执业资格、医疗行为等也需要按照卫生行政部门规定的操作规程进行。刑事强制医疗是由法院按照刑事特别程序作出的具有法律执行力的一项决定，应当由国家机关负责执行工作，即便是通过授权由非国家机关来执行，也应当由

---

① 《公安部副部长田期玉在全国精神病防治康复工作会议开幕式上的讲话》，载中国残疾人联合会：《中国残疾人事业年鉴（1949－1993）》，华夏出版社 1996 年版，第 153 页。

法律作出明确规定。就刑事领域中的执行权而言,除了刑罚执行权外,还存在非刑罚措施的执行权,例如刑事强制医疗在实然性上属于刑事法上的保安性措施,在应然性上属于保安处分。有的研究者将刑事执行权从狭义和广义两个层面上进行界定,“狭义的刑事执行权是指由法律规定的国家机关或社会组织根据法律的授权,在将法院的生效刑事裁判(包括变更裁判)、决定或禁止令等所确定的内容付诸实施过程中所拥有的职责权限,即仅指刑事执行实施权;广义的刑事执行权除了包括狭义的刑事执行权之外,还包括执行变更权、执行指挥权和执行监督权”①。在现行的刑事强制医疗执行制度中,人民法院和公安机关行使交付执行权、人民法院行使执行解除权、人民检察院行使执行监督权,执行实施权没有明确的国家机关来行使。根据司法解释,强制医疗所(安康医院)从应然性上似乎在获得授权后可以行使执行实施权,但是公安机关作为主管机关却在执行制度中并未承担任何职责,再加之,实践中刑事强制医疗机构的纷杂,导致这种矛盾更为加剧。

(三)刑事强制医疗机构职能的定位与类别存在模糊性

根据刑事强制医疗执行制度史可知,精神卫生医疗机构曾经承担过关押职能,也有过作为庇护场所的经历,所以这类机构的职能如果定位不清,可能会沦为政治的附属品,甚至出现严重侵犯人权或过度保护的问题;如果对具体的职能在类型和含义上界定不清,就可能使其职能难以得到有效发挥。刑事强制医疗机构所收治的是不负刑事责任的精神障碍患者,与其他精神障碍患者的不同之处在于他们是经过法院判决而强制医疗。那么收治这类精神障碍患者的精神卫生医疗机构在职能定位与界定上是否契合刑事强制医疗执行制度的要求?

1. 精神卫生医疗机构职能的发展趋势

在20世纪欧美国家,“庇护”一词逐渐失去了与机构之间的关联性,不再具有照顾患有严重精神障碍和其他术语的位置。例如,1923年,英国上议院通过了一项法案,规定“精神病医院”一词应代替“精神病院”和“庇护院”一词,这就从名称上强调了精神卫生医疗机构的医疗职能。不过,现代社会对这种明显的进步迹象也不能沾沾自喜,因为不得不关注的是避难所是否已被同样约束和损害弱势群体的环境所取代。事实情况是,“在低收入和中等收入国家建立与普通医院急诊服务相结合的高质量社区精神卫生和初级保健精神卫生服务,将为改善严重精神疾病患者的生活做出巨大贡献。在发展社区服务方面几乎排他的重点忽略了这些机构在治疗质量和人权

① 谭世贵、郭林林:《我国刑事执行权配置:现状、问题与优化》,载《浙江工商大学学报》2014年第1期,第66页。

保护方面的不足”[1]。也就是说,在精神卫生医疗机构的转型或职能再定位时应当避免顾此失彼,尤其是在多数国家兴起的通过社区发挥精神障碍防治的做法,应当与精神卫生医疗机构实现对接和融合,而非去机构化和完全社区化。

20 世纪末印度健康调查和发展委员会的一名成员调查了 19 家精神病院,他认为“医院的设计只是为了安全而拘留,而不是为了治疗,并建议医院的现代化。强调需要培训和适当的人员配置,将精神病院转变为教学机构,并将精神病院与医学院联系起来,制订一项系统和更好的‘工作和转移治疗’计划,为需要医疗或护理的精神病患者提供特殊监督之家,建立‘室外诊所’,在拘留设施中实施精神健康方案,将精神健康与其他医疗专业结合起来,并与社区合作,使人们高兴他们能得到该机构提供的服务”。进入 21 世纪,2016 年最高法院要求“国家监督具体的精神病院,宣布将精神病患者关在监狱是非法和违宪的,以及违反印度宪法第 21 条(保护生命和人身自由)和第 22 条(在某些情况下防止逮捕和拘留)”[2]。这虽然是一种理论化或理想化的主张,却反映出在实践中精神医疗卫生医疗机构存在重监管、轻治疗的问题,甚至可能成为一种“监狱式”的监管,所以加强精神卫生医疗机构职能的改革是各国亟待解决的事宜。世界卫生组织在发布的《2013—2020 精神卫生综合行动计划》中指出,“行动计划通过卫生部门和社会部门协调服务,采取全面和多部门的方法,侧重于促进、预防、治疗、康复、护理和恢复”。这为各国精神卫生医疗机构职能明确了方向。

2. 国外精神卫生医疗机构职能的典型做法:以英国为例

由于精神障碍具有不同的类型,所以患者的行为表现也存在非常大的差异,各国对于具有自伤自残和肇事肇祸倾向的患者通常采取非自愿住院治疗的方式,在行使监管职能的时候,设计了特殊的手段或方法。例如英国的希尔德医院设立密切观察程序,作为临时措施,可能有时需要始终密切观察对他人或自己构成危险的患者,“进行这样的仔细观察尽管是必要性决定的,也就是在有必要将对他人造成伤害的风险降至最低的情况下才采用,但仍希望护理人员在任何时候都要牢记患者并确保每个患者尽可能合理地保持他们的尊严和个人自由;采取隔离措施涉及将患者隔离在位于其他患者通常无法进入的房间或区域中。患者无法自行离开房间或区域,特别是在上锁的房间中,这只是作为最后的手段,也就是当所有合理的步骤无法改变患者的行为时才采用的,但首先要由医务人员书面授权,紧急情况可以先行隔离,但是必须

---

[1] A. Cohen & H. Minas Global, *mental health and psychiatric institutions in the 21st century*, Epidemiology and Psychiatric Sciences, Vol(2017), p. 8.

[2] P. Murthy, M. Isaac & H. Dabholkar, *Mental Hospitals in India in the 21st century: transformation and relevance*, Epidemiology and Psychiatric Sciences, Vol. 26, p. 10 – 15(2017).

立即告知正在赶往隔离房间或区域的医务人员,来取得是否隔离的决定”①。可见,英国的精神卫生医疗机构对精神障碍患者采取特殊措施的时候具有相应的程序性要求,以此来最大限度地保障患者的人身自由权利。

对于潜逃的精神障碍患者在追回时会面临强制措施的使用问题。在英国,任何警员、精神病院的工作人员、经批准的社会工作者或经正式书面授权的任何其他人都可以将一名潜逃的可能被强制拘留的精神障碍患者送回医院,追回潜逃的精神障碍患者的法律条款可以追溯至1808年《县庇护法》,不过法律中的授权相当模糊,该法第23条规定庇护人有义务将精神错乱的人(包括精神错乱的罪犯)安全地送到医院,并且不允许他们在没有出院命令的情况下逍遥法外。明确的法律依据是1860年《刑事庇护法》明确规定有权重新逮捕逃脱的犯罪的精神障碍患者,第11条规定,“任何犯罪疯子庇护所的潜逃者可在任何时候由该庇护所的主管或任何官员、任何帮助这些官员的人、或经国务秘书或庇护所主管书面授权的任何其他人重新逮捕”,“从医院潜逃的病人在他不在期间必然造成治疗中断。由于立法的政策是在法律上强制将病人拘留在医院接受治疗或评估,因此,如果这些病人潜逃,也应该有法律权力重新接收他们。毫不奇怪的是,今天仍然有明确的法定权力,以夺回被强制拘留的潜逃患者”②。也就是说,精神卫生医疗机构在履行刑事强制医疗执行职责的过程中,如果出现刑事被强制医疗人潜逃的情形,由于其本身不属于执行机关,所以需要有权机关来负责追回,当然精神卫生医疗机构获得授权,也有权进行追回。无论哪种情形,既需要明确的法律依据,也需要规范的程序保障。

3. 我国刑事强制医疗机构的职能定位欠缺法律依据

我国法律中没有关于刑事强制医疗执行机构及其职能的明确规定,只能通过司法解释和《强制医疗所条例(送审稿)》进行推导,更何况我国刑事强制医疗执行机构还存在多元化景象,导致他们的职能定位依赖于其作为医疗机构所具有的职能。有的研究者提出了精神卫生医疗机构的控制模型和治疗模型,“控制模型着重于衡量组织效率,重视描述个人特征并以最终性和常规程序开展工作;治疗模型拒绝绝对效率本身就是一个足够的目标,而是关注患者的福利,它不主张在描述性品质上给予额外的重视,而是提倡非歧视性的行动,它拒绝速度和最终性损害患者的医学理解。它强调例行程序,因为它是关注患者个性的模型。由此推导出精神科医生必须同时

---

① Andoh & Benjamin. *Mental Hospital Regime in England and Wales*, Medicine and Law, Vol. 15, p. 113 (1996).

② Andoh & Benjamin., *Origins and Survival of the Right to Retake Absconders form Mental Hospitals*, Medical Law Review, Vol. 1, p. 356 (1993).

通过寻求社会保护来充当国家的代理人,并通过寻求患者的福利来同时作为患者的代理人”①。两种模式的归纳固然是对精神卫生医疗机构的职能要素进行理论组合,也是反映出在实践之中存在的两种职能定位的倾向。在当下的精神卫生医疗机构中,控制模型和医疗模式存在融合现象,不过在理念和具体运行过程中,存在控制主导型和医疗主导型,无论是哪种类型,如果缺少法律的统一性规定或明确的依据,那么在实践之中就可能存在两种类型滑向两个极端的问题。那么,刑事强制医疗机构的职能依据是什么呢?它的核心职能当然是医疗,这是不言而喻的。事实上,作为刑事强制医疗机构的综合类医疗机构、精神卫生医疗机构、强制医疗所(安康医院)在职能定位上往往依据政策,正如美国研究者调查了一家州立医院,从政策上分析精神障碍患者与医院之间的关系,“政策可能位于《医师手册》《护理手册》《患者及相关手册》,根据《州精神健康法规》颁布的法规,美国国务院各办公室的指示和备忘录。医院主任和医院管理者发布的指令和备忘录。行政人员,员工和医生之间的各种会议和其他正式和非正式的互动都是塑造医院政策的因素”②。

在我国,1988 年 1 月 29 日公安部印发《全国公安机关第一次精神病管治工作会议纪要》指出,全国已有 16 所安康医院,“公安机关管理的精神病管治院具有治安管理和医疗的双重职能”。如果从数量上看,截至 2016 年,“全国仅有 19 个省(区、市)和新疆生产建设兵团设有属于公安机关管辖的 26 家强制医疗所,其中部分还是地市级政府设置的,其他 12 个省(区、市)均没有专门的强制医疗机构”③。当然,无论是称之为“控制”还是“治安管理”,本质都是医疗机构对刑事被强制医疗人享有的监管权力。强制医疗所(安康医院)是通过医疗手段达到维护社会治安的目标。强制医疗所(安康医院)作为专门的精神卫生医疗机构与其他精神病专科医院最大区别在于收治对象不同。前者收治对象是依法不负刑事责任的精神障碍患者,后者收治的则是各种类型的精神障碍患者。与综合类卫生医疗机构相比,这两类医疗机构属于精神专科,无论是运行机制还是职能设定更具针对性。当然综合类卫生医疗的精神科也收治精神障碍患者,不过实践之中存在的这类医疗机构收治刑事被强制医疗人的情形,进一步凸显刑事强制医疗执行机构职能定位的重要性和紧迫性。

---

① Piperno & Aldo. , *Indefinite Commitment in a Mental Hospital for the Criminally Insane: Two Models of Administration of Mental Health*, Journal of Criminal Law and Criminology, Vol. 65, p. 526(1974).

② Ferleger & David, *Loosing the Chains: In – Hospital Civil Liberties of Mental Patients*, Santa Clara Lawyer. Vol. 13, p. 453(1972 – 1973).

③ 袁其国、申国君等:《〈人民检察院强制医疗执行检察办法(试行)〉的理解与适用》,载《人民检察》2016 年第 14 期,第 37 页。

4. 我国刑事强制医疗机构职能的类别欠缺明确界定

与刑事强制医疗机构职能定位状况相关联系的是职能类别在含义和依据上存在模糊性的问题。根据《刑法》和《刑事诉讼法》的规定,我们仅可以概括性地推导出刑事强制医疗机构的职能是治疗和监管。通过相关司法解释、《精神卫生法》以及《强制医疗所条例(送审稿)》还可归纳出若干项职能。那么刑事强制医疗机构的具体职能在全面性、层次性以及具体内涵上存在什么问题呢?

(1)刑事强制医疗机构的职能类别有待于进一步扩展

根据《人民检察院强制医疗执行检察办法(试行)》第3条关于人民检察院强制医疗执行检察的职责的第2项中规定"对强制医疗机构的收治、医疗、监管等活动是否合法实行监督",根据该司法解释中关于人民检察院关于检察监督的具体内容还可以归纳出刑事强制医疗机构具有诊断评估、提出解除强制医疗意见等职能;《强制医疗所条例(送审稿)》列举的是治疗、康复、看护、监管四项职能;《精神卫生法》作为我国精神卫生领域的专门性法律,对医疗机构具体职能的规定同样适用于刑事强制医疗机构,包括诊断、治疗、保护性医疗措施、康复等。

由于我国刑事强制医疗机构的多元化状况在短时间内无法改变,但是目前这些医疗机构的职能类别欠缺明确的法律依据。一是现有的开展精神卫生医疗工作的机构在运行的过程中已经依据相关的法律、法规、政策确立了对应的职能类别,但是精神卫生医疗机构、强制医疗所(安康医院)、综合类卫生医疗机构在职能类别上存在差异性,刑事被强制医疗人与其他精神障碍患者的不同在于他们属于肇事肇祸者,接受强制医疗依据的是法院判决,所以在刑事强制医疗执行过程中应当有别于其他精神障碍患者。二是刑事被强制医疗人属于不负刑事责任者,虽然住院治疗属于非自愿性,但是在刑事强制医疗机构中,就治疗而言,以患者为中心,对疾病为对象,在各类刑事强制医疗机构中属于共性要素,所以统一这类机构的职能就具有了可行性。三是刑事被强制医疗人虽然在实施暴力行为的时候属于依法不负刑事责任者,但是他们在医疗机构接受治疗的过程,同时处于逐渐康复之中,他们虽然不需要为危害公共安全或严重危害公民人身安全承担刑事责任,但是仍有必要接受教育,因此教育的功能必不可少。四是《精神卫生法》第40条规定,当精神障碍患者在医疗机构内发生或将要发生伤害自身、危害他人安全、扰乱医疗秩序的行为时,在医疗机构中有权采取保护性医疗措施,这具有法律依据,同时也属于作为强制医疗机构所具有的监管权力范畴,可以涵括在监管之中。

由上,笔者认为,依据现有的规范性文件的规定和刑事强制医疗执行制度的要求,刑事强制医疗机构的职能包括治疗、监管、康复、看护、教育以及收治、诊断评估、提出解除强制医疗意见等职能。

(2)刑事强制医疗机构各项职能之间的层次性尚待厘清

刑事强制医疗机构具有多项职能,各职能之间并非并列关系,而是具有层次性,按照刑事强制医疗机构的职能定位可以将职能的种类分为核心职能、主要职能、次要职能三个层次。

第一,刑事强制医疗执行机构的核心职能。根据本研究的调查结果,在法官、检察官、律师的认知中,治疗和监管的被选率明显高于其他职能,看护职能次之,而康复和教育位列其后,当然他们也认为除了这些职能外,还有存在其他职能。此调查结果与法律及其司法解释对治疗和监管两项职能的强调相吻合。从刑事强制医疗机构的实践运行状况可知,主要工作是围绕治疗和监管开展的。对于刑事被强制医疗人而言,他们因为有严重的精神障碍,不负刑事责任,所以需要接受强制医疗;而且在人本的层面上,他们首先是患者,亟需的是接受治疗,及早康复。刑事强制医疗机构无论是作为医疗单位,还是执行机构,应当讲治疗作为首要的职能。

对于监管而言,具有监视和看管之意,任何的医疗机构对患者都有管理权,所依据的是患者与医院之间的契约关系而产生的,精神障碍患者在辨认能力和控制能力存在局限性,特别是刑事被强制医疗人具有暴力倾向,所以在管理上可能需要采取保护性医疗措施。刑事强制医疗机构依据人民法院的决定书对被强制医疗人进行监管,这种监管权来自国家的授权,医疗机构对刑事被强制医疗人的监管和对普通患者的管理存在共性,不同之处可以参见《人民检察院强制医疗执行检察办法(试行)》第三章关于"医疗、监管活动检察"中关于对监管事项的规定,这既作为人民检察院监督的对象,也是刑事强制医疗机构享有监管职能。

正是因为治疗和监管在刑事强制医疗机构职能体系中的角色和作用,其他职能都是围绕这两项职能开展的,所以可以将其列入核心职能范畴。

第二,刑事强制医疗机构的主要职能。刑事强制医疗执行制度的目标是通过强制住院治疗的方式在防卫社会的同时,实现被强制医疗人的精神康复,最终回归社会。刑事被强制医疗人固然具有暴力倾向,但是经过治疗后,对于病情出现好转的患者,就会解除对他们的保护性医疗措施,即便是用药,也会注重对他们采取康复措施,对于有康复治疗中心的医疗机构,会安排他们接受绘画治疗、音乐治疗、形体治疗、沙盘模拟治疗,也有的安排他们在医疗机构内设的场地自由活动。1993 年世界卫生组织对康复的界定是"一个帮助病员或残疾人在其生理或解剖缺陷的限度内和环境条件许可的范围内,根据其愿望和生活计划,促进其在身体上、心理上、社会生活上、职业上、业余消遣上和教育上的潜能得到最充分发展的过程"。在我国《精神卫生法》第四章以专章的形式规定"精神障碍的康复",但是所规定的社区康复和家庭康复,并未规定收治精神障碍患者的医疗机构的康复职能。《强制医疗所条例(送审稿)》在第五章“医疗与康复”的第 30 条规定:“强制医疗所应当组织被强制医疗人员参加康复活动,促进其病情缓解,帮助其恢复身体机能和社会功能。强制医疗所不得强迫被强制医疗人员从事生产劳动。”可见,康复在现代医疗中应当广泛开展已经成为共识,这也是医学模式转变的重要体现,即对患者的治疗不但要考虑生物化学因素,而且应当重视心理和社会的维度,生物—心理—社会医学模式取代生物医学模式所关注的是人而不仅仅是疾病,这也是健康权的应有内涵。因此发挥好刑事强制医疗机构的康复职能是确保被强制医疗人有效回归社会所不可缺少的。

关于看护职能,《精神卫生法》第 49 条规定了精神障碍患者的监护人应当妥善看护未住院治疗的患者,对于住院患者则没有关于看护的明确表述;《强制医疗所(送审稿)》第 33 条规定:“所外就医期间的监护,由被强制医疗人员的监护人、近亲属承担。被强制医疗人员没有监护人、近亲属,或者监护人、近亲属不履行监护职责的,强制医疗所应当对其进行看护。”从文本上看,看护实则属于监护的范畴,并未从医疗机构本身的职能上对其进行界定。看护的英文翻译是 nurse,这个英文单词还可以翻译为护理,其实,在医疗实践中,“三分治疗、七分护理”形象地反映了护理的重要性。对于精神科医生来说,主要是开展疾病诊断与评估、疾病治疗方案的制定与实施,以及部分属于医生执行的临床治疗操作;对于护理人员来说,他们的工作包括护理观察、患者评估、协助医生治疗、常规护理、病区与患者管理、营养与饮食照顾、心理疏导与人文关怀。分级护理是根据对病人病情的轻、重、缓、急及病人自理能力的评估,给予不同级别的护理,同时可分为特级护理、一级护理、二级护理、三级护理。对于刑事被强制医疗人来说,护理的多项内容和明确的分级足以证明护理应当作为强制医疗机构的一项职能。

教育职能是在刑事被强制医疗人逐步康复的过程中进行的思想引导和观念矫正,正如前述,教育是必要的,但是问题的关键是刑事强制医疗机构如何承担这一职能的问题。监狱作为执行机关对服刑人员具有法定的惩罚、教育、改造职能,刑事强制医疗机构却并非执行机关,医疗人员难以独立开展教育,但是刑事强制医疗执行制度的目的涵括着社会秩序的有效恢复,并确保被强制医疗人能够顺利回归社会。这就必须认识到刑事强制医疗机构是否具有教育职能和如何开展教育职能是两个问题,只有将教育职能归入主要职能范畴,才有助于进一步推动刑事强制医疗执行制度的改革步伐。

第三,收治、诊断评估、提出解除强制医疗意见三项职能是具有较强的程序性。《刑诉法解释》第 641 条规定:“人民法院决定强制医疗的,应当在作出决定后五日以内,向公安机关送达强制医疗决定书和强制医疗执行通知书,由公安机关将被决定强制医疗的人送交强制执行。”公安机关送交刑事强制医疗机构,后者负责具体的收治工作;实践中,在人民法院作出强制医疗决定书之前,公安机关通过采取临时的保护性约束措施,将精神障碍患者已经送至医疗机构接受医疗,这时医疗机构收治工作的程序性更为明显。

诊断评估和提出解除意见作为刑事强制医疗机构职能的依据是《刑事诉讼法》第306条第1款规定:"强制医疗机构应当定期对被强制医疗的人进行诊断评估。对于已不具有人身危险性,不需要继续强制医疗的,应当及时提出解除意见,报决定强制医疗的人民法院批准。"刑事强制医疗并没有期限限制,对于患者来说,通常而言,需要达到一定的标准才可以出院。与器质性病变不同,精神障碍患者的康复需要动态地进行评估,所以定期诊断评估尤为必要;当刑事被强制医疗人达到出院标准的时候,需要按照刑事司法程序予以解除,医疗机构的意见至关重要。这两项职能是附属于核心职能和主要职能的,因此将其归入次要职能范畴。

5. 刑事强制医疗机构核心职能存在异化的风险

(1)治疗职能存在异化的风险

在刑事强制医疗执行制度中,关于治疗的法律规定可以从我国《精神卫生法》找到依据,其第39条规定:"医疗机构及其医务人员应当遵循精神障碍诊断标准和治疗规范,制定治疗方案,并向精神障碍患者或者其监护人告知治疗方案和治疗方法、目的以及可能产生的后果。"此条明确了医疗机构及其医务人员在履行治疗职能的时候所承担的义务,也意味着住院精神障碍患者包括刑事被强制医疗人及其监护人享有治疗权,但是仅涉及知情同意权的保障,如何在治疗选择权和拒绝治疗权上平衡精神障碍患者权利和医务人员权利则没有进一步的规定,治疗职能异化的风险主要体现在精神障碍患者治疗选择权和拒绝治疗权不能得到合理的保障。关于刑事被强制医疗人的治疗权保障问题可以从美国的司法实践中得到启示。

首先,刑事强制医疗制度的根基在于通过法定程序实现"强制"的合法化,对于执行制度而言,要义是治疗,非常强的专业性容易滋生随意性。在美国,惠特里诉州(Hitree v. State)一案,是针对一名精神病患者的赔偿,该患者在长期监禁期间从未接受过抗精神病药的治疗,法院裁定:"不使用此类药物的原因是原告拒绝使用。我们认为这种原因是不合逻辑的,不专业的,并且与现行医学标准不符。"[①]也就是说,精神障碍患者的拒绝治疗权并不符合国家的健康要求和危险的防范,体现出法院对住院精神障碍患者在治疗上的青睐。鲍林诉戈德温(Bowring v. Godwin)案将治疗完全置于医学范畴内,法院提出"根据法律,精神疾病是一种可治疗的疾病,治疗是'医学上必要的'。确定治疗是否'必要'的检验标准不是囚犯是否患有精神疾病,而是这种精

① Hitree v. State, 56 Misc. 2d 693, 290 N. Y. S. 2d 486 (1968).

神疾病是否‘需要护理和治疗’”①。可见，法院采用的是“法律的归法律，治疗的归治疗”的逻辑思路，这实则源于“法律假定医生最有能力做出治疗精神疾病的医疗选择。因此，某一特定行动方针是否适当治疗由法官和立法者留给医疗专业人员来决定。虽然法官可能更喜欢某一特定的行动方案来治疗精神疾病，但并不意味着这是法律规定的必要治疗方案。例如，医生可以在治疗和隔离之间做出选择，作为治疗精神疾病的最佳方式”②。在此观念下，20 世纪六七十年代，美国法院对精神障碍患者的拒绝治疗权并不持有积极态度，1982 年在米尔斯诉罗杰斯（Mills v. Rogers）案中，联邦最高法院试图阐明拒绝治疗权的宪法权利地位③，但是根据联邦宪法，拒绝权的地位是不确定的，而且精神障碍患者如有权根据美国《宪法》拒绝精神药物，还需要有明确的程序性保障措施来保护该权利。于是联邦最高法院将问题的解决方案推到州和下级联邦法院，“寻求强制药物治疗的患者必须诉诸州法律而不是联邦宪法。到 1983 年 5 月为止，有 45 个州承认‘拒绝药物治疗的合法权利’，不过，这项权利的范围以及为确保患者行使权利的自由所采取的程序性保障措施因州而异”④。各州之间的差异主要体现在“有 20 个州虽然承认拒绝权，但是规定由主张该权利的患者的能力或承诺状态来限定。能力是一个更为关键的问题，这些州限制拒绝胜任患者的权利。精神卫生专业人员认为，他们的专业判断是决定是否接受治疗的首要因素。遇到的问题是精神卫生专业人员不知道谁胜任，谁不胜任。这些卫生专业人员中的许多人认为合格的患者不属于医院，但认为许多忠实的患者是合格的”⑤。可见，即便赋予精神障碍患者拒绝治疗权，如果不能有效解决患者行使拒绝权的能力问题，那么人权保障也会呈现不充分的状态。

其次，不可否认的是在医学的专业性条件下，只有赋予医务人员治疗决策的制定权，才能在疾病诊疗的探索中推动医学事业的发展。单从医务人员来看，“医生的专业知识通常是为了使之合理化，‘我最清楚对待患者的态度’导致患者的权利服从于医学家长制。当面对一方面承认或可能扩展患者权利与另一方面进行医学指示的治疗之间的冲突时，大多数医生会毫不犹豫地选择后者。直接从医生对患者的这种专业控制中干脆地得出这样一个简单的假设，即既然已将某人诊断为‘精神分裂症’或

① Bowring v. Godwin, 551 F. 2d 44, 47 – 48 (4th Cir. 1977).

② Jennifer Moore, *Special Issues for Prisoners with Mental Illness*, Jailhouse Lawyer's Manual, Vol. 6, p. 222 – 223(2005).

③ Mills v. Rogers, 457 U. S. 291 (1982).

④ Kemna & Donald J., *Current Status of Institutionalized Mental Health Patients' Right to Refuse Psychotropic Drugs*, Journal of Legal Medicine, Vol. 6, p. 108(1985).

⑤ Kemna & Donald J., *Current Status of Institutionalized Mental Health Patients' Right to Refuse Psychotropic Drugs*, Journal of Legal Medicine, Vol. 6, p. 117(1985).

‘偏执狂’,他或她就不能就治疗范围或替代方法提供决定性的指导和控制”①。如果按照此逻辑思路,在刑事强制医疗执行制度中,实则是将被强制医疗人视为一种对象,而非主体,原因在于他们已经被预设为意思自治受限或缺失,以至于在治疗上依从于医务人员,有的研究者采用实证研究的方法进行了分析,得出的结论是“当个人的目标与药物治疗相符时,一点压力可能会增加依从性,而当他们的目标与药物治疗相抵触时,压力的增加会降低依从性”②。基于此,被强制医疗人的意愿与治疗之间的紧张关系需要一种平衡机制来进行调处,“面临严重精神残疾的患者承受着巨大的压力,并且在被迫服药的前景中感到恐惧、无助和无能为力。为被迫服药的患者提供有意义的选择可以减少这些焦虑,并且可以减少对任何权利的侵扰。选择权可以在拒绝权与强制使用精神药物之间取得平衡”③。以治疗选择权作为平衡器,固然可以进一步明确治疗权的内容,但是仍然面临选择能力的问题。

最后,对于被强制医疗人而言,如果坚持意思自治原则,就出现他们能否作出合理选择的问题,这既需要研判他们的权利行使能力,也需要从法律程序上采取协助决策的方法。20 世纪六七十年代虽然美国联邦最高法院对精神障碍患者拒绝治疗权未能做到明确化和统一化,但是各州根据拒绝治疗权运行状况从程序设计和适当治疗上进行了积极探索。美国以危险和非危险的标准对被强制医疗人进行治疗上的区分,例如在贝尔诉韦恩县总医院(Bell v. Wayne County General Hospital)案中,密歇根州东部地区联邦地方法院指出,“除非个人同意接受此类化学疗法或除非有必要进行此类化学疗法以防止对个人或他人造成身体伤害,否则在最终裁决之前不得对个人进行化学疗法。仅当患者的行为或其他客观标准明确地向医生表明患者对其本人或他人构成危险时,才应给予此类治疗”④。也就是说,法院同意对危险的精神障碍患者强迫用药的依据是经过充分的正常程序承诺听证会后进行的强迫治疗。即便强迫治疗经过法律程序实现正当化,也需要符合适当的治疗的要求,在怀亚特诉斯蒂克尼(Wyatt v. Stickney)案中,采用美国宪法第十四条修正案的正当程序条款保障了治疗权。这个案件涉及由亚拉巴马州精神病院所拘禁的患者提起的集体诉讼。怀亚特法院裁定:“剥夺任何公民自由的利他主义理论,即禁闭是出于人道的治疗原因,然后未

---

① Piperno & Aldo, *Indefinite Commitment in a Mental Hospital for the Criminally Insane: Two Models of Administration of Mental Health*, Journal of Criminal Law and Criminology, Vol. 65, p. 451(1974).

② Talevich & Jennifer, *Success of Influence and Coercion: A Function of How Psychotropic Medication Impacts the Goals of Adult Psychiatric Patients*, Mental Health Law and Policy Journal, Vol. 2, p. 244(2013).

③ Needham & David H., *Psychotropic Medication in California: A Prescription for Alternative Approaches*, Southern California Review of Law and Social Justice, Vol. 22, p. 257(2013).

④ 384 F. Supp. 1085(E. D, Mich. 1974).

能提供适当的治疗,这违反了正当程序的基本原则。”①所谓的适当治疗是指,“药物治疗的必要性最广泛主张的理由是,对非自愿精神病患者实施宪法规定的义务以为其提供充分的治疗,这是剥夺了这类患者的自由。因此,适当的治疗似乎要求使用合理的、经过验证的治疗手段来使患者返回社区。不可忽略的是,应当避免,受控的药物治疗方式,甚至是该药物治疗方案强加于患者,这应被视为将患者送回社区的努力的有机组成部分”②。

在适当治疗中,合理用药是关键,要保障刑事被强制医疗人的精神健康权,用药是必须的,但是应当避免药物的滥用,我国《精神卫生法》第 41 条第 1 款规定:“对精神障碍患者使用药物,应当以诊断和治疗为目的,使用安全、有效的药物,不得为诊断或者治疗以外的目的使用药物。”要实现适当治疗,进而达到有效治疗,既要做到诊断的准确性,也要在用药上考虑治疗效果与副作用的平衡,也就是“采用某种治疗方案的决定必须与服用该药物的患者可能会遇到的许多潜在的暂时和永久性副作用保持平衡。使用抗精神病药可能会产生三类副作用。第一类包括与药物剂量有关的副作用。第二类是急性中毒导致的副作用。最后一类是由对药物的过敏反应引起的副作用组成的”③。在精神障碍中,情绪障碍、焦虑症和精神病属于三类严重的精神障碍,用药上包括抗躁狂药/抗惊厥药、抗焦虑药和抗精神病药。抗躁狂药/抗惊厥药(如锂)可稳定情绪,并用于治疗躁狂抑郁症和严重人格障碍;抗焦虑药,镇静患者,用于治疗严重的惊恐发作、恐惧症和创伤后应激障碍;抗精神病药用于治疗精神分裂症、妄想症、幻觉和妄想。不可否认,现代药品的研发,针对不同类型的精神障碍患者都有相应的药物,尽管抗精神病药物可有效治疗精神病症状,但难以治愈精神障碍。这些药物的有益作用是暂时的,并且通常不会持续到从血液中消除适应症,药物的最初作用是镇静作用,其后是抗精神病作用。治疗方案和用药剂量需要根据精神障碍患者的健康状况进行调整而且从康复职能来看,也可以采用替代治疗方法,“某些替代方法可避免与抗精神病药有关的副作用。例如,不同的药物,较小的剂量或不同的治疗方法可能有效地治疗患者,而不会导致严重的不良反应。药物治疗的替代方法包括心理治疗、环境疗法或行为改变等咨询技术。另外,如果患者表现出威胁性行为,

---

① 62. 325 F. Supp. 781 (M. D. Ala. 1971).

② Blais & Norman R., *Forced Drug Medication of Involuntarily Committed Mental Patients*, Saint Louis University Law Journal, Vol. 20, p. 111(1975).

③ Kemna & Donald J., *Current Status of Institutionalized Mental Health Patients' Right to Refuse Psychotropic Drugs*, Journal of Legal Medicine, Vol. 6, p. 114(1985).

可以使用身体约束或隔离措施”①。

(2)监管职能存在异化的风险

《刑事诉讼法》和刑事强制医疗决定书授权强制医疗机构享有监管职能,但是在欠缺具体的执行机关、监管缺少明确法律依据、检察机关难以实现监督常态化的情况下,强制医疗机构的监管职能主要依赖于自律,这就可能出现监管不当、侵犯被强制医疗人人权的问题。

由于治疗和监管密不可分,所以监管可能存在以治疗为理由,出现滥用的问题。我国2012年《刑事诉讼法》采用了这一原则,为了防止精神障碍患者对本人或他人的安全构成威胁,公安机关可以采取临时的保护性约束措施。根据《人民警察法》、公安部制定《公安机关办理刑事案件程序规定》等法律法规确立了相关的处理规则,这些规则要求所有限制条件均须得到县级以上公安机关负责人批准,并规定所使用的约束手段、方法和强度不应超出避免对公共安全和精神病患者的人身安全造成危险的必要范围。这些规则反映出公安机关希望限制在现场使用临时保护性限制的意愿。公安机关的限制性规则虽然比2012年《刑事诉讼法》的表述更清晰,但仍然没有达到比例原则的要求。

国际上和外国国家的做法是采取最低限度替代原则或最小限制性替代原则,这在治疗和监管上均有体现:“刑事案件中最低限度替代治疗国际准则赋予精神障碍者最低限度替代治疗的权利。即使精神病患者已入院,该原则也适用。”②在巴雷特诉科普兰(Barrett v. Coplan)案中,法院认为,被监禁的精神障碍患者“你无权积极参与治疗决策,一旦决定治疗你的精神疾病,你不能指定你应该接受哪些治疗替代方案(如药物、咨询或治疗)。然而,你可以通过质疑某种治疗的必要性来保护自己免受不公平的医疗待遇”③。并不意味着被监禁的精神障碍患者有权得到他或她选择的治疗,只是治疗必须达到最低的适足标准。“在精神卫生领域严格应用‘最小限制性替代’学说要求治疗和护理不应再苛刻,有害、侵入性或限制性该原则于1966年在Lake v. Cameron一案的精神健康裁决中首次应用。”④那么这项原则具体是何种含义呢?“非自愿公民承诺程序中最小限制性替代方案是精神卫生和社会服务提供者提供的治疗

---

① Kemna & Donald J., *Current Status of Institutionalized Mental Health Patients' Right to Refuse Psychotropic Drugs*, Journal of Legal Medicine, Vol. 6, p. 114(1985).

② Guo Zhiyuan & Floyd Feeney, *The New Chinese Mental Health Laws*, Washington University Global Studies Law Review, Vol. 17, p. 438(2018).

③ Barrett v. Coplan, 292 F. Supp. 2d 281, 285 (2003).

④ Keilitz, Ingo et al, *Least Restrictive Treatment of Involuntary Patients: Translating Concepts into Practice*, Saint Louis University Law Journal, Vol. 29, p. 692(1985).

性和预防性干预的组合，其中 a）有助于最有效和适当的治疗，这将给精神错乱的人提供改善其精神现实的机会。b）对个人的身体，社会或生物学自由的限制不超过实现保护社会、为个人提供心理健康治疗和护理的合法国家目的所必需的。”①最低限度替代原则或最小限制性替代原则的运用实则是一种“管理式医疗”，出发点是保障精神障碍患者利益，意在规范使用处方药，这可能会严重限制精神药物的使用，限制包括对可以一次提交的不同处方数量的限制。对于医疗机构来说需要考虑成本控制措施，例如批准更昂贵的药品或一整类药品，再或者采取强制性仿制药替代以及从处方药中排除某些药品。

比例原则作为刑事强制医疗执行制度的基本原则，主要约束的是强制医疗机构的治疗和监管职能。之所以难以通过自律的途径来实现被强制医疗人的人权保障，是因为在刑事强制医疗执行过程中，被强制医疗人作为弱势群体的地位更为明显，医疗机构与被强制医疗人之间的力量对比悬殊，如果完全以治疗为唯一目的，那么就可能出现监管方法和程度上的偏差。以法律的方式为医疗机构的治疗和监管划定底线，是实现治疗和监管规范法治化的基本路径，至少在刑事强制医疗执行制度上，为医疗和法律搭建共识平台。但是目前，《刑事诉讼法》对治疗和监管欠缺明确规定，《精神卫生法》欠缺细化的配套措施，单靠《人民检察院强制医疗执行检察办法（试行）》对治疗和监管所设定的监督项目显得势单力薄。基于此，如果不能以体系化思维，通过法治的途径防范医疗机构存在的职能异化风险的话，那么被强制医疗人健康权和人身自由权的保障效果仍存在折扣。

（四）刑事强制医疗机构职能的运行机制尚待进一步优化

对于刑事强制医疗机构而言，职能和机制缺一不可，要发挥好刑事强制医疗机构的职能离不开健全的运行机制，这就凸显运行机制的重要性。运行机制的状况具体体现在医疗机构在治疗和监管区域方面的设置情况，如果从整体视角来看，医疗机构的治理体系对治理效能的发挥是关键性的制约因素。

1. 国际组织对精神卫生医疗机构的考察报告

1962 年世界卫生组织对各国精神卫生医疗机构进行了考察，在出具的《世界卫生组织纪事》中对精神卫生医疗机构的改造进行了阐释：“在许多国家，一些病房或精神病院的一部分都开着门。这种‘开门’制度与‘开放病房’制度不一样；虽然前者可能存在于一个本身‘关闭’的机构中，但‘开放病房’在自愿的基础上接收病人。一些国

---

① Keilitz, Ingo et al, *Least Restrictive Treatment of Involuntary Patients: Translating Concepts into Practice*, Saint Louis University Law Journal, Vol. 29, p. 695 (1985).

家没有开放的病房系统，而另一些国家的自愿病人的数量可能在所有入院人数的10%到85%之间。开放病房制度在很大程度上可被视为对精神病医院管理水平和民众接受精神病院管理程度的公平衡量。”①一直以来世界卫生组织高度关注人类精神障碍状况，尤其是从人权上积极推动精神障碍患者权利保障。精神卫生医疗机构对治疗和监管区域的设置状况反映了意愿的管理水平和民众的可接受度，世界卫生组织采用“开门”制度和“开放病房”制度的概念对此进行阐释，对内的“开门”制度反映的是医疗机构对各个病房之间以及精神障碍患者之间的管理思维，对外的“开放病房”制度意味着医疗机构收治患者的来源，也就是只收治非自愿住院患者，还是自愿住院患者和非自愿住院患者均收治。

时至今日，世界卫生组织持续推动各国精神卫生事业的发展，更是围绕精神障碍患者人权保障遇到的风险而积极作为，例如2013年世界卫生大会批准的《2013—2020年精神卫生综合行动计划》明确提出精神障碍患者“可能在卫生机构遭到有害和有辱人格的待遇”，并提出至2020年的“整体目标是促进精神健康，预防精神疾患，提供照护，加强恢复，促进人权并降低精神障碍患者的死亡率、发病率和残疾发生率”。2022年世界卫生组织发布《2022年世界精神卫生报告》呼吁，国际组织与各国政府要行动起来，重塑影响精神健康的环境，因此“开门”制度和“开放病房”制度虽然是在20世纪60年代提出的，但是从近十年世界卫生组织在精神卫生领域的努力来看，反映出世界卫生组织试图通过对精神卫生医疗机构的考察与建议，来推动这一领域的人权保障。

2. 其他国家的典型做法

美国研究者考察公立精神病院，从治疗和羁押上提出治疗病房和慢性病房两个理论概念。慢性病房的存续时间依据病房的形状或完整性的维护或增强而定。长期服务的逻辑准确地嵌入了满足这些要求以及根据这些条件来处置像精神障碍这样的患者过程，“这些患者正在‘被帮助’而不是‘接受治疗’，如果没有这样的精神病处方和与之抗争的资源，长期服务就会像任何社会系统一样进行下去，通过接受、社会化、融入的方式使患者在基本社会单位中生活”②。可见，“治疗病房”和“慢性病房”两个概念的提出是对治疗和羁押的一种转换式表达，慢性病房看似是长期服务，实则隐含着监管元素，在治疗和监管区域的设置上以监管为重点，在运行机制上，是监管思维

① WHO Chronicle & Geneva, *The transformation of the mental hospital*, International Review of the Red Cross Archive, Vol. 3, p111(1963).

② Bucher, Rue & Leonard Schatzman, *The Logic of the State Mental Hospital*, Social Problems, Vol. 9, p. 348(1962).

占主导；治疗病房是将精神障碍患者作为被治疗者，采用的治疗思维占主导的运行机制。

英国研究者考察了英格兰和威尔士的弗雷恩医院、伦威尔医院、希尔德医院三家精神病院。弗雷恩医院将病房分为住院病房、老年病病房（老年精神病病房）、康复病房，还有一个专门的区域是收容非常不安的患者以及法院或刑事机构转介的患者。伦威尔医院分为入院病房、急症病房、康复病房和老年精神病病房，还有一个区域是法医部门，该部门接纳犯罪患者。希尔德医院病房分为住院病房、康复病房和老年病房，有一个区域是青少年病房，还有一个精神病学评估小组。三所医院实行开放政策，除了精神病房实行上锁①政策。从英国的这三家精神卫生医疗机构在病房的设置上看，按照不同的标准对病房做了不同的分类，所谓的标准具有混合性，既包括依据患者的年龄进行分类，如老年病房、青少年病房，也包括根据疾病的情况进行分类，如急症病房、康复病房，通常也将犯罪患者、具有危害性的患者单独设立病房。这种设置方式综合考虑患者的特点，兼顾治疗和监管之所需。

3. 我国刑事强制医疗机构职能的运行机制依赖于医疗机构的自我设定

在我国，综合类卫生医疗机构、强制医疗所（安康医院）、精神卫生医疗机构作为强制医疗执行机构，他们虽然同属于医疗机构，但是在主管机关、疾病诊疗、患者类别等方面存在差异，尤其是综合类卫生医疗机构和精神卫生医疗机构在接诊上属于社会化开放式，即便是强制医疗所（安康医院）在科室设置、治疗和监管区域等方面以国家卫生行政机关要求为准，并接受评估。这意味着我国现有的刑事强制医疗机构是以诊疗目的，以患者康复为目标，治疗和监管区域的设置依赖于医疗机构的自我设定，不会因为患者是刑事被强制医疗人而在区域上进行特别的划定。强制医疗所（安康医院）作为接收刑事强制医疗人的专门性机构，在社会属性上虽然偏弱，但仍是围绕治疗而开展的监管。

在本研究中，有接近 1/3 的被调查者认为应当为“被强制医疗人设置专门的区域”，与现有的医疗机构的属性和职能并不相吻合，接近 1/3 的被调查者认为应当“根据被强制医疗人的人身危险性、精神障碍种类进行分类收治”更具有现实性。其实，刑事被强制医疗人在入院后与其他精神障碍患者的不同在于，一是他们属于经过法院判决的非自愿性住院治疗；二是医疗机构在收治后，需要接收人民检察院的监督和检察；三是刑事被强制医疗人的出院，由医疗机构提出解除强制医疗意见，人民法院按照刑事诉讼法的规定解除程序办理。一言以蔽之，刑事强制医疗机构职能的运行

① Andoh & Benjamin, *Mental Hospital Regime in England and Wales*, Medicine and Law, Vol. 15, p. 109 (1996).

机制是在医疗机构自我设定的基础上融入刑事诉讼元素。

笔者在开展实证研究的过程中,实地考察了若干家精神卫生医疗机构,根据性别进行分区设置,在同一病区,按照精神障碍类型的不同,对病房进行概括性的区分,每个病房采用多人合住的方式,在治疗的过程中是将刑事被强制医疗人视为患者,并不对他们进行标签化。医疗机构在监管上重点关注的是那些具有人身危险性的患者,当他们出现危险行为的时候,医护人员按照院内程序,采取保护性治疗措施,例如注射镇静剂,束缚在病床上或居住单独病房,当病情稳定或好转后,会解除保护性治疗措施;医疗机构也会定期对患者进行病情评估,对于具有危险性的患者采取高的护理级别。2001 年 11 月 23 日原卫生部颁布《关于加强对精神病院管理的通知》要求“加强病因、发病机制、诊断、治疗等方面的基础和临床研究。把研究工作与防治管理工作结合起来”,在附件中列明“精神病人入院收治指征”,“对出现严重自伤、自杀、拒食或严重兴奋、冲动伤人、外跑等,可危及生命或危害社会治安者应属紧急收治范围,并应给予特级护理”。

其实,从国际和各国的医疗卫生事业发展来看,精神障碍是被着力解决的疾病,无论是何种医疗机构承担刑事强制医疗职能,早已摒弃以前出现的庇护、关押等极端异化现象。我国刑事强制医疗机构职能的运行机制依赖于医疗机构的自我设定现象,从刑事强制医疗执行制度上看,存在忽略刑事被强制医疗人所具有的特殊属性的问题,刑事诉讼元素在医疗机构治疗和监管中的融入,也具有明显的被动性,这源于我国未明确刑事强制医疗执行机关、缺少刑事强制医疗机构的专门性法律、强制医疗所(安康医院)数量过少。

三、刑事被强制医疗人社会保障制度亟待完善

马克思在《1844 年经济学哲学手稿》中对资本主义生产关系下人的异化问题进行了深入的剖析,将人的异化归结为“一种非人的力量统治一切”①,我国研究者的解释是“只要处在私有制的条件下,人就是异化的。这种异化会通过人自身以外的物品、活动,甚至人本身表现出来”②。马克思抨击的是资本主义制度,以此为人的主体地位进行纠偏,也就是说要实现人的复归,就要尊重人的社会主体地位,充分展现人的社会属性,恰恰在此点上可以为刑事被强制医疗人的社会保障提供论据。对于刑事被强制医疗人而言,要避免将其对象化,离不开有力的社会保障措施,以此才能实现他们的精神健康权和有效的社会回归。

---

① 《马克思恩格斯文集》(第 1 卷),人民出版社 2009 年版,第 233 页。

② 查正权:《何以成人——马克思关于人的范畴研究》,南京大学出版社 2015 年版,第 135 页。

（一）社会救助对于刑事被强制医疗人的意义

精神障碍患者属于社会弱势群体，因为他们往往会因穷而病、因病致贫、因病返贫，而且他们还会被贴上"精神病"标签，刑事被强制医疗人的标签化现象更为明显。对于刑事被强制医疗人来说，家庭是他们最重要的社会支持，这在强制医疗期间和解除强制医疗后均是如此。从他们的个人或家庭情况看，有的属于流浪乞讨人员，有的属于"三无"（无劳动能力、无生活来源且无法定赡养、抚养、扶养义务人，或者其法定赡养、抚养、扶养义务人无赡养、抚养、扶养能力）精神障碍患者，有的家庭中不只一位精神障碍患者，有的家庭特别困难，有的家庭对他们存在排斥现象，当然也有的家庭积极支持治疗。无论在哪种情形下，他们都享有精神健康权，而且此权利属于社会权范畴，所以健全的社会保障制度必不可少。从主要内容上看，社会保障包括三部分，即"社会救助、社会保险和社会福利"①。

社会救助是"国家和社会对因各种原因无法维持最低生活水平的公民给予无偿救助的一种社会保障制度"，"社会救助不仅能够消除贫困，而且还能够消除因贫困而衍生的社会排斥与社会隔离"②。对于弱势群体来说，社会救助是实现社会正义的重要体现。在社会救助的原因中，疾病即属其一，所以医疗救助就成为必然要求，"医疗救助是以政府为主体，为贫困人群中的疾病患者提供基本医疗服务，保障贫困人口健康权益的一种社会救助专项制度"③。刑事被强制医疗人作为患者，尤其那些属于家庭经济困难者，如何通过社会救助促进他们的治疗效果乃至有效的回归社会都是至关重要的。当然，在医疗费用上，社会保险可以解决一部分，社会福利也可以在一定程度上提供支持。但是这并不意味着能够全面解决问题，所以在社会保障制度体系内，社会救助、社会保险、社会福利三者的统筹协调状况制约着刑事被强制医疗的康复效果与社会回归质量。

（二）国际社会关注精神障碍患者的社会救助问题

精神障碍患者的社会救助集中反映在医疗救助方面，这一问题得到了国际社会的关注，2013 年第六十六届世界卫生大会通过的《2013—2020 年精神卫生综合行动计划》指出，"精神疾患常常使个人和家庭坠入贫穷。与一般人口相比，精神障碍患者陷于无家可归或被不当监禁的情况要常见得多，加剧了其边缘化和脆弱性"，这份计

① 郑成功主编：《社会保障概论》，复旦大学出版社 2005 年版，第 5 页。

② 张新生：《我国弱势群体社会救助研究》，经济科学出版社 2013 年版，第 26—27 页。

③ 张妤婕：《医疗救助法律制度研究》，法律出版社 2018 年版，第 23 页。

划也强调“由于精神障碍患者普遍遇有侵犯人权和歧视情况，因此必须从人权角度应对全球精神疾患负担问题”“精神障碍患者往往生活在脆弱情景之中并可遭受社会排斥和被边缘化，这成为对实现国家和国际发展目标的一个重大障碍”。虽然在2021年世界卫生大会上，世界卫生组织强调全球对精神卫生领域投资不足，将该行动计划延长至2030年，但是世界卫生大会主张将精神障碍患者的医疗保障问题上升至人权层面予以保障，足以体现国际社会对精神障碍患者权益保障的重视程度。这就明确了世界卫生组织在精神障碍患者医疗保障中的职权和地位，从而最大限度地推动各国采取有效措施。而且这份计划之中指出：“卫生系统尚未对精神疾患负担作出充分反应，因此治疗需求与治疗提供之间的差距在世界各地都很大。在低收入和中等收入国家，76%至85%的严重精神障碍患者不能为其疾病获得任何治疗；高收入国家的相应比率也很高：35%至50%。使问题进一步严重化的是未接受治疗者提供的医疗质量的低下。”可见，精神障碍患者的医疗救助主要体现在医疗负担和医疗质量上，世界卫生组织是国际上最大的政府间卫生组织，对各成员国在疾病医疗上具有制约作用，这份行动计划中涉及的对精神障碍患者医疗救助问题的剖析和举措，体现出世界卫生组织的积极作为。

从美国的情况看，“美国针对低收入和低资产人群制定医疗救助计划是针对在普通药物和精神药物方面的处方药支出急剧增加的问题。1991年至2001年，所有处方药的医疗救助支出从47亿美元至241亿美元（按1991年美元计算为186亿美元），而同期在精神药物上的支出从6亿美元增加至67亿美元（按1991年美元计算为52亿美元）。换句话说，精神药物所占药品总支出的份额在10年内从12.8%增加到28%。根据1991年至2001年举报的暴力犯罪的全国数字约1,750万，在兴奋剂上每人每花费1美元，暴力犯罪就减少0.8%，这意味着在过去11年中避免了大约14万暴力犯罪。在这11年中，财产犯罪减少了483,000件”①。从数字的变化看，美国的医疗救助计划将精神药物纳入其中，反映了精神障碍对人们的影响之重，当然，药物的有效使用有助于减少精神障碍患者的犯罪。

（三）我国刑事被强制医疗人社会保障制度的发展与不足

1.刑事被强制医疗人存在医疗费用支付难的问题

刑事强制医疗执行是依据人民法院的刑事强制医疗决定书使精神障碍患者在强制医疗机构接受治疗和监管，与自愿接受治疗者的明显不同体现在医疗费用的支付

---

① Alison Evans Cuellar, *Medicaid policy changes in mental health care and their effect on mental health outcomes. Health Economics*, Policy and Law, Vol. 2, p. 24(2007).

上,前者因具有被动性而显现出支付难度。根据本研究的调查结果可知,被调查者中仅有6.3%的认为医疗费用的支付没有困难,这反映出医疗费用是实践中最为现实和突出的问题。如果以精神障碍患者是否获得社会救助为标准,可以分为救助性精神障碍患者和非救助性精神障碍患者,有研究者调查分析前者的日均医疗成本低于后者,原因是“救助经费一定程度上受到民政部门的制约,诊疗措施多为基本药物使用和常规检查,但躯体合并症的存在,会使救助医疗成本明显增加”①。也就是说,医疗机构在对精神障碍患者实施治疗的过程中,他们会根据患者获得救助的数额或标准来确定治疗方案,如此一来势必影响治疗效果。不过,对于非救助性精神障碍患者也不能一概地认为不存在医疗费用支付问题,因为这类患者除了本人或家庭能够承担相关费用的情形外,还可能存在他们没有提出社会救助申请或没有申请到社会救助的情形,这也成为医疗费用支付难的一种情形。

2. 我国现行政策和法律在刑事被强制医疗人社会保障中存在的短板

在我国,刑事被强制医疗人社会救助已经具有相关的政策和法律依据。2014年国务院颁布《社会救助暂行办法》第27条规定:“国家建立健全医疗救助制度,保障医疗救助对象获得基本医疗卫生服务”,并将“最低生活保障家庭成员”“特困供养人员”列入医疗救助对象,这部行政法规虽然没有将精神障碍患者明确列入医疗救助范畴,但是当他们符合社会救助或医疗救助条件时也有权进行申请。《精神卫生法》第68条和第69条明确规定严重精神障碍患者应当获得供养和救助。刑事被强制医疗人属于严重精神障碍患者,这两条规定更具针对性,更有利于保障严重精神障碍患者的合法权益。《全国精神卫生工作规划(2015—2020年)》在“落实救治救助政策”中提出“做好基本医疗保险、城乡居民大病保险、医疗救助、疾病应急救助等制度的衔接,发挥整合效应,逐步提高精神障碍患者医疗保障水平”。这与本研究的调查结果相吻合,调查显示影响刑事被强制医疗人医疗费用支付难度的因素包括“基本医疗保险制度是否健全”“被强制医疗人及其法定代理人、近亲属的经济状况”“政府在刑事强制医疗方面是否设立专项资金”。从实践运行状况看,刑事被强制医疗人医疗费用首先由城乡居民基本医疗保险或城镇职工基本医疗保险解决,剩余的由被强制医疗人及其法定代理人、近亲属来支付,如果有困难的,符合医疗救助条件的可以由民政部门给予医疗救助。由此可见,医疗保险情况、家庭经济状况、救助政策落实情况是解决刑事被强制医疗人医疗费用的基本途径。

(1)医疗保险制度逐步健全,但是对于刑事被强制医疗人的保障仍有缺项。在我

① 王世锴、郭萍等:《浙江省救助性精神障碍患者医疗成本分析》,载《上海交通大学学报(医学版)》,2010年第30卷第8期,第1014页。

国,1998 年实行城镇职工基本医疗保险制度,2003 年实行新型农村合作医疗制度,2007 年实行城镇居民医疗保险制度。长期以来,城乡居民医疗保险处于分离状况,导致公民无法公平享有基本医疗保险权益。2016 年国务院印发《关于整合城乡居民基本医疗保险制度的意见》,将原有的城镇居民基本医疗保险和新型农村合作医疗两项制度整合为城乡居民基本医疗保险,推进了医疗公平化进程。对于刑事被强制医疗人来说,如果属于非城镇职工,那么在城乡基本医疗保险制度下,医疗费用的报销比例、报销程序等方面相比之前更加优化和有利。但是那些非城镇职工的刑事被强制医疗人,参加城乡居民基本医疗保险实行自愿原则,参保费用由个人缴纳和各级财政补助组成,这对于那些流浪乞讨人员和“三无”人员中的刑事被强制医疗人来说,当个人无法缴纳或错过缴纳时间的话,那么医疗保险就无法生效,导致他们接受强制医疗期间无法享受医疗保险待遇。

(2)家庭经济困难者的救助力度不断增强,但是对于刑事被强制医疗人的救助机制仍需完善。《精神卫生法》第 68 条规定“县级人民政府应当按照国家有关规定对家庭经济困难的严重精神障碍患者参加基本医疗保险给予资助”,但是该法中并没有相关的责任条款,以至于出现强制执行力偏弱的问题。基本医疗保险是按照年度缴纳,刑事被强制医疗人需要每年按时缴纳费用方可在下一年度享受保险待遇,如果缺少健全的缴纳机制,会出现基本医疗保险中断的问题。不容忽视的是,基本医疗保险只报销医保目录中的药品,“医保目录对治疗精神障碍药物类基本药物均全部收载,但也存在地区间不平衡、第二代抗精神病药列为甲类药少等问题”①。也就是说,精神障碍医保报销目录尚待进一步优化。因此解决他们的医疗费用问题需要将家庭经济困难认定机制与刑事被强制医疗人基本医疗保险制度建立有效的衔接。

(3)社会救助政策日渐体系化,但是对于刑事被强制医疗人的可适用性仍需优化。在我国体系化的社会救助政策中,专项性的救助尚不健全,例如对于未纳入社会救助的刑事被强制医疗人,在家庭有能力支付医疗费用却不支付的情况下,即便可以通过基本医疗保险解决较大部分费用的支付问题,但是余下费用的支付仍然存在困难;由于刑事被强制医疗人实施危害行为地与籍贯所在地并非一致,或者是籍贯所在地没有强制医疗机构而送往外地强制医疗机构,这种异地医疗的情况会出现城镇职工医疗保险和城乡居民基本医疗保险异地结算比例偏低、流程复杂的问题,如果不能从政策上予以协调解决,就会增加个人支付比例。

(4)国家基本医疗卫生制度不断完善,但是对刑事被强制医疗人的权利保障缺少

---

① 彭洪兴、高明泽:《10 省(区、市)医保目录收载治疗精神障碍药物类基本药物的情况分析》,载《中国药房》2017 年第 28 卷第 3 期,第 295 页。

救济性机制。随着我国医药卫生体制的不断改革和健康中国建设的推进,基本医疗卫生制度也实现了长足的发展,《基本医疗卫生与健康促进法》第 5 条规定:“公民依法享有从国家和社会获得基本医疗卫生服务的权利”;第 15 条规定:“基本医疗卫生服务包括基本公共卫生服务和基本医疗服务。基本公共卫生服务由国家免费提供。”对于刑事被强治医疗人来说,他们同样享有从国家和社会获得基本医疗卫生服务的权利,对于国家来说则负有义务保障刑事被强制医疗人权利的实现,但是这项权利缺少司法制度的保障。以美国的医疗救助的保障措施为例,美国实施的《医疗补助法案》授予符合条件的医疗补助接受者强制执行的权利,而且美国《法典》第 42 章第 1983 条,有权合理及时地获得医疗援助(医疗补助金),“将‘医疗援助’定义为提供服务或为服务提供资金的总括规则是不切实际的。这是因为提出这一问题的每个案件的事实不会相同,法院很可能会使用一个可能适用于一组事实,但也可能不适合另一组事实的定义”①。依据我国现有的法律,刑事被强制医疗人虽然有权获得基本医疗卫生服务,但是如果这一权利缺少救济性机制的话,那么它的保障性大打折扣。其中,通过司法的方式来解决这一问题契合逻辑性要求,因为“当政治和社会力量朝着与法院相同的方向发展时,法院显然作为政策变化的提供者更加有效。事实上,一个看似很小的法院判决可能在整个政策过程中产生影响,使某些结果比其他结果更有可能。累积而言,这些法院裁决可以推动政策在没有司法干预的情况下朝着似乎不可想象的方向发展”②。

(5)我国社会保障制度体系不断完善,但是对于刑事被强制医疗人保障在形式和实质上尚待互融。其实,之所以加强刑事被强制医疗人社会保障制度建设,原因在于他们是弱势群体,他们的社会保障状况是国家人权和社会公平的测振仪。在社会保障制度体系中,社会救助和社会保险是两项主要的子体系。当然,从显性层面看,医疗费用是需要解决的最大问题,是制约强制医疗效果的主要因素,这可以通过医疗救助和医疗保险予以最大限度地解决,但是不能实现问题解决的全面化,还需要对医疗救助和医疗保险进行体系性优化和相关机制的衔接。不容忽视的是,从隐性层面看,现有的刑事强制医疗制度主要是从形式上或程序上为这项制度提供合法性依据,但是治疗效果以及回归社会的有效性是需要从实质层面进行考量,保障刑事被强制医疗人精神健康权不仅仅是经济上的社会救助,还包括法律援助、公共卫生服务等,正

---

① Kenneth R. Wiggins, *Medicaid and the Enforceable Right to Receive Medical Assistance: The Need for a Definition of Medical Assistance*, William and Mary Law Review, Vol. 4, p. 1511(2006).

② Jennifer L. Erkulwater, *The Judicial Transformation of Social Security Disability: The Case of Mental Disorders and Childhood Disability*, Connecticut Insurance Law Journal. Vol. 8, p. 406(2002).

如有的研究者提出的专家化的救助思路:"未来的法律改革者应考虑患有精神问题的贫困被告是否需要专家帮助,如果是,改革者应考虑如何提供专家帮助。指定的精神科医生可以提供精神检查并担任辩护顾问。这将有助于确保贫困的被告在精神病援助方面不会处于更糟糕的境地。与证明法律援助合理的理由相似,对于所有刑事案件中的被告(例如平等保护,正当程序和有意义的诉诸司法),坚决支持向处于贫困状态的精神病患者提供以国家费用为代价的精神科援助。"①

由上,完善刑事被强制医疗人社会保障制度的依据在于人民法院的强制医疗决定,国家义务由此形成,既要保障刑事被强制医疗人获得有效的治疗,也要避免强制医疗机构陷入经费困境,所以有必要结合被强制医疗人家庭情况和精神障碍治疗之所需,建立刑事被强制医疗人社会保障制度体系,由政府负担的也应当避免"如果强制医疗费用由各地政府自行解决,这无疑会加重地方政府的负担,导致个别地方不愿意或者无力配合开展强制医疗工作,如此难以保证强制医疗实施效果"②这一潜在问题的发生。

四、刑事强制医疗执行制度欠缺体系化的诊断评估机制

(一)"诊断评估"的似明非明状态

诊断和评估是临床医学中的常规工作,诊断主要是在入院前或入院时,评估主要是在治疗过程或出院前,将诊断评估应用于刑事法律始于2012年《刑事诉讼法》设立的"依法不负刑事责任的精神病人的强制医疗程序",该法规定强制医疗过程的诊断评估应当定期开展。2012年《刑诉法解释》第541条将诊断评估作为启动解除程序的必备条件。不过,2020年《刑诉法解释》在第646条延续2012年《刑诉法解释》的规定;《人民检察院刑事诉讼规则(试行)》在第664条将"没有依照规定定期对被强制医疗的人进行诊断评估"列入应当依法提出纠正意见的范围;《人民检察院刑事诉讼规则》去掉《人民检察院刑事诉讼规则(试行)》中列明的应当依法提出纠正意见的情形,只是在第651条中概括规定对"交付执行、医疗、解除等活动中违反有关规定的,应当依法提出纠正意见";不过《人民检察院强制医疗执行检察办法(试行)》在"医疗、监管活动检察"中将"诊断评估"作为检察监督的一项内容。因此从现行的法律及其相关司法解释看,诊断评估是强制医疗中必不可少的事项,但是仅是涉及"诊断评估",却没有诊断评估如何开展的具体规定,也就是说目前还没有体系化的诊断评估

① Guo Zhiyuan & Floyd Feeney, *The New Chinese Mental Health Laws*, Washington University Global Studies Law Review, Vol. 17, p. 437(2018).

② 赵春玲:《刑事强制医疗程序研究》,中国人民公安大学出版社2014年版,第192页。

机制。

当然，司法行政实践中也在探索使用“诊断评估”，例如湖南省司法厅行政戒毒系统研发“强制隔离戒毒诊断评估执法管理平台”①，再如《浙江省强制隔离戒毒诊断评估工作实施细则（试行）》（现已失效）、《上海公安机关强制隔离戒毒诊断评估实施细则》；在刑事领域中常常使用的是“评估报告”，例如《刑诉法解释》第535条规定人民法院在受理假释案件时应当审查“罪犯假释后对所居住社区影响的调查评估报告”。其实，在监狱制度中，也存在诊断评估的情形，例如监狱中的虐待行为，是诊断评估时必不可少的，“医疗选择必须能够定性为残忍和不寻常的惩罚，然后才能考虑虐待”②，“裁决一名囚犯关于虐待的申诉，需要在诊断和治疗方面应该做更多的工作，避免这些工作中某些方面的缺失”③。在刑事司法中设立评估制度可以使裁决更为合理，涉及医疗与法律交叉领域，开展诊断评估既可以为医疗机构的治疗方案和治疗效果提供依据，也可以为司法机关和行政机关的相关决定提供证据支撑。

从《精神卫生法》的规定来看，诊断和评估是分离的，这与临床实践相契合。该法将“精神障碍的诊断和治疗”作为专章进行了规定，将诊断原则、标准、程序等方面做了明确的规定。从篇章设置看，虽然评估未单独成章，而是纳入治疗范畴，该法第30条规定对严重精神障碍患者实施非自愿住院必须具备“诊断结论”“病情评估”的政策；第44条规定对这类精神障碍患者的出院应当进行“检查评估”，在救济措施上医疗机构及其工作人员如果对这类患者未及时进行检查评估或者未根据评估结果作出处理的，那么就将受到行政处罚。虽然《精神卫生法》没有采用“诊断评估”用语，但是已将“评估”作为治疗的必要组成部分，并以法律的形式予以明确规定。笔者认为，《精神卫生法》中的非自愿住院和《刑事诉讼法》中的强制医疗存在竞合关系，在《刑事诉讼法》没有明确规定的情况下，可以以《精神卫生法》为依据规范“评估”工作。

事实上，行政部门在刑事强制医疗实现司法化后力图通过专门的规范性文件来调整刑事强制医疗执行制度，这就是《强制医疗所条例（送审稿）》，正式稿虽然一直没有颁布，但是从送审稿的体例来看，将“评估与解除”作为专章规定，使用“诊断评估”一词，明确了定期诊断评估、评估组、诊断评估的效力等方面，初步构建了诊断评估机制。这有助于刑事强制医疗执行制度诊断评估机制的建立和健全，但是此部规范性文件一直未公布，即便公布，仍然面临着与刑事诉讼法的衔接问题和强制医疗机

---

① 曾雅林、潘建强等：《强戒诊断评估执法管理平台的研发与应用》，载《犯罪与改造研究》2020年第10期，第26页。

② Russell v. Sheffer, 528 F. 2d 318 (4th Cir. 1975).

③ Estelle v. Gamble, 429 U. S. 97, 107, 97 S. Ct. 285, 293, 50 L. Ed. 2d 251, 262 (1976).

构多元化的问题。

（二）诊断评估的启动主体欠缺周延性

1. 诊断评估与精神疾病司法鉴定的差异

探讨诊断评估的启动主体首先需要明确在刑事强制医疗制度中诊断评估与精神疾病司法鉴定的差异。根据《刑事诉讼法》，人民法院决定对精神障碍患者实施强制医疗必须经法定程序鉴定，所谓的鉴定就是精神疾病司法鉴定，而在治疗的过程和申请解决强制医疗中采用的是诊断评估。我国《精神卫生法》的规定更为细化，该法将非自愿住院的严重精神障碍患者分为两类：一是“已经发生伤害自身的行为，或者有伤害自身的危险的”；二是“已经发生危害他人安全的行为，或者有危害他人安全的危险的”。前者仅涉及诊断和病情评估，后者则可能存在诊断、病情评估和鉴定，具体体现在《精神卫生法》在第32条至第35条对诊断和鉴定作出的相关规定，也就是说，对于第二类非自愿住院的严重精神障碍患者，当患者本人或者其监护人对诊断结论有异议的时候方可启动鉴定程序，这种鉴定属于精神疾病司法鉴定。

由此可见，两部法律所涉及的鉴定对象存在差异，而且在程序设定上也有所不同，《精神卫生法》中的鉴定是以诊断和病情评估为前提，而《刑事诉讼法》对收治环节并未做具体规定，《强制医疗所条例（送审稿）》所规定的收治也未规定诊断事宜；在刑事强制医疗执行制度中，根据《刑诉法解释》第646条的规定，申请解除强制医疗应当附有诊断评估报告，只有在“被强制医疗的人及其近亲属向人民法院申请解除强制医疗，强制医疗机构未提供诊断评估报告的，申请人可以申请人民法院调取。必要时，人民法院可以委托鉴定机构对被强制医疗的人进行鉴定。”也就是说，在刑事强制医疗执行制度中，鉴定并非一种常态，而仅是在必要的时候才启用鉴定。从我国刑事强制医疗制度中的鉴定依据看，主要适用《刑事诉讼法》在侦查一章中关于鉴定的规定和证据制度中的鉴定意见的规定，启动主体包括公安司法机关和当事人。规范鉴定过程的法律法规主要是全国人民代表大会常务委员会《关于司法鉴定管理问题的决定》《司法鉴定程序通则》等。因此精神疾病司法鉴定具有更严格的程序要求，而且鉴定意见是刑事诉讼法规定的八种法定证据种类之一，诊断评估并不是一种单独的证据种类，属于医疗机构的一项医疗行为，即便《刑事诉讼法》和《精神卫生法》涉及“诊断”“评估”以及“诊断评估”，但是对于具体的过程并没有明确的法律规定，应当遵照医疗机构的诊断评估规范。

2. 诊断评估启动主体的两个场域

在刑事强制医疗执行制度中，并未涉及精神疾病司法鉴定，只有治疗过程和解除强制医疗程序需要诊断评估，所以诊断评估启动主体存在于这两个场域之中。

一是根据《刑事诉讼法》及其相关司法解释的规定，在治疗过程中的定期诊断评估启动主体是由强制医疗机构启动，如果强制医疗机构未履行定期诊断评估，则由人民检察院依据《人民检察院强制医疗执行检察办法（试行）》提出纠正意见。二是解除强制医疗程序中的诊断评估会因为解除程序的启动主体不同而不同。由强制医疗机构提出解除强制医疗意见的情形，通常是由强制医疗机构作为诊断评估的主体，但是如果未附诊断评估报告的，人民法院应当要求其提供，启动主体变为人民法院；由被强制医疗人及其近亲属向人民法院申请解除强制医疗，启动主体为申请人，不过强制医疗机构未提供诊断评估报告的，申请人可以申请人民法院调取。

3. 诊断评估启动主体缺少人民检察院

概括来看，诊断评估的启动主体包括强制医疗机构、人民法院、申请人，根据本研究的问卷调查结果可知，被调查者倾向于将人民检察院也纳入诊断评估的启动主体，也就是在治疗过程中的定期诊断评估启动主体除了强制医疗机构外，还应当包括人民检察院，在现有的规定中，人民检察院仅仅是提出纠正意见，尚难以发挥检察监督作用，赋予人民检察院定期诊断评估强制启动权有助于增强监督效果。

（三）强制医疗机构作为诊断评估的实施单位难以发挥中立作用

诊断评估的启动机制固然重要，但是实施单位更为关键。通过诊断评估的启动机制可知，无论是由哪一方启动，最后的实施单位均是强制医疗机构，当然在解除程序中，必要时人民法院可以委托鉴定机构实施鉴定，这显然不是一种常态化的状态。强制医疗机构作为诊断评估实施单位存在的问题是“强制医疗机构的多重职责角色定位所导致的利益冲突，导致难以确保评估报告的客观性和中立性”①。事实上，诊断评估报告虽然不是法定的证据种类，但是具有证据属性，是人民法院作出裁决的核心证据，这就要求诊断评估不但具有专业性，而且应当具有极强的客观性。

1. 强制医疗机构作为定期诊断评估实施单位隐含的问题

《刑事诉讼法》规定定期诊断评估实施单位是强制医疗机构，这看似合理实则隐含问题。定期诊断评估处于医疗过程中，就医疗机构而言，这可以算作常规工作，但是问题恰恰在于刑事强制医疗的强制性，并且纳入刑事诉讼制度之中，所以强制医疗就不仅仅是一项医疗行为，特别是刑事被强制医疗人处于封闭式治疗之中，这种人身自由的限制还具有不定期性，正如有的研究者所指出的“定期诊断评估机制是判断强

---

① 吕晓刚、杨彩虹：《刑事强制医疗解除程序完善实证研究》，载《河南财经政法大学学报》2020 年第 6 期，第 144 页。

制医疗是否有继续执行必要性的正当化根据”①。实施定期诊断评估可以动态地掌握强制医疗效果,有助于适时地解除强制医疗。目前,在诊断评估周期欠缺统一规定的情况下,实则强制医疗机构具有相应的决定权。在内容方面,由于精神障碍的治疗难以精准评估,而且治疗效果与解除强制医疗密切相关,如果由强制医疗机构作为定期诊断评估单位自然难以避嫌。即便是有人民检察院对诊断评估实施监督,也难以对专业事项开展监督。

如果引入第三方作为定期诊断评估实施单位,那么可能会使第三方在这种“定期”之中产生工作负担,而且对强制医疗机构会增加诊断评估费用。在本研究调查中,45.3%的被调查者赞同采用联合诊断评估的方式,笔者认为要采用联合诊断评估应当具有健全的运行机制,也就是成立诊断评估工作委员会,由人民检察院、强制医疗机构和其他有资质的精神疾病鉴定机构联合组成。当然,这种方式同样会存在第三方选任、费用的解决等问题,但可以通过完善刑事强制医疗执行制度和健全社会保障制度来解决。不过,定期诊断评估终究是处于刑事被强制医疗人的治疗过程中,不能完全脱离医疗机构,而且这是一种评估而非鉴定,所以采取联合诊断评估的方式增加了评估的中立元素,这对人民检察院的监督效果也是有益的。

2. 诊断评估报告在解除强制医疗程序中存在效力偏低的问题

在刑事强制医疗制度中,存在重“收治”轻“解除”的问题,例如在强制医疗决定程序中,精神疾病司法鉴定报告是必备要件,但是在解除强制医疗程序中,采用的是诊断评估报告,这不仅体现在诊断评估报告不属于法定证据种类外,关键在于同样是与刑事被强制医疗人人身自由密切相关的程序,解除程序却缺少中立机构的鉴定报告,导致程序的公正性受到质疑。

基于此,在解除强制医疗程序中由强制医疗机构出具诊断评估报告为常态,鉴定机构出具评估报告为个例存在以下问题:首先,在解除强制医疗审理程序中,强制医疗机构既作为执行机构,也作为诊断评估实施单位,进一步加剧专业知识的垄断性问题,导致审理形式化问题;其次,与定期诊断评估相似,由强制医疗机构出具诊断评估报告难以避免其自身所具有的利益相关性,影响评估结果的客观性;最后,解除强制医疗程序中的诊断评估与定期诊断评估的本质不同在于前者是刑事强制医疗执行制度中的一项特定程序,是由法官来居中裁判,具有强制医疗决定程序在价值属性上应当具有一致性,诊断评估应当与鉴定意见具有同等效力。虽然本研究的调查结果显示50.9%的被调查者赞同联合诊断评估,但是如果解除程序中的诊断评估改为鉴定意见;根据裁判文书统计可知,在解除强制医疗决定书和继续强制医疗决定书中分别

① 赵春玲:《刑事强制医疗程序研究》,中国人民公安大学出版社2014年版,第191页。

有15.29%和14.17%的案例是由第三方出具诊断评估报告,说明司法实践中对此已有探索。

总之,由具有精神疾病司法鉴定资质的第三方作为鉴定机构可以增强鉴定的中立性、客观性,提升人民法院裁决的可接受性。

(四)首次诊断评估时间与定期诊断评估周期缺少统一规定

在诊断评估机制中,首次诊断评估时间和定期诊断评估的周期是两项不可缺少的要素,但是《刑事诉讼法》仅规定了定期诊断评估,关于两类时间却没有相关的规定。《精神卫生法》第44条对于非自愿住院患者没有规定定期诊断评估,而是规定医疗机构应当根据精神障碍患者病情,及时组织精神科执业医师进行检查评估。从强制戒毒诊断评估制度看,各地在制定实施细则时通常对两种时间都有涉及,例如《浙江省强制隔离戒毒诊断评估工作实施细则(试行)》(现已失效)区分了阶段诊断评估和综合诊断评估,"阶段性诊断评估包括生理脱毒、教育适应和康复巩固三个阶段的诊断评估,综合诊断评估包括戒毒满一年综合诊断评估、一年后按月综合诊断评估、二年期满前综合诊断评估和延期后合并执行期满前综合诊断评估";《上海公安机关强制隔离戒毒诊断评估实施细则》规定"诊断评估分为一年后综合诊断评估、期满前综合诊断评估"。在强制隔离类的行政或司法措施中必须明确首次诊断评估时间和定期诊断评估周期。但是目前我国《刑事诉讼法》和《精神卫生法》对于两类时间均没有明确规定,实践之中由强制医疗机构自主确定,不利于动态掌握强制医疗效果。

1. 首次诊断评估时间

《强制医疗所条例(送审稿)》第34条规定:"自强制医疗执行期满一年之日起三十日内应当进行首次诊断评估。"根据本研究的调查结果显示被调查者中支持满一年实施首次诊断评估的进展11.3%,而赞同满三个月和满半年的分别占40.2%和31.1%。笔者认为,满一年开始首次诊断评估时间过长,虽然精神障碍难以治愈,但是定期诊断评估重点在于动态掌握强制医疗效果,时间过长不符合医疗规律;既然被强制医疗人属于严重精神障碍患者,所以自公安机关交付强制医疗执行之日起六个月开展首次诊断评估更具合理性。

2. 定期诊断评估周期

定期诊断评估是《刑事诉讼法》对强制医疗机构的明确要求,《刑事诉讼法》使用的是"应当"二字,既然是应当,那么在法律或相关司法解释中予以明确,这就导致定期诊断评估虽然是强制医疗机构的强制性义务,但是没有明确的周期规定,也没有相关的法律后果。单从裁判文书看,解除强制医疗决定书和继续强制医疗决定书中未记载强制医疗机构定期诊断评估的分别占12.86%和37.92%,这虽然存在人民法院制作决定书时记载不全的情形，但是至少在一定程度上反映出实践之中存在未定期诊断评估的情形。由此导致“定期”强制性遭到弱化甚至搁置，同时也削弱了刑事强制医疗执行制度的正当性、合法性基础。

那么应当如何确定定期诊断评估周期呢？根据本研究的调查结果，被调查者中赞同“每三个月一次”和“每半年一次”所占的比例分别是36.2%和37.8%。《强制医疗所条例（送审稿）》第34条规定：“首次诊断评估后，一般每隔半年进行一次诊断评估。”俄罗斯《联邦刑法典》第102条规定：“对判处医疗性强制措施的人，每六个月至少一次由精神病医生委员会出具证明，以便解决是否应向法院终止使用或变更这种措施的问题。”我国研究者提出“可以半年一次为周期”①。通过对精神卫生中心的实地考察和现代精神医学的发展，即便是严重的精神障碍患者在经过半年以上的治疗，病情在一定程度上可以得到缓解，而且强制医疗机构在患者病情稳定后，会实施康复措施，这有助于巩固治疗效果，笔者认为“每半年一次”和“每三个月一次”都有一定的可适用之处，但是应当作出区分，对于开展诊断评估后的一年内，可以考虑“每半年一次”，这与精神障碍的治疗规律相契合；另外，可以将“每三个月一次”作为定期诊断评估周期，这样可以使强制医疗机构更及时地研判医疗效果，满足被强制医疗人及其近亲属的诉求，有助于提升人民检察院检察监督的针对性。

五、刑事强制医疗执行检察监督疲软

在刑事强制医疗制度中，如果仅仅是审前和审判中实现司法化，那么就可能出现人民法院在作出强制医疗决定书之后，又回归到该项制度确立之前的行政化状态或纯医疗化状态。这就要求刑事强制医疗执行也应当实现制度化，发挥好执行检察监督作用是此中不可或缺的内容，这也是实现刑事强制医疗决定书司法权威性的重要保障。我国确立刑事强制医疗执行检察监督后，就与刑罚执行监督和刑事强制措施执行监督共同组成刑事执行监督体系。由此，刑事强制医疗执行检察监督既是刑事强制医疗执行制度的组成部分，也是刑事执行监督体系的组成部分。基于此，本研究着眼于制度建设，围绕监督效果对其进行研判和评析。

（一）刑事强制医疗执行检察监督规范化程度与体系性的内生性问题

2012年和2018年《刑事诉讼法》在“依法不负刑事责任的精神病人的强制医疗程序”中明确规定人民检察院对强制医疗执行实行监督。当然，仅有《刑事诉讼法》中概括性的规定尚不足以保障刑事强制医疗执行检察监督效果，所以司法解释就

① 王迎龙：《刑事强制医疗制度研究》，中国政法大学出版社2016年版，第262页。

成为执行检察监督运行的重要依据，如前所述2012年和2020年《刑诉法解释》对刑事强制医疗执行检察监督的规定仅是关于解除强制医疗程序中开庭审理时的出庭和对解除强制医疗决定不当提出书面纠正意见，对于执行的其他环节则没有相关规定。

刑事强制医疗执行检察监督的司法解释依据主要是最高人民检察院颁布的相关司法解释。具体来看，《人民检察院刑事诉讼规则（试行）》和《人民检察院刑事诉讼规则》均将"依法不负刑事责任的精神病人的强制医疗程序"与"刑事强制医疗执行监督"分开规定，并且是以专节的形式规定强制医疗执行检察监督部门、交付执行监督、对强制医疗机构监督、解除强制医疗监督等事项。即便如此，刑事强制医疗执行检察监督仍然存在细节不明的问题，这在具体条文和司法实践均有具有阐释，例如有的研究者在强制医疗执行制度运行之初从法教义学上对执行检察监督存在的问题进行了剖析①，在这项制度运行一段时间后，实务工作者采用实证研究方法对监督实践中存在的问题进行研判②。

针对刑事强制医疗执行制度中存在规范化程度不高的问题，最高人民检察院于2016年5月13日通过了《人民检察院强制医疗执行检察办法（试行）》，对刑事强制医疗执行各个环节的检察监督进行了较为详细的设计。或许是因为有了这份对刑事强制医疗执行检察监督的专门性司法解释文件，所以《人民检察院刑事诉讼规则》虽然以专节的形式规定"强制医疗执行监督"，但是内容却是由《人民检察院刑事诉讼规则（试行）》中的7条缩减为3条，这3条包括对强制医疗的交付执行、医疗、解除等活动的监督，对刑事强制医疗决定的监督，对公安机关的临时保护性约束措施的监督。其中，对公安机关的临时保护性约束措施的监督在《人民检察院刑事诉讼规则（试行）》是在"依法不负刑事责任的精神病人的强制医疗程序"中规定的，而此处后置到强制医疗执行监督，其实对公安机关的临时保护性约束措施的监督规定在最高人民检察院于2018年2月1日颁布的《人民检察院强制医疗决定程序监督工作规定》之中。当然，从全程化监督和贯穿性监督来看，如果检察机关在刑事强制医疗执行之中发现公安机关的临时保护性约束措施有违法情形的同样应当依法提出纠正意见。只不过对于审前阶段中公安机关的临时保护性约束措施的监督在执行检察监督中才予以规定，会存在监督滞后的问题。因此这种概括性规定难以满足执行检察监督的规范化要求。

---

① 参见刘延祥、李兴涛：《检察机关强制医疗法律监督问题研究》，载《中国刑事法杂志》2013年第5期，第108页。

② 参见李宁等：《强制医疗执行监督实证分析》，载《人民检察》2015年第23期，第54—56页。

由上可见,刑事强制医疗执行检察监督需要规范化,从刑事强制医疗执行检察监督规范体系的发展来看,执行检察监督作为刑事强制医疗检察监督的一个独立子体系已经由最高人民检察院以司法解释的形式予以单独规范,从规范化程度和体系性上看,刑事强制医疗执行检察监督有待于进一步提升,有的实务工作者在《人民检察院强制医疗执行检察办法(试行)》根据某省司法实践采用实证研究方法分析出强制医疗执行检察监督中仍然存在的诸多问题①。其实,这些问题依旧集中于监督对象、方式、时间、队伍等方面,表现形式是制度不健全,核心是执行检察监督凸显疲软性。也就是说,虽然人民检察院在不断探索和完善刑事强制医疗执行检察监督制度,但是距离理想效果还有比较大的差距。

(二)刑事强制医疗执行检察监督存在结构性障碍

1. 从效果到结构的逆向思考

从效果上考量刑事强制医疗执行检察监督状况,就是以逆向思维研判执行检察监督的过程和要素,这需要宏观贯通和微观探究,从结构上分析刑事诉讼乃至刑事强制医疗执行检察监督,可以契合分析之所需。在刑事诉讼范畴内,20 世纪 80 年代刑事诉讼构造理论被介绍到刑事诉讼法学理论之中,所谓"刑事诉讼构造,是指刑事诉讼法所确立的进行刑事诉讼的基本方式及控诉、辩护、裁判三方在刑事诉讼中形成的法律关系的基本格局"②。刑事诉讼构造论是对整个刑事诉讼过程和要素的一般性归纳概括,刑事诉讼的各个阶段和特别程序还有具体性的构造,由于"构造"也可以称为"结构",根据社会学理论中的结构理论,笔者采用"结构"一词来分析刑事诉讼执行检察监督,当然刑事强制医疗执行检察监督结构是嵌入在刑事强制医疗执行结构之中的,也就是在大结构之下来分析其中的小结构。

在社会学理论中,吉登斯认为,"结构作为被循环反复组织起来的一系列规则或资源,除了作为记忆痕迹的具体体现和具有协调作用之外,还超越了时空的限制,其特点就是'主体的不在场'"③。这种"记忆痕迹"实则是人们的一种观念,也就是习惯性的实践意识。吉登斯还指出,结构的基础"是处于具体情境中的行动者可认知的活

---

① 参见刘小红、李晓兵:《强制医疗执行监督问题研究》,载《人民检察》2017 年第 22 期,第 38—39 页。

② 宋英辉等:《刑事诉讼原理》,北京大学出版社 2014 年版,第 151 页。

③ [英]安东尼·吉登斯:《社会的构成:结构化理论纲要》,李康、李猛译,中国人民大学出版社 2016 年版,第 23 页。

动。而这些行动者在行动时，又是利用了丰富多彩的行动情景中的规则与资源”①。从刑事强制医疗执行检察监督结构的形成过程来看，在2012年《刑事诉讼法》颁布后，虽然有刑事强制医疗执行检察监督的法律依据，但是配套性规定和实践性资源并未达到同步，随后刑事强制医疗案件不断出现，相关司法解释陆续颁布，最高人民法院的司法解释中略有提及，最高人民检察院作为法律监督机关，针对刑事强制医疗执行检察监督则指定了专门性的司法解释，于是刑事强制医疗执行检察监督在理论探讨、实践探索、规范性文件跟进中逐步实现结构化。

本研究将调研对象选定为法官、检察官、律师，可以立足于法律共同体，三个职业群体无论是否办理过这类案件，都会有基本的认知，而且三个群体在刑事诉讼构造中扮演不同的角色可以对调查内容有不同的认识，所以对比分析具有了可行性。以是否办理过此类案件作为对比分析的界分标准，可以分析三个群体办案的直接经验和间接经验，也就是说“主体不在场”，但是他们作为法律职业共同体的组成部分，可以具有间接经验。因此在刑事强制医疗执行检察监督结构中，本就是一种过程性发展成果，而且其中蕴含着规则体系和结构要素，刑事强制医疗执行检察监督效果就与现有的结构息息相关。调查结果显示被调查者对刑事强制医疗执行检察监督效果的满意度无论是从总体情况，还是三个职业群体，乃至是否办理过此类案件的，所占比例均是在60%左右，而且选择更多的是“一般好”，持有“比较好”和“非常好”的比例非常低。

吉登斯在考察社会关系时使用了“横向的组合向度”和“纵向的聚合向度”两个概念，前者是指“社会关系在时空里的模式化，它包含了处于具体情境中的实践的再生产”，后者是指“不断重复体现在这种在生产中的某种‘结构化方式’的虚拟秩序”。针对被调查者对刑事强制医疗执行检察监督效果并不理想的满意度状况，笔者采用“横向组合”和“纵向聚合”的方法分析刑事强制医疗执行检察监督结构存在的问题，前者立足于现行结构分析检察机关与其他诉讼主体之间的法律关系障碍，后者则从现行结构的发展历程找寻检察机关执行检察监督疲软性的关键点。

2. 刑事强制医疗执行检察监督在横向组合上的错序问题

（1）人民检察院与强制医疗机构之间的错位关系

《刑事诉讼法》及其配套的司法解释对于何种机构作为强制医疗机构并没有明确规定，只是以“强制医疗机构”来统称。如果是由强制医疗所（安康医院）作为强制医疗机构的话，似乎符合执行逻辑，可是公安机关作为强制医疗所（安康医院）的主管机

---

① ［英］安东尼·吉登斯：《社会的构成：结构化理论纲要》，李康、李猛译，中国人民大学出版社2016年版，第23页。

关虽然在司法解释中称为强制医疗执行机关,但是其完成交付职能后即退出执行过程,再加之这类医疗机构数量过少,以至于实践中是精神卫生医疗机构,甚至综合类卫生医疗机构承担着强制医疗职能。直至《人民检察院强制医疗执行检察办法(试行)》的颁布后,根据第6条的规定,可以推导出强制医疗机构可以是“强制医疗所”“受政府指定临时履行强制医疗职能的精神卫生医疗机构”,精神卫生医疗机构要成为强制医疗机构需要政府的指定,并且是临时性的,那么是否所有的精神卫生医疗机构都具有成为强制医疗机构的资格呢?正在承担强制医疗职能的精神卫生医疗机构是否都经过了政府的指定呢?根据裁判文书的统计,实践中存在大量的综合类卫生医疗机构作为强制医疗机构的情况,这是否合规呢?既然强制医疗机构在法定和实际中存在不一致的问题,那么会导致执行检察监督对象不明。

从刑事强制医疗执行检察监督结构来看,面对检察监督对象不明的现象,人民检察院与强制医疗机构之间出现监督上的错位。强制医疗所(安康医院)是法定的强制医疗机构,他们的职责和职能具有明确依据,但是作为指定的精神卫生医疗机构和非指定的综合类医疗卫生机构在收治被强制医疗人的时候是否在法律上具有明确的职责和职能存在不确定性。

一方面,实践中承担强制医疗职能的精神卫生医疗机构和综合类卫生医疗机构隶属于卫生部门、民政部门,有的还属于私立医院。而检察机关虽然是国家的法律监督机关,但是对于各类医疗机构的日常运营和管理通常不介入其中,所以如何在刑事强制医疗执行检察监督结构中建立人民检察院与精神卫生医疗机构和综合类卫生医疗机构之间监督与被监督关系的常态化机制是此中的难点。

另一方面,即便检察机关对精神卫生医疗机构和综合类卫生医疗机构开展刑事强制医疗执行检察监督,但是由于这些医疗机构不是专门收治被强制医疗人,即便精神卫生医疗机构收治是专门收治精神障碍患者,但是这两类机构对于被强制医疗人并没有专门的收治区域和管理机制,他们呈现的开放式或半开放式状态使人民检察院常规的执行检察监督方式方法难以发挥应有效果。

可见,人民检察院与强制医疗机构之间的错位关系集中体现在监督对象的不明确性,这与相关性分析和PLS分析中筛选的“检察监督对象是否明确”作为刑事强制医疗执行检察监督效果影响因素形成印证。如果按照此逻辑进一步分析可以发现,在监督对象不明确的情况下,人民检察院在刑事强制医疗执行中的介入率就存在被下拉的问题,根据裁判文书显示强制医疗期间和申请解除强制医疗期间无检察机关介入的比例不及50%,进一步说明人民检察院对于强制医疗机构的监督仍需加强。

(2)人民检察院与公安机关、人民法院之间互通不畅

人民法院、人民检察院和公安机关分工负责、互相配合、互相制约是刑事诉讼的

基本原则,三个机关虽然职责不同,但是配合和制约的双向关系决定了他们之间必须建立互通机制。当然,人民检察院还是法律监督机关,与人民法院和公安机关之间是监督和被监督的关系,具有单向性。即便如此,人民检察院也是在互通之中行使监督权。在刑事强制医疗执行制度中,人民检察院行使执行检察监督职权时,如果与人民法院和公安机关的互通机制受到阻滞的话,监督效果就可能存在折扣。

一方面,执行机关的似有似无横亘在人民检察院与强制医疗机构之间,由此伴生出人民检察院与公安机关之间互通不畅的问题。具体体现在2012年和2018年《刑事诉讼法》、2012年和2020年《刑诉法解释》均缺少对执行机关的明确规定,根据《刑诉法解释》第641条的规定,人民法院在作出强制医疗决定后,将强制医疗决定书和强制医疗执行通知书送达给公安机关,公安机关再将被强制医疗人送交强制医疗机构。据此,公安机关似乎是刑事强制医疗执行机关,但是完成送交职责后,却无其他职责,而正常的执行和监督逻辑是执行机关履行执行职责,由人民检察院监督执行机关。即便因为刑事强制医疗的特殊性而需强制医疗机构来负责具体的治疗和监管职责,但是强制医疗执行机关和强制医疗机构在执行职责上应当是一体化模式。

进一步从强制医疗执行中涉及的治疗和监管职责的法律依据上看,根据《立法法》的规定,剥夺、限制人身自由的强制措施和处罚只能由法律来规定,显然在缺少《刑事诉讼法》关于强制医疗执行机关明确规定的情况下,单靠司法解释的模糊性授权不符合"法无明文授权即禁止"的原则。进而产生的问题是当强制医疗执行检察监督结构中缺少公安机关以及实践中存在多元化的强制医疗机构时,就会导致人民检察院监督体制机制难以发挥应有效用。

另一方面,在刑事强制医疗执行检察监督中,人民检察院对人民法院的监督体现在执行过程中对强制医疗决定的事后、交付执行阶段的监督、解除强制医疗审理及其决定的监督。问题集中体现为后两项,根据《刑诉法解释》关于送交执行的规定,人民法院与公安机关具有工作流程的衔接性,此中并未提及人民检察院对送交执行的事中监督。如果采用文义分析的话,那么根据《刑诉法解释》第641条和第648条的规定,人民法院作出强制医疗决定后应当在五日内向公安机关送达强制医疗决定书和强制医疗执行通知书,而人民检察院在收到决定书后认为不当的在20日内提出书面纠正意见,但是司法解释并没有人民法院在强制医疗决定做出后5日内也送达人民检察院,这就存在至少"五日以后、二十日以内"的空档期。换言之公安机关已经完成交付执行工作,而人民检察院只能采取事后监督方式,所以难以发挥人民检察院事中监督的现场效果。

至于解除强制医疗审理及其决定的检察监督工作,在《刑事诉讼法》及相关的各项司法解释中均未规定人民检察院在其中的职责,在监督上仍然是事后监督,而在刑事强制医疗审理中,人民检察院享有启动权以及事中监督权。在解除强制医疗审理中,缺少人民检察院的事中监督,意味着缺少一道防范错误的屏障。

可见,人民法院、人民检察院、公安机关之间的分工负责、互相配合、互相制约是贯穿在刑事诉讼之中的,理应包括特别程序和执行程序,但是在刑事强制医疗执行制度的设计中,本来是通过人民检察院保障执行公正和被强制医疗人合法权益,却因人民检察院与人民法院和公安机关之间存在互通不畅的问题导致检察监督效果不佳,这也是事后监督的典型弊端,使得人民检察院在监督时间和思路上受到束缚,监督流于形式。本研究通过相关性分析和 PLS 分析筛选出“各类执行信息的互通机制是否健全”是检察机关对刑事强制医疗执行活动监督效果的影响因素印证了此点。

(3)人民检察院内部机构之间衔接不洽

在刑事诉讼中,人民检察院负责刑事强制医疗检察监督,从检察机关内设机构来看,在刑事强制医疗不同阶段由不同的机构来承担监督工作,《人民检察院刑事诉讼规则(试行)》规定,强制医疗执行检察监督由人民检察院监所检察部门负责;《人民检察院强制医疗决定程序监督工作规定》规定,强制医疗决定程序的监督由人民检察院公诉部门负责;《人民检察院强制医疗执行检察办法(试行)》规定,对强制医疗执行活动的监督,由人民检察院刑事执行监察部门负责,不过第 5 条规定:“人民检察院案件管理部门收到人民法院的强制医疗决定书副本后,应当在一个工作日内移送本院刑事执行检察部门”;而《人民检察院刑事诉讼规则》第 534 条规定“对强制医疗决定的监督,由负责捕诉的部门办理”。这就产生同为最高人民检察院颁布的司法解释,却存在不一致的规定,按照新法优于旧法的原则,根据人民检察院现行机构设置状况,在审理阶段包括对强制医疗决定的监督由捕诉部门负责监督,执行阶段包括交付执行由刑事执行检察部门负责监督。

在刑事强制医疗决定和执行之间存在一个过渡环节,即交付执行。按照交付执行的监督属于刑事执行检察部门负责,强制医疗决定由捕诉部门监督的规定,公安机关按照强制医疗决定书和强制医疗执行通知书完成交付执行的时间没有明确规定,这与人民检察院在收到决定书后认为不当的在 20 日内提出书面纠正意见的规定之间存在至少“五日以后、二十日以内”的空档期,正是因为这个空档期,存在人民检察院捕诉部门与执行检察部门之间的衔接问题。换言之,由于司法解释中并没有关于捕诉部门收到决定书副本后与执行检察部门的沟通协调机制,这在监督上就容易出现推诿或重复性的问题。

这同样反映在对公安机关采取的临时保护性约束措施的监督上,根据《人民检察院刑事诉讼规则》第 537 条和第 653 条的规定,人民检察院在强制医疗的审理和执行中都需要对临时保护性约束措施实施监督。审理阶段由捕诉部门负责,而执行阶段是由执行检察部门负责。如果没有明确的协调机制，那么任何一方消极履行监督义务，被强制医疗人的合法权利就可能受到损害。

可见，刑事强制医疗执行检察监督属于人民检察院对刑事强制医疗开展检察监督的组成部分，既然人民检察院内设机构负责不同阶段的检察监督工作，如果他们之间欠缺衔接机制的话，那么监督信息就无法实现共享，最终影响监督效果。

由上，人民检察院开展刑事强制医疗执行检察监督时无论是外在还是内部都出现执行信息获取难或者不及时或不对称的问题，这实际上是横向组合的错序问题，是刑事强制医疗执行检察监督在体制和机制上不健全的集中表现。

3. 刑事强制医疗执行检察监督在纵向聚合上的强制力问题

刑事强制医疗执行检察监督在横向组合上的错序问题虽然导致信息传递不畅，从而影响监督效果，但是即便实现了检察监督的有序化，也并非能够确保达到理想的监督效果，因为在制度层面上，监督效果与监督力度是相匹配的。《刑事诉讼法》对人民检察院刑事强制医疗执行检察监督权只是概括性规定，监督措施则可以从相关司法解释中找到依据，主要包括软式监督措施和硬式监督措施两种。

(1) 软式监督措施，即提出纠正意见

根据《人民检察院刑事诉讼规则》第651条的规定，人民检察院对人民法院、公安机关、强制医疗机构在交付执行、医疗、解除等活动中发现有违反规定的，应当依法提出意见；根据第653条的规定，人民检察院对公安机关的临时保护性约束措施由违法情形的，应当依法提出纠正意见。《人民检察院强制医疗执行检察办法(试行)》对各个环节的执行检察监督均采用提出纠正意见的措施。纠正意见是“一种即时性纠正建议，并不对应法定的程序后果”①。其实，纠正意见不仅仅存在于刑事强制医疗执行检察监督之中，而是我国刑事执行监督中的痼疾，“检察监督缺乏对刑事执行监督的强制力，严重影响了了监督效果，当刑事执行机关不采纳检察机关的意见时，刑事执行监督就失去了意义”②。从法律监督权的特点来看，“法律监督权是一种提请追诉和督促纠正的权力，而不是一种实体处分的权利”③。而且法律监督权的运行必须遵守法定程序，即“法律监督的程序性既是对检察权的限制和制约，也是对受其监督的国家机关正确行使权力的保障和对公民和法人的权利保障”④。

可见，从内容上看，软式监督措施针对的是程序性事项，但是这种监督效果依赖

---

① 王志坤：《强制医疗程序及其检察监督》，载《国家检察官学院学报》2013年第6期，第37页。
② 田凯主编：《执行监督论》，中国检察出版社2010年版，第288页。
③ 孙谦主编：《中国特色社会主义检察制度》，中国检察出版社2015年版，第44页。
④ 孙谦主编：《中国特色社会主义检察制度》，中国检察出版社2015年版，第45页。

于被监督方的自律性，如果欠缺对应的法律后果作为保障，难以产生相应的程序反应，监督效果大打折扣，最终势必影响人民检察院执行检察监督的主动性和积极性。

(2)硬式监督措施，即启动救济程序

面对刑事执行监督的疲软性，我国在刑事司法改革中加强监督力度，特别是在2012年和2018年《刑事诉讼法》《人民检察院刑事诉讼规则(试行)》《人民检察院刑事诉讼规则》均有明显体现，正如有的研究者指出的，在2012年《刑事诉讼法》中，“刑事执行检察监督体系从单纯的诉讼监督性质，转向诉讼监督与程序救济相互耦合，二元并存”①，这在刑事强制医疗监督中也有所体现。

根据《刑诉法解释》第648条的规定，人民检察院对人民法院作出强制医疗决定和解除强制医疗决定实施监督的方式也是提出书面纠正意见，但是法院则必须另行组成合议庭审理。不过这并非是一种抗诉，因为在刑事强制医疗制度中，实行的是“一决终局”，即不存在二审或抗诉。那么如何救济呢？对被申请人来说是向上级法院申请复议，对于检察机关来说是则是提出纠正意见，效果就是中级人民法院的复议程序或原审人民法院的另行组成合议庭审理。不过在复议程序中，并没有明确人民检察院应当参与，复议程序具有明显的司法行政性。这就意味着复议程序与另行组成合议庭审理带有明显的差异性，后者的救济性更强。

从检察监督层面看，人民检察院拥有启动救济程序的权力，这似乎带有二审程序中抗诉的意味，而且与人民检察院对减刑、假释的监督具有高度相似性。不过人民法院对减刑、假释的审理采用的是裁定方式，是一种程序性审查，不涉及罪与刑的裁判。人民检察院在刑事强制医疗监督中启动的救济程序涉及被强制医疗人的人身自由，但是并不具有普通程序中抗诉的救济力度。

可见，从纵向聚合上看刑事强制医疗执行检察监督效果，实则是检察监督的强制力问题，显现出明显的疲软性。在本研究的调查中，通过相关性分析和PLS分析，“检察机关纠错意见的强制力状况”是刑事强制医疗执行检察监督效果的影响因素也印证了此点。

由上，在刑事强制医疗执行检察监督结构中，既有基本的框架，也有具体的组合要素，随着刑事执行监督制度改革的推进和刑事强制医疗制度的不断健全，在框架性结构已经形成的情况下，各个要素的组合及其运行机制影响着执行检察监督结构能够发挥出合力作用，当然这还需要以整个刑事司法体制机制的健全和完善为基本条件。其实，通过横向组合和纵向聚合的分析，可以看出在刑事强制医疗执行检察监督

---

① 卞建林、谢澍：《刑事执行检察监督：资源整合与体系建构》，载《河南社会科学》2015年第7期，第4页。

结构中各要素属性可以分属于客观和主观两种,这可以依据吉登斯对结构二重性理论予以分析,有的研究者将此的阐释是,“客体主义者强调社会中的结构、制度、制约性,主体主义者强调人的主观性、能动性、创造性”,“具有客观制约性和主观能动性的社会结构,不仅存在于社会层面上,而且也存在于个人的思想意识之中”①。刑事强制医疗执行检察监督出现结构性障碍问题,既是因为现行规则的制约,也是因为各方主体在监督和被监督的作用力上未能达到有效均衡。

(三)刑事强制医疗执行检察监督欠缺有效方式

1. 刑事强制医疗执行检察监督的现有方式

在人民检察院刑事执行检察监督改革中,关于监督方式各级检察机关积极探索,例如派驻检察、巡回检察、“派驻 + 巡回”检察、检察官办公室、检查联络室等;最高人民检察院也将相关探索予以规范化,2010 年最高人民检察院印发《关于进一步加强和规范检察机关延伸法律监督触角,促进检力下沉的指导意见》提出要加强和规范派出检察室建设。《刑事诉讼法》对相关监督形式并没有明确规定,但是根据《人民检察院刑事诉讼规则》第 622 条的规定,人民检察院可以对监狱、看守所等场所采取巡回检察、派驻检察等方式进行监督。根据《人民检察院强制医疗执行检察办法(试行)》第 6 条的规定,对强制医疗所的监督可以采取派驻检察或巡回检察,对受政府指定临时履行强制医疗职能的精神卫生医疗机构实行巡回检察。可见“派驻检察”和“巡回检察”是目前刑事执行检察监督中采用最多的两种方式,刑事强制医疗执行检察监督同样如此,根据本研究的调查结果,被调查者对两种监督方式的认同率相差不大,也说明这两种形式在实践中的运用较为常见,利弊相当。

2. 刑事执行检察监督派驻检察的利弊分析

“派驻检察室的设立和有效运转当然也是我国司法权合理配置的重要组成部分,同时也是检察权有效行使的基本改革举措。”②目前,派驻检察成为人民检察院对监所开展监督的主要方式,在刑事强制医疗执行检察监督中,派驻检察并非主流方式,因为按照《人民检察院强制医疗执行检察办法(试行)》的规定,仅是对强制医疗所实施的监督中可以采取派驻检察或巡回检察,而我国目前的强制医疗所仅有 26 家。在刑事强制医疗执行检察监督中,采用派驻检察方式各有利弊。

(1)派驻检察有助于刑事强制医疗执行检察监督的常态化

派驻检察是人民检察院在强制医疗所专门设立的驻所检察室,承担强制医疗执

---

① 刘少杰:《后现代西方社会学理论》,北京大学出版社 2014 年版,第 255 页。

② 胡常龙:《走向理性化的派驻检察室制度》,载《政法论丛》2016 年第 3 期,第 35 页。

行检察监督的各项任务，派驻检察是人民检察院刑事执行部门的分支，避免强制医疗执行检察监督成为纸面上的要求。强制医疗所作为法定的强制医疗机构，通过派驻检察可以实现强制医疗所强制医疗职责的司法化，有助于推进强制医疗所职能的准确定位和科学发展，提高被强制医疗人的人权保障力度。

(2)派驻检察难以成为刑事强制医疗执行检察监督的主流方式

强制医疗执行制度是以治疗为主要目的强制医疗机构，而非强制医疗执行机关。如果采用派驻检察方式意味着人民检察院需要安排专人驻所，按照2007年3月6日最高人民检察院颁布的《关于加强和改进监所检察工作的决定》，“派驻检察人员每月派驻检察时间不得少于十六个工作日”，“常年关押人数较少的小型监管场所，可以实行巡回检察”。如果以此为依据，那么人民检察院在“案多人少”以及对监狱、看守所等承担大量监督任务的情况下，在人员安排上就会陷入困境，这在驻监所检察中尚且存在“限制了检察人员科学合理配置”①的问题，更不用说刑事强制医疗派驻检察了。至于小型监管场所，相关司法解释也没有明确规定，如果根据公安部制定的《看守所等级评定办法》规定的“月均关押不足100人的为小型看守所”的标准，强制医疗所收治被强制医疗人的人数通常在100人以下，一方面，全国仅有26家强制医疗所，未实现广泛的覆盖。另一方面，根据本研究对解除强制医疗决定书和继续强制医疗决定书的统计可知，由强制医疗所作为强制医疗机构所占的比例仅为35.90%和26%。

3. 刑事执行检察监督巡回检察的利弊分析

监所检察监督是以派驻检察为主，巡回检察为辅，不过在刑事强制医疗执行检察监督中，则是以巡回检察为主，派驻检察为辅，因为根据司法解释对强制医疗机构的规定，大部分被强制医疗人并不在强制医疗所接受治疗。不过，司法解释的规定与实践状况存在不一致性，根据本研究对解除强制医疗决定书和继续强制医疗决定书的统计发现，分别有32.6%和44%的被强制医疗人是在综合类卫生医疗机构中接受治疗，那么如果采用巡回检察的方式，并无明文依据，容易出现执行检察监督的旁落。根据本研究的问卷调查结果来看，在三个职业群体中，检察官对巡回检察的选择率最高，比例为54.9%，律师和法官的比例均未过半。所以对于负责执行检察监督的检察官来说，相比之下，他们更认可巡回检察。

当然，巡回检察比派驻检察的优势在于具有较强的灵活性，但是这也存在随意性的问题，特别是在《刑事诉讼法》及其相关司法解释对刑事强制医疗巡回检察缺少规范性规定的情况下，检察监督的时间、次数等因素就会成为限制监督效果的影响因素，也就是监督难以实现常态化，正如有的研究者指出的“重性精神病人的康复治疗，

---

① 祁云顺：《对检察机关派驻检察监督方式改革的思考》，载《河北法学》2010年第11期，第187页。

一般需要2至3年的时间,如此长时间的巡回检察监督,监督成效明显事倍功半"①。这也是本研究在问卷调查中显示被调查者对派驻检察和巡回检察并没有明显的差异性倾向所体现的问题所在。

由上,派驻检察和巡回检察虽然是在监所检察监督中常用的两种方式,但是通过利弊分析可知,这两种方式并不完全适合刑事强制医疗执行检察监督。对此必须从质和量上分析强制医疗机构与监所的不同,一方面,强制医疗机构并非强制医疗执行机关,而且实践中存在多元化的现象,强制医疗机构本质上属于医疗单位,并不像监狱、看守所等作为执行机关所承担的关押、改造职责,再加之强制医疗执行主体尚不明确的问题,导致两种方式并具有典型的可以适用性。另一方面,强制医疗机构所收治的被强制医疗人在人数上明显少于监所等部门收押的人员情况,这需要合理评估两种监督方式所需要投入的人力资源,从而设计最优的监督方式。这也反映出刑事强制医疗执行检察监督的体制和机制问题,需要从整体和局部共同发力,才可找到有效的监督方式。

(四)刑事强制医疗执行检察监督队伍显现薄弱性

1.刑事强制医疗执行检察监督队伍薄弱性的单一分析

刑事强制医疗执行检察监督是对强制医疗执行的全方位监督,虽然开展的是法律监督,但是由于这项执行制度的特殊性,其中不可缺少的是医疗方面的事项,例如鉴定意见书、医疗的规范性问题、被强制医疗人的病例、定期诊断评估和解除强制医疗中的诊断评估报告是否正确等,这就意味着单纯的法律知识并不能实现有效的监督,可是又不能要求执行检察监督人员对医学知识进行深入地学习,所以单从刑事强制医疗执行检察监督工作之所需来看,执行检察监督队伍显现出薄弱性,严重制约监督效果。

2.刑事强制医疗执行检察监督中引入有专门知识的人的障碍

虽然通过单向分析反映出在刑事强制医疗执行检察监督队伍的薄弱性,但是通过多元分析,也就是从检察队伍建设和整个刑事执行制度来看,是否可以有专门知识的人来补齐这一短板?有专门知识的人在民事诉讼和行政诉讼中已经采用,2002年4月1日起施行的《最高人民法院关于民事诉讼证据的若干规定》使用的是"有专门知识的人",2002年10月1日起施行的《最高人民法院关于行政诉讼证据若干问题的规定》使用的是"专业人员",在学界上采用的是"专家辅助人"。2012年《刑事诉讼法》新设"有专门知识的人"制度,有的研究者认为,"在鉴定证据一家独大的情况下,

① 胡志泽、邓玉兰:《安康医院是强制医疗最佳执行场所》,载《检察日报》2014年3月19日,第3版。

专家辅助人的出现,改变了鉴定人在法庭上独揽科学证据认定的局面”①。

(1)刑事强制医疗执行检察监督欠缺适用有专门知识的人的法律依据

从刑事诉讼法律文本来看,采用“有专门知识的人”的用语,并没有关于“专家辅助人”的表述,属于学术词语。从现行的《刑事诉讼法》的规定来看,共有三处规定“有专门知识的人”,分别是第128条在勘验、检查中侦查人员可以指派或聘请具有专门知识的人,第146条在鉴定中可以指派、聘请有专门知识的人,第197条在一审程序中可以通知有专门知识的人对鉴定本身提出意见。前两种在1979年《刑事诉讼法》中即已规定,1996年和2012年《刑事诉讼法》均予以保留;第三种是2012年《刑事诉讼法》新增;2018年《刑事诉讼法》对这三处均予以保留。

在刑事强制执行制度和刑事强制医疗制度中均没有关于有专门知识的人的规定,虽然普通程序是特别程序的基础,也是补充,如果特别程序有明确规定可以参考、依照普通程序条款处理的则可以适用普通程序的规定。这方面的立法例集中体现在未成年人刑事诉讼程序中,例如《刑事诉讼法》第282条第2款规定:“对附条件不起诉的决定,公安机关要求复议、提请复核或者被害人申诉的,适用本法第一百七十九条、第一百八十条的规定。”反观《刑事诉讼法》关于刑事强制医疗程序的规定并无此类,不过《刑诉法解释》第649条规定:“审理强制医疗案件,本章没有规定的,参照适用本解释的有关规定”,这确实是改变了2012年《刑诉法解释》第539条的规定,即“审理强制医疗案件,本章没有规定的,参照适用公诉案件第一审普通程序和第二审程序的有关规定”。

即便如此,对于刑事强制医疗执行检察监督能否直接适用有专门知识的人的规定呢?笔者认为,《人民检察院刑事诉讼规则》有关规定中并没有可以将有专门知识的人的规定适用于执行检察监督的条款,即便是最高人民检察院2018年2月11日制定的《关于指派、聘请有专门知识的人参与办案若干问题的规定(试行)》第14条列举了人民检察院办案活动中,可以指派、聘请有专门知识的人的情形,第2项规定“办理监管场所发生的被监管人重伤、死亡案件”,且不说强制医疗机构能否视为监管场所,单就被监管人重伤、死亡案件就不适用于刑事强制医疗执行的情形;第5项是兜底款项,即“需要指派、聘请有专门知识的人的其他办案活动”,刑事强制医疗执行检察监督能否使用此项,尚待明确。总之,依据现有的规范性文件如果直接适用有专门知识的人制度是欠缺明确依据的。

① 张保生、董帅:《中国刑事专家辅助人向专家证人的角色转变》,载《法学研究》2020年第3期,第161页。

(2)刑事强制医疗执行检察监督引入有专门知识的人的必要性及其问题

刑事强制医疗执行检察监督欠缺适用有专门知识的人的法律依据不意味着引入有专门知识的人没有必要性。根据本研究的问卷调查结果显示,大部分被调查者赞同刑事强制医疗执行检察监督中应当引入有专门知识的人,1/5的被调查者赞同由检察机关自主决定,所以在法律职业群体的认知或经验来看,引入有专门知识的人具有非常强的必要性,因为在刑事强制医疗执行检察监督中引入有专门知识的人可以缓解检察人员医学专业知识缺乏和人员紧张的问题,而且可以避免在专业问题上的失误性判断,有助于促进刑事强制医疗执行检察监督结构的健康有序。正如在普通程序中引入有专门知识的人,立法者对“专家辅助人制度的首要期待是其能辅助法官对案件专业问题进行判断,通过专家辅助人对鉴定意见提出意见来使法官能够更好地实现对鉴定意见的审查把关职责”①。刑事强制医疗执行检察监督制度中引入有专门知识的人的首要期待何尝不是如此。当然有的研究者也提出在我国“专家辅助人的角色呈现出向专家证人转变的趋势”②,这突出了有专门知识的人的重要性,有助于刑事诉讼中专业知识与法律知识的融合,从而保障刑事诉讼价值的实现。

即便是在刑事强制医疗执行检察监督中引入有专门知识的人,也并不能简单套用普通程序中的相关规定,因为所发生的场域是刑事强制医疗执行检察监督,而非普通程序的审前程序和审判程序,涉及有专门知识的人的选任资格、选任程序、参与的事项、他们在强制医疗执行检察监督中的功能定位等。

(五)执行检察监督首次时间尚待合理确定

1.强制医疗执行检察监督中隐含着时间设定的随意性

刑事强制医疗执行制度可以分为交付执行,执行(治疗、监管)活动,解除程序三个环节,强制医疗机构对刑事被强制医疗人开展具体的执行(治疗、监管)活动始于公安机关完成交付执行后。那么人民检察院应当对强制医疗机构何时开展监督更恰当?

目前《刑事诉讼法》及其相关司法解释对刑事强制医疗执行检察监督的首次时间并没有明确规定,对强制医疗决定和交付执行开展的监督有相关时间规定。如前所述,根据《刑诉法解释》第641条的规定,人民法院向公安机关送达向公安机关送达强制医疗决定书和强制医疗执行通知书的时间是作出决定后5日内,既没有规定公安

① 吴洪淇:《刑事诉讼中的专家辅助人:制度变革与优化路径》,载《中国刑事法杂志》2018年第5期,第81页。

② 张保生、董帅:《中国刑事专家辅助人向专家证人的角色转变》,载《法学研究》2020年第3期,第160页。

机关交付执行的时间,也没有规定法院何时将决定书副本送达人民检察院,只是在第648条规定人民检察院在收到决定书后认为不当的在20日内提出书面纠正意见,这时就出现两种可能,一种是公安机关交付执行前人民检察院对强制医疗决定开展监督,另一种是公安机关在交付执行后人民检察院对强制医疗决定开展监督。如果是第二种情况的话,就意味着人民检察院在公安机关交付执行后,既要对交付执行进行监督,也需要对强制医疗决定进行监督,甚至对强制医疗机构的执行活动也一并办理。

这种集中式监督看似节约了时间,实则阻碍监督的及时性、减少监督的正常流程、弱化监督的权威性。因此《刑事诉讼法》及相关司法解释如果对强制医疗执行制度中的有关时间未作出明确规定的话,不但使公、检、法、强制医疗机构之间无法实现信息的畅达,而且影响到强制医疗执行检察监督的规范化,这包括人民检察院对强制医疗机构开展监督的首次时间的确定问题。

2. 确定执行检察监督首次时间的重要性

随着检察制度改革的推进,刑事诉讼法律监督的力度更强,规则更细化,通过《人民检察院刑事诉讼规则(试行)》和《人民检察院刑事诉讼规则》的对比分析可知,后者将"刑罚执行和监管执法监督"从"刑事诉讼法律监督"中分离单独立章,将原"刑事诉讼法律监督"中涉及的三节执行监督扩充为九节,监督内容更为多元,足见刑事执行检察监督越来越受到重视。由于刑事强制医疗执行案件在刑事执行案件中并非主流,所以监督资源的优化和配置与监督效果息息相关,其中,明确人民检察院对强制医疗机构开展监督的首次时间成为必要。

一方面,首次时间的确定对于人民检察院来说是对责任的明确。刑事强制医疗与刑罚的不同在于没有明确的解除时间,而是要根据治疗的情况来决定,通过发挥人民检察院的执行检察监督作用,以司法权介入的方式动态地掌握刑事强制医疗的具体情况,以此监督强制医疗质量,保障被强制医疗人的合法权利。如果仅是简单地规定人民检察院拥有执行检察监督的职权,而未从程序上设定比较的时间节点,执行检察监督就会仅以权力为表现形态,而且缺少责任的制约。另一方面,首次时间的确定对于强制医疗机构来说是规范开展治疗和监管的督促力。目前强制医疗机构呈现多元化特点,特别是在强制医疗所适用比例偏低的情况下,其他医疗机构尚难以适应甚至接受在强制医疗执行制度中的地位、角色、责任时,明确人民检察院对强制医疗机构监督的首次时间,可以督促强制医疗机构按照法律的规定以及强制医疗决定书、强制医疗执行通知书的要求,按照规定的程序履行具体的治疗和监管职责。

3. 执行检察首次监督时间的合理区间

既然有必要确定人民检察院对强制医疗机构开展监督的首次时间,那么合理区间如何确定？在本研究中，被调查者对各个区间选择的分散性可以看出，难以有形成比较统一的认识，不过“一个月之内”被选比例达到1/3，尤其是有接近一半的检察官选择此项；其次是被选比例排在第二位的“15天之内”，稍多于1/5，律师之中则有接近1/3的选择此项。

监督的首次时间采用区间方式，而非某个时间点。在刑事强制医疗执行检察监督中涉及公、检、法、强制医疗机构，涉及各机关或机构之间的工作衔接，采用区间方式可以有效避免监督工作和执行工作的僵化。“15天之内”虽然可以使检察监督的时间提前，能够更早地督促强制医疗机构的执行活动，但是容易出现对于强制医疗决定、交付执行、具体执行集中开展监督的问题。“一个月之内”的可以使检察监督工作序列式开展，而且从刑事被强制医疗人的治疗来看，在“一个月之内”的时间里，强制医疗机构的治疗活动、监管活动、诊断评估等已经正常开展，特别是精神障碍的医疗在病例形成、治疗效果等方面也会有初步的记录或表现。

总之，强调人民检察院对强制医疗机构开展监督的首次时间并非将其置于刑事强制医疗执行检察监督制度的关键地位，而是根据强制医疗的特殊性，将其作为强化监督责任、优化监督资源的一种方法。当然，也不能就此而懈怠后续的监督，而应当是在首次时间确定的基础上，有序开展后期的检察监督工作。

（六）刑事强制医疗执行三个环节的检察监督效果差强人意

既然刑事强制医疗执行可以分为三个环节，那么在对刑事强制医疗执行检察监督效果进行整体评价之外，对各个环节的检察监督效果进行考察，也是对刑事强制医疗执行检察监督结构的一种解构。其实，在2016年6月2日《人民检察院强制医疗执行检察办法（试行）》颁布之前的三年半中，刑事强制医疗执行检察监督缺少专门性的实施细则，即便是这项办法实施后，检察监督效果也并没有达到理想高度，虽然被调查者对这三个环节的满意度呈现递增趋势，但是所占的比例均处于60%—70%之间，特别是比较好和非常好合计15%—17%之间。

1. 交付执行检察监督的困境

（1）交付执行检察监督困境的隐形障碍

在交付环节中，由人民法院将强制医疗决定书和强制医疗执行通知书送达给公安机关，公安机关负责具体的交付执行工作，但是《刑事诉讼法》及其司法解释中均没有关于公安机关交付执行的时间规定，如果发生公安机关延迟交付或不交付的情形，人民检察院的监督工作就会陷入工作困境，因为公安机关在交付执行可能会遇到当地没有强制医疗机构而长时间无法送交，或是因为强制医疗机构对被强制医疗人采取与精神障碍患者自愿入院同样的收治程序，还可能出现经肇事肇祸地、常居住地、户籍所在地、审理法院所在地不同导致公安机关交付困难的情形。

(2)交付执行检察监督效果的影响因素

第一,交付执行检察监督效果的主要影响因素。从刑事强制医疗“交付执行”检察监督效果的影响因素看,“检察机关的纠错意见是否具有强制力”是相关性分析和PLS分析中均具有统计学意义的因素,其也是刑事强制医疗执行检察监督效果的影响因素。在交付执行中,涉及的被监督主体是人民法院、公安机关、强制医疗机构,对三者进行检察监督的措施均是提出纠正意见。对人民法院监督的是是否按时将强制医疗决定书和强制医疗执行通知书送达公安机关;对公安机关监督的是是否依法将被强制医疗人送交强制医疗机构;对强制医疗机构监督的是是否存在应收不收、不应收却收的情形。

《人民检察院强制医疗执行检察办法(试行)》虽然以专章规定纠正违法和检察建议,但是并没有赋予纠正意见强制力,只是纠正违法通知书副本抄送被监督单位的上一级机关,或是由上一级人民检察院刑事执行检察部门负责监督纠正。

第二,通过相关性分析出的其他影响因素。通过相关性分析出的影响因素除了“检察机关的纠错意见是否具有强制力”这一影响因素外还有两个,其一是“能否有效地对公安机关将被决定强制医疗人送交强制医疗机构执行情况开展监督”,所谓的“有效”既含有强制力的问题,还包括人民检察院能否采取多种方法全面进行监督的问题,特别是对交付执行存在事后监督的情况,如果不能深入开展监督势必影响监督效果。其二是“能否有效地赴现场进行实地监督”,这是交付执行检察监督的具体方法之一。在公安机关交付执行中,如果能够实现事中监督,那么现场监督比事后监督更为直接,即便如此,如果仅是走过场,那么监督就流于形式。当然之间检察监督的对象和内容也是多方面的,即便是事后监督,如果不能到强制医疗机构开展实地监督,而仅是查阅文件、翻阅记录的话,那么这也同样是流于形式。

第三,通过PLS分析出的其他影响因素。通过PLS分析出的影响因素除了“检察机关的纠错意见是否具有强制力”这一影响因素外还有两个,其一是“检察监督的内容是否明确”。在《人民检察院强制医疗执行检察办法(试行)》实施前的《刑事诉讼法》及其相关司法解释对交付执行检察监督仅仅是概括性的规定,缺乏操作细则,而这项办法对交付执行检察监督的内容和方法都进行了规定。被调查者之所以强调这一影响因素,是因为如果内容不明确,开展具体交付执行检察监督的人民检察院缺少明确的指引和法定的依据,从而使交付执行检察监督的效果大打折扣。其二是“各类执行信息的互通机制是否健全”,这一因素同时是刑事强制医疗执行检察监督效果的影响因素,其实,各类执行信息的互通机制是否健全的问题主要体现在交付执行这一环节中,这在《人民检察院强制医疗执行检察办法(试行)》中并没有明确规定。交付执行是人民法院作出强制医疗决定和强制医疗机构执行活动的中间一环,涉及公、检、法、强制医疗机构以及人民检察院内部机构之间的关联关系。如果相关信息被阻断或迟延,那么就会出现互通机制不健全的问题,最终影响人民检察院执行检察监督的及时性和有效性。

可见,交付执行虽然不是刑事强制医疗执行制度的核心部分,却是这项制度的起始环节,如果这个环节的执行检察监督效果不佳的话,那么对其他两个环节的监督也会产生不利影响。刑事强制医疗执行检察监督虽然有专门性的司法解释为依据,但是在交付执行检察监督方面的规定仍需要细化,本研究的调查结果显示,在三个环节的执行检察监督效果中,被调查者对这一环节的满意度是最低的,这要求在细化交付执行检察监督规则的基础上,强化规则的可适用性、有效性和强制力。

2. 执行活动检察监督

(1)执行活动检察监督的典型问题

执行活动是刑事强制医疗执行制度的主体部分,包括治疗和监管两个方面。与精神障碍患者的自愿住院治疗和无须法院判决而非自愿住院治疗不同,刑事强制医疗是人民法院依据刑事诉讼特别程序以决定书的形式使精神障碍患者非自愿住院治疗,也就意味着医疗和司法应当是融合在一起的。实践之中最突出的问题就是刑事被强制医疗人与其他住院精神障碍患者具有相同或相似的医疗和监管处置,例如在会见、生活保障、治疗区域、康复区域等方面,刑事被强制医疗人并没有特别的安排,这与强制医疗机构存在多元化现象有密切关系。由此导致的问题是"医疗的归医疗,司法的归司法",检察监督虽有法律依据,但无的放矢,又无可奈何。

刑事强制医疗执行活动固然是以医疗为目的,却是依据法律和人民法院决定书开展医疗和监管,不可否定的是法律不可能对医疗技术和方案进行任意地介入或指挥,那么如何避免刑事强制医疗执行活动中医疗与司法的分离甚至隔绝,既需要明确二者的内在关系,也需要有融合的尺度。

一方面,医疗与司法具有价值上的内在统一性。法官和医生都关乎人命却并无二致,"司法者与'救死扶伤'的医者颇有近似之处,二者皆是济世苍生之所系"①。医疗与司法并存于社会发展之中,会经历从低级到高级、从残缺到健全的过程。在近现代,医疗与司法共同服务于社会有机体的健康,因为他们服务的对象都是人,医疗在于驱除疾病、维持健康,司法在于恢复社会正义、矫正个体身心。刑事强制医疗执行制度是医疗与司法在价值上实现在内统一性的典型体现,这项制度旨在采用司法的方法修复遭受被强制医疗人所破坏的社会秩序,而被强制医疗人作为精神障碍患者,

---

① 孙季萍:《传统司法与医道之契合》,载《人民法院报(法律文化周刊)》,2016年7月22日,第5版。

自身遭受疾病的折磨,需要以法定的途径,通过医疗来恢复健康。精神障碍患者在历史上的种种遭遇说明,如果没有健全的制度保障,那么即便是所谓的医疗也是带有泯灭人性、有损人权的危害行为。在我国,刑事强制医疗长期处于行政权的处置之中,在实现司法化后,最大的价值优越性是有了较为健全的刑事强制决定程序,但是执行程序却弊端丛生,甚至出现“一决事了”的现象。刑事强制医疗执行制度从价值属性上还没有完全实现司法与医疗的有机融合,因为司法集中体现为人民检察院的执行检察监督,但是检察监督效果的不理想映射出医疗质量的欠佳,导致二者在价值目标上显现游离问题。

另一方面,医疗与司法具有技术上的外在差异性。医疗与司法终究属于两个职业范畴,二者在技术上具有不可替代性。现代医疗技术的飞速发展提升了疾病诊疗和健康维护的效果,现代司法技术的日渐精深契合了社会发展的新问题和新诉求。精神疾病与生理疾病的最大不同就在前者是在情感、认知、意识、思维等精神层面存在的异常表现,难以用医疗设备得出器质性检测结果,更多的是采用量表、行为观察等方式进行诊断,特别是在肇事肇祸的精神障碍患者处于无刑事责任能力状态下,如果不能从司法上建立医院和患者对接的渠道,那么他们就会处于医疗和司法之外,或者遭受私力报复,或者继续忍受疾病折磨,甚至陷入非人待遇之中。既然构建了刑事强制医疗执行制度,那么司法介入执行活动,就是要充分发挥好执行检察监督的作用,但是对被强制医疗人的医疗终究是专业性的操作,所以检察监督重点在于医疗的规范性、程序性以及执行义务的履行情况。即便如此,人民检察院在执行检察监督中仍然面临医疗知识不足的问题,所以专家辅助人制度的引入成为必要,而专家辅助人主要是精神病鉴定人、精神科医生等,这就从技术层面上使司法与医疗有了对接的渠道与需求。

(2)执行活动检察监督效果的影响因素所反映出的问题

根据相关性分析和PLS分析,有四个具有统计学意义的影响因素,可以从这四个方面反映出执行活动检察监督存在的问题。

第一,“能否有效地监督强制医疗机构的监管工作”反映出人民检察院对监管工作监督的有效性问题。监管虽然不是执行活动目的,但是作为保障医疗的手段,是最容易侵犯被强制医疗人权利的因素。在强制医疗执行活动中,无论是医疗还是监管,这是强制医疗机构的常规且核心的工作,负责执行监督的检察官不可能参与到医护人员所有的相关工作之中。这就容易出现监管不当,甚至违法现象的发生,由此也成为检察官事后监督的死角。

第二,“能否有效监督强制医疗机构开展诊断评估工作”反映出人民检察院对诊断评估工作监督的有效性问题。《人民检察院强制医疗执行检察办法(试行)》将定期诊断评估作为监督强制医疗机构执行活动的主要事项之一,这也成为强制医疗机构的一项基本职责。但是司法解释中并没有规定强制医疗机构开展定期诊断评估时通知人民检察院,所以对强制医疗机构定期诊断评估的监督主要是以诊断评估的次数、频率来判断是否是定期。对于内容的监督主要依赖于诊断评估报告,那么内容的科学性与合理性对于检察官受制于专业而难以实现有效性,这时联合诊断评估或精神病鉴定机构评估可以弥补这一短板。

第三,“能否有效地查阅有关诊疗文书、诊断评估材料”反映出人民检察院对医疗方面材料进行查阅的有效性问题。强制医疗机构在医疗方面资料的书写、保管、查阅通常有规范的要求和流程。对于检察官来说,有效地查阅既包括能够全面地查阅到相关材料,也包括对相关内容的正确识别。对于前者,如果强制医疗机构只是提供部分材料,那么势必影响检察官的系统性判断;对于后者,如果检察官因为专业受限而不能有效查阅的话,那么检察监督效果会大打折扣,这时专家辅助人的重要性就显现出来,但是面临的问题是聘请专家辅助人能否实现常态化。

第四,“能否赴被强制医疗人的医疗、生活现场进行实地监督”反映出人民检察院进行实地监督存在的困难。纸质的记录难以反映被强制医疗人的日常状况,即便有监控,也难以实现全过程、全方位的记录,而且检察官也无法做到长时间回放监控录像。在执行检察监督中,如果缺少实地监督,那么这种监督要么驻足于事后监督,要么出现被动态势。即便开展实地监督,也需要有一定的频次限制,否则物极必反。

通过以上四方面由影响因素反映出来的问题,更多的是有效性问题,也就意味着人民检察院在这些影响因素所涉及的事项中,能够开展监督,问题是往往会流于形式,这或者是因为专业的问题,或者是监督对象的问题,不一而足,均需解决。

3. 执行解除检察监督的显性问题和隐性问题并存

(1)执行解除检察监督欠缺细化的程序规定

由于刑事强制医疗决定书并没有规定解除强制医疗的时间,这与刑罚的执行具有明显不同,后者的解除有明确的时间可循。而被强制医疗人的出院程序与普通患者的不同在于前者是在司法程序中实施的医疗,如果解除强制医疗按照普通出院程序办理的话,那么所谓的司法程序具有典型的半截性,为此《刑事诉讼法》规定了解除强制医疗程序最终是由人民法院来批准。解除程序作为刑事强制医疗执行制度的组成部分,自然要成为执行检察监督的内容。

但是《刑事诉讼法》对于执行解除监督的规定笼统地体现在“人民检察院对强制医疗的决定和执行实行监督”这一条之中,如何具体运行并没有细化的规定。按照《刑诉法解释》第 648 条的规定,人民检察院对解除强制医疗决定的监督与强制医疗决定的监督采用相同的程序和方法,都是在收到决定书后 20 日内提出书面纠正意见,人民法院都需要另行组成合议庭进行审理。这也是在刑事强制医疗执行检察监督中具有一定强制力监督方式。《人民检察院刑事诉讼规则》也仅是概括地规定人民检察院对解除活动有中违反有关规定的,应当依法提出纠正意见。《人民检察院强制医疗执行检察办法(试行)》对解除强制医疗检察监督的内容、方法、需要纠正意见的情形三方面做了相对详细的规定,但是对于人民检察院如何进行具体操作,缺少细节性规定。

(2)解除执行检察监督效果的影响因素所反映的问题

第一,检察机关不享有解除强制医疗启动权。《刑诉法解释》规定解除强制医疗的两种启动权,一是强制医疗机构提出解除强制医疗意见,二是被强制医疗人及其近亲属申请解除强制医疗。人民检察院作为执行检查监督的主体,不但不享有启动权,而且在人民法院审理解除强制医疗案件中也仅是事后监督。解除强制医疗程序作为刑事强制医疗执行制度的组成部分,如果在审理过程中人民检察院既不是诉讼主体,也不是监督主体,那么反映出这种审理的诉讼化程度并不高。"检察机关是否被赋予解除强制医疗的启动权"作为检察监督效果的影响因素恰恰反映出被调查者对检察机关不享有接触强制医疗启动权的诟病。

第二,检察机关对解除强制医疗决定和继续强制医疗决定不享有抗诉权。人民检察院对解除强制医疗程序实行的是事后监督方式,通过提出书面纠正意见,启动由人民法院另行组成合议庭的审理程序。这形似普通程序中的抗诉,但是后者对抗诉的审理采用的是二审方式,而且人民检察院在抗诉案件中作为诉讼的一方参与审理。这又形似复议程序,不过并不是上级人民检察院对下级人民检察院的复议,而只是原审法院自行重新组成合议庭的书面审理而已。这就会出现同一个法院对同一个案件先后由不同的合议庭进行审理的问题,特别是在缺少人民检察院事中监督的情况下,审理结果的可信度可想而知。这在统计分析中"检察机关不服解除决定或不解除决定是否可以抗诉"作为人民检察院执行检察监督效果的影响因素印证此点。

第三,无论是解除强制医疗决定还是继续强制医疗决定,标准是《刑事诉讼法》规定的被强制医疗人"已不具有人身危险性,不需要继续强制医疗",还需要具备的条件是需要有诊断评估报告。虽然《刑诉法解释》只规定人民检察院对解除强制医疗决定不当的情形进行监督,实际上当人民法院认为被强制医疗人需要继续强制医疗的时候,也应当纳入监督范畴。按照现行的事后监督方式,人民检察院要确保检察监督效果就需要全面地查阅相关材料,其中医疗文书、诊断评估报告是重点查阅的内容。这时人民检察院虽然能够查阅,但是如果达到不了全面且深入的程度,势必影响检察监督效果,这也说明"能否有效地查阅解除强制医疗的医疗文书、诊断评估报告"成为强制医疗执行解除监督效果的影响因素所反映的问题所在。

第四,强制医疗机构存在提交解除强制医疗意见不及时的问题。强制医疗机构提出解除强制医疗意见是启动解除强制医疗程序的两种情形之一,强制医疗机构负责被强制医疗人的医疗和监管工作,他们最了解被强制医疗人的康复情况。正是因为强制医疗决定书无法确定解除医疗的时间,所以将建议权赋予强制医疗机构。这就意味着强制医疗机构的解除意见与被强制医疗人的医疗时间密切相关,如果强制医疗机构延时提出解除意见,那么被强制医疗人无论是在人身自由还是费用支付甚至身体康复都是无益的,其实这与“迟来的正义即非正义”的谚语相因应。那么强制医疗机构为什么不及时提交解除意见呢?可能存在的原因是延误或懈怠,抑或是即便不及时也无硬性责任,再或者是可以继续收取医疗费等。如此突出的问题就成为“对于已不具有人身危险性,不需要继续强制医疗的被强制医疗人,强制医疗机构是否依法及时提出解除意见,报送作出强制医疗决定的人民法院”在统计分析中作为执行解除检察监督效果影响因素的缘由。

延展来看,强制医疗机构不按时提交解除意见的情形包括过早提交和延时提交两种,人民检察院发现这两种情形都是需要向强制医疗机构提出纠正意见。不可忽视的是,此中还隐藏着人民检察院如何发现强制医疗机构提出解除意见不适时的问题,这自然涉及检察官的监督能力和监督的有效性问题,这与解除执行中存在的其他问题是相互关联在一起的。

总之,刑事强制医疗执行三个环节检察监督效果与刑事强制医疗执行检察监督效果相互印证,无论是整体还是局部,均有待进一步提升,所反映出的问题也是环环相扣、彼此关联。因此就刑事强制医疗执行检察监督而言,在系统研判刑事强制医疗执行制度现存问题的基础上,全面审视在执行检察监督中存在的问题,避免只见树木不见森林。

六、解除强制医疗程序的司法化程度偏弱

在刑事强制医疗执行制度中,解除强制医疗程序至关重要,如果这一程序存在虚置或形式化问题,那么刑事强制医疗制度就会有头无尾,而且强制医疗决定书中并未规定解除的时间,如果坚持绝对不定期原则的话,那么刑事强制医疗在人权保障上就缺少正当化依据。我国刑事强制医疗坚持的是相对不定期原则,也就是法律规定强制医疗机构在强制医疗期间对被强制医疗人实施定期诊断评估,法院依据申请或解除意见进行综合判断是否解除强制医疗。刑事强制医疗程序的设立就在于实现刑事强制医疗的司法化,在整个程序中,由法官负责裁决的包括两个子程序,即决定程序和解除程序,但是后者的司法化程度显然不如前者。换言之,刑事强制医疗执行制度中的解除程序在司法化上弊端丛生,这可以从实体和程序上得到显现。

(一)解除强制医疗在实体方面欠缺有效的运行机制

根据《刑事诉讼法》及其相关司法解释的规定,解除强制医疗的条件包括两个:一是"被强制医疗的人已不具有人身危险性,不需要继续强制医疗";二是"对被强制医疗的人的诊断评估报告"。可见,人身危险性和诊断评估是法院决定是否解除医疗的实体要素,而在解除程序中是否有健全的代理人制度也是解除强制医疗决定的影响因素。

1. 人身危险性存在预测体系缺失的问题

(1)人身危险性是强制医疗是否解除的决定要素

通常而言,人身危险性是指犯罪人再次实施犯罪的可能性。人身危险性概念起源于刑事实证学派对犯罪人的关注,是与刑事古典学派进行论争的关键点。不过,刑事实证学派提出的犯罪人的人身危险性,是从犯罪学层面上进行论述的,也就是意味着所谓的犯罪人范围要广于刑法学中的犯罪人,最典型的就是将无刑事责任能力人也纳入其中,例如无刑事责任能力的精神障碍患者。从犯罪人的类型来看,犯罪学上的犯罪人包括具体犯罪人、同类犯罪人和一般犯罪人,虽然刑法学理论侧重于同类犯罪人和一般犯罪人,但是刑罚个别化理论和特殊预防理论也得到了广泛的应用,特别是刑事司法中涉及的定罪、量刑、行刑均需要考虑犯罪人的人身危险性,正如有的研究者所言:"在刑法领域研究犯罪人问题,主要就是为了解决犯罪行为人的人身危险性并由此解决刑罚及其他社会防卫措施的适用问题。"①

在我国,犯罪概念的基本特征是社会危害性、刑事违法性、应受惩罚性,这是对犯罪行为的一种概念性界定。人身危险性"在罪责刑结构中,并不当然地起决定作用,只是在一定程度上起着修正作用"②,不过从人的层面来看,人身危险性是犯罪人的本质特征,而且还是刑事实证学派提出保安处分的理论基础。在我国,刑事强制医疗在实然性上属于刑事法上的保安性措施、在应然性上属于保安处分,所以在刑事强制医疗执行制度中分析被强制医疗人的人身危险性既有法律上的依据,也有理论上的基础。在刑事强制医疗制度中精神障碍患者的人身危险性是指"精神病人因精神疾病有继续实施危害行为从而造成严重损害的可能性"③,在法律上有两方面的体现:一是人民法院作出刑事强制医疗决定必须满足"有继续危害社会可能的"的条件;二是人民法院解除强制医疗决定必须满足"已不具有人身危险性"的条件。既然人身危险性

---

① 曲新久:《刑法的精神与范畴》,中国政法大学出版社 2000 年版,第 195 页。

② 游伟、陆建红:《人身危险性在我国刑法中的功能定位》,载《法学研究》2004 年第 4 期,第 3 页。

③ 陈绍辉:《论刑事强制医疗程序中人身危险性的判定》,载《东方法学》2016 年第 5 期,第 11 页。

是被强制医疗人的本质属性,在法律上如果精神障碍患者不具有人身危险性,那么即便具有严重的精神障碍也不能实施刑事强制医疗,而只能是普通医疗,或者仅具有行政法上的人身危险性,那么就依据《精神卫生法》来实施非自愿住院治疗。

(2)刑事被强制医疗人人身危险性评价的困境

立法上将人身危险性作为解除强制医疗的法定标准,是基于平衡社会利益和个人利益的考虑。在人民法院作出刑事强制医疗决定时已对刑事被强制医疗人进行了一次人身危险性评价,这种评价作为一种预测,强调的是预测类型、严重性、预期伤害可能性的准确性。预测结果当然就是精神障碍患者具有人身危险性,需要接受强制医疗。在被强制医疗人接受医疗后,进入解除强制医疗程序时,他们需要接受第二次人身危险性的评价。换言之,刑事强制医疗决定和解除强制医疗决定都需要人民法院判断精神障碍患者的人身危险性,差别体现在前者需要鉴定机构出具的精神病鉴定意见,后者需要强制医疗机构的诊断评估报告;在前者中,精神障碍患者通常没有接受规范的治疗,而在后者中,刑事被强制医疗人通常需要在强制医疗机构中接受长时间的治疗;启动前者是由人民检察院或人民法院,启动后者是强制医疗机构或被强制医疗人及其近亲属。可见,在两个程序中,人民法院对人身危险性判断依据存在一定的差异,不过这种差异主要体现在评价的阶段和所依据的材料上,在评价思路和本质属性上则是相同的。

那么法官到底如何进行人身危险性判断呢?在现代审判理念中,自然不能唯鉴定意见或诊断评估是从,从本研究关于在解除程序中人民法院判断被强制医疗人的人身危险性依据的调查结果看,有82.8%的被调查者认为应当"依据各种可能影响被强制医疗人的人身危险性因素来裁量",证明了此点。法律职业者的认知固然符合现代审判理念,但是从司法实践看,人民法院对人身危险性的认定既有技术性,也有专业性。有的研究者从证明理论上进行分析:"强制医疗的适用以'预测'为前提,对预测的判断又以可能具有人身危险的认定为基础。由此,着眼于行为人人身危险性的考察,继而说明其有继续实施危害行为的可能,只能是种模糊判断,无法做到排除合理怀疑。"①所以法官在进行人身危险性判断的时候受到了专业上的限制。在解除刑事强制医疗程序中,如果判断不准确,那么会出现不该解除的解除了,或者是该解除的未解除,影响刑事强制医疗执行制度的公正价值。

在近现代,随着精神障碍患者人权保障运动的推进,这一群体的人身危险性问题成为强制医疗价值实现的关键所在,人们不断地探索科学技术在司法中的应用思路和方法,但是正如同精神障碍难以为人们所有效识别一样,判断精神障碍患者的人身

---

① 潘侠:《刑事强制医疗证明机制论》,载《河南社会科学》2015年第3期,第57页。

危险性也成为客观性难题。从美国的理论研究和实践状况可以得到窥见。

一是通过医生的判断难以实现司法预测的科学性。美国研究者格兰特·H. 莫里斯作为法学教授和精神病学临床教授对精神障碍患者人身危险性判断的相关方法做了评价,他介绍艾伦·斯通(AlanStone)的观点,"精神科医生无法预测一个人是否会有确定性,或超出合理的怀疑,或通过明确和令人信服的证据,甚至是绝大多数的证据来从事危险行为。对于基于临床的危险度预测,时间的流逝并没有改变斯通判断的准确性",也就是说当临床判断被用作预测人身危险性依据时,预测准确性难以实现提高。当医生的判断依据仪器设备的时候,"如果该人被刑事诉讼所牵连,使用精算方法来评估释放资格就更加令人怀疑。最近的一项研究揭示了用于决定是否有条件释放精神错乱无罪的关键变量的广泛差异"①。也就是说,无论是医生主观判断还是通过仪器得到的结果,准确性或一般化都是难以达成的。从法律角度来看,对于精神障碍患者人身危险性的判断是为了在公共安全和个人自由之间寻求平衡,如果将希望寄托于专业知识方面,那么这种方法在实践上不具有可行性,因为将人身危险性作为法官作为刑事强制医疗或解除强制医疗的标准,实则是一种质和度的综合判断,特别是在度上,纳入刑事司法范畴就意味着精神障碍患者的暴力行为风险对公众来说是达到了难以接受的程度。

二是"可预见性"阈值在精神障碍患者人身危险性判断中难以作为标准使用。美国研究者提出"在政府资助的精神病设施中,很大一部分患者是根据国家民事承诺法规非自愿入住的,他们预计精神卫生专业人员将根据对患者对他人构成的迫在眉睫的风险的判断来决定启动非自愿精神病住院治疗"②。美国的强制医疗采取的是民事程序,其中更加注重临床医生作为精神障碍患者人身危险性预测的能力,这是对医学判断的一种依赖性表现。"当患者的行为和思想的某种组合表明发生暴力的可能性达到'可预见性'的阈值时,即使通过定义对潜在危险患者的适当反应的立法措施限制了他们的责任,仍有望采取行动。"③以"可预见性"的阈值作为判断精神障碍患者人身危险性的标准,这是以量化的方式进行判断的一种思路,但是问题是根据阈值进行的人身危险性判断与法律规定的不一致时,法官可以背离法律,而依循阈值,会出现判断的合法性问题。

---

① Grant H. Morris, *Defining Dangerousness: Risking a Dangerous Definition*, The Journal of Contemporary Legal Issues, Vol. 10, p. 81 - 82(1999).

② Mossman, Douglas, *Dangerousness Decisions: An Essay on the Mathematics of Clinical Violence Prediction and Involuntary Hospitalization*, The University of Chicago Law School Roundtable, Vol. 2, p. 96(1995).

③ Mossman, Douglas, *Dangerousness Decisions: An Essay on the Mathematics of Clinical Violence Prediction and Involuntary Hospitalization*, The University of Chicago Law School Roundtable, Vol. 2, p. 97(1995).

三是预测精神障碍患者未来行为的“适合性”检验对法官是一种考量。“司法不作为也会带来风险:错误的释放会给自己或他人造成伤害。解决这些风险需要确定此人是由于该人的精神疾病而对自己或他人构成危险,需要评估的科学性和可靠性。审判法院还必须评估专家证词如何符合案件的要求。即使没有科学的验证,如果法院足够适合案件的要求,法院仍可以使用给定的意见。‘适合性’检验不仅仅要求纯粹的相关性,还将专家的专业推论与事实调查所需的推论进行比较。”①这说明,评估精神障碍患者人身危险性,固然需要专家意见作为支撑或论据,但是如果法官对专家意见无法从法律和医学上进行推理和判断,那么他们就会被鉴定意见或诊断评估报告所束缚。以“适合性”来考量法官对人身危险性各项依据的判断能力恰恰说明,即便是法官具有精神医学专业知识,如果欠缺推理和判断能力,仍然难以作出合理的判断。这就是同为精神障碍患者人身危险性评估者,法官与医生或专家的差别。

总之,无论是医疗还是司法都试图设计预测精神障碍患者人身危险性的方法。在医疗上,“对精神疾病患者攻击行为的风险评估大致分为:基于临床经验的评估、基于统计方法的评估和结构化的临床判断 3 种方式”②,其中量表最为典型,“Broset 暴力清单(Broset – violence – checklist,BVCl)和暴力风险筛查量表(Violence risk screening – 10,V – Risk – 10)是国外新近研发的评估精神病病人暴力风险的结构式量表”③,有的临床研究者用此对住院精神障碍患者的暴力行为进行预测和评估;有的研究者“检验暴力风险量表(Violence Risk Scale – Chinese version, VRS – C)成人版在暴力犯样本中的信效度,为国内的罪犯风险评估提供有效的参考工具”④。在司法上,有的研究者提出了在解除强制医疗程序中,对被强制医疗人是否具有人身危险性上存疑时,适用“存疑有利于被告”原则和“清楚和有说服力的证明标准”,“在适用‘存疑有利于被告’原则的同时,对被强制治疗人申请释放的次数可以予以适当限制,防止其随意提起释放申请,不利于强制治疗机构管理”⑤。医疗和司法上的探索有助于推进精神障碍患者人身危险性预测能力和技术的不断发展,二者不能相互替代,但可以形成互补。

---

① Alexander Scherr, *Daubert & Danger: The “Fit” of Expert Predictions in Civil commitments*, Hastings Law Journa, Vol. 55, p. 2(2003).

② 姚秀钰、李峥:《国外精神疾病患者攻击行为风险评估对我国的启示》,载《中华护理杂志》2010 年第 5 期,第 474 页。

③ 施忠英、郑慧芳等:《中文版暴力风险量表对精神病病人暴力行为预测能力的研究》,载《护理研究》2014 年第 1 期中旬版,第 247 页。

④ 赵辉、Stephen Wlong 等:《暴力风险量表成人版在暴力犯中的信效度检验》,载《中国临床心理杂志》2018 年第 4 期,第 653 页。

⑤ 倪润:《强制医疗程序中“社会危险性”评价机制之细化》,载《法学》2012 年第 11 期,第 96 页。

对解除刑事强制医疗中人身危险性预测现状的分析,不但要以整个刑事司法制度中人身危险性的预测为基础,而且要紧扣刑事强制医疗制度,特别是刑事强制医疗执行制度的具体实践。目前解除强制医疗程序中人身危险性的预测欠缺健全的体系,也就是医疗上的预测和司法上的判断欠缺有效的衔接机制,而且二者在各自的运行机制中也欠缺健全的体系性设计。作为刑事强制医疗执行制度的组成部分,法官如何作出有效的判断至关重要。在医疗上对精神障碍患者人身危险性预测手段和方法日趋多元和技术化的情况下,虽然精准预测是医生的终极追求,但是现有的预测可以作为医疗和司法上人身危险性的判断依据,而且医疗上的预测不可忽略刑事被强制医疗人的身份属性,所以对于他们人身危险性的预测就不能只是局限于医疗之目的,应当作出整体性的预测,因为医生或专家提出的预测意见影响着法官的判断。对于法官而言,医疗上的预测是法官作出司法判断的参考依据,但是如果法官在决定书中缺少判断的推理过程,那么就会产生“医疗与司法混同”甚至“医疗绑架司法”之嫌。

2. 诊断评估报告在解除强制医疗程序中欠缺有效的应用机制

在刑事强制医疗制度尤其是刑事强制医疗执行制度中,诊断评估报告具有了相应的运行机制,无论是是医疗过程,还是监督程序,乃至决定程序,诊断评估的运用率是非常高的,这与刑事强制医疗具有的医疗专业属性密切相关。在解除强制医疗程序中分析诊断评估报告,关键在于诊断评估报告对法官是否作出解除强制医疗决定的影响度如何。本研究问卷调查的结果是71.1%的被调查者认为诊断评估报告在法官是否作出解除强制医疗决定中起到主要作用,19.0%的选择无根本作用。也就是说,三个职业群体的基本认知偏重于诊断评估报告的作用力,这是解除强制医疗内含医疗和法律双重要素所使然。其实,诊断评估报告对于解除强制医疗的作用力与被强制医疗人人身危险性的判断依据是“一体两面”,不过对于前者重在从整体上分析解除程序,而后者着眼于对被强制医疗人的分析。因此分析诊断评估报告在解除强制医疗决定中的作用实则是研判诊断评估报告在司法裁决中的应用机制。

第一,诊断评估报告的非精准化使得人民法院在司法裁决时如果简单套用就会违背裁判规律。按照我国刑事强制医疗解除程序的法律规定,诊断评估报告是由强制医疗机构来出具,如果按此逻辑,诊断评估报告实则是一项医疗行为。从本质上看,强制医疗机构出具的诊断评估报告是从医学上所作的预测,既然是预测,那么不确定性是必然的,“精神科医生在预测中对造成个人伤害的类型或严重性无法做到准确的说明。在大多数情况下,他们会对暴力或破坏性行为进行预测,而无须进一步说明该行为是否威胁到人身或财产,或所预期的伤害是轻微还是严重。相反,精神病人现实行为可能会涵盖范围广泛的类型和危害程度。与对导致致命伤害的行为的预测相反,对破坏性行为的普遍预期会比潜在危害的程度要小得多"①。当然,也并不否定强制医疗机构出具的诊断评估报告存在具有确定性倾向的表述,但是法官在进行裁决的时候,如果简单地予以套用,那么误判率就可能增加,特别是"该环节没有规整的听审程序且多采用书面审,法院实质是以行政处理的方式作出裁决,其介入主要为避免医疗机构垄断解除权从而保障患者权益"②。所以对于人民法院而言,简单套用诊断评估报告违背了解除强制医疗程序的设计初衷,无论是诊断评估报告如何表述,它的非精准化特点是客观存在的。

第二,诊断评估报告是法官决定是否解除强制医疗的证据材料之一。解除强制医疗程序司法化设计的目的在于通过有效的程序来规范法官的自由裁量,如果法官将诊断评估报告作为是否解除强制医疗的根本作用,那么司法化进度就会出现倒流,即便是将其定性为主要作用,如果不能对各项证据材料进行印证分析,那么所谓的审理就会流于形式。所以诊断评估报告对于司法而言是如此之重要,正如研究者提出的"在解决危险性辩论方面取得的任何进展都将需要对司法和临床领域的理论、政策和实践进行根本性的重新设计。最重要的是要认识到,危险、暴力、风险、精神病、品行障碍和相关结构不是适合于狭窄的科学标定的离散或孤立的实体,而是复杂、多维和具有干扰性的现象,是与人类思想和行动以及更广泛的社会结构和文化力量相联系"③。这是从更广泛意义上来理解诊断评估报告,不过恰恰说明法官对待诊断评估报告不能仅仅采用单向、简单的思维,否则所作出的解除强制医疗决定书或继续强制医疗决定书经不起法律推理的验证,甚至影响司法公信力。

第三,法官在解除强制医疗程序中应用诊断评估报告的信心不能脱离法律程序和司法推理。在是否解除强制医疗的裁决中,法官面临最大障碍是强制医疗具有非常强的医学专业属性,即便是他们增强业务能力,难以达到也没有必要达到医学专业水平,所以缺少了诊断评估报告,势必影响法官作出裁决的及时性与公正性。按照专业问题需要专业人士来解决的方法,专家辅助人的引入就具有必要性。虽然有的论者提出"科学证明的危险因素的有效性可以帮助法院在将被告的精神疾病的某些特征与被告的风险产生行为之间建立法定联系方面充满信心。知道了这一点,法院将具有科学和法律依据,可以实施旨在减轻精神疾病症状和被告人伤害风险的非自愿

① *Developments in the Law: Civil Commitment of the Mentally* Ⅲ, Harvard Law Review, Vol. 87(1974), p. 1241.

② 潘侠:《刑事强制医疗证明机制论》,载《河南社会科学》2015 年第 3 期,第 56 页。

③ Robert Menzies et al, *The Dimensions of Dangerousness Revisited: Assessing Forensic Predictions About Violence*, Law and Human Behavior, Vol. 18, p. 24(1994).

治疗”①。如果由专家辅助人辅助法官对诊断评估报告进行分析和甄别，那么他们在决定理由上，具有了严谨的推理过程。但是目前解除强制医疗程序中既无对抗性的辩论，也无专家辅助人制度的规定，导致法官的专断。这从本研究检索的解除强制医疗决定书和继续强制医疗决定书中可以看出，裁决理由通常直接引用诊断评估报告，缺少严谨的论证和推理过程。

3. 代理人制度是解除强制医疗程序的短板

在刑事强制医疗制度中，由于精神障碍患者是无刑事责任能力人，属于诉讼能力人，所以需要代理人代为开展诉讼活动。代理人的类型可以分为法定代理人和诉讼代理人，根据《刑事诉讼法》的规定，“法定代理人是指被代理人的父母、养父母、监护人和负有保护责任的机关、团体的代表”；“诉讼代理人是指公诉案件的被害人及其法定代理人或者近亲属、自诉案件的自诉人及其法定代理人委托代为参加诉讼的人和附带民事诉讼的当事人及其法定代理人委托代为参加诉讼的人”。如果按照《刑事诉讼法》对诉讼代理人的界定，刑事强制医疗制度并不属于诉讼代理人适用范畴，而且在“依法不负刑事责任的精神病人的强制医疗程序”的规定及其相关司法解释中均无代理人方面的明确规定。不过，《刑事诉讼法》中总则条款作为刑事诉讼制度的统领，可以适用于刑事诉讼特别程序。但是无论是依据法律规定，还是司法实践，解除强制医疗程序中并无健全的代理人制度，甚至成为制约刑事强制医疗执行制度发展的短板。

(1)解除强制医疗中代理人缺位现象严重

在本研究统计的解除强制医疗决定书和继续强制医疗决定书中，前者无代理人的占比为59.47%，后者无代理人的占比为48.33%，可见代理人缺位现象非常明显。决定书中没有写明代理人的存在两种情况，一是在解除审理程序中被强制医疗人作为解除强制医疗申请人；二是在解除审理程序中被强制医疗人的近亲属作为解除强制医疗申请人。

在第一种情形中，被强制医疗人本人的诉讼行为能力尚不确定，如果缺少近亲属或代理人来辅助诉讼，那么他们的权利只能是自我维护，而且当人民法院决定解除强制医疗时，如果指定一位未参加审理程序的人或单位作为医疗和监管责任人，那么就可能增加被强制医疗人回归社会后状况的不确定性。对于强制医疗机构提出解除意见的，《强制医疗所条例(送审稿)》第38条规定“强制医疗所提出解除强制医疗意见

① Douglas Mossman MD, *Risky Business versus Overt Acts: What Relevance Do Actuarial, Probabilistic Risk Assessments Have for Judicial Decisions on Involuntary Psychiatric Hospitalization*. Houston Journal of Health Law & Policy, Vol. 8, p. 449(2011).

时，该被强制医疗人员没有监护人、近亲属，或者其监护人、近亲属不明确的，应当提请作出强制医疗决定的人民法院依法确定监护人”，由于监护人是法定代理人，所以法定代理人在解除强制医疗程序中是必不可少的。第二种情形，在一定程度上增加了被强制医疗人权利保障程度，但是近亲属作为申请人，还难以担当起代理人所具有的权利和义务，所以被强制医疗人权利保障力度仍旧薄弱。

(2)解除强制医疗中代理人的表述混乱不清

在刑事诉讼中，代理人的基本类型是法定代理人和诉讼代理人。根据本研究所统计的两类决定书中却有多种表述，而且难以识别这些表述所指称的人与被强制医疗人之间的关系。尤为突出的问题是，在有诉讼代理人或委托代理人或指定诉讼代理人或指定委托代理人决定书中，并没有涉及具有律师身份者，就此来看，被强制医疗人在解除强制医疗审理中缺少律师的帮助，在法律上的弱势地位遭到进一步的增强。反观刑事强制医疗审理程序的状况，《刑事诉讼法》第 304 条第 2 款规定：“人民法院审理强制医疗案件，应当通知被申请人或者被告人的法定代理人到场。被申请人或者被告人没有委托诉讼代理人的，人民法院应当通知法律援助机构指派律师为其提供法律帮助。”也就是说，在刑事强制医疗审理程序中，法定代理人是必须在场的，同时还需要有诉讼代理人，如果没有诉讼代理人还必须具有法律援助律师，只有如此才符合刑事诉讼程序的基本价值，但这仅是关于强制医疗审理程序的规定。解除强制医疗的司法化程度并不高，带有明显的行政化色彩，被强制医疗人的合法权利难以得到有效的保障。

那么在解除刑事强制医疗程序中，刑事被强制医疗人是否有权获得法律帮助权呢？答案是肯定的，因为刑事强制医疗程序已经成为刑事诉讼的一项特别程序，精神障碍患者虽然在该程序的不同阶段具有不同的称谓，但是他们作为当事人，是诉讼主体，有权获得法律帮助，《刑事诉讼法》规定法律援助制度和值班律师制度不但应当适用于刑事强制医疗审理程序，同样应当适用于解除强制医疗程序。《刑事诉讼法》第 36 条第 1 款规定：“法律援助机构可以在人民法院、看守所等场所派驻值班律师。”强制医疗所(安康医院)作为法定的强制医疗执行机构应当派驻值班律师，而精神卫生医疗机构和综合类卫生医疗机构是代为执行，也应当设计相应的援助机制，确保刑事被强制医疗人能够获得律师的有效帮助，这有助于法院作出的裁决更具科学性和合理性。

(二)解除强制医疗的程序要素残缺不全

解除强制医疗程序虽然是刑事强制医疗执行制度的组成部分，但是法律规定解除强制医疗应当采取诉讼的方式，所以无论是从执行制度上看，还是审理程序看，解除强制医疗应当符合刑事诉讼的基本要求,具备相关的程序要素。

1. 解除强制医疗程序的启动主体主次错位

按照《刑事诉讼法》的规定,解除强制医疗程序的主体分为两类,一是强制医疗机构,二是被强制医疗人及其近亲属。根据本研究对两类决定书的统计结果,司法实践中解除强制医疗程序的启动主体分为“强制医疗机构”“被强制医疗人”“被强制医疗人的近亲属”“被强制医疗人和被强制医疗人的近亲属”“被强制医疗人的近亲属和强制医疗机构”五种情形。其实,从理想的状态来看,在解除强制医疗的启动主体中,强制医疗机构应当占比最高,因为强制医疗实行的是封闭式医疗和监管,强制医疗机构从收治被强制医疗人开始,动态地掌握他们的康复情况,然而在解除强制医疗决定书中由强调医疗机构启动的程序所占比仅为23.06%,在继续强制医疗决定书中由强制医疗机构启动的程序所占比仅为12.92%。绝大部分案件都是由被强制医疗人的近亲属启动的。

(1)司法实践中近亲属虽然作为解除强制医疗程序的主要启动主体,但心有余而力不足。被强制医疗人的近亲属享有解除强制医疗申请权,《刑事诉讼法》规定的近亲属包括夫、妻、父、母、子、女、同胞兄弟姊妹,是因为被强制医疗人与近亲属之间的亲情关系非常紧密。当近亲属行使这项权利的时候,表明他们希望被强制医疗人及早回归社会,通常也愿意承担出院后的医疗和监管责任。但是近亲属行使申请权存在着不可忽视的问题,被强制医疗人的医疗是在封闭式监管下实施的,当然这种封闭式与监狱和看守所是不同的,只是相对于普遍患者的管理而言。换言之,在强制医疗期间,近亲属并不负责陪床,即便是定期探视,也难以准确地掌握被强制医疗人的康复状况。因此近亲属提出解除申请,仅是一种心理预期或亲情使然,他们被强制医疗人的健康状况只能是一种模糊性判断。

根据《刑事诉讼法》及相关司法解释,并没有规定首次申请解除的时间,只是通过司法解释可以推断两次申请之间的间隔时间至少6个月,即《刑诉法解释》第645条第2款规定:“被强制医疗的人及其近亲属提出的解除强制医疗申请被人民法院驳回,六个月后再次提出申请的,人民法院应当受理。”这可能存在的问题是,当近亲属提出解除申请被法院驳回的话,如果在6个月期间强制医疗机构不提交解除意见,那么至少需要再等待6个月的时间,被强制医疗人的人身自由将继续受到限制,医疗费用也需要继续支付,这无助于诉讼公正和健康正义的实现。

(2)司法实践中强制医疗机构虽然作为解除强制医疗机构的次要申请主体,但隐含多元化动机。强制医疗机构与被强制医疗人及其近亲属均享有解除强制医疗程序的启动权,在司法实践中,二者行使启动权的比例虽然难以一概而论,但是强制医疗机构作为执行机构,他们掌握被强制医疗人康复状况是最为全面的,从逻辑上看,强制医疗机构行使解除强制医疗程序启动权的比例理应最高,但是司法实践状况是明显低于近亲属的情况。强制医疗机构在解除强制医疗程序中的被动状态势必影响程序的运行质量。之所以如此,是因为这其中隐含着强制医疗机构的多元化动机。

其一,强制医疗机构医疗和监管的过程中,被强制医疗人的近亲属乃至亲属、相关单位无人探视或无法查证或互相推诿,虽然最终决定是否解除强制医疗由人民法院来负责,但是他们在出院后无人监管,甚至可能出现病情反复的情况,强制医疗机构对此心存顾虑而不愿主动提出解除意见。其二,在被强制医疗人的医疗费用能够正常支付,而且床位不紧张的情况下,特别是被强制医疗人的康复状况尚不确定或在出院后是否会复发难以明确的情况下,强制医疗机构对被强制医疗人宁愿继续收治,也不愿主动提出解除意见。其三,即便被强制医疗人的医疗费用无法正常支付,在解除强制医疗后,尤其是长期拖欠医疗费用的情况下,被强制医疗人如果出院,那么医疗费用可能更难以索要,所以强制医疗机构选择继续收治,通过多种途径向相关机关、单位或他们的亲属要求支付医疗费用。

(3)人民检察院不享有解除强制医疗的启动权,无助于强制医疗执行检察监督作用的发挥。根据《人民检察院强制医疗执行检察办法(试行)》关于"解除强制医疗活动检察"的规定,在检察监督的内容中规定"对于已不具有人身危险性,不需要继续强制医疗的被强制医疗人,强制医疗机构是否依法及时提出解除意见,报送作出强制医疗决定的人民法院";在应当依法及时提出纠正意见中规定"对于不需要继续强制医疗的被强制医疗人,没有及时向作出强制医疗决定的人民法院提出解除意见,或许对于需要继续强制医疗的被强制医疗人,不应当提出解除意见而向人民法院提出解除意见的"。可见,人民检察院对解除强制医疗启动权负有监督职责,但是监督方法仅是纠正意见,不享有启动权。对于被强制医疗人及其近亲属提出解除强制医疗申请被驳回的,没有明确纳入监督的范畴,导致这方面的监督出现缺位问题。不享有启动权和监督缺位问题既是执行检察监督存在的突出问题,也是启动权机制不健全的具体表现。

由上可见,解除强制医疗程序的启动权状况反映出强制医疗机构的被动性,导致启动主体在应然性逻辑上主次颠倒;与其他启动主体不同,人民检察院作为执行检察监督者,虽然不能实现程序启动的直接性,但是如果仅是纠正意见甚至存在缺位现象,那么整个解除强制医疗程序启动体系难以形成合力,甚至走偏。

2. 解除强制医疗程序的审理方式带有明显行政化倾向

《刑事诉讼法》规定强制医疗机构提出解除意见,需要报决定强制医疗的人民法院批准;《刑诉法解释》规定对于解除强制医疗案件由人民法院负责审查。在解除强制医疗程序中,人民法院作出决定书是经过"批准"或"审查"后作出的,这似乎是一种行政性的审理方式,依此来看,在刑事强制医疗执行制度中解除强制医疗程序仅有法官审理之形,而无司法程序之实。从应然层面看,人民法院审理案件的常规方式主要包括书面审理、开庭审理、听证三种。根据本研究关于被调查者对三种审理方式认知情况的调查结果可知,被调查者对此观点不一。那么何种方式更适合解除刑事强制医疗程序呢?

(1)开庭审理和书面审理的评析

党的十八届四中全会提出,“推进以审判为中心的诉讼制度改革”,随着“两高三部”在2016年联合下发《关于推进以审判为中心的刑事诉讼制度改革意见》,最高人民法院在2017年下发《关于全面推进以审判为中心的刑事诉讼制度改革的实施意见》,审判中心主义在刑事诉讼中得到了深入的贯彻和落实,它的本质在于“强调审判阶段的核心地位”“要求审判活动趋于实质化”“充分保障当事人及社会公众参与诉讼”①。也就是说,面对“案多人少”的困境,在实体公正和程序正义的价值追求下,审判中心主义的推行不但可以确保公正价值的实现,而且可以进一步优化司法资源,特别是认罪认罚从宽制度的探索和落地,司法资源的配置趋于合理。刑事强制医疗审理程序虽然不涉及定罪与量刑,但是仍然关涉被强制医疗人的人身自由,所以需要通过庭审三方在开庭审理中对案件进行定性和裁决。解除强制医疗审理是刑事强制医疗执行制度的组成部分,属于执行制度范畴,那么开庭审理和书面审理是否适合解除强制医疗程序?

一方面,在开庭审理中,无论公开审理还是不公开审理都要求庭审三方到庭,这是普通程序中一审程序的必然要求,即便是认罪认罚从宽制度也应当开庭审理。开庭审理重在落实庭审实质化,做到“四个在法庭”,即证据质证在法庭、案件事实查明在法庭、诉辩意见发表在法庭、裁判理由形成在法庭,以此保障被告人合法权利,使法官做到兼听则明。在二审程序中,《刑事诉讼法》规定了四种应当开庭审理的情形,大部分案件采取书面审理的方式。在执行程序中,根据最高人民法院2014年公布的《关于减刑、假释案件审理程序的规定》明确六类减刑、假释案件必须开庭审理,其余情形则采取书面审理的方式。

可见,刑事二审和减刑、假释案件采取的是开庭审理和书面审理相结合的方式。从刑事执行制度层面看,减刑、假释在开庭审理上的形式化严重,体现在“开庭实践,外部和内部的监督制约都非常有限,诉讼抗辩因素严重不足,庭审视野过于狭窄”②。按照刑事案件繁简分流的改革思路,减刑、假释案件通常不属于疑难复杂案件,所以

① 叶青:《以审判为中心的诉讼制度改革之若干思考》,载《法学》2015年第7期,第3—4页。
② 刘天响:《减刑、假释开庭审理形式化之检讨》,载《中国刑事法杂志》2011年第11期,第71页。

即便是开庭审理也可以予以简化,当然要避免形式化,需要对庭审结构进行科学设计。根据现行规定对解除强制医疗程序的设计,在审理中并非三角结构,而是线性结构,因为《刑事诉讼法》及相关司法解释对解除强制医疗程序使用“批准”或“审查”而非刑事诉讼法意义上的“审理”。

另一方面,书面审理是刑事诉讼二审程序、审判监督程序,减刑、假释案件审理的常用方式,是刑事诉讼审理的一种基本方式,法官依据卷宗中的书面材料来作出判断,存在当事人的参与性不足的问题。从大陆法系国家的直接言辞原则和英美法系的传闻证据规则看,均是要求法院在判决的时候应当听取证人的当庭证言,与此相对应的是我国存在“案卷笔录中心主义”①的裁判方式,这种裁判方式在刑事一审、二审中均存在。在开庭审理中,案卷笔录中心主义具有隐性特点,在书面审理中,案卷笔录中心主义则是显性的。所以书面审理在我国刑事诉讼中是一种常见的审理方式,有的研究者认为,刑事二审程序中书面审理是“二审法庭在通过阅卷、询问被告人等活动之后,认为一审判决所认定的犯罪为事实清楚的,即直接对案件作出裁判的程序”②,书面审理的弊端是显而易见的且影响深远。解除强制医疗程序的审理看似是书面审理,但是通过这种程序所形成的审判结构可以看出,如果是由强制医疗机构提出解除意见,那么审理中只有法官和被申请者,强制医疗机构并非申请者,而仅是解除意见提出者;如果是由被强制医疗人申请的,则只有法官和申请人;如果是近亲属申请的,则有法官、申请人、被申请人,申请人和被申请人具有共同利益,实则是共同一方。所以这种不具有三角式审判结构的审理方式,难以称为刑事诉讼审判。

由此可见,书面审理本就存在严重的弊端,如果适用于解除强制医疗程序只会使这种弊端蔓延。开庭审理的优势最为明显,在本研究的调查中,被调查者虽然对书面审理、开庭审理、听证的赞成态度相差不大,但是相比而言,他们更倾向于开庭审理,而且检察官和办理过此类案件的被调查者更倾向于开庭审理。不过,对于开庭审理是否是解除强制医疗程序的最优选择尚需理性分析。笔者认为,对于解除强制医疗程序,无论采用哪种审理方式,关键是要考虑所选择的方式能否有效解决被强制医疗人的人身危险性的认定问题。在刑事程序中,一审程序要解决的是被告人的定罪和量刑问题,是刑事诉讼中的核心程序,是实现公正价值的关键程序,所以应当采取开庭审理的方式,当然开庭审理也会根据案件的繁简程序采取普通程序或简化审理。二审程序和减刑、假释案件的审理仅是对重大复杂等特殊类案件采取开庭审理,其余的大部分采取书面审理,虽然备受诟病,但是有助于提高诉讼效率。根据解除强制医

① 陈瑞华:《刑事诉讼的中国模式》,法律出版社 2010 年版,第 162 页。

② 陈瑞华:《刑事诉讼的中国模式》,法律出版社 2010 年版,第 220 页。

疗程序在审理方式上存在的问题,关键是依据司法程序要求,改变只“诉”不“讼”线性结构。

《刑事诉讼法》对于解除强制医疗程序的审理方式并没有明确规定,《刑诉法解释》第647条则有相关规定,不过采用的方式是书面审理为主,开庭审理为辅,这降低了解除强制医疗程序的司法化程度。当然,也不能划一地采用开庭审理方式,还需要规定例外情形下的书面审理,所以必须改变现有规定,对审理方式做进一步的完善。

(2)听证在解除强制医疗程序中应用的考证

听证理论源自行政法领域,英美法系正当程序理论是这项制度的思想源泉,它改变了行政法领域中行政处罚的非公开性特点,优点是“不但不会增加行政成本,反而会降低行政成本。因为如果我们抓住、抓好了听证的环节,就能够减少冤假错案,就能够避免很多不必要的行政复议、诉讼和赔偿”①。在我国《行政处罚法》首先引入听证制度,随着这项制度的优势日渐凸显,也有研究者主张在刑事诉讼的一些程序中将其引入,有的研究者提出“刑事听证”这一概念,是指“在刑事诉讼过程中,为了解决某些阶段性问题,而由有决定权的侦查机关、审查机关、审判机关主持,公开进行,由非利害关系人组成听证评议小组听取利害关系人的陈述、辩论,作出听证评议意见,主持人在听取各方面意见并参考听证评议意见作出裁决的程序”②。也有的研究者针对在刑事司法精神病鉴定中引入听证制度,并提出听证制度的功能是“保障性功能”和“程序化功能”③。既然听证制度既能够保障各方的合法权利,也能够通过规范的程序吸纳各方的意见,那么针对目前解除强制医疗程序以书面审理为主的现状,能否将其引入到解除刑事强制医疗程序中呢?

如果在解除强制医疗审理上采用听证形式,一方面,解决解除强制医疗程序书面审理难以形成三角式庭审结构的难题。按照目前的程序设计,解除强制医疗程序是一种线性结构,虽有法官居中,但缺少双方的对抗性,所以未达到开庭审理的要素要求。采用听证形式不仅可以吸纳强制医疗机构、被强制医疗人及其近亲属,而且还可以吸纳检察机关、公安机关、被强制医疗人的邻居、社区代表等,通过参与者各抒己见,法官可以更全面地对被强制医疗人是否适合解除强制医疗乃至解除后回归社会的问题、后续的医疗和监管问题等方面听取意见,作出科学判断。另一方面,解决解除强制医疗程序并非严格意义的书面审理。准确地说,解除强制医疗程序的现行书

---

① 余凌云:《听证理论的本土化实践》,载《清华法学》2010年第4期,第130页。

② 程绍燕:《刑事听证研究》,中国人民公安大学出版社2016年版,第45页。

③ 崔磊:《刑事司法精神病鉴定听证制度构建》,载《海南大学学报(人文社会科学版)》2016年第1期,第101—102页。

面审理因为只有“诉”没有“讼”的问题，所以并不是刑事审判意义上的书面审理，这就使解除强制医疗程序的现行方式处于尴尬的境地。通过采用听证形式实现司法程序化的转换，最大限度实现公开和公正价值。

(3)不同审理方式的对比分析

按照《刑诉法解释》第647条的规定，如果单从条文的规定来看，在解除强制医疗程序中，合议庭对案件实施审查，而非审理。在程序设计上，明显欠缺司法属性。如果从司法实践来看，解除强制医疗程序属于特别程序中的执行制度范畴，按照普通程序中的一审程序来审理并无必要，而书面审又存在严重的弊端。即便如此，笔者认为解除强制医疗审理方式并不需要听证制度，一是因为我国采用的以审判为中心的诉讼制度改革已经取得了丰硕的成果，可以探索适合解除强制医疗审理的思路和方法，特别是《刑诉法解释》已经明确规定采用合议制，有助于开庭审理方式的采用，还可以与强制医疗决定程序所采用的开庭审理建立连贯关系。不容忽略的是解除强制医疗程序与强制医疗决定程序在庭审结构上是不同的，后者是三角结构，前者是直线结构，这是由解除强制医疗程序处于执行阶段所决定的。直线结构虽然没有双方平等对抗，但是按照直接言辞原则，仍然可以设计出符合解除强制医疗审判公正要求的程序要求。二是因为听证制度所要解决的是法官裁决时无法做到兼听则明的问题，在这个意义上可以解决书面审理的问题，但是刑事强制医疗限制的是刑事被强制医疗人的人身自由，在相对不定期原则下，关键是依靠解除强制医疗程序来确保执行期限的合理化。相比而言，开庭审理比听证具有更强的优势。三是目前解除强制医疗程序是以书面审理为主，开庭审理为辅，可以通过完善《刑诉法解释》，采用以开庭审理为主，书面审理为辅的方式，至于改革后仍然存在书面审理的问题，可以限定为“必要时”采取书面审理，而且同样需要对这种审理方式进行实体和程序要素的设计，确保合议庭形成合理的心证。

3. 解除强制医疗程序的合议庭组成方式的最优方案难以实现

根据《刑诉法解释》第647条的规定，对于解除强制医疗案件，人民法院应当组成合议庭进行审查。解除强制医疗程序虽然具有明显的行政化色彩，但是终究是处于刑事司法范畴内，所以仍然保持由法官裁决的形式。当然，根据现有的程序结构，虽然不能称之为居中裁判，但优点在于法律明确要求采用合议庭的裁决方式，这有助于解决解除强制医疗所涉及的医学专业问题和回归社会问题。合议庭的组成可以由法官组成，也可以由法官和人民陪审员组成。由于解除强制医疗案件是由原审的基层人民法院来审理，而且属于非疑难复杂案件，所以通常是由三人组成合议庭。如果按照经验逻辑，合议庭的组成方式包括“由法官组成”“由法官和作为陪审员的精神病专家组成”“由法官和随机确定的陪审员组成”“由法官、作为陪审员的精神病专家及其他陪审员组成”“由人民法院根据案件情况决定合议庭的组成”这五种方式，那么在解除强制医疗程序中合议庭应当采取何种组成方式才是最优选择呢？

（1）由法官组成的合议庭在解除强制医疗程序中不是理想选择

在解除强制医疗的裁决中，最关键的是需要法官判断被强制医疗人的人身危险性。由于这种判断涵括法学和医学双重知识，所以按照目前的审判结构，法官所作的事实审存在唯诊断评估是从的危险。与法官的独任制相比，由3名法官组成的合议庭增强人身危险性判断的合理性，正如有的研究者提出：“合议制度相对于独任制而言也更能防止司法腐败，保证裁判结果的公正。因为合议庭中人人享有平等权力，形成相互制约。”①虽然由三名法官组成的合议庭比独任制具有更强的优势，但是解除强制医疗程序关涉到被强制医疗人的人身自由和回归社会问题，所以由三名法官组成的合议庭在作出裁决时容易受到这些内外因素的制约，导致人身危险性判断的偏颇。

如果采取人民法院根据案件情况决定合议庭的组成方式，那么存在忽略解除强制医疗程序所具有的共性因素和关键要件的问题，即该类案件并非疑难复杂，都需要法学知识和医学知识，在实体要件上最关键的是人身危险性的判断。既然案件情况相似，所以合议庭的组成方式理应具有一致性。

（2）法官与陪审员组成的合议庭是解除强制医疗程序的最优选择

根据《人民陪审员法》第14条规定：“人民陪审员和法官组成合议庭审判案件，由法官担任审判长，可以组成三人合议庭，也可以由法官三人与人民陪审员四人组成七人合议庭。”人民陪审员参审的合议庭形成了两种类型，即小合议庭和大合议庭，前者由法官和人民陪审员三人组成的合议庭，法官和陪审员共同负责事实审和法律审，后者由法官三人与人民陪审员四人组成七人合议庭，法官负责法律审、人民陪审员负责事实审。人民陪审制度的改革契合以审判为中心的诉讼制度改革要求，有助于解决陪而不审的问题，陪审员的优势在于“陪审员的生活阅历或者相关领域的专业判断往往能够弥补法官的社会经验或法律外专业知识的缺乏”②。这其中也存在矛盾的另一方面，正如有的研究者指出我国人民陪审员制度“仅仅让作为法律外行的陪审员大量参与审理活动，却没有通过对参审形式、决策模式、评议规则的构建而将他们塑造成优秀的裁判主体”③。笔者认为，发挥人民陪审员的作用不但要有科学的程序设计，而

① 张雪纯：《合议制与独任制优势比较——基于决策理论的分析》，载《法制与社会发展》2009年第6期，第109页。

② 龚浩鸣、梅宇：《陪审制大合议庭事实审与法律审分离的程序保障——以北京市法院大合议庭陪审机制试点为基础》，载《法律适用》2018年第9期，第42页。

③ 樊传明：《陪审员是好的事实认定者吗？——对〈人民陪审员法〉中职能设定的反思与推进》，载《华东政法大学学报》2018年第5期，第125页。

且对于在合议庭组成上如何选配人民陪审员同样重要。

在解除强制医疗程序中,从案件性质和司法资源配置上看并不需要大合议庭的方式,由法官和陪审员三人组成的即可,主要在于选择什么样的陪审员的问题。在本研究的调查中,45.4%的被调查者赞同采用"由法官、作为陪审员的精神病专家及其他陪审员组成"的方式,27.9%的被调查者赞同采用"由法官和作为陪审员的精神病专家组成"。通过比较这两种方式,笔者认为"由法官、作为陪审员的精神病专家及其他陪审员组成"是最优选择。一方面,根据《人民陪审员法》的规定,陪审员是从辖区内的常住居民名单中随机抽选的,对于是否需要具有某些方面的专业知识并没有明确要求。依此规定,在解除强制医疗程序中,如果合议庭采取法官与人民陪审员组合的方式,那么至少有一名陪审员是辖区内的常驻居民,能够体现人民陪审员制度所具有的民主性优势,有助于裁判结果吸纳被强制医疗人回归社会的相关影响因素。另一方面,解除强制医疗程序所含括的医学专业知识制约着裁判效果,反映在整个程序中凸显精神病专家的参与问题,即便从诊断评估报告的制作者、专家辅助人的参与等方面有助于解决其中的医学专业知识问题,但是最终的裁决是由合议庭作出的,从裁判文书说理论证的层面上看,如何进行事实和法律的分析和说明是裁决的关键。在合议庭的人民陪审员组成中,除了普通的人民陪审员外,如果再有一位精神病专家作为陪审员的话,就可以弥补裁判者欠缺医学专业知识的问题。但是目前的人民陪审员制度缺少针对专业人员的选任机制,换言之,即便人民法院倾向于选任精神病专家作为人民陪审员,但是因为缺少相关机制而难以实现。

总之,要立足于解除强制医疗程序的特殊性,在合议庭组成方式上,由法官、作为陪审员的精神病专家及其他陪审员组成是最优选择,这能够从法律知识、医学知识和民众观点上作出更为合理的裁决结果。但是解除强制医疗程序作为特殊程序中的执行环节在受重视度上难以与普通程序相匹,导致这一程序的外在保障和内在设计都难以落实最优选择方案,只有体系性的改革方有可能。

4. 解除强制医疗程序的其他程序要素缺失严重

如果按照普通程序相关要素的设计,要提高人们对解除强制医疗程序裁判结果的可接受度,需要法院开展会见、询问、征求意见等诉讼行为,具体包括"会见被强制医疗人""征求被申请人意见""询问申请人" "征求被害人及其近亲属意见""询问医生和征求强制医疗机构意见"等五个方面的要素。根据《刑事诉讼法》及相关司法解释,对这些方面并没有明确的规定,导致司法实践缺少实施依据。

第一,法官会见被强制医疗人强调的是法官到强制医疗机构实地查看被强制医疗人的健康状况。法官虽然难以从医学上对被强制医疗人进行诊断,但是通过面对面的交流,法官可以更直观地了解被强制医疗人的现实状况,有助于提高法官对诊断评估报告的审查力度和增强人身危险性判断的合理性。但是司法实践中,法官会见率比较低,在一定程度上影响了法官裁决的主动效能。

第二,由于精神障碍患者在强制医疗执行制度的不同环节具有不同的称谓,从执行层面看,可以称之为被强制医疗人,在解除强制医疗程序启动后,在这个程序范畴内可以称之为被申请人。被申请人作为解除强制医疗程序的当事人,是直接利益关系人,所以征求他们的意见理应成为必要,当然是否解除强制医疗并不以被申请人的意见为准,而是将其作为是否继续强制医疗的考虑因素。司法实践中,征求被申请人意见的情况比较少。在人民法院采取行政化裁决方式的情况下,被申请人通常是被动等待裁决结果,再加之缺少法官会见规定,直接言辞原则在这个程序中没有明显体现,忽略了被申请人作为解除强制医疗程序的当事人地位,也否定了被申请人应有的诉讼参与权。

第三,在解除强制医疗程序中,如果是由被强制医疗人及其近亲属提出申请,那么他们就是申请人,其实被强制医疗人同时也具有被申请人的身份。单就近亲属提出解除强制医疗申请的情形而言,他们在提交了申请后,由法院决定是否需要采取直接询问的方式。询问申请人的必要性是法院可以进一步掌握被强制医疗人的家庭现状和社区状况,有助于落实解除强制医疗后精神障碍患者的看管和继续治疗问题。从实践状况看,解除强制医疗决定中人民法院询问申请人的比例比较理想,但是继续强制医疗决定中的情况截然相反。也就是说,在《刑事诉讼法》及其相关司法解释对此没有明确规定的情况下,是否询问申请人未实现规范化和常态化。

第四,通常而言,在刑事强制医疗案件中,精神障碍患者实施过严重危害公民人身安全的行为,由此产生了被害人。从法律到司法解释再到刑事强制医疗决定书并未规定或要求精神障碍患者对被害人承担赔偿责任。设立刑事强制医疗程序固然解决精神障碍患者强制医疗的司法化,避免“假精神病”和“被精神病”问题的发生。目前,在刑事强制医疗程序中,对被害人的保护体现在《刑事诉讼法》第305条规定:“被决定强制医疗的人、被害人及其法定代理人、近亲属对强制医疗决定不服的,可以向上一级人民法院申请复议。”但是在解除强制医疗程序中并没有关于被害人申请复议权的规定。在司法救助方面,根据2009年中央政法委等八部委联合制定《关于开展刑事被害人救助工作的若干意见》,因不负刑事责任的人(如精神病人)实施的刑事不法行为,导致严重伤残或死亡的刑事被害人,生活困难又无法通过诉讼获得赔偿的,可以参照该意见予以救助。但是具体实践中各地的救助差异较大,再加之那些非严重伤残或死亡的案件中缺少保障机制,导致被害人及其近亲属的伤害难以得到修复。实践之中,法院在解除强制医疗程序中征求被害人及其近亲属意见所占比例尚可。然而,在解除强制医疗程序中,如果缺少征求被害人及其近亲属意见的明确规定的话,那么被害人利益的充分保护和被强制医疗人的有效回归社会就难以实现。

第五,解除强制医疗程序的关键点在于法官对被强制医疗人人身危险性的认定,如果单纯以诊断评估报告为依据采用专家辅助人或人民陪审员的方式来解决的话,仍然会存在唯文本是从的危险。既然强制医疗是由强制医疗机构实施的动态且长期的工作,那么从全过程上来研判被强制医疗人的健康状况成为必要,医生和强制医疗机构直接掌握被强制医疗人的相关情况,所以法官询问医生和征求强制医疗机构意见是解决这一问题的基本方法,以此也可以与其他实体和程序要素形成印证,有助于提升解除强制医疗裁决的科学性与合理性。

总之,强调解除强制医疗程序其他程序要素的重要性是基于刑事诉讼基础理论与基本价值的考虑,同时也是参考普通程序中的要素设计状况。相比之下,解除强制医疗程序缺少五项其他程序要素,这就进一步加剧该程序的非司法化程度。这些看似可有可无的程序要素实则是解除强制医疗程序的基本架构。之所以出现要素缺失问题,直接原因在于缺少法律的明确规定,根本原因在于这一程序在刑事诉讼制度和刑事强制医疗制度中的地位和作用被弱化,因此简单的修补并不能从根本上解决问题,而应当从体系上进行重置。

(三)刑事被解除强制医疗人回归社会欠缺预设保障

当刑事被强制医疗人通过法院裁决获得解除强制医疗后,随之而来的就是他们回归社会的问题。国家设立刑事强制医疗制度的目的在于通过强制性的治疗使精神障碍患者能够恢复健康,治疗是目的,监管是手段,而终极目的是回归社会。这种回归如此之重要,有的研究者将其认定为"精神病人能否回归权利秩序,是否有足够的机制保证精神病人重回权利秩序,是衡量一个社会政治制度成熟程度的标志,是社会政治制度成熟的伦理维度"①。但是根据刑事强制医疗执行制度的价值追求,"回归社会"尚处于理想化的理论预设之中,现有的制度设计和实践运行状况并未显现明显的端倪。

1. 刑事被解除强制医疗人回归社会存在先在性障碍

刑事被解除强制医疗人回归社会需要回归前的准备、回归的过渡、回归的完成三个阶段。在刑事司法制度下,回归前的准备如果受到忽略,那么就可能形成先在性障碍。

(1)刑事强制医疗期限的长期化与不确定性并存

从医学上看,强制医疗的期限确实难以确定,但这又限制着精神障碍患者的人身

---

① 戴庆康:《权利秩序的伦理正当性:以精神病人权利及其立法为例证》,中国社会科学出版社 2007 年版,第 246 页。

自由,所以医学上的不确定性与法学上的人权保障存在内在冲突,也就是医疗的不确定性和限制人身自由期限的不可预期性相伴生。有记者曾对某强制医疗所中精神障碍患者的治疗期限做了调查:“一年来只出所 13 人,不到应出所人数的十分之一。近 500 名精神病人,年龄最大的 81 岁,住院 8 年以上的占 46%,滞留时间最长的达到了 38 年。”①这意味着如果没有法院的决定,精神障碍患者即便是滞留 38 年,那么强制医疗仍需继续进行。

如果说刑事强制医疗有期限性的话,那也是因为法院作出解除强制医疗决定而确立,根据本研究的统计,从强制医疗决定至解决强制医疗决定的时间间隔最高的为 5.29 年,最短的为 0.34 年,平均年数为 2.16 年,但是从 2013 年至 2018 年 5 年中人民法院作出的 412 份解除强制医疗决定书占 2554 份强制医疗决定书的比例仅为 16.13%;单从强制医疗决定至继续强制医疗决定的时间间隔看,已经治疗的最长天数为 7.61 年,最短的为 0.31 年,平均年数为 1.90 年,这都足以证明多数的被强制医疗人需要接受更长的治疗期限,更为关键的是限制人身自由期限的难以预测性削弱人权保障效果。

在美国,有名的案例是约翰·金克莱刺杀里根总统案。2016 年 7 月 28 日报道“35 年前刺杀美国总统里根的约翰·金克莱即将获准解除被监禁,将从华盛顿一家政府办的精神病院出院,返家与母亲共同生活”②。在这 35 年间,约翰·金克莱不断提出解除申请,法院均未同意。当然,此案件带有政治属性,事实上美国通常采取承诺期的方式,通过定期召开听证会来解决强制医疗期限问题。

以美国华盛顿州为例,该州通过设定承诺期,以程序化的方式保障在精神卫生医疗机构中接受治疗的精神障碍患者的权利。典型的做法始于 1973 年通过的《非自愿治疗法》,1979 年进行了修订,侧重于扩大承诺标准对法律变更后患者在公立医院住院时间的影响。以法律的形式所确立的“示范”承诺法,规定了明确的承诺期,具体包括 3 天、14 天、90 天和 180 天四个时间节点,每到一个节点都要进行正式的审查听证会。该法为患者提供了许多程序性保障,并限制了承诺的实质性理由。这部法律的目标之一是减少不必要和冗长的住院时间。有研究者曾进行了对比分析:“随着法律生效日期(1974 年 1 月 1 日),住院时间显著缩短。对 1970 年至 1977 年每个日历年度自愿和非自愿入住华盛顿州立精神病院的患者的住院时间中位数进行的分析发现,1973 年法律颁布前一年和在法律颁布后一年的住院时间显著减少,1973 年自愿

① 《涉案精神病人回归社会之困:滞留医疗所最长 38 年》,载《法治周末》2019 年 3 月 27 日。

② 陈丹:《刺杀里根凶手获释　曾在精神病院被监禁 35 年》,载新华网 2016 年 7 月 29 日,http://www.xinhuanet.com/world/2016-07/29/c_129186408.htm?isappinstalled=1。

住院患者29.5天,1974年自愿住院患者23.9天,1973年非自愿住院患者43.9天,1974年非自愿患者15.8天,以至于到了1977年自愿和非自愿患者的住院时间几乎相等,分别为18.6天和17.2天。”①

在我国并没有定期的听证会制度,法律虽然要求诊断评估应当定期实施,但是具体何为定期则没有可参考的依据。再加之,低度司法化的解除强制医疗程序进一步加剧了强制医疗期限的不确定性。刑事强制医疗期限的长期化与不确定性并存的问题反映在被强制医疗人的回归社会上,这一问题通常是在法院解除强制医疗决定生效后方可考虑,不过彼时被解除强制医疗人即将从形式上回归社会,实质上的回归因为欠缺有效的准备而存在止步于形式层面的问题。

(2)强制医疗在被解除强制医疗人回归社会方面所隐含的不利后果

刑事强制医疗期限的长期化与不确定性制约着被强制医疗人在解除强制医疗后回归社会的有效程度。

①刑事被强制医疗人与服刑人员的处遇类比

在刑事强制医疗过程中,被强制医疗人的人身自由受到长期限制,导致他们的社会适应力减弱。这可以将刑事被强制医疗人与服刑人员的处遇上予以类比分析,福柯对此方面的论述是最好的印证。对于服刑人员,福柯的描述是“监狱应该被视为形成关于犯人的临床知识的场所”,“一方面,应该将犯人置于持续的观察之下。另一方面,每一项关于犯人的报告都被记录和考虑”②;对于精神障碍患者,福柯认为:“精神错乱很少能减轻恐惧,因此,恐惧原则被认为在管理病人方面具有十分重要的作用。恐惧是精神病院中的一种基本现象。”③监狱和强制医疗机构对于监管对象采取的都是一种封闭式方式,长期的封闭意味着这些主体与社会之间会形成隔绝,那么回归难就成为困扰管理者的一道难题。对于服刑人员来说,如何对他们进行矫正,成为他们回归社会的一种准备。日本学者大谷实对服刑人的矫正处遇做了介绍:“在行刑之际,首先对开始执行时的身心调整进行指导,之后,实施矫正处遇的内容即强制劳动、改造指导和课程指导,在处遇的过程当中,进行定期或临时的处遇调查,根据需要调整处遇方针,实施矫正处遇,最后就释放后的生活进行指导、帮助,一直到释放为

---

① Pierce, Glenn L. et al, *Impact of Broadened Civil Commitment Laws on Length of Stay in a State Mental Hospital*, Law, Medicine and Health Care, vol. 13, p. 291 (1985).

② [法]米歇尔·福柯:《规训与惩罚》,刘北城、杨远婴译,生活·读书·新知 三联书店2003年版,第278—279页。

③ [法]米歇尔·福柯:《疯癫与文明》,刘北城、杨远婴译,生活·读书·新知 三联书店2012年版,第230页。

止。"①可见,对服刑人的关押并不是目的,实施"矫正"为的是他们能够在刑期届满时有效地回归社会。这是在回归社会可预期的情况下给予服刑人的处遇,那么在刑事强制医疗期限不确定的情况下,刑事被强制医疗人的处遇状况呢?

②刑事被解除强制医疗人的认同心理存在转归障碍

对于刑事被强制医疗人来说,"他们在地理上被隔离开来,以便他们可以接受医院的全部治疗主旨。在结构化的环境中,患者将接受抗精神病药物和分组治疗或个人心理治疗"②。他们在接受强制医疗过程中的人权状况常常会陷入推理式质疑的漩涡中,所以应当避免为了改善精神疾病而以提供知识、技能和承诺为借口,以至于出现侵权风险或侵权之实的问题。这固然应当作为检视被强制医疗人人权保障状况的重点,但是如果不能将回归社会与有效治疗进行一体化考虑的话,那么他们精神健康权的保障效果就会大打折扣。

从适应性上看,刑事被强制医疗人长期处于强制医疗机构之中,他们在逐步适应常规的监管和治疗的同时,他们的世界观会变得相对狭隘,他们对强制医疗状态形成了一种认同心理,并在思维、生活、行为上形成一种习惯。在被解除强制医疗后,他们就需要摒弃强制医疗机构的规范和要求,重新学习社会规则,形成新的认同心理,在社会心理学上称之为社会认同,即"个人知晓他/她归属于特定的社会群体,而且他/她所获得的群体资格会赋予其某种情感和价值意义"③。从个体与群体的关系来看,个体在社会认同的过程中会形成自我归类,也就是"个体从社会类别的角度定义、描述和评价自己,而且把内群体的行为规范应用在自己身上。群体在个体人员的心目中从认知上表现出来,并在这个意义上作为社会认同过程而存在"④。据此,刑事被强制医疗人在被解除强制医疗的初期是一种认同心理的更迭,如果不能及时实现社会认同,他们将长时间处于"漂泊状态",从而难以实现社会回归。

(3)解决先在性障碍面临的困境

那么刑事被解除强制医疗人回归社会的先在性障碍能否得到解决呢?如果参照服刑人的矫正处遇制度,那么就需要在刑事强制医疗期间采取介入措施为被强制医疗人回归社会做准备。有的研究者针对此提出,"让需要接受强制医疗的人通过法定途径获得医学关怀,让康复者能够及时摆脱被限制人身自由的治疗模式是

---

① [日]大谷实:《刑事政策学》,黎宏译,中国人民大学出版社2009年版,第213页。

② Ralph Slovenko & Elliot D. Luby, *On the Emancipation of Mental Patients*, Journal of Psychiatry and Law, Vol3., p. 195(1975).

③ [澳]迈克尔·A. 豪格、[美]多米尼克·阿布拉姆斯:《社会认同的过程》,高明华译,中国人民大学出版社2011年版,第9页。

④ [澳]约翰·特纳:《自我归类论》,杨宜音、王兵、林含章译,中国人民大学出版社2011年版,第107页。

应然之路”①,这实际上是通过治疗过程和监管手段试图解决这种先在性障碍。

①医疗正义的系统性要求与强制医疗机构的职能之间处于半契合状态

医疗是人类在与疾病相抗争过程中的经验总结和创新成果,医疗干预成为解决人们健康诉求的基本路径和方法,但是医疗资源的有限性和医疗职业的专业性引发医疗不公或医疗专断等问题,于是“医疗正义”概念就应运而生。“医疗正义,是包括国民在医疗社会中都平等享用合理医疗资源的权利;对于医疗资源的运用与分配,具有参与决定之权利;对于医疗活动所发生的责任归属,则应落实医疗人权的保障”②,医疗正义实则是对医疗干预与人们诉求的一种平衡,这是在医学模式和医疗观念发生转变后的一种价值要求。现代医学已经由“生物医学模式”转变为“生物—心理—社会医学模式”,我国的医疗观念正在“以治病为中心”向“以人民健康为中心”转变,由此医疗正义开始具有整体意义和系统属性。

在刑事强制医疗执行制度中,被强制医疗人回归社会所面临的先在性障碍是刑事强制医疗与其他医疗的差异体现,原因在于前者针对特定的治疗对象和监管措施,不过单从患者对医疗机构的依赖性来看,即便在普通医疗中,“在医疗决策方面,大多数人不能很好地评估和比较医疗干预。这些判断需要医疗专业人员具备特殊的知识优势和经验。个人最有能力确定和优先考虑他们的个人目标,但是他们需要医学专业人员的帮助和指导,以识别和评估医学问题,并确定哪种医疗干预对实现其最重要的目标最有效”③。医疗干预是一项系统性工作,融合的是治疗、康复等多个方面,然而在刑事强制医疗机构的职能中,治疗和监管居于主要位置,看护、康复、教育等则是次要的。被强制医疗人的社会回归主要依赖于看护、康复和教育职能的发挥,所以在新的医学模式和医疗观念下,如果解决先在性障碍仅仅驻足于治疗和监管,那么医疗正义也就难以实现。

②强制医疗机构的多元化和职能定位的不周全制约先在性障碍的有效解决

我国的刑事强制医疗机构分为强制医疗所(安康医院)、精神卫生医疗机构、综合类卫生医疗机构三类,不同的医疗机构虽然在业务定位上有所不同,但是在被强制医疗人的治疗方案上不会存在太大差异,因为就治疗而言,被强制医疗人与其他精神障碍患者同属患者范畴,他们是作为患者接受精神障碍治疗;监管方面虽然会因各类医疗机构内部管理制度的不同而不同,但对先在性障碍的解决影响不大。在先在性障碍中,虽然强

---

① 潘侠:《刑事强制医疗解除研究——基于患者再社会化的进路》,载《贵州社会科学》2016 年第 7 期,第 77 页。

② 王岳:《论医疗正义》,载《法律与医学杂志》2007 年第 2 期,第 135 页。

③ Rhodes & Rosamond. , *Clinical Justice Guiding Medical Allocations*, American Journal of Bioethics, Vol. 4, p. 117(2004).

制医疗期限的长期性和不确定性取决于刑事强制医疗的制度设计，但是不同的医疗机构在看护、康复和教育方面的实施方案会因为缺少统一的指导规范而存在明显的差异。

被强制医疗人被强制医疗机构收治后，首先要接受药物治疗，疗效上除了依赖于科技进步和新药研发外，有效的康复措施至关重要。在三种强制医疗机构中，强制医疗所（安康医院）和精神卫生医疗机构作为专科性医疗机构在硬件配备和方案设计方面更为主动，例如某省级精神卫生医疗机构在精神障碍患者的康复上探索实行“生活行为技能训练，学习行为技能训练，各种工娱疗活动，就业技能训练和心理功能训练”，“实行开放管理制度，日间患者可在指定区域内自由活动，也可以到院外游览”，“设立请假制度和假出院制度，观察患者在社会的反映”①。通过考察区县一级的精神卫生医疗机构和综合类卫生医疗机构的精神科可知，这些医疗机构在精神障碍康复方面虽有探索，但难以达到系统化和精准化的程度。对于被强制医疗人而言，虽然他们曾实施过暴力行为，但并不需要一直处于保护性医疗措施之中，在病情稳定后，医疗机构通常会实施常规的治疗和监管，除此之外还要实施不同程度的康复措施，将康复措施与回归社会相关联的目的是恢复他们的社会功能。

由上，被解除强制医疗人在经过治疗和裁决后虽然可以回到社会，但并不意味着他们已经成为正常的自然人，因为精神障碍的完全康复至今仍然是医学难题。即便如此，在避免精神障碍复发或加剧的同时，也需要考虑他们如何融入社会的问题，即恢复或健全他们的社会功能，这实则是他们作为社会人的角色回归，所以做好强制医疗期间的康复措施不可或缺，问题的关键在于如果不能改变强制医疗机构的多元化问题和职能定位的不周全问题，那么势必制约先在性障碍的有效解决。

2. 被解除强制医疗人回归社会缺少过渡性保障机制

对于被解除强制医疗人的回归社会而言，单靠解决先在性障碍无法达到一劳永逸的效果，因为强制医疗期间的看护、康复、教育仅仅是为他们回归社会做准备或称之为社会角色的模拟，而在长期的封闭式治疗中他们与社会之间的隔绝程度越来越大，当他们被解除强制医疗后，难以做到迅速适应社会，他们的社会人角色尚待恢复，直接体现是他们遇到低度的现实感问题，“与现实的联结基于我们对现实的自我的感觉，包括对身体、思想、环境、自我及存在的感觉。只有当上述这些感觉共同作用时，才能让个体可以对即时的物理和社会环境中的物体、人和事产生即时的交流与反应”②，这时过渡性保障机制就显得尤为必要。

---

① 张精范：《320 例患者回归社会前康复护理体会》，载《中国实用医药》2013 年第 16 期，第 225 页。

② 叶锦成等：《中国取向复元模式实践：精神健康社会工作案例研究》，华东理工大学出版社 2017 年版，第 47 页。

（1）被解除强制医疗人获取社会信息存在断裂问题

社会信息的获取、认知、使用是实现人的社会属性的必要路径，在信息化时代，人们可以通过多种途径快捷地获取社会信息，而被强制医疗人需要接受封闭式治疗，他们本可以通过媒体获得一定的社会信息，但是在医疗机构的监管下，加之他们有限的认知能力，导致他们获得信息的机会和能力难以得到保障。再者，如果他们有机会参加社会实践尚可了解社会，但是医疗机构出于安全考虑，断难允许。这就意味着刑事被强制医疗人在被解除强制医疗后，可能出现两种情况：一是他们可能会因为心理自卑、社会功能弱化等原因封闭在家，导致他们获取社会信息状况与强制医疗期间相似甚至恶化；二是他们可能会采取开放方式进行生活或工作，但他们却不能适应社会最新发展动态，甚至出现病情复发。

由此可见，即便医疗机构和医护人员在强制医疗期间对被强制医疗人提前采取相关措施为他们回归社会做好准备，但是他们终究与社会处于的隔绝状态，当他们被解除强制医疗面临多样化的社会状态时，出现获取社会信息断裂的问题，以至于原有的准备措施难以发挥应有的效果。美国研究者考察了被解除强制医疗人出院后的状态是“如果社区没有足够的设施，或者如果病人不能被要求住在任何地方，服用任何药物或接受监督，那么在发生令人不安的行为的情况下，过多的刑法是可能的手段”①。也就是说，刑事被强制医疗人在被解除强制医疗后，如果按照普通公民的标准直接进入社会的话，内生的不适应性就会暴露出来，甚至再次出现严重肇事肇祸现象。

（2）强制社区医疗制度的缺失制约被解除强制医疗人有效的社会回归

①社区对被解除强制医疗人回归社会的意义

在我国刑事司法理论中，研究者积极探索刑满释放人员的社会回归问题，有的研究者提出刑满释放人员“重返社会后的社会发展型专家指导”的概念，即“个体或群体为了更好地适应社会，在采取一定的社会行动前所依赖的由技术成就和专业队伍组成的为个体或群体所提供的指导意见和行为依据的体系”②。这种观点将社区和社会工作者作为刑满释放人员回归社会的重要场域和专家。我国针对特定人员的社会适应问题还实施社区矫正制度，2020 年 7 月 1 日实施的《社区矫正法》将矫正对象限定为“被判处管制、宣告缓刑、假释和暂予监外执行的罪犯”。虽然这部法律以及《精神卫生法》均没有将被解除强制医疗人列为社区矫正对象，不过基于被解除强制医疗人

① Ralph Slovenko & Elliot D. Luby, *On the Emancipation of Mental Patients*, Journal of Psychiatry and Law. Vol. 3, p. 196(1975).

② 郭星华、任建通：《刑满释放人员社会适应的法社会学研究——主体间性的视角》，载《国家行政学院学报》2014 年第 4 期，第 67、68 页。

和接受社区矫正罪犯的相似性,有的研究者曾提出“有必要衔接好刑事强制医疗制度和社区矫正制度,将被解除强制医疗人纳入社区矫正对象,使他们能在社区中进行监管和治疗”①。从人权角度来看,之所以主张将被解除强制医疗人纳入社区矫正范畴,一方面强调的是刑事被强制医疗人仍然是公民,如果不能有效地回归社会,那么就侵犯了他们作为社会人应当享有的权利;另一方面突出体现社区作为被解除强制医疗人回归社会的过渡性场域。

就社区而言,“结为社区共同体是人类在自然发展过程中形成的,因为作为生命个体的人类彼此相互需要自己的共同体。社区在本义上就是把个体连接在一起,为共同体服务,参与共同体事务”②,每个个体因为生活在社区之中,而相互之间发生各种各样的关系,也因此成为人的社会属性的一项基本要素。社区对于被解除强制医疗人同样重要,1991 年联合国大会通过的《保护精神病患者和改善精神保健的原则》承认社区融合是一个重要目标。根据这项文件,每个精神障碍患者应有权在社区内生活和工作,每个患者都应有权得到尽可能的治疗和护理,社区融合原则是精神障碍患者获得最少限制性替代疗法的权利的逻辑推论,并成为各国调整和优化精神卫生系统结构的指导原则。由于社区融合原则的要义是“由于非自愿承诺构成对自由的剥夺,所以应尽可能提供替代治疗”③。因此社区融合强调的是对刑事强制医疗的一种替代,不过,从被解除强制医疗人回归社会的过渡性保障机制来看,健全的社区制度是一项可选方案,这是现代医学模式转变的必然要求,而且精神障碍患者的照料模式已“由单纯的生理性疾病治疗为主转为疾病诊治、居家照料、社区融合与家庭服务的综合性服务”④,精神医疗专家提出“‘医院—社区—家庭’一体化精神康复模式”⑤,由此也体现出社区在医院和家庭之间的衔接和过渡作用。

②我国精神卫生社区工作政策未包括强制社区医疗制度

在我国刑事强制医疗制度中,当法院作出解除强制医疗决定书后,刑事被强制医疗人将不再受刑事司法制度的约束,《精神卫生法》也没有相关的调整规范,这时就需要从公共卫生管理领域中予以考察和分析,实则依赖于国家的精神卫生政策,例如国家卫生健康委印发的《严重精神障碍管理治疗工作规范(2018 年版)》、原国家卫生计

---

① 张晓凤:《论我国刑事强制医疗制度和社区矫正制度之衔接与完善——以被解除强制医疗人回归社会为视角》,载《南海法学》2019 年第 5 期,第 110 页。

② 丁元竹:《社区的基本理论与方法》,北京师范大学出版社 2009 年版,第 7 页。

③ Guo Zhiyuan & Floyd Feeney, *The New Chinese Mental Health Laws*, FWashington University Global Studies Law Review, Vol. 17, p. 440(2018).

④ 邓明国:《构建整合型精神卫生社会服务模式——家庭与政策资源的视角》,中国社会科学出版社 2016 年版,第 21 页。

⑤ 崔勇、许冬梅主编:《精神障碍康复与护理》,中国医药科技出版社 2018 年版,第 24 页。

生委等十部委联合制定《全国精神卫生工作规划(2015—2020 年)》等均有关于精神障碍社区工作的要求,原国家卫生计生委于 2017 年制定的《国家基本公共卫生服务规范(第三版)》中对严重精神障碍患者管理记录表做了规范要求。对于严重精神障碍患者尤其是肇事肇祸者包括被解除强制医疗人,仅依赖精神卫生政策难以发挥社区在精神卫生工作中的作用,也难以为被解除强制医疗人回归社会提供过渡性机制。外国国家实行的强制社区医疗制度契合被解除强制医疗人回归社会的过渡性保障机制要求。

国外强制社区医疗制度可以溯源至20 世纪60 年代的去机构化运动,大量的精神障碍患者走出精神病院,但是随之而来的是精神障碍患者肇事肇祸问题丛生,于是英国、美国、加拿大、澳大利亚等国家根据社区的特点,探索强制社区医疗制度。这项措施之所以可以成为一项制度,是因为由法院作出的社区治疗令(Community Treatment Order,CTO)作为医院出院规划的一部分,符合条件的住院患者被下达法律命令,要求他们遵守具体条件,即服用药物和参观心理健康专业,以便在社区生活。由于社区生活优先于住院,CTO 为精神病医生提供了一个监测系统,目的是通过建立机制来更好地确定何时确定社区保有权。强制社区医疗制度的“强制”是有缘由的,加拿大研究者认为,“精神病患者只有两种选择:服用药物和生活在社区,或不服用药物和因存在风险重新住院。在没有药物干预的情况下留在社区不是 CTO 上的个人的选择。构成负责任和规范上可接受的精神科被狭义地定义为符合医嘱的药物和监测条件的选择。不遵守药理学干预措施不仅被认为是一种‘糟糕的选择’,而且还构成公共安全风险”[①]。可见,强制社区医疗制度是在去机构化运动中为了“提高自知力受损且具有潜在危害性的严重精神障碍患者的治疗依从性,从而避免因疾病复发而导致的肇事肇祸者、流落街头等问题”[②]。

从英国的强制社区医疗制度看,在英格兰和威尔士,根据 1991 年《刑事诉讼(精神错乱和不健康)法》,“如果法院有两名医生的证据证明该人的精神状况不够严重,不足以要求医院下达命令或监护令,则可对在审判中发现不适合辩护或精神失常的人下达监督和治疗令。被告必须接受注册医生(但不一定是精神病医生)的指导治疗,时间由法院指定,不超过两年。可指定为住宅、非住宅,或仅在注册医生的指导下进行”[③]。

---

① Klassen & Amy Lynn., *Spinning the revolving door: The governance of non-compliant psychiatric subjects on community treatment orders*, Theoretical Criminology, Vol. 21, p. 373-374(2017).

② 刘勇、谢斌:《强制社区治疗的国际经验及对我国的启示》,载《中国心理卫生杂志》2017 年第 12 期,第 953 页。

③ Tim Exworthy, *Compulsory care in the community: a review of the proposals for compulsory supervision and treatment of the mentally ill in the community*, Criminal Behaviour and Mental Health, Vol. 5, p. 222 (1995).

既然强制社区医疗制度在刑事法律范畴内,这就明确了那些实施严重肇事肇祸的精神障碍患者在医院强制医疗和在社区强制医疗两种情形。"在爱尔兰,目前社区没有强制精神治疗的法律依据。然而,这种做法已经非正式地发展到,只要他们遵守精神科的指示,就可以根据爱尔兰《精神卫生法》拘留令将从精神病院出院的人的活动范围扩大到居住在社区环境中。该人必须按照指示服用药物,并遵守其治疗精神病医生规定的条件。这些人如果受到精神病医生的指导,可以在法律上被迫(只要他们仍在《医疗保健法》的规定下)返回住院病房。"①可见,强制社区医疗制度无论是依据成文法还是习惯法,皆是强调通过司法程序来确认精神障碍患者的治疗去处,这就为强制社区医疗的正当性提供了依据。

我国虽然有精神障碍社区卫生工作政策,但是并没有完善的社区卫生管理体系,而且社区、村居、乡镇卫生服务机构缺少专业的精神科医生。有的研究者对北京市海淀区 2013 年重性精神障碍患者的社区管理状况进行了统计分析,"患者在出现肇事肇祸行为前,超过 60.0% 的患者在社区中缺乏有效监护,超过 80.0% 的患者未能坚持门诊随访和按医嘱服药"②,这反映出如果缺少健全的制度体系,那么对于严重精神障碍患者特别是肇事肇祸者所潜藏的风险就难以有效地防范和化解。因此,强制社区医疗作为被解除强制医疗人回归社会的过渡性保障机制具有必要性,即便如此,也并不意味着强制社区医疗等同于强制医疗,这并不是医疗场所的一种变更。对于被解除强制医疗人而言,强制社区医疗是他们回归社会的过渡性保障机制,是由社区卫生服务中心、社区工作者、家庭等多方参与的一种制度,他们被纳入社区卫生医疗管理之中,必须接受半封闭式的治疗与监管,这与普通居民在社区就诊、建档立卡等制度具有明显差异。既然涉及被解除强制医疗人的治疗与监管事宜,所以如何进行制度设计就至关重要,否则就会沦为刑事强制医疗制度的变异品,这就要求必须结合我国刑事强制医疗制度、社区精神卫生服务制度等,然后进一步探索强制社区医疗可行性路径和举措。

3. 家庭在被解除强制医疗人回归社会中欠缺有效的常态化保障机制

(1)家庭对被解除强制医疗人回归社会的意义

家庭是每个人心理乃至精神状态的摇篮,是日常生活的基地,所以家庭对个体精神健康至关重要。被解除强制医疗人出院后,在没有强制社区医疗制度的情况下,家庭就成为他们主要的生活区域;即便适用强制社区医疗制度,在强制社区医疗期间,

---

① Brosnan, Liz, *Who's Talking about Us without Us: A Survivor Research Interjection into an Academic Psychiatry Debate on Compulsory Community Treatment Orders in Ireland*, Laws, Vol. 7, p. 2(2018).

② 叶小琴、李筱永:《精神障碍患者社区强制医疗制度评析》,载《中国全科医学》2015 年第 34 期,第 4169 页。

仍需要社区和家庭共同监管和治疗；当解除强制社区医疗后，社区功能将逐步转变为家庭随访或健康指导，家庭在被解除强制医疗人的监管、治疗等方面需要发挥核心作用。可见，在“医院—社区—家庭”一体化精神康复模式下，家庭在被解除强制医疗人回归社会方面的角色、功能、地位等会因为不同的制度设计而有所不同，但是家庭都是不可缺少的要素。

对于被解除强制医疗人来说，精神障碍本就难以治愈，即便他们康复效果良好但仍然存在复发的可能，所以家庭所承担的功能主要是监管、治疗、教育等。家庭的教育功能与强制医疗机构的教育功能存在差异，家庭的教育功能主要是心理教育，是一种以患者为中心，由专业人员和家属共同参与、以传授信息和培养技能为基本内容的社会心理干预。这种教育对象既包括患者自己，也包括以整个家庭为对象来规划和进行治疗，“从根本上重建家庭结构系统，消除家庭中回避冲突的惯常机制，引入良好的应付方式，改善代际关系与家庭成员间的相互交流，提高解决问题、应付挑战的能力”①，实则是改善家庭功能，促进被解除强制医疗人有效地回归社会。

在涉精神障碍的诸种乱象中，无论是亲属对肇事肇祸精神障碍患者的“大义灭亲”，还是因亲属将当事人送交精神卫生中心产生的“被精神病”问题，乃至亲属帮助当事人逃脱法律追究协助实施的“假精神病”问题等，都反映出家庭在解决精神障碍问题上的至关重要性。马克思在《布尔韦尔—利顿夫人》一文抨击以精神障碍之名囚禁布尔韦尔—利顿夫人来解决家庭纠纷，“爱德华·布尔韦尔爵士之所以需要权威医生提供意见，似乎不是为了把他的夫人作为疯子隔离起来，倒像是为了把她作为精神正常的人来恢复她的自由。事实上，同意绑架布尔韦尔夫人的那些医生，绝不是什么‘最有经验和最权威的医生’”②。由此可见，无论是否患有精神障碍，如果家庭扮演错位角色，那么精神障碍患者的合法权利就面临被侵犯的风险。

（2）家庭在被解除强制医疗人回归社会中未实现功能的制度化

家庭对被解除强制医疗人回归社会具有重要意义，但是仅仅依靠家庭的自然状态依然难以实现被解除强制医疗人有效回归社会的问题，原因在于家庭在此方面的功能能否实现制度化，其中亲属制度至关重要。摩尔根在《古代社会》一书中指出，“文明民族的政治制度必然经过发生、发展和传递的阶段。家族从其经历来说是由古代的血婚制家族和较后的伙婚制家族，再经过偶婚制家族，发展成为专偶家族的，这个过程的明确性也不亚于前者”③。家族的发展过程揭示了人类家庭的演变规律。

① 郑心等主编：《康复心理学》，中国石油大学出版社2019年版，第185页。

② 《马克思恩格斯全集》（第12卷），人民出版社1965年版，第566页。

③ ［美］路易斯·亨利·摩尔根：《古代社会》，杨东莼、马雍、马巨译，商务印书馆1997年版，第513页。

恩格斯赞同摩尔根关于"家庭是一个能动要素""亲属制度却是被动的"的论断,并阐释"当家庭继续发展的时候,亲属制度却僵化起来;当后者以习惯的方式继续存在的时候,家庭却已经超过它了"①。在现代社会,家庭作为基本社会单元已经突破传统家族的藩篱,不再是家族的附属品。单就被解除强制医疗人回归社会来看,家庭功能在现代理念中已经实现了革新,不过还需要从实践层面予以合理正位或归位,亲属制度就不能驻足不前。

其实,从医疗实践看,家庭成员罹患严重精神障碍的并不具有普遍性,但是目前精神障碍已经成为人类的第二大"杀手",世界精神病学协会在1992年发起将每年的10月10日确定为"世界精神卫生日",这都说明精神障碍对人类的威胁之广,程度之大。基于此,有必要赋予家庭对精神障碍患者的治疗、看管、教育等功能,对于普通的精神障碍患者主要是从家庭伦理方面进行约束,而对于严重精神障碍患者尤其是被解除强制医疗人,由于他们存在侵害人身安全和危害社会稳定的问题,所以必须从制度上予以完善。根据《民法典》《民事诉讼法》《刑事诉讼法》等法律可以看出,我国已经形成了中国特色亲属制度和监护制度,但是在被解除强制医疗人回归社会方面还存在不健全之处。

一方面,解除强制医疗决定书在看管和继续治疗上存在责任主体、内容、机制不明确的问题。在《刑事诉讼法》及其司法解释中仅规定了被强制医疗人及其近亲属有权申请解除强制医疗,这就需要在决定书中予以明确。但是根据解除强制医疗决定书的统计结果,16.75%的决定书中未涉及解除强制医疗后的看管和继续治疗的事宜,在明确看管和继续治疗事宜的决定书中有27.82%的决定书未明确具体责任人,即便是在那些明确了具体责任人的决定书中,仍然存在表述不统一的问题,而且缺少责任人不履行职责时的追责机制。其实,追责机制需要制度设计,但责任主体和责任内容可以通过决定书来予以明确规定,因为决定书实际是司法适用的具体体现,人民法院作出的决定书具有法律效力,通过决定书来明确责任主体和内容更具针对性和可操作性。然而解除强制医疗决定书在此方面存在的问题反映出人民法院在审理这类案件时缺少统一的规范性依据。最高人民法院发布的指导案例63号"徐加富强制医疗案"属于强制医疗决定书,对于解除强制医疗决定书也有一定的指导意义,但处于刑事强制医疗制度不同阶段的裁判文书存在明显差异,因此解除强制医疗决定书需要纳入最高人民法院指导性案例制度范畴内。

另一方面,基层医疗卫生制度在家庭功能的发挥上存在力度不足的问题。党的

① [德]弗里德里希·恩格斯:《家庭、私有制和国家的起源》,中共中央马克思恩格斯列宁斯大林著作编译局编译,人民出版社2018年版,第30页。

十九大报告提出,“要加强基层医疗卫生服务体系建设”,基层医疗卫生服务体系的健全需要相应的制度来保障。家庭在被解除强制医疗人回归社会方面是不可缺少的要素,精神医学界不断探索家庭治疗方法,例如系统家庭治疗方法,就是以家庭为单位的治疗技术,“系统家庭治疗的疗效与家庭认知、情感模式及交往行为的改变相关”,这是一种技术性层面的探索。但是如果仅仅从伦理上赋予家庭看管和继续治疗的责任,那么亲属或监护人会因为负担过重而难以履职尽责,例如国内研究者调查发现“服药依从性、危险分级、疾病类别是影响严重精神障碍患者监护人照顾负担的主要因素”①,国外研究者调查发现“家庭收入、家庭规模,住院和药物费用以及病人的性别是照顾精神障碍患者灾难性医疗开支发生率的重要预测因子”②。无论是照顾负担,还是医疗开支,从不同层面反映出家庭在应对精神障碍方面存在的困难,当然家庭终究不是医疗机构,所谓的治疗更多的是护理,例如国外研究者调查葡萄牙和巴西护士对精神障碍患者家庭护理的认知状况,结果显示“参与者对家庭持积极态度,这是他们融入护理的第一步,也有利于精神健康工作的进步”③。被解除强制医疗人的家庭看管和继续治疗如果脱离基层医疗卫生制度的话,就会出现家庭的超负荷问题。

当然,我国的基层医疗卫生制度并未忽略家庭的作用,问题在于如果将被解除强制医疗人按照普通精神障碍患者来看待的话,就会出现解除强制医疗决定书所要求的看管和继续治疗责任的虚置问题。挪威的研究者调查了精神障碍患者的家庭参与状况,“国家准则既提供关于家庭参与和支持保健和护理服务的一般性建议,也提供精神障碍家庭干预的具体指导,但是精神障碍患者的家庭参与在精神保健方面存在实施不足的问题”④。精神障碍患者家庭参与的一般状况尚且如此,如果再忽略被解除强制医疗人特殊性的话,就会出现强制医疗执行制度、强制社区医疗制度、基层医疗卫生制度之间出现衔接不畅甚至断裂的问题,所以必须在制度衔接的范畴内,将家庭在被解除强制医疗人回归社会方面的功能实现制度化。

---

① 曾繁丽、刘鹏程等:《1218 例严重精神障碍患者监护人照顾负担现状及影响因素的调查分析》,载《中华护理杂志》2019 年第 1 期,第 95 页。

② DiazCastro Lina et al, *Incidence of catastrophic healthcare expenditure and its main determinants in Mexican households caring for a person with a mental disorder*, Global Mental Health, Vol. 1, p. 1(2021).

③ Maria do Perpétuo Socorro Sousa Nóbrega et al, *Importance of families in nursing care for people with mental disorders: attitudes of Portuguese and Brazilian nurses*, Revista da Escola de Enfermagem da U S P, Vol. 54. p. 1(2020).

④ Lars Hestmark, Maria Romøren et al, *Implementation of guidelines on family involvement for persons with psychotic disorders in community mental health centres (IFIP): protocol for a cluster randomised controlled trial*, BMC health services research, 2020(20): 934.

第六章

刑事强制医疗执行制度的完善对策

任何一项制度的发展都不可能一蹴而就，刑事强制医疗执行制度也是如此，当2012年《刑事诉讼法》将刑事强制医疗予以司法化后，刑事强制医疗执行在这其中既占有一席之地，也是不可分割的组成部分。随着相关司法解释的出台和实践探索的推进，刑事强制医疗执行制度在行车道上稳步前行。不过，2018年《刑事诉讼法》以及后续出台的《人民检察院刑事诉讼规则》《刑诉法解释》对刑事强制医疗制度和刑事强制医疗执行制度基本保持原貌。如果反观刑事强制医疗执行制度的文本规定和运行状况，同时结合社会的发展和人们的诉求，那么这项制度的现存问题不容忽视，所以需要对其予以健全。在对策方面，既需要明确基本思路，也需要设计具体措施及其配套措施。

第一节　完善刑事强制医疗执行制度的理念与思路

刑事强制医疗执行制度在发展过程中所暴露出来的问题，恰恰为这项制度的不断健全提供了目标和方向。我们对其运行现状予以合理研判的结果不是进行简单的修修补补，而是要在这项制度若干年运行的基础上，进行系统的检视，基本前提是明确理念与思路，以此才能为具体措施和配套措施的健全提供有效的改革逻辑，正如习近平总书记在中央全面深化改革委员会第十次会议对改革所提的要求，即“加强系统集成、协同高效”。

一、遵循“有机体”理念

（一）生命有机体

在刑事强制医疗执行制度中，精神障碍患者虽然在不同的阶段有不同的称谓，但是他们作为自然人，是精神健康权的主体，他们同时也是患者，所以这项制度中的治疗和监管都是以保障他们的精神健康权为目标。那么如何来实现呢？是“头痛医头、脚痛医脚”，还是“标本兼治”？显然，后者才是着眼点。正如中医学对人体所秉持的整体观念，即“坚持‘以人为本’，不仅认为人是生物人，注重自身整体的完整性；而且认为人还是自然人、社会人，强调人与自然、社会环境的统一性”，进一步看，“在医学模式的建构中，中医学提出人—自然（环境）—社会（心理）的医学模式”①，这与现代医学的“生物—心理—社会医学模式”具有相近性，都是全方位探索影响人类健康与疾病的因果关系，例如《素问·阴阳应象大论》云：“人有五脏化五气，以生喜怒悲忧恐”，也就是将人的情绪与五脏相关联。这说明每个个体都是完整的生命体系，是物质与精神、内在和外在的统一体，“可以用‘内外相系，各部相连’概括这种身体内外的联系，称之为‘联系的身体’”②，这是一种由诸多元素组成的生命有机体，是制度改革在理念层面应当确立的基本前提之一，即精神健康权只有以生命有机体为根基，方可具有现实意义。

在刑事强制医疗执行制度中，以生命有机体来审视刑事被强制医疗人，既要看到他们是精神医学上的精神障碍患者，也要明确他们是刑事法学上的不负刑事责任精神障碍患者。对于刑事被强制医疗人来说，作为普通精神障碍患者，仅仅解决了医学上的问题，这恰恰体现治疗在保障他们精神健康权中的关键地位。当然，从生命有机体看刑事被强制医疗人，如果局限于内在层面，那么就会因为制度的不健全或缺陷而导致精神健康权停留在口号上或纸面上，正如治疗中心主义遭遇的观念倒流一样，所以必须从理念上认同制度对于刑事被强制医疗人治疗效果运行机理的保障作用。

（二）社会有机体

刑事被强制医疗人虽然在一定的时间内处于强制医疗机构的治疗和监管之中，但是从刑事强制医疗执行制度史来看，封闭式的治疗仍然带有明显的政治印记，即便是在现代国家也是如此，“现代政治正因为充分意识到医学的这种统摄力量，才把医疗保健纳入自己的版图，完成了政治和医学的联姻”③，刑事强制医疗执行制度属于上层建筑范畴，在发展的过程中必然会带有政治元素，最为典型的是受到国家政策的影响。即便如此，政治决策和制度建设都不是孤立发展的，二者在交融的过程中，同时也必须与经济和文化、国家和社会相契合。正因如此，不同国家和同一国家的不同时

---

① 孙广仁、郑洪新主编：《中医基础理论》，中国中医药出版社 2012 年版，第 14 页。

② 刘鹏：《中医学身体观解读——肾与命门理论的建构与演变》，东南大学出版社 2012 年版，第 18 页。

③ 葛红兵、宋耕：《身体政治》，上海三联书店 2005 年版，第 147 页。

期在刑事强制医疗执行模式上存在不同程度的差异。如果说刑事被强制医疗人作为生命有机体需要内外协同的话,那么刑事强制医疗执行制度同样如此。这项制度自成体系,具有特定的运行逻辑,并形成有机体,如果内在结构及其元素出现失衡或缺失,那么就需要在有机体内部进行元素的优化或增补。

从外在体系看,不负刑事责任精神障碍患者所实施的暴力行为,产生了社会问题,对社会有机体形成冲击和破坏,正如马克思指出"正像社会本身生产作为人的人一样,人也生产社会"①。马克思对社会有机体的表述是"现在的社会不是坚实的结晶体,而是一个能够变化并且经常处于变化过程中的有机体"②。社会本身具有系统性,人是这一系统中的基本元素,如果人与社会之间无法形成统一体,那么社会有机体就会名存实亡,"社会作为一个有机体,本身还是一个开放的系统,它不断地通过生产、生活与外界进行物质和能量交换,进行生产和生命活动,从而使自身不断丰富和发展起来"③。如同生命有机体的动态性,社会有机体在人类对各项制度进行发展和健全过程中保持着上升态势,因为"各层次的社会体制和制度构成社会的结构,社会结构的层次和要素相互依存,相互作用,构成了社会有机体的平衡系统"④。刑事强制医疗执行以制度的形态融入社会有机体中,所以在刑事强制医疗执行制度的现代模式中,社会是一项基本的元素,是刑事被强制医疗人的最终回归之地,这就意味着社会有机体是健全刑事强制医疗执行制度在理念上应当确立的另一个基本前提,也就是说要从社会层面上进行系统地思考和设计,方能避免制度的孤立无援。

(三)法治有机体

在近现代国家,法治已经成为各国国家治理和社会治理的最优选择。我国早已实现从法制向法治的转化,自党的十八大以来还将全面依法治国纳入"四个全面"战略之中,所以在全面依法治国战略下,无论是生命有机体还是社会有机体都离不开法治的保障。不过,法治是一种动态的过程和效果,强调的是治理;法制则是指法律制度,是一种静态,强调的是制度。2020 年 11 月 16 日至 17 日,党的历史上首次召开的中央全面依法治国工作会议,将习近平法治思想明确为全面依法治国的指导思想,深刻阐释了这一思想的内涵和体系。因此习近平法治思想是有机整体,这就为"法治有机体"概念提供了思想指导。

---

① 《马克思恩格斯全集》(第 42 卷),人民出版社 1979 年版,第 121 页。
② 《马克思恩格斯全集》(第 11 卷),人民出版社 2001 年版,第 10 页。
③ 曾红宇:《马克思社会有机体思想研究》,中国社会科学出版社 2013 年版,第 103 页。
④ 田洪星:《马克思社会有机体理论与当代实践》,山东人民出版社 2017 年版,第 76 页。

从"管理"向"治理"的转变来看,党的十八届三中全会提出:"全面深化改革的总目标是完善和发展中国特色社会主义制度,推进国家治理体系和治理能力现代化。"2014 年 3 月 6 日习近平总书记在第十二届全国人大第二次会议上海代表团审议时提出,"治理和管理一字之差,体现的是系统治理、依法治理、源头治理、综合施策"。党的十九届四中全会通过了《中共中央关于坚持和完善中国特色社会主义制度、推进国家治理体系和治理能力现代化若干重大问题的决定》,进一步明确了国家治理的重要性以及思路和举措。那么治理、制度、法治之间是何种逻辑关系呢?制度是治理体系的核心内容,发挥着根本性、全局性、长远性的作用,可以说国家治理体系和治理能力是一个国家制度和制度执行能力的集中体现,当然好的制度和制度体系要发挥应有作用还需要有效的治理能力。由于法律是最重要的制度形式,也是制度的最高形态,而且法治是实现国家治理体系和治理能力现代化的必由之路,因此有效的治理能力离不开健全的法治。法治有机体就是要着眼于中国特色社会主义法治体系,将法律这套规则体系转化成治理效能,进而推动国家治理体系和治理能力的现代化进程。

笔者将法治有机体作为健全刑事强制医疗执行制度的一种理念遵循,实际上是从公法层面上对权利和权力的运行体制和机制进行优化和升级,正如有的研究者所提出的"公法在实现治理体系和治理能力现代化中比私法更加重要。之所以这样说,是因为公法涉及到公共权力的运行,涉及到新的治理体系之下诸方面的社会构型、政府构型等"①。刑事强制医疗执行制度既要解决刑事被强制医疗人的治疗和监管事宜,也是解决精神障碍患者因肇事肇祸行为所引发的社会问题,是对生命有机体和社会有机体的一种调整和保障。在刑事强制医疗执行制度已经有了《刑事诉讼法》的明确规定后,这项制度就成为法治有机体的组成部分,以此才能使其在静态和动态、体系内和体系外形成严谨的运行机构,进而提升运行效果。

由上,笔者从有机体这一概念出发,提出刑事强制医疗执行制度具有生命有机体、社会有机体、法治有机体三个层面的理念遵循,实则是刑事强制医疗执行制度作为一项有机体,内嵌着刑事被强制医疗人这一生命有机体,在自我有机体的运行下,与社会有机体、法治有机体相融合。将有机体理论作为健全刑事强制医疗执行制度的基本理念,是保障刑事被强制医疗人精神健康权和践行多元复归主义的理论概括与思维转归,同时也是对习近平总书记提出的"卫生健康共同体"这一思想在精神健康领域的贯彻落实。

① 关保英:《治理体系与治理能力现代化中的公法给付精神论》,载《法律科学(西北政法大学学报)》2020 年第 5 期,第 17 页。

二、构建“三焦”集成的思路

由于刑事被强制医疗人、刑事强制医疗执行制度、社会皆可以用“有机体”理论来取象比类,而且三者之间又有清晰的逻辑关系,所以在研究刑事强制医疗执行制度时,仍要将其与刑事被强制医疗人、社会进行关联式思考。从刑事强制医疗执行制度来看,在运行中所暴露出来的问题,除了存在缺项问题外,无论是理想的设计,还是现实之所需,都需要注重内外循环的通畅性。这实际上可以从人体的“三焦”理论中得到启示。

(一)健全刑事强制医疗执行制度具体规则的思路起点

精神障碍的存在严重威胁着人类的精神健康,国家组织和各国普遍将精神障碍的预防和治疗纳入公共卫生范畴,这本就是一项社会问题,那么如何予以控制呢?于是社会控制理论应运而生,医疗救治是一种社会控制方法,但是这种方法在应用不当的情况下,产生了比精神障碍所引发的社会问题更为严重的后果,“在心理健康诊断中,心理医生可能会犯第二种错误(完全没有病被诊断为有病),并且越来越多的人被诊断为患有精神病,这要归因于迫害文化和推卸责任。精神生活医学化的最终后果是危及个人的道德系统”①。这是收容中心主义的内生弊端,同时也是治疗中心主义出现波折的原因所在。即便如何,我们也不能就此否定医疗的社会控制作用,问题的关键在于医疗技术如何使用,这也是技术的“双刃剑”问题。

在精神障碍患者所引发的社会问题中,因他们实施暴力行为,危害公共安全或者严重危害公民人身安全的事件最为激烈,已经超出了医疗的社会控制范围,当法律成为社会治理的基本手段和方式后,通过法律的社会控制就成为一种应然的选择,在社会秩序的维护中,法律介入的思路是“承认某些利益;有司法过程按照一种权威性技术所发展和适用的各种法令来确定在什么限度内承认与实现那些利益;以及努力保障在确定限度内被承认的利益”②。所以在刑事强制执行制度的健全措施中,不是固守于医疗技术的进步,也不是依赖于道德等其他社会控制手段,而是通过完善法律规定来健全制度体系。从健全刑事强制医疗执行制度具体规则的逻辑起点看,通过法律的社会控制实际上是国家权力的介入,在社会学上是这是一种支配,这种支配在刑事司法系统中有明显的体现,“刑事司法系统对支配者和从属者有差别的对待显然是系统性的,且与基于群体的权力表达密不可分。法律不仅有助于维持基于群体的社

---

① [美]詹姆斯·克里斯:《社会控制》,纳雪沙译,电子工业出版社2012年版,第72页。

② [美]罗斯科·庞德:《通过法律的社会控制》,沈宗灵译,商务印书馆2010年版,第39页。

会秩序,还有助于再生产这种社会秩序”①。也就是说,刑事司法系统无法做到完全的公平和绝对的无差错。

那么如何才能避免权力在刑事强制医疗执行制度中走偏呢?一方面,在现代国家中,刑事强制医疗执行制度所采取的监管和治疗措施,目的是预防和重塑,这与传统的惩罚和隔绝具有本质不同,这也是一种社会控制的现代性转向所使然,不过也有研究者对此表示担忧:“在社会控制模式的转变之下,社会大众对于特定社会现象的不安与恐惧,都会期待政府以法律之力加以介入管制,如此一来法制化现象越来越严重。”②这固然是要避免多数人暴政,但是也恰恰是为了防范这种潜在的风险,就要在立法上对权利和权力予以有效的平衡,并合理设计检察监督机制,实现权力和权力之间的制约。另一方面,在健全刑事强制医疗执行制度具体规则的时候,必须认识到“不负刑事责任精神病人强制医疗程序”作为一项特殊程序是刑事诉讼制度的有机组成部分,需要遵守刑事诉讼的基本价值和基本原则,同时还要将其与普通程序和其他特殊程序予以区别,因为它是精神医学与刑事法学的学科交融,不能忽略刑事强制医疗执行涵括的是对精神医学的技术性调控和对刑事法学的价值性遵守。

由上,健全刑事强制医疗执行制度具体规则需要从这项制度所要解决的社会问题着手,回归至刑事法学的主旨,在权力和权利的辨识中,通过法律的社会控制从逻辑原点上为具体规则的再设计做好准备。

(二)刑事强制医疗执行制度“三焦”的取象比类

根据中医学理论,人体有上、中、下“三焦”,横膈以上内脏器官为上焦,包括心、肺;横膈以下至脐内脏器官为中焦,包括脾、胃、肝、胆等内脏;脐以下内脏器官为下焦,包括肾、大肠、小肠、膀胱。在医家经典中有相关记载,《内经·素问》有“三焦者,决读之官,水道出焉”;《灵枢·营卫生会》有“上焦如雾,中焦如沤,下焦如渎”。三焦的主要功能是通行元气、为水液运行之道路。三焦理论的产生是古代医家根据人们在生产和生活中的修河堤、引渠灌溉类比为人体的“水道”,只有三焦通畅,生命有机体才能健康运转。

从具体功能看,上焦以“雾化”的状态将水谷输送到输到心和肺,然后通过中焦的“沤化”状态继续向下输送至脾、胃、胆,最后通过下焦的“渎化”状态输送至肝、肾、膀

---

① ［美］吉姆·斯达纽斯、费利西亚·普拉图:《社会支配论》,刘爽、罗涛译,中国人民大学出版社2011年版,第129页。

② 林思萍:《强制医疗与监护处分——对精神障碍者之社会控制》,台湾大学法律学院法律研究所2009年硕士学位论文,第195页。

肌。概言之,水谷由口而入,经过三焦取其精华,弃之糟粕。可见,三焦理论离不开每一焦功能的有效发挥,但是要达到有效融合需要三焦贯通,如果以此来类比刑事强制医疗执行制度的思路,那么实则是将刑事强制医疗执行过程、刑事强制医疗解除程序、刑事强制医疗解除后的处置措施三者予以有效衔接。因此健全刑事强制医疗执行制度的基本思路是明确和优化刑事强制医疗执行制度“三焦”的各自功能,同时要注重“三焦”之间的融贯,运行其中的精华就是刑事被强制医疗人精神健康权的保障、这项制度所具有的程序正义价值以及整个社会卫生健康共同的实现。

(三)刑事强制医疗执行制度“自稳态”的目标设定

健全刑事强制医疗执行制度的目标是能够在现有制度的基础上进一步完善框架,并进行具体措施和配套措施的完善、优化和重置,最终形成一种稳定的结构,从而使制度在运行的过程中能够不断地进行自我健全,这种有机体的健康状态可以称之为“自稳态”,实际上是刑事强制医疗执行制度内环境的稳态,在生理学上“是指内环境的理化性质,如温度、酸碱度、渗透压和各种液体成分的相对恒定状态”①,这在《素问·生气通天论篇》也有表述,即“阴平阳秘,精神乃治,阴阳离决,精气乃绝”,所以自稳态是有机体的一种平衡且有序运转的状态。

在刑事强制医疗执行制度中,无论是每一焦内,还是各焦之间,都会形成不同层面的稳定。由于自稳态的核心是有机体能够根据内外环境的变化而进行自我调节,当然这种稳定并非故步自封,而是当有机体无法进行自我调节的时候,就需要外界因素的介入。刑事强制医疗执行制度也是如此,无论是改革程度如何,都不可能一成不变。正如刑事强制医疗在实现司法化之初,显现出时代的进步,在法律所设定的运行机制内,司法实践积极应对和探索,学界也纷纷献计献策,也不乏批评之声。不过整体运行状况保持积极态势,这恰恰体现出在这项制度自稳态下,最高司法机关通过司法解释进行的完善和各地司法机关通过具体案件进行的落实。与此同时,也不能忽略这项制度所存在的痼疾和“三焦”不通的问题,这就需要对制度予以进一步的健全,以防止自稳态的流失。

第二节　完善刑事强制医疗执行制度的举措

我国现有刑事强制医疗执行制度在《刑事诉讼法》概括性规定的基础上,通过司

---

① 王庭槐主编:《生理学》,人民卫生出版社2018年版,第9页。

法解释已经设计了相关的具体措施，各地在实践之中也进行了一定的探索，这些措施尚存在合法性、正当性问题，所以需要进一步地予以健全，无论是增设，还是重构，抑或优化，都需要从法律层面进行系统的规范和调整。

一、构建刑事强制医疗执行的法律体系

制度的有效运行离不开健全的法律体系，刑事强制医疗执行制度也是如此。在法国和德国，刑事强制医疗属于保安处分措施，并且在执行阶段制定了具有体系性的法律。在我国，刑罚制度除了有《刑法》和《刑事诉讼法》的规定外，还有《监狱法》的调整，但是刑事强制医疗执行制度远不及此。我国虽然没有确定保安处分制度，但是刑事强制医疗在实然性上属于刑事法上的保安性措施、在应然性上属于保安处分，所以从理论上看，笔者赞同刑罚与保安处分的二元主义，在我国的保安处分尚未形成健全体系的情况下，刑事强制医疗作为保安处分的有机组成部分，更具典型性，而且精神障碍具有多发性甚至会产生严重的后果。因此当刑事强制医疗实现司法化后，刑事强制医疗执行制度亟需健全的法律体系。

（一）概括性法律规定的完善

《刑法》和《刑事诉讼法》是刑事强制医疗执行制度的实体性依据和程序性依据，即便《刑事诉讼法》仅有两个条文规定刑事强制医疗执行制度，但是终究为这项制度提供了合法性依据，因为根据《立法法》的规定，限制公民人身自由的处罚及强制措施，只能通过法律制定，从而改变了传统上转归行政处置但欠缺合法依据的问题。与《刑事诉讼法》相配套的《刑诉法解释》《人民检察院刑事诉讼规则》推进了刑事强制医疗执行制度的细化设计，但是系统性仍不够强；即便是最高人民检察院《人民检察院强制医疗执行检察办法（试行）》《人民检察院强制医疗决定程序监督工作规定》也仅是从检察监督层面进行的细化，而且仅靠单一性的司法解释制约检察监督效果。笔者认为，在刑事强制医疗执行制度现有概括性法律规定的基础上，进一步整合司法解释中的相关规定，由最高人民法院、最高人民检察院、公安部、司法部等机关联合制定《刑事强制医疗执行制度实施办法》，进一步增强刑事强制医疗执行制度的体系性和可适用性。

（二）专门性法律规范的制定

除了制定《刑事强制医疗执行制度实施办法》外，还需要针对强制医疗机构及其运行规则制定专门性的法律规定，也就是将《强制医疗所条例（送审稿）》改为由国务院以行政法规的形式制定《强制医疗机构条例》，因为从较长时间来看，强制医疗所无

法做到全覆盖,充分利用精神卫生医疗机构和综合类卫生医疗机构,保障强制医疗机构多元化格局的合法化。通过专门性法律规范的制定为强制医疗机构的入选标准、治疗、监管、康复、护理、教育等方面提供明确的依据。省级公检法司以及卫生主管部门和民政部门应当依据《强制医疗机构条例》联合制定强制医疗机构名录,从而为基层人民法院对强制医疗机构的选择提供明确依据。

(三)体系性法律规范的衔接

按照有机体理论,刑事强制医疗执行制度是在内外循环机制中实现自稳态的,也就意味着这项制度与其他体系性法律规范之间,或者是包容关系,抑或是相交关系,再或者是相切关系。笔者建议出台《刑事强制医疗执行制度实施办法》和《强制医疗机构条例》仅是在刑事强制执行制度体系内实现统一性和规范性,但是从不同层面来看,这项制度体系与其他体系性法律规范之间必须建立有效的衔接,方可实现功能的最佳效果。

一是,从刑事强制医疗制度体系看,刑事强制医疗执行制度是刑事强制医疗制度的有机组成部分,这项制度在自成体系的同时应当立足于刑事强制医疗制度范畴,尤其要注重与刑事强制医疗决定制度之间的衔接,重点在于刑事强制医疗决定书的制作上,启动刑事强制医疗执行的依据就是法院的决定书,通过中国裁判文书网检索的此类决定书还存在记载内容不全和说理性不强的问题,所以应当以最高人民法院指导性案例63号“徐加富强制医疗案”为指导,健全刑事强制医疗决定书的制作,从而在司法裁判上为刑事强制医疗执行制度提供法定依据。

二是,从涉法精神障碍患者的法律体系来看,《刑事诉讼法》关于刑事强制医疗制度的规定与《精神卫生法》关于非自愿住院治疗的规定并没有建立有效的衔接关系,二者之间的关联关系体现在前者所规定的“危害公共安全或严重危害公民人身安全”与后者所规定的“已经发生危害他人安全的行为,或者有危害他人安全的危险的”,差异主要体现在程度方面。从程序上看,《精神卫生法》对这类精神障碍患者的非自愿住院制度充分赋予患者或其监护人异议权,但最终是由医疗机构决定是否住院治疗,公安机关仅负责协助。换言之,非自愿住院制度虽然区别于刑事强制医疗制度,但是并没有规范的行政程序,体现在对于违反《治安管理处罚法》应当予以行政拘留处罚的,经鉴定为不负责任和限制责任的精神障碍患者缺少相应的程序性机制,这就出现行政执法与刑事司法之间断裂的问题,导致刑事强制医疗执行制度难以有效对接。笔者建议修改《精神卫生法》,对非自愿住院制度设立规范的行政程序,并建立行政执法与刑事司法的衔接机制。

三是,从刑事被强制医疗人回归社会的制度体系看,刑事强制医疗执行制度与社区精神卫生制度应当建立有效衔接。社区精神卫生制度固然属于刑事强制医疗执行制度的配套措施,但是从刑事强制医疗执行制度本身来看,建议在《强制医疗机构条例》中设计刑事被强制医疗人回归社会的准备性措施,在《刑事强制医疗执行制度实施办法》中规定人民法院在解除强制医疗决定的时候应当根据刑事被强制医疗人的康复状况,设计三种不同的解除决定,对于康复状况良好者,可以回归社会的,规定家属负责看管和必要的治疗;对于康复状况一般者,规定家属负责看管,并协助精神卫生机构定期随访和进行必要的治疗;对于虽然不具有人身危险性,但仍需要接受治疗的被强制医疗人,规定转为强制社区医疗。

二、拓展刑事强制医疗的适用对象

在刑事强制医疗执行制度中,刑事被强制医疗人作为主体性存在,是精神健康权的主体,为了避免对象化问题的产生,笔者将刑事被强制医疗人作为这项制度的主体要素,这也是刑事诉讼主体理论的应然要求。我国现行刑事强制医疗制度仅适用"实施暴力行为,危害公共安全或严重危害公民人身安全"并且"有继续危害社会可能的"不负刑事责任的精神障碍患者,符合相关条件的限制刑事责任的精神障碍患者和无受审能力的精神障碍患者,却没有被纳入刑事强制医疗之中,而国外立法例关于刑事被强制医疗人的范围要比我们国家广。笔者认为,有必要在刑事强制医疗现有的适用条件下对刑事强制医疗执行制度的主体性配置予以拓展,这契合保卫社会和保障人权的需要,倒逼刑事强制医疗制度适用范围的适当扩大。

(一)限制刑事责任精神障碍患者可以被列为刑事被强制医疗人

刑事强制医疗执行制度虽然是为了保障刑事被强制医疗人的精神健康权,但是采用的是一种限制人身自由和剥夺医疗决定权的方式,所以《刑事诉讼法》对适用条件做了严格的限定。如果将限制刑事责任的精神障碍患者排除在刑事被强制医疗人的范围之外,那么在"监外执行"或"暂不收监"上就出现真空地带,外国的立法例对此一般予以明确规定,例如美国刑事强制医疗执行制度中涉及的"有病但有罪者"就属于刑事被强制医疗人。

根据我国《刑法》,限制刑事责任能力的精神障碍患者虽然可以从轻或减轻处罚,但是仍然需要承担刑事责任,也需要接受治疗。《刑事诉讼法》和《监狱法》规定患有严重疾病需要保外就医者,由交付执行的人民法院决定暂予监外执行,但是又规定有社会危险性的罪犯,不得保外就医。那么这类限制刑事责任的精神障碍罪犯就陷入制度的自我冲突之中。笔者建议将符合刑事强制医疗条件的这类罪犯纳入刑事被强制医疗人范围,考虑到他们的罪犯身份应当选择强制医疗所或者二级甲等以上的精神卫生医疗机构作为强制医疗机构，与其他精神障碍患者分开监管，待他们恢复服刑能力的时候再行收监或恢复收监。

（二）无受审能力的精神障碍患者可以被列为刑事被强制医疗人

“被告人受审能力是指刑事案件的犯罪嫌疑人、被告人能否理解自己在刑事诉讼中的地位、权利，能否理解诉讼过程的意义以及能否行使诉讼权利的能力”①，那么无受审能力的精神障碍患者是否可以列为刑事被强制医疗人呢？首先应当认识到刑事责任能力和受审能力是两个概念，分属实体法和程序法，对于受审能力司法部还专门制定了《精神障碍者受审能力评定指南》。概言之，刑事责任能力和受审能力存在一致性，也有差异性：二者的一致性体现在精神障碍患者作案时无刑事责任能力，审判阶段无受审能力；二者的差异性体现在精神障碍患者作案时无刑事责任能力，审判阶段有受审能力，或者作案时有刑事责任能力，审判阶段无受审能力。我国司法实践对于无受审能力的精神障碍患者在程序方面也进行了相关探索，最高人民法院的一份驳回申诉通知书（2017）最高法刑申 531 号指出，申诉人曾被鉴定患有分裂型障碍，无受审能力后，上海市第一中级人民法院于 1999 年 9 月 27 日裁定中止审理，后检察机关撤回起诉、公安机关撤销案件，申诉人被释放并送医疗机构强制医疗，直至恢复受审能力，司法机关才依法实施刑事拘留、逮捕、提起公诉、审判。虽然案件的发生和审理在 2012 年《刑事诉讼法》实施之前，但是足以体现司法实践在处理受审能力和强制医疗之间关联关系的基本思路。

正是因为被告人的受审能力与正义价值密切相关，所以《刑事诉讼法》规定，被告人患有严重疾病，无法出庭的，致使案件在较长时间内无法继续审理的可以中止审理。但是中止审理期间，精神障碍被告人如何接受治疗并没有明确的规定，按照司法实践的做法，先由被告人及其近亲属自主决定，如果始终无法配合治疗，并且精神障碍未见好转，则按照刑事强制医疗程序办理，待到恢复受审能力后，再按照普通程序审理。不过，按照《刑事诉讼法》的规定“中止审理超过六个月，被告人仍无法出庭，被告人及其法定代理人、近亲属申请或者同意恢复审理的，人民法院可以在被告人不出庭的情况下缺席审理，依法作出判决”。可见，刑事司法实践与刑事法律规定之间存在冲突。有的研究者主张“如果被告人无受审能力，那么法院应裁定将被告人关押于精神病机构接受治疗②”。笔者对此赞同，因为将符合刑事强制医疗条件的无受审能

---

① 贺红强：《论我国刑事被告人受审能力的制度补位》，载《法学论坛》2016 年第 5 期，第 144 页。

② 赖早兴：《精神病被告人受审能力规则探析——基于美国刑事审判实践的思考》，载《法商研究》2014 年第 5 期，第 144 页。

力精神障碍患者列为刑事被强制医疗人，不但可以解决这种冲突，而且刑事强制医疗程序对受审能力并无要求，从而避免程序适用的正当性问题。不过，对于符合刑事强制医疗条件的无受审能力精神障碍被告人，因为他们具有继续危害社会的可能，所以应当直接由普通程序转为强制医疗程序；如果将符合刑事强制医疗条件的限制刑事责任精神障碍患者也列为刑事被强制医疗人的话，那么在刑事强制医疗执行制度中，应当以是否恢复受审能力为恢复庭审的标准，如果经过治疗既恢复受审能力，也具有服刑能力，应当收监执行，否则需要继续按照刑事强制医疗执行制度办理。

总之，将刑事被强制医疗人的范围扩展至限制刑事责任精神障碍患者和无受审能力精神障碍患者并不是从主体上进行简单的拓展，而是将“实施暴力行为，危害公共安全或严重危害公民人身安全”并且“有继续危害社会可能的”作为限缩条件，在刑事诉讼中其他精神障碍患者或者按照《精神卫生法》的规定接受治疗，或者是按照《监狱法》的规定在监所内接受治疗。

三、重构刑事强制医疗执行的程序机制

刑事强制医疗执行制度是以具体过程为表现形态，所以需要紧扣过程性要素，既要从过程的一体性上进行健全，也需要对关键要素进行完善。

(一)完善刑事强制医疗执行制度“三个环节”的衔接机制

以过程为视角考察刑事强制医疗执行制度，实则可以将其分为三个环节，即“交付执行”“执行(治疗、监管)活动”“执行解除”，这三个环节紧密相连，组成了这项制度的基本框架。

1. 交付执行环节

根据《刑事诉讼法》及相关司法解释，并没有刑事强制医疗执行机关的明确规定，只是规定公安机关负责送达强制医疗决定书和强制医疗执行通知书，向强制医疗机构送交刑事被强制医疗人，在具体执行过程中却没有公安机关的职责规定，导致刑事强制医疗执行制度有送达和送交机关，却没有执行机关的规定，这既与刑事诉讼执行制度不相契合，也未达到保安处分的防卫要求。笔者认为，应当在《刑事强制医疗执行制度实施办法》中规定公安机关为刑事强制医疗执行机关，承担执行过程的监管职责。执行机关的监管职责是对强制医疗机构监管工作的一种督导，是针对刑事被强制医疗人的常规管理而实施的指导和建议。

交付执行环节是刑事强制医疗执行制度运行的起点，刑事被强制医疗人在交付执行前存在三种情形，一是被采取临时的保护性约束措施并且约束地点与强制医疗决定书确定的强制医疗机构一致；二是被采取临时的保护性约束措施并且约束地点

与强制医疗决定书确定的强制医疗机构不一致；三是未被采取临时的保护性约束措施。在第一种情形中，强制医疗机构虽然对刑事被强制医疗人已经进行相关的治疗和监管，但仅属于临时的保护性约束措施，交付执行后，就需要遵守刑事强制医疗执行制度的规定，所以公安机关仅进行文书的送达是不够的，还需要对强制医疗机构即将开始的治疗和监管工作从法律层面进行指导和要求，尤其要明确强制医疗机构的职责。在第二种情形中，执行机关需要与负责临时的保护性约束措施的机构出具适用情况报告，与相关文书一并送交强制医疗机构，还需要对强制医疗机构的职责作出明确要求。在第三种情形中，刑事被强制医疗人并未受到人身自由限制，所以公安机关对刑事被强制医疗人采取合理的送交措施，并出具刑事被强制医疗人的情况报告，与相关文书一并送交强制医疗机构，同样也要对强制医疗机构的职责作出明确要求。

由上，公安机关的交付执行与人民法院、强制医疗机构、刑事被强制医疗人、负责临时的保护性约束措施的机构均存在有机联系性，与此同时，还需要对被害人及其近亲属、刑事被强制医疗人的近亲属履行强制医疗决定和交付执行情况的告知义务，最为关键的是交付执行与强制医疗机构收治之间的有效衔接，以此才能为后续两个环节做好准备。

2. 执行（治疗、监管）活动

从时间维度和职能维度看，刑事强制医疗执行制度的主要环节是执行（治疗、监管）活动，因为刑事被强制医疗人在强制医疗机构为的是接受治疗，恢复精神健康，监管是治疗的辅助手段，是为治疗服务的。治疗属于医学技术事项，由强制医疗机构按照医学规范的要求自主开展，不过治疗也有法律边界，那就是刑事被强制医疗人作为公民或患者应当享有的医疗权利，有的研究者指出“患者权利是指患者在接受诊疗过程中依据道德、法律以及医疗规章等享有的正当利益、资格、主张与自由”①，这是从公民层面对医疗权利的界定，有的研究者明确以患者医疗权利为研究对象，指出“医疗权利并不是一项单一的权利，而是一个权利束”②。笔者认为，刑事被强制医疗人的医疗权利是以精神健康权为依据，在强制医疗机构接受治疗的过程中作为患者应当享有的权利，包括知情同意权、医疗决定权、损害赔偿请求权等。基于此，在制定《强制医疗机构条例》的时候，应当设计刑事被强制医疗人医疗权利束，规定强制医疗机构应当履行的义务，在避免过度医疗和药品滥用中保障他们的精神健康权。

在监管方面，封闭式治疗本就是对刑事被强制医疗人人身自由的限制，如何进行监管，实则与限制程度密切相关。如果按照拓展刑事强制医疗执行制度主体性配置

① 王晓波：《患者权利论》，社会科学文献出版社 2017 年版，第 13 页。
② 李燕：《医疗权利研究》，中国人民公安大学出版社 2009 年版，第 4 页。

的举措,应当对三类刑事被强制医疗人区别监管,在具体措施上,重点规范强制医疗机构实施的约束、隔离等保护性医疗措施,以此在符合比例原则的情况下,保障刑事被强制医疗人的人身自由。

3. 执行解除

执行解除虽然在刑事强制医疗执行制度中占据的周期不长,却是这项制度中不可缺少的环节,执行解除实则是出院,但是与普通精神障碍患者的出院有着本质的不同。因为常规的出院是由医院根据各自的管理规定履行相关手续即可,而执行解除是一项刑事诉讼行为,以解除刑事强制医疗程序为表现形态,也就是说医院除了履行常规出院手续外,还需要按照刑事强制医疗执行制度的规定完成指定事项,而且需要经过人民法院的裁决。

从相对不定期原则看,以法律程序来规范执行解除行为,注重解除的及时性、规范性,这可以在一定程度上纾解这项制度执行期限的内生弊端。这就要求解除强制医疗程序具备更为健全的规则和机制。从程序性机制来考量执行解除环节,强调的是其与执行(治疗、监管)活动的有机衔接,因为执行(治疗、监管)活动如果在规范性和效果方面难以得到保障,那么势必影响执行解除工作。

由上,刑事强制医疗执行制度的"三个环节"运行状况和衔接机制影响这项制度有机体内的自稳态,也即是说只有实现有序的内循环才最大限度促进这项制度得到健康发展。

(二)建立刑事强制医疗机构"五项职能"的协同机制

《"健康中国2030"规划纲要》提出"全方位、全周期维护和保障人民健康";国务院《关于实施健康中国行动的意见》提出从全方位干预健康影响因素、维护全生命周期健康和防控重大疾病三个方面设计了具体规划;2020年6月习近平总书记在主持召开专家学者座谈会上强调,要推动将健康融入所有政策,把全生命周期健康管理理念贯穿城市规划、建设、管理全过程各环节。可见我们党和国家以人民为中心,将"健康全生命周期"确立为一项国家战略。如果把刑事被强制医疗人作为公民来看,按照全生命周期的要求,精神健康管理应当介入到刑事强制医疗的前、中、后。在刑事强制医疗的前和后,也就是他们尚未涉法前和执行解除后,国家通过不断健全和完善精神卫生服务体系开展精神障碍患者的治疗和健康管理工作,这也是注重刑事被强制医疗人有效回归社会的应然性要求。

聚焦刑事强制医疗执行制度,在这一有机体内,按照健康全生命周期的要求,实则是围绕刑事被强制医疗人的精神健康权,开展全方位和全周期的医疗和管理工作。笔者认为,就是要在制定《强制医疗机构条例》时明确强制医疗机构应当承担治疗、监管、康复、护理、教育五项职责,并且要注重五项职能的协同性,改变目前重"治疗、监管",轻"康复、护理、教育"的问题。针对目前刑事强制医疗机构以区县一级精神卫生医疗机构和综合类医疗机构为主的现象,建议由最高人民法院、最高人民检察院、公安部、司法部、国家卫生健康委员会、民政部等部门联合制定《刑事强制医疗机构建设指南》,对刑事强制医疗机构的五项职能和机构的软硬件建设提出指导意见,从而为刑事强制医疗机构开展强制医疗工作时提供相对明确的标准和依据。

(三)健全诊断评估机制

刑事强制医疗执行制度采用的是相对不定期原则,纾解不定期刑的不良后果除了健全执行解除机制外,定期诊断评估也是一项重要的举措。针对《刑事诉讼法》及其司法解释虽然规定定期诊断评估,但是对"定期"和"机制"缺少明确规定的问题,所以应当健全定期诊断评估机制。

1. 增加诊断评估的启动主体

在刑事强制医疗执行制度中,既有执行过程中的定期诊断评估,也有解除强制医疗程序的诊断评估,前者的启动主体是强制医疗机构,后者包括强制医疗机构、人民法院、申请人。笔者认为,为了增强人民检察院的检察监督力度,应当赋予人民检察院在两类诊断评估中的强制启动权。强制启动权与常规启动权的不同点在于前者作为检察监督权的一项保障措施,是在相关主体不启动或不适时启动常规启动权的时候,由人民检察院行使启动权。

2. 完善诊断评估的实施单位

《刑事诉讼法》规定定期诊断评估实施单位是强制医疗机构,解除强制医疗程序一般情况下也是由强制医疗机构来实施。为了解决强制医疗机构作为诊断评估实施单位存在难以保障中立作用的问题,笔者建议在定期诊断评估中成立诊断评估工作委员会,由人民检察院、强制医疗机构和其他有资质的精神疾病鉴定机构联合组成。解除强制医疗程序采取的是司法化方式,所以应当具有精神疾病司法鉴定资质的第三方作为鉴定机构,最终以鉴定意见这种证据形式应用在人民法院解除强治疗的审理中。

3. 明确首次诊断评估时间和诊断评估周期

诊断评估贯穿刑事强制医疗执行制度的全过程,但是从法律层面看,诊断评估不可能完全由强制医疗机构自主确定,否则失去统一性,当然这并不否定强制医疗机构按照医疗规则自行开展的诊断评估。换言之,在采取联合诊断评估的前提下,法律的规定是从刑事强制医疗执行制度层面进行的底限划定。如此,法律的明定与自主地开展相结合,可以动态地掌握刑事强制医疗执行状况。

之所以要确定首次诊断评估时间,是因为刑事被强制医疗人在接受强制医疗初期,病情不稳,过早可能会效果不佳,过晚存在延迟之嫌,笔者建议自公安机关交付强制医疗执行之日起6个月开展首次诊断评估更具合理性,这在国外立法例和我国司法实践状况中均有相关的经验可循。

首次诊断评估后,根据严重精神障碍的特点和裁判文书显示的刑事强制医疗执行期间,可以在首次诊断评估后的1年内,每6个月诊断一次,此后采取每3个月诊断一次的周期安排,这种分段式区别诊断评估周期,可以更精准地掌握刑事被强制医疗人康复状况,为解除刑事强制医疗奠定基础。

四、完善刑事强制医疗执行检察监督制度

与其他国家刑事强制执行制度最大的不同体现在我国设立执行检察监督制度,一些国家虽然也设立监督制度,但是通常采取行政化或准行政化的方式,相比而言,我国的监督制度的力度理应更强。通过将刑事强制医疗执行检察监督制度规定在多部门联合制定的《刑事强制医疗执行制度实施办法》中,不但增强了法律效力,而且有助于各机关之间沟通协调。从刑事强制医疗执行检察监督的运行机构看,在现有制度的基础上,还需要继续完善以下方面内容。

(一)优化人民检察院体系内的衔接机制

从刑事强制医疗制度的具体程序来看,人民检察院在强制医疗决定、交付执行、执行(治疗、监管)活动、执行解除等各个环节均承担监督职责,但是并非由人民检察院内部的某个机构参与全部流程,所以需要内部机构之间的有效衔接,也就是在负责交付执行的人民检察院与承担监督职责的人民检察院之间、人民检察院内部负责提起强制医疗申请的部门与负责执行检察部门之间建立信息共享机制,包括信息通报、信息互联等,这与大数据时代检察监督改革要求相契合。

从刑事强制医疗执行检察监督的三个环节来看,这三个环节与刑事强制医疗执行制度的三个环节是一致的。在监督效果上,应当注重三个环节检察监督的有效衔接,才能从体系上形成监督合力。

(二)强化人民检察院检察监督效力

刑事强制医疗机构的多元化格局意味着各类机构之间在开展强制医疗的时候必然存在差异,特别是对非专门性的强制医疗机构开展检察监督的时候应当坚持宽严结合、循序渐进的原则。不过,要有效发挥监督效力,需要赋予人民检察院监督措施,具体可以包括纠正违法行为、提出检察建议、实施责任追究。虽然这些措施在现有的

司法解释中有所规定，但是在制定《刑事强制医疗执行制度实施办法》的实施，还需要进一步予以全面化和系统化，尤其是要赋予人民检察院定期诊断评估的强制启动权和解除强制医疗程序的启动权。以此，通过强有力的监督措施，强化人民检察院监督效力。

（三）探索执行检察监督的新方式和新方法

在我们国家刑事强制医疗执行制度的发展过程中，无论是以安康医院抑或是强制医疗所命名的专门性的强制医疗机构正在逐步建设或增建，即便如此，强制医疗机构仍将采取多元化的思路，根据三类强制医疗机构所具有的不同属性，笔者认为对于强制医疗所（安康医院）可以采取派驻检察室的方式，对于其他两类强制医疗机构采取巡回检察的方式。

1. 执行检察监督的新方式

（1）设置派驻检察室的建议

由于强制医疗所（安康医院）作为专门性的强制医疗机构，可以采取派驻检察室的方式。强制医疗所（安康医院）存在省级和地市级公安机关管辖的级别设置，检察室的派出单位需要按照强制医疗所的主管机关级别的不同，由同级人民检察院派驻检察室，既可以与行政管理体系相契合，也可以实现监督的常态化，有助于发挥监督效果。

（2）设置巡回检察的建议

由于精神卫生医疗机构和综合类卫生医疗机构并非专门性的强制医疗机构，而是在承担公共医疗的同时，以法律法规以及司法判决为依据，承担刑事强制医疗职责，所以这两类强制医疗机构适合采用巡回检察方式。不过，这两类医疗机构的主管部门系卫生行政部门，笔者认为应当由负责强制医疗执行检察监督的人民检察院同级别的卫生行政部门联合组成巡回检察组，以此形成检察机关的合力效果。

2. 执行检察监督的新方法

执行检察监督重在及时性和有效性，一方面，采取实时监督与定期相结合的方法。在各个环节中人民检察院及时全面地开展监督，可以有效地发现问题，并进行及时的纠正。当然，实时地监督与定期监督应当有机结合，前者通过与强制医疗机构之间建立信息共享平台，可以进行远程监督，同时设立检察监督信箱和监督电话；后者可以与定期诊断评估和解除刑事强制医疗相同步，并且进行全面系统的监督。两种监督方法的结合既可以实现监督的动态化，也可以节约人民检察院的司法资源，提高诉讼效率。

另一方面，提升检察人员刑事强制医疗执行检察监督能力，人民检察院应当加强队伍建设,配足执行检察监督人员,定期开展精神卫生知识的学习和培训,提升检察人员的专业监督能力;加强平台建设和资金投入,为信息平台特别是远程信息平台在硬件和软件上提供保障。

(四)明确执行检察监督的首次时间和周期

实时检察监督所依托的是信息共享平台,定期检察监督开展的是全面的监督,这就涉及检察监督的首次时间和周期。定期检察监督的首次时间与定期诊断评估的首次时间并不能采取一致的思路,因为前者在公安机关交付执行作为刑事强制医疗执行制度的第一个环节,所以人民检察院应当进行同步检察监督,只有如此才能确保交付执行的合法性,同时也是对刑事强制医疗决定的有效监督,是避免"假精神病"和"被精神病"不可或缺的一个环节。在完成交付执行的检察监督后,就应当对执行(治疗、监管)活动开展监督,按照人民检察院完成交付执行监督后一个月内完成执行(治疗、监管)活动的首次监督,采取区间方式有利于人民检察院对强制医疗机构开展执行(治疗、监管)活动的初步效果进行监督,也是为后续的执行(治疗、监管)活动以监督促进执行工作的开展。在定期检察监督周期上,采取与定期诊断评估同步的周期设计既是对定期诊断评估的同步监督,也是通过合理的周期优化检察资源,提高检察效率。

(五)设立有专门知识的人的制度

要解决刑事强制医疗执行检察监督中检察人员精神医学专业知识不足的问题,可以设立专家辅助人制度。由人民检察院从精神医学专家、精神病鉴定人中建立有专门知识的人的名单库,开展定期检察监督和解除刑事强制医疗的时候,选取与强制医疗机构、承担定期诊断评估单位等不具有关联关系的专家、辅助检察人员开展监督工作。设立有专门知识的人的制度还可以与联合诊断评估方式形成有效呼应,从而使诊断评估效果和检察监督效果形成有机关联。

五、健全刑事强制医疗解除程序

解除刑事强制医疗程序是刑事强制医疗执行制度的执行解除环节,是保障刑事被强制医疗人权利最关键的运行载体。健全解除强制医疗程序的对策,主要涉及启动主体、审理方式、社会调查报告、法律援助制度、裁判文书的制作五个方面。

(一)拓展刑事强制医疗解除程序启动主体

目前,我国刑事强制医疗解除程序的启动主体包括强制医疗机构、被强制医疗人及其近亲属。基于被强制医疗人人权保障之所需,既需要增加启动主体,也需要优化启动机制。

1. 赋予人民检察院强制启动权

在刑事强制医疗执行制度中,健全人民检察院检察监督权固然重要,但如果没有强有力的制约措施,那么依靠检察建议或责任追究仍然难以解决执行制度本身的要求。可以在现有“提出纠正意见”的基础上,赋予人民检察院强制解除启动权,与定期诊断评估中的强制启动权相似,都是在检察建议无法实现的情况下,由人民检察院行使启动权。所以赋予人民检察院解除强制医疗强制启动权既是对检察监督权威性的保障,也是保障刑事被强制医疗人的合法权益。

2. 优化不同主体的启动机制

《刑事诉讼法》赋予刑事被强制医疗人及其近亲属享有解除强制医疗的启动权,这对于他们来说是一种实实在在的程序性权利,而对于强制医疗机构而言,更多是带有职责性元素。应当为刑事被强制医疗人及其近亲属的启动权提供保障,一是,应当规定他们享有对诉讼文书、执行记录、定期诊断评估报告的查阅权,尤其是要赋予近亲属探视权,并规定他们享有这些权利的保障措施。二是,赋予近亲属解除强制医疗启动权,同时也应当赋予他们解除异议权。在只有近亲属行使启动权,同时还存在有的近亲属不同意启动解除程序的时候,应当按照《刑事诉讼法》规定的近亲属范围,明确顺序,也就是赋予配偶为第一顺序启动权人,其次是父母、子女、同胞兄弟姊妹,当前一顺序近亲属申请解除或不同意申请解除的时候,以前一顺序近亲属的意愿为主,当前一顺序近亲属明确表示放弃启动权的时候,后一顺序的近亲属才享有相应的权利。三是,当不同的启动权主体同时申请解除强制医疗的时候,应当优先适用启动机制。

(二)改革解除强制医疗程序的审理方式

解除强制医疗程序所要解决的是刑事被强制医疗人是否需要继续强制医疗的问题,并非刑事责任的认定,如果采取普通程序抑或简易程序难以契合诉讼效率和庭审本质的要求。其实,刑事强制医疗决定程序和解除强制医疗程序同属于刑事强制医疗程序范畴,并且作为一项特别程序而存在,目前的审理方式是开庭审理和书面审理两种。笔者认为,要改革解除强制医疗程序的审理方式,通过设立专门的法庭,然后健全审理方式,将听证制度引入到书面审理之中。

1. 设立精神健康法庭

按照本研究的设计,将刑事被强制医疗人的范围扩展,那么刑事强制医疗案件和解除刑事强制医疗案例就会增加,而且作为一个与精神医学知识密切相关的审理,需要一个专门的法庭来负责，避免目前采取由普通程序转为刑事强制医疗程序仅是程序转换并不要求合议庭的更换，而且在解除程序中也面临着随机确定合议庭的问题。基于此，笔者认为，可以设立精神健康法庭，既可以专门审理刑事强制医疗决定案件和解除强制医疗案件，还可以受理《精神卫生法》中非自愿住院的纠纷案件，这样增强了法庭的专业性，也纾解法官在精神医学专业知识不足的问题。

2. 健全审理方式

(1)以开庭审理为主、书面审理为辅

《刑诉法解释》第 635 条规定："审理强制医疗案件，应当组成合议庭，开庭审理。但是，被申请人、被告人的法定代理人请求不开庭审理，并经人民法院审查同意的除外。"也就是说，刑事强制医疗决定程序是以开庭审理为主，不开庭审理为辅，不开庭审理实则采用的是书面审理，只要是"被申请人、被告人的法定代理人请求"和"人民法院审查同意"即可采用书面审理方式。在解除强制医疗程序中所采用的审理方式与此相反，《刑诉法解释》第 647 条规定："对前款规定的案件，必要时，人民法院可以开庭审理，通知人民检察院派员出庭。"也就是说，解除强制医疗程序是以书面审理为主，开庭审理为辅。笔者认为强制医疗决定程序和解除强制医疗程序对于精神障碍患者同样重要，因为后者也需要进行人身危险性的判断，特别是在强制医疗期限上，按照相对不定期原则，解除强制医疗程序至关重要。

基于此，笔者认为，解除强制医疗程序的审理方式应当与强制医疗决定程序的审理方式保持一致，即以开庭审理为主、书面审理为辅。对于开庭审理方式，可以参考适用《刑诉法解释》第 635 条关于强制医疗决定程序的规定。从诉讼主体来看，一是合议庭的组成人员为三人，由法官、作为陪审员的精神病专家及其他陪审员组成。作为陪审员的精神病专家的选任，基层人民法院可以根据《人民陪审员法》，针对刑事强制医疗制度设立精神病专家库，在具体案件中，与案件有利害关系的强制医疗机构和精神病鉴定机构的专家应当回避。二是参与主体包括被强制医疗人及其近亲属、律师、强制医疗机构、人民检察院、鉴定人、社区工作人员。

(2)构建书面审理程序

按照笔者的建议，在解除强制医疗程序中，采用开庭审理为主，书面审理为辅的方式，书面审理只有在"刑事被强制医疗人及其法定代理人请求"和"人民法院审查同意"时方可适用。但是书面审理也应当具有一定的程序规则，如此才能保证裁判结果的公正。基于目前书面审理欠缺明确规则的问题，应当主要构建以下措施，一是与开庭审理的合议庭组成一样，由法官、作为陪审员的精神病专家及其他陪审员三人组成。二是合议庭应当到强制医疗机构询问医疗机构负责人、医护人员、刑事被强制医疗人。三是听取检察机关、刑事被强制医疗人近亲属、社区工作人员、鉴定人的意见。

（三）建立社会调查报告制度

人民法院作出解除刑事强制医疗决定意味着刑事被强制医疗人即将回归社会，他们所在的社区、家庭、工作单位等的环境状况、认同度等事项是合议庭是否作出解除强制医疗决定和解除后对相关主体的责任要求的考量因素，这就需要在解除刑事强制医疗程序中建立社会调查报告制度，这一制度在社区矫正和未成年人刑事司法制度中均已采用。笔者认为，建立社会调查报告制度，并不意味着人民法院或人民检察院来承担具体的调查工作，可以委托基层司法行政机关出具报告。关于社会调查报告的效力，并不能作为证据来使用，而是作为合议庭的考量因素。

（四）健全法律援助制度

刑事被强制医疗人作为社会弱势群体，在强制医疗的过程中通过强制医疗机构的五项职能来保障他们的精神健康权，但是从刑事司法层面看，还需要通过法律援助制度增强他们权利的保障力度。在我国刑事司法改革中，值班律师制度得到了有效地推广并且在《刑事诉讼法》中已经得以确立。但是在强制医疗机构设立并不合适，一是因为强制医疗机构并非执行机关，而且多元化的格局，难以设立值班律师；二是因为律师与法官、检察官同样会面临精神医学知识短缺的问题；三是如果从保障刑事被强制医疗人权利层面看，通过健全检察监督制度可以有效地实现。

然而，在执行制度中，解除强制医疗程序与具体的治疗和监管活动不同，它属于诉讼程序范畴，因为这涉及刑事被强制医疗人能否获得人身自由的问题，所以法律援助制度是否适用解除强制医疗程序就显得至关重要。根据《刑诉法解释》第634条的规定："被申请人或者被告人没有委托诉讼代理人的，应当自受理强制医疗申请或者发现被告人符合强制医疗条件之日起三日以内，通过法律援助机构指派律师担任其诉讼代理人，为其提供法律帮助。"这仅是刑事强制医疗决定程序关于法律援助的规定，解除刑事强制程序并没有相关规定，因此建议通过完善《刑事诉讼法》《刑诉法解释》《法律援助条例》将刑事强制医疗决定程序、解除强制医疗程序作为法律援助的法定理由，以此增强不负刑事责任精神障碍患者或刑事被强制医疗人合法权益的保障力度。

（五）强化解除强制医疗决定书的释法说理

裁判文书的释法说理是我国刑事司法改革的重要组成部分，2018年6月最高人民法院发布了《关于加强和规范裁判文书释法说理的指导意见》，2021年2月最高人民法院印发《关于深入推进社会主义核心价值观融入裁判文书释法说理的指导意见》,所以,解除强制医疗决定书是裁判文书的一种,重视这类决定书的释法说理是增强刑事强制医疗执行制度权威性的重要途径,也是刑事强制医疗执行效果和刑事被强制医疗人回归社会的权威表述,但是现有的决定书在说理论证的偏弱,用语上的不统一和裁判结果的模糊性,所以应当将这类决定书的释法说理纳入裁判文书的改革范畴,注重将体现出应当具备的情理法元素。

强化解除强制医疗决定书的释法说理并非简单的扩充字数,而是通过规范的语言实现论证的严谨。具体而言,一是,解除强制医疗决定书应当将刑事强制医疗执行过程写入其中,分析听证会不同主体的参与情况,引用社会调查报告内容。二是,明确承担被解除强制医疗人治疗和监管的义务主体、义务内容以及违反义务的责任。应当在高法解释所规定的家属承担看管和医疗责任的基础上,既要明确“家属”是谁,作为申请人的近亲属是什么关系,与刑事被强制医疗人之间是何种关系,也要根据刑事被强制医疗人的不同类型和解除强制医疗后的不同安排,明确刑事被解除强制医疗人应当承担的责任,还要对村委会、居委会、基层卫生医疗机构、相关单位在被解除强制医疗人的社会回归方面提出建议。三是,在最高人民法院发布的指导案例中,选定解除刑事强制医疗决定书,既可以与指导案例63号“徐加富强制医疗案”形成对接,也可以对这类判决书提供指导性作用。

六、优化刑事强制医疗执行的救济机制

在健全刑事强制医疗执行制度的时候,除了采取义务规定和责任追究外,要保障相关主体的合法权益,还需要设计有效的救济机制。

(一)复议程序的设计

刑事诉讼中的复议程序是指诉讼主体对司法机关作出的相关决定不服的,可以向上级司法机关提出重新审查的程序。《刑事诉讼法》规定了“被决定强制医疗的人、被害人及其法定代理人、近亲属对强制医疗决定不服的,可以向上一级人民法院申请复议”。但是在刑事强制医疗执行制度中并没有关于这类主体的救济机制。在刑事强制医疗执行制度中,主要是涉及刑事被强制医疗人及其近亲属的权利救济。一是他们认为定期诊断评估未按期实施则可以向人民检察院申请,由人民检察院进行审查,提出检察建议,如果仍不执行可以行使定期诊断评估的强制启动权。二是他们对定期诊断评估报告有异议的,向人民检察院提出,经审查认为异议成立的,则重新组成联合诊断评估组再次进行评估。三是他们对解除或不解除强制医疗决定不服的,可以向上一级人民法院提出复议申请,由上级人民法院作出裁决。

对于刑事强制医疗机构而言,虽然《刑事诉讼法》中没有关于复议程序的规定,但

是在《人民检察院强制医疗执行检察办法(试行)》第24条则有明确的规定,根据该条的规定可知,强制医疗机构对于对人民检察院的纠正违法意见书面提出异议的,由人民检察院作出复议决定。如果强制医疗机构对复议决定仍有异议的,则可以向上一级人民检察院申请复核,由上一级人民检察院作出复核决定。但是对于强制医疗机构不服人民法院解除决定或不解除强制医疗决定不服的,则没有相关救济机制。笔者建议,对此需要赋予强制医疗机构向上一级人民法院提出复议申请的权力,由上级人民法院作出裁决。

(二)适用国家赔偿制度

设计复议程序是从程序性角度进行的救济建议,在实体性救济方面,也就是申请国家赔偿的权利,却没有相关规定,因为根据《国家赔偿法》规定的赔偿范围,刑事强制医疗并未被纳入其中。即便是刑事强制医疗保障的是刑事被强制医疗人的合法权益,但是同样具有防卫社会的目的,因而采取限制人身自由的方式,如果出现"被精神病"现象,那么显然是侵犯这一主体的人身自由权,理应赋予他们申请国家赔偿的权利。即便是符合强制医疗条件,如果刑事强制医疗执行前临时的保护性约束措施和执行活动中出现侵害刑事被强制医疗人生命健康权的情形,如果缺少国家赔偿制度的保障,那么他们的合法权益就失去保障。基于此,笔者认为,应当在《国家赔偿法》中规定刑事被强制医疗人及其近亲属针对侵犯人身自由权和生命健康权的情形拥有申请国家赔偿的权利。

第三节 健全刑事强制医疗执行的配套措施

根据有机体理念,除了从内循环上健全刑事强制医疗执行制度外,还需要立足国家的医疗卫生事业,注重内外循环的协调畅通,方可使这项制度得到健康运行,同时也可以避免强制医疗效果出现"旋转门"现象,以此保障刑事被强制医疗人精神健康权得到持续性保障,这就需要从配套措施上进行健全。

一、完善精神卫生法律制度

与刑事强制医疗执行制度能够实现有效对接的是精神卫生法律制度,刑事被强制医疗人虽然获得解除强制医疗,但是并不意味着他们完全康复,而且精神障碍存在易反复的情形。对于需要继续接受常规治疗的情况,可以在精神卫生法律中增设强制社区医疗制度,也就是一种附条件解除制度,由公安机关作为执行机关,由社区、乡镇卫生医疗机构负责常规治疗,由亲属负责陪伴,当他们基本康复,可以采取家庭治疗的时候,卫生医疗机构提出出院意见,公安机关出具出院建议,由人民法院作出解除强制社区医疗决定。如果刑事被强制医疗人不配合治疗,并且病情没有好转,由公安机关提出建议,人民法院决定继续实施刑事强制医疗。通过强制社区治疗这种过渡性机制,可以有效地减轻强制医疗机构存在封闭式治疗和限制人身自由的弊端。

二、调整基层医疗卫生服务机制

为解决看病难的问题以及因病返贫、因病致贫的问题,我国在医疗卫生体制改革的过程中,坚持全民健康服务理念,不断加强基层医疗卫生服务机制,也就是世界卫生组织提出的初级卫生保健,针对刑事被强制医疗人回归社会的要求,乃至居民精神健康保障的诉求,应当调整基层医疗卫生服务机制。一是在基层医疗卫生服务机构中开设专门的精神科或心理健康门诊,契合国家关于精神卫生工作的基本要求;二是增加精神医学专业或心理咨询师的人员配备,注重人员的在职培训,建立精神卫生医疗机构和综合类卫生医疗机构的精神科到基层卫生医疗服务机构轮值坐诊制度,三是加强各级政府的财政投入,推进社区医疗保障设施的建设;四是建立家庭医生制度和基层医疗卫生服务机构随访管理和指导,增强对患者及其家属的精神健康指导。五是建立规范的信息上报制度,对于精神障碍患者出现肇事肇祸现象的应当及时上报公安机关和卫生行政部门。

三、强化精神障碍患者社会保障制度

在我国经济社会发展的过程中,在"以人民为中心"理念下公民的社会保障制度持续发展,对于刑事被强制医疗人的社会保障制度需要立足于精神障碍患者这一范畴,在现有的基础上注重从针对性和体系性上进行完善。

(一)合理设计精神障碍患者社会保障制度体系

2021 年 2 月 26 日中共中央政治局就完善覆盖全民的社会保障体系进行第二十八次集体学习,习近平总书记指出,"我国社会保障制度改革已进入系统集成、协同高效的阶段","要从立法、执法、司法、守法各环节加强社会保障工作,在法治轨道上推动社会保障事业健康发展"。《国民经济和社会发展第十四个五年规划和 2035 年远景目标纲要》在"健全多层次社会保障体系"中提出"改革完善社会保险制度","优化社会救助和慈善制度";在"提升残疾人保障和发展能力"中对帮扶、就业、康复服务、托养照护服务、服务设施和综合服务能力等方面作出了顶层规划。可见,我们党和国家高度重视社会保障制度的健全,这为刑事被强制医疗人的社会保障提供了政策依据。

刑事被强制医疗人作为社会弱势群体,从社会公平角度看,要对精神障碍患者进行合理分类,既包括重度和轻度,也包括困难和非困难,还有有近亲属和无近亲属等不同类型,刑事被强制医疗人可能分布在不同的类型之中。从社会保障层面看,不同类型的刑事被强制医疗人都会经历刑事强制医疗执行过程中和解除强制医疗后两个阶段,虽然不同的刑事被强制医疗人或同一阶段不同的刑事被强制医疗人在社会保障上存在一定的差异,但是在顶层设计上,需要从社会救助、社会保险、社会福利三个层面构建精神障碍患者社会保障制度体系,这需要健全相关的法律法规和国家政策,从而使精神障碍患者社会保障既有规范性依据,也有合理的政策保障机制。

(二)完善精神障碍患者社会保障制度的相关措施

1. 加强社会救助力度

《社会救助暂行办法》以行政法规的形式颁布和实施,意味着符合条件的刑事被强制医疗人能够获得社会救助。而且刑事被强制医疗人可能在接受刑事强制医疗前属于流浪乞讨人员,对这一部分刑事被强制医疗人即便被收治仍需要获得救助,因为他们在医疗费用上获得医疗救助后可能仍存在未支付的数额,尤为关键的是他们被解除强制医疗后,面临着无家可归,重新成为流浪乞讨人员的问题。国务院于2003年6月20日发布《城市生活无着的流浪乞讨人员救助管理办法》,在修订这部行政法规的时候应当采取分类救助的方法,对患有精神障碍的流浪乞讨人员作为单独的异类人员制定救助措施。

2. 改革医保制度

目前医疗保险侧重于精神障碍患者,应当将普通精神障碍也纳入医保范围,尤其是要增加医保报销中治疗精神障碍药物种类。推进医保报销联网制度,减少异地就医在报销方面存在的障碍。在保障精神障碍患者个人信息安全的前提下,由医疗机构进行信息登记,并建立联网机制,在每年的城乡居民医疗保险缴纳时,进行系统监控,对于缴纳有困难的,政府主管部门查明原因,通过不同的途径及时给予减免或补助政策。改革医保制度还需要国家和地方相关政策的推动,笔者认为,对刑事被强制医疗人在接受强制医疗期间和解除强制医疗后的医保政策可以采取分类调整的方式,尤其是后者,他们要实现有效回归社会,就需要在被解除强制医疗后能够继续进行治疗和康复,当然还需要政府在社区精神医疗卫生服务设立专项经费,从软件和硬件上实现基本保障。因此通过医保制度来增强刑事被强制医疗人的社会保障力度既需要改革医保制度,也需要政府财政投入,以此可以解决刑事被强制医疗人的经济负担,有助于他们在被解除强制医疗后积极配合治疗。

3. 建立专门的就业促进机制

要实现刑事被强制医疗人有效回归社会,在他们有劳动能力的情况下,应当做好就业工作。刑事被强制医疗人在被解除强制医疗后在就业问题的解决上,一是做好精神障碍的宣传工作,普及精神医学知识,降低社会对这类群体的歧视;二是对于愿意为这类群体提供就业岗位的,可以给予税收优惠政策;三是从残疾人就业保障机制上为这类群体提供就业机会。鼓励社会力量在社区或乡镇创办福利企业,招聘这类人员就业。通过培养他们自食其力的能力,消除社会对他们的歧视与隔阂,促进他们回归社会。

由上,健全刑事强制医疗执行制度的配套措施立足于全民健康、精神卫生医疗、基层卫生医疗服务,着眼于刑事被强制医疗人精神健康权的保障以及他们有效地回归社会,从体系上进行配套措施的设计,解决的是一项社会问题,所以应当在政府的主导下,积极发动社会力量参与其中,维护社会的和谐稳定。

附　录

健全刑事强制医疗执行制度的调查问卷

2012年《刑事诉讼法》在特别程序中设立了"不负刑事责任精神病人强制医疗程序",共6条,其中执行程序仅2条,再加上《刑诉法解释》《人民检察院刑事诉讼规则(试行)》《人民检察院强制医疗执行检察办法(试行)》《人民检察院强制医疗决定程序监督工作规定》的相关规定,组成了我国强制医疗执行制度框架。

我们是"刑事强制医疗执行制度研究"课题组,为了更好地掌握该程序的适用状况,通过本问卷调查法律职业人员对该程序的认知状况和健全建议,调查采取匿名方式,无论您是否办理过此类案件,您均可根据您的认知填写问卷。对您的无私参与和帮助我们在此表示感谢!

1. 您的职业是(　　)(单选)

A. 法官　　B. 检察官　　C. 律师

2. 您从事法律职业工作年限(　　)(单选)

A. 5年以下　　B. 6—10年　　C. 11—15年　　D. 16—20年

E. 21—25年　　F. 26—30年　　G. 30年以上

3. 您是否办理过不负刑事责任精神病人强制医疗案件(　　)(单选)

A. 未办理过　　B. 办理过

4. 您认为,在2012年《刑事诉讼法》规定该制度后,在防止当事人被精神病方面的保障程度如何?(单选)

A. 明显降低　　B. 降低　　C. 没有变化　　D. 提高

E. 明显提高

5. 本题对防止当事人被精神病方面的保障程度设定了若干项影响因素。在每个选项中,影响度的数值按照0—10依次升高,得分越高影响度越大,需要您对每个选项打分。(请在每个选项后的括号里写上您认为该选项的得分值)

A. 强制医疗执行的法律法规是否健全,是否具有可操作性(　　)

B. 强制医疗执行中的"交付执行"环节是否规范(　　)

C. 强制医疗执行中的“医疗”是否科学、规范(　　)

D. 强制医疗执行中的“监管”是否科学、规范(　　)

E. 定期诊断评估是否科学、规范(　　)

F. 强制医疗费用的落实情况(　　)

G. 强制医疗“解除”的法律法规是否健全、是否具有可操作性(　　)

H. 强制医疗执行监督的法律法规是否健全、是否具有可操作性(　　)

I. 检察机关纠错意见的强制力状况(　　)

J. 强制医疗执行过程中律师介入情况(　　)

K. 被强制医疗人的权利体系是否健全、保障是否到位(　　)

L. 被强制医疗人的法定代理人及其近亲属的意愿表达渠道是否通畅、保障是否到位(　　)

M. 被害人及其法定代理人、近亲属在刑事强制医疗执行制度中的权利体系是否健全,保障是否到位(　　)

N. 被强制医疗人解除强制医疗后的再社会化问题是否得到解决(　　)

O. 是否有专门的规范强制医疗机构的相关法律、法规(　　)

P. 其他(　　)

6. 您认为,哪个或哪些医疗机构可以作为强制医疗机构?(不定项)

A. 强制医疗所(安康医院)

B. 精神卫生医疗机构

C. 综合类卫生医疗机构

7. 您认为,强制医疗所(安康医院)的主管部门应当是哪家?(单选)

A. 公安部门　　B. 卫生部门　　C. 民政部门

D. 公安部门、卫生部门、民政部门联合管理　　E. 其他

8. 您认为,强制医疗机构在强制医疗执行制度中,承担什么样的职能?(不定项)

A. 监管　　B. 治疗　　C. 预防　　D. 看护

E. 教育　　F. 其他

9. 您认为,被指定的临时性医疗机构(非强制医疗所)在收治被强制医疗人时,除了遵循男女分开的原则外,在治疗和管理区域上还应当如何设置?(单选)

A. 应当为被刑事强制医疗人设置专门的区域

B. 根据被强制医疗人的人身危险性、精神障碍种类进行分类收治

C. 不必为被刑事强制医疗人设置专门的区域,可以与其他患者以及其他精神病患者混合收治

10. 您认为,在刑事强制医疗执行过程中,由谁来启动诊断评估更合理?(单选)

A. 人民法院　B. 人民检察院　C. 强制医疗机构

D. 被强制医疗人及其法定代理人、近亲属

11. 您认为，在刑事强制医疗执行过程中，由谁承担被强制医疗人的定期诊断评估更合理？（单选）

A. 由收治被强制医疗人的强制医疗机构负责

B. 精神病鉴定机构负责

C. 强制医疗机构和精神病鉴定机构联合诊断评估

12. 最高人民法院司法解释规定，在向人民法院提交解除强制医疗意见或申请，均需要提供诊断评估报告。您认为，在解除强制医疗程序中，由谁负责被强制医疗人的诊断评估更合理？（单选）

A. 由收治被强制医疗人的强制医疗机构负责

B. 精神病鉴定机构负责

C. 强制医疗机构和精神病鉴定机构联合诊断评估

13. 您认为，自公安机关交付强制医疗执行之日起，首次诊断评估应该在何时进行？（单选）

A. 满一个月　B. 满三个月　C. 满半年　D. 满一年

E. 满一年半　F. 满两年　G. 随机确定

14. 您认为，在首次诊断评估后，后期的诊断评估周期应该如何设定？（单选）

A. 每个月一次　B. 每三个月一次　C. 每半年一次　D. 每一年一次

E. 每一年半一次　F. 每两年一次

15. 您认为，依据现有的刑事强制医疗执行制度及其执行检察办法，检察机关对刑事强制医疗执行活动的监督效果如何？（单选）

A. 非常差　B. 比较差　C. 一般差　D. 一般好

E. 比较好　F. 非常好

16. 在本题中，设定了可能影响刑事强制医疗执行检察监督效果的若干项因素。在每个选项中，影响度的数值按照0—10依次升高，数值越高影响度越大，需要您对每个选项打分。（请在每个选项后的括号里写上您认为该选项的得分值）

A. 检察监督对象是否明确(　　)

B. 各类执行信息的互通机制是否健全(　　)

C. 检察监督队伍状况(　　)

D. 检察监督的内容是否明确(　　)

E. 检察监督方式是否合理有效(　　)

F. 检察监督方法是否合理有效(　　)

G. 检察机关纠错意见的强制力状况（　）

H. 其他(　　)

17. 您认为,人民检察院对于强制医疗执行程序的监督应当采取何种方式更有效？(单选)

A. 巡回检察监督　　B. 派驻检察室监督

C. 其他

18. 检察机关在开展刑事强制医疗执行检察过程中是否应当有专门知识的人？(单选)

A. 应当引入　B. 不应当引入　C. 检察机关自主决定

19. 您认为,人民检察院自收到强制医疗决定书之日起,应当在多长时间内对强制医疗机构开展第一次检察监督活动？(单选)

A. 10 天之内　B. 15 天之内　C. 20 天之内　D. 一个月之内

E. 一个半月之内　F. 两个月之内　G. 三个月之内　H. 随机决定

20. 您认为,在强制医疗执行程序的第一个环节"交付执行"中检察监督效果如何？(单选)

A. 非常差　B. 比较差　C. 一般差　D. 一般好

E. 比较好　F. 非常好

21. 本题对第一个环节"交付执行"检察监督,设定了可能影响刑事强制医疗"交付执行"检察监督效果的若干项因素。在每个选项中,影响度的数值按照 0—10 依次升高,数值越大影响度越大,需要您对每个选项打分。(请在每个选项后的括号里写上您认为该选项的得分值)

A. 能否有效地赴现场进行实地检察(　)

B. 能否有效地审查强制医疗决定书、强制医疗执行通知书、证明被强制医疗人无刑事责任能力的鉴定意见书等相关法律文书(　)

C. 与强制医疗机构工作人员谈话的情况(　)

D. 与被强制医疗人及其法定代理人、近亲属谈话情况(　　)

E. 与被害人及其法定代埋人、近亲属谈话情况(　)

F. 能否有效地对人民法院的交付执行活动开展监督(　)

G. 能否有效地对公安机关将被决定强制医疗的人送交强制医疗机构执行情况开展监督(　　)

H. 能否有效地监督强制医疗机构对被决定强制医疗的人拒绝收治情况(　　)

I. 能否有效地监督强制医疗机构收治未被人民法院决定强制医疗的人的情况(　)

J. 检察机关的纠错意见是否具有强制力(　　)

K. 其他应当检察监督的内容(　　)

22. 您认为,在刑事强制医疗执行制度第二环节"执行(医治、管理)活动"中检察监督效果如何?(单选)

A. 非常差　　B. 比较差　　C. 一般差　　D. 一般好

E. 比较好　　F. 非常好

23. 本题对第二环节"执行(医疗、监管)活动"检察监督,设定了可能影响刑事强制医疗"执行(医治、管理)"检察监督效果的若干项因素。在每个选项中,影响度的数值按照0—10依次升高,数值越大影响度越大,需要您对每个选项打分。(请在每个选项后的括号里写上您认为该选项的得分值)

A. 能否有效地查阅有关法律文书、会见、通信登记等材料(　　)

B. 能否有效地查阅有关医疗文书、诊断评估等材料(　　)

C. 能否赴被强制医疗人的医疗、生活现场进行实地检察(　　)

D. 与强制医疗机构工作人员谈话情况(　　)

E. 与被强制医疗人及其法定代理人、近亲属谈话情况(　　)

F. 与被害人及其法定代理人、近亲属谈话情况(　　)

G. 能否有效地对强制医疗机构的人员配备、设备、设施开展检察(　　)

H. 检察官是否具备精神医学知识(　　)

I. 能否有效地监督强制医疗机构的医疗工作(　　)

J. 能否有效地监督强制医疗机构的监管工作(　　)

K. 能否有效监督强制医疗机构开展诊断评估工作(　　)

L. 能否有效地检察被强制医疗人的合法权利是否得到保障(　　)

M. 能否有效地检察被强制医疗人的合法权利是否受到侵犯(　　)

N. 对被强制医疗人实施或将要实施伤害自身、危害他人安全、扰乱医疗秩序行为的,当强制医疗机构采取约束、隔离等保护性医疗措施后,检察机关能否有效监督(　　)

O. 检察机关纠错意见是否具有强制力(　　)

P. 其他应当检察的内容

24. 您认为,在刑事强制医疗执行制度第三环节"执行解除"中检察监督效果如何?(单选)

A. 非常差　　B. 比较差　　C. 一般差　　D. 一般好

E. 比较好　　F. 非常好

25. 本题对第三环节"执行解除"检察监督,设定了可能影响刑事强制医疗"执行解除"检察监督效果的若干项因素。在每个选项中，影响度的数值按照0—10 依次升高，数值越高影响度越大，需要您对每个选项打分。（请在每个选项后的括号里写上您认为该选项的得分值）

A. 能否有效地查阅解除强制医疗的相关法律文书（　　）

B. 能否有效地查阅解除强制医疗的医疗文书、诊断评估报告（　　）

C. 与强制医疗机构工作人员的谈话情况（　　）

D. 与被强制医疗人及其法定代理人、近亲属的谈话情况（　　）

E. 被害人及其法定代理人、近亲属的谈话情况（　　）

F. 对于已不具有人身危险性，不需要继续强制医疗的被强制医疗人，强制医疗机构是否依法及时提出解除意见，报送作出强制医疗决定的人民法院（　　）

G. 检察机关是否被赋予解除强制医疗的启动权（　　）

H. 能否参加且有效监督人民法院强制医疗解除审理程序及其决定（　　）

I. 检察机关不服解除决定或不解除决定是否可以抗诉（　　）

J. 被强制医疗人、法定代理人及其近亲属提出解除申请、强制医疗机构提出解除意见，人民法院不进行审查的，是否可以向检察机关申诉，由检察机关依法开展监督。（　　）

K. 其他应当检察的内容（　　）

26. 您认为，刑事强制医疗制度在费用保障方面的难度如何？（单选）

A. 非常难　　B. 比较难　　C. 一般难　　D. 没有困难

27. 本题设定了影响刑事强制医疗费用保障方面的若干项因素，在每个选项中影响度的数值按照 0—10 依次升高，数值越大影响度越大，需要您对每个选项打分。（请在每个选项后的括号里写上您认为该选项的得分值）

A. 基本医疗保险制度是否健全（　　）

B. 医疗救助制度是否健全（　　）

C. 政府在刑事强制医疗方面是否设立专项资金（　　）

D. 司法救助状况（　　）

E. 社会救助状况（　　）

F. 被强制医疗人及其法定代理人、近亲属的经济状况（　　）

G. 被强制医疗人的法定代理人及其近亲属是否愿意支付医疗费用（　　）

H. 刑事强制医疗案件受理机关与强制医疗机构是否在一地（　　）

I. 财政部门落实刑事强制医疗专项资金的情况（　　）

J. 其他（　　）

28. 您认为，在刑事强制医疗执行中，医疗费用应当由谁来支付？（单选）

A. 被强制医疗人及其法定代理人、近亲属不需要支付费用

B. 被强制医疗人及其法定代理人、近亲属支付所有费用

C. 被强制医疗人及其近亲属支付一定比例的费用,其余的由其他途径解决

29. 您认为,在刑事强制医疗解除程序中,人民法院应当如何判断被强制医疗人的人身危险性?(单选)

A. 完全以强制医疗机构出具的诊断评估报告为依据

B. 依据各种可能影响被强制医疗人的人身危险性因素来裁量

30. 关于人民法院审理强制医疗解除案件,本题设定了可能影响刑事强制医疗解除决定的若干因素。在每个选项中影响度的数值按照 0—10 依次升高,数值越大影响度越大,需要您对每个选项打分。(请在每个选项后的括号里写上您认为该选项的得分值)

A. 刑事强制医疗决定书等法律文书(　　)

B. 强制医疗机构的解除意见书、被强制医疗的人及其近亲属的解除申请书(　　)

C. 提出解除意见书或解除申请书需附带的诊断评估报告(　　)

D. 强制医疗过程中的诊断评估报告(　　)

E. 强制医疗过程中的各类材料(　　)

F. 检察机关的意见(　　)

G. 被害人及其法定代理人、近亲属的意见(　　)

H. 被强制医疗人及其法定代理人、近亲属的意见 (　　)

I. 出院安置问题(　　)

J. 是否有有专门知识的人参与及其意见(　　)

K. 审查人员的组成(　　)

L. 审查强制医疗解除申请的方式(书面审查、开庭、听证)(　　)

M. 是否有律师介入 (　　)

N. 社会调查报告(　　)

O. 其他(　　)

31. 您认为,诊断评估报告对法官是否作出解除强制医疗决定有何影响度?(单选)

A. 根本作用　　B. 主要作用　　C. 次要作用　　D. 无影响

32.《刑事诉讼法》规定,解除强制医疗由人民法院做出决定。《刑诉法解释》规定,解除强制医疗,人民法院应当组成合议庭进行审查。您认为,在解除程序中,人民法院应当采取何种审理方式?(单选)

A. 书面审理　　　B. 开庭审理　　　C. 听证

33. 您认为,在决定是否解除强制医疗的程序中,合议庭的组成应当如何安排更合理?(单选)

A. 合议庭成员应当由法官组成

B. 合议庭成员应当由法官和作为陪审员的精神病专家组成

C. 合议庭成员应当由法官和随机确定的陪审员组成

D. 合议庭成员应当由法官、作为陪审员的精神病专家及其他陪审员组成

E. 由人民法院根据案件情况决定合议庭的组成

参考文献

一、著作类

（一）中文著作

[1]陈绍辉:《精神障碍患者人身自由权的限制——以强制医疗为视角》,中国政法大学出版社2016年版。

[2]崔勇、许冬梅主编:《精神障碍康复与护理》,中国医药科技出版社2018年版。

[3]戴庆康:《权利秩序的伦理正当性——以精神病人权利及其立法为例证》,中国社会科学出版社2007年版。

[4]邓海娟:《健康权的国家义务研究》,法律出版社2014年版。

[5]邓明国:《建构整合型精神卫生社会服务模式:家庭资源与政策资源的视角》,中国社会科学出版社2016年版。

[6]冯建仓、陈文彬:《国际人权公约与中国监狱罪犯人权保障》,中国检察出版社2006年版。

[7]李娜玲:《刑事强制医疗程序研究》,中国检察出版社2011年版。

[8]李霞:《成年监护制度研究——以人权的视角》,中国政法大学出版社2012年版。

[9]李筱永、张博源主编:《精神健康治理研究——立法、实施和效果》,中国政法大学出版社2019年版。

[10]李燕:《医疗权利研究》,中国人民公安大学出版社2009年版。

[11]刘白驹:《非自愿住院的规制:精神卫生法与刑法》(上),社会科学文献出版社2015年版。

[12]刘白驹:《非自愿住院的规制:精神卫生法与刑法》(下),社会科学文献出版社2015年版。

[13]潘侠:《精神病人强制医疗法治化研究》,中国政法大学出版社2015年版。

[14]司绍寒:《德国刑事执行法研究》,中国长安出版社2010年版。

[15]田凯主编:《执行监督论》,中国检察出版社2010年版。

[16]王君炜:《我国刑事强制医疗程序研究》,社会科学文献出版社2018年版。

[17]王迎龙:《刑事强制医疗制度研究》,中国政法大学出版社2016年版。

[18]王云海:《监狱行刑的法理》,中国人民大学出版社 2010 年版。

[19]翁腾环:《世界刑法保安处分比较学》,商务印书馆 2014 年版。

[20]徐久生:《保安处分新论》,中国方正出版社 2006 年版。

[21]许又新:《精神病理学——精神症状的分析》,湖南科学技术出版社 1993 年版。

[22]叶锦成等主编:《中国取向复元模式实践——精神健康社会工作案例研究》,华东理工大学出版社 2017 年版。

[23]余凤高:《智慧的痛苦——精神病文化史》,湖南文艺出版社 2006 年版。

[24]岳纯之点校:《唐律疏议》,上海古籍出版 2013 年版。

[25]张爱艳:《精神障碍者刑事责任能力的判定》,中国人民公安大学出版社 2011 年版。

[26]张丽卿:《司法精神医学——刑事法学与精神医学之整合》,中国检察出版社 2016 年版。

[27]张新生:《我国弱势群体社会救助研究》,经济科学出版社 2013 年版。

[28]张妤婕:《医疗救助法律制度研究》,法律出版社 2018 年版。

[29]张志泉:《日本犯罪者处遇研究》,山东人民出版社 2010 年版。

[30]赵春玲:《刑事强制医疗程序研究》,中国人民公安大学出版社 2014 年版。

[31]赵晶:《国家义务研究 —以公民基本权利演变为分析视角》,天津人民出版社 2017 年版。

[32]郑成功主编:《社会保障概论》,复旦大学出版社 2005 年版。

[33]庄洪胜:《精神病司法鉴定与强制医疗》,中国法制出版社 2012 年版。

(二)译著

[1][澳]迈克尔·A.豪格、[英]多米尼克·阿布拉姆斯:《社会认同的过程》,高明华译,中国人民大学出版社 2011 年版。

[2][澳]约翰·特纳等:《自我归类论》,杨宜音、王兵、林含章译,中国人民大学出版社 2011 年版。

[3][德]克劳斯·罗科信:《刑事诉讼法》(第 24 版),吴丽琪译,法律出版社 2003 年版。

[4][法]埃米尔·迪尔凯姆:《社会学方法的规则》(第 2 版),胡伟译,华夏出版社 1999 年版。

[5][法]卡斯东·斯特法尼等:《法国刑事诉讼法精义》(上),罗结珍译,中国政法大学出版社 1999 年版。

[6][法]米歇尔·福柯:《疯癫与文明——理性时代的疯癫史》(第2版),刘北成、杨远婴译,生活·读书·新知三联书店2003年版。

[7][法]米歇尔·福柯:《古典时代疯狂史》,林志明译,生活·读书·新知三联书店2005年版。

[8][法]米歇尔·福柯:《规训与惩罚》(第2版),刘北成、杨远婴译,生活·读书·新知 三联书店2003年版。

[9][美]迈克尔·D.贝勒斯:《法律的原则:一个规范的分析》,张文显等译,中国大百科全书出版社1996年版。

[10][美]艾里克斯·宾恩:《雅致的精神病院——美国一流精神病院里的死与生》,陈芙扬译,上海人民出版社2007年版。

[11][美]道格拉斯·C.诺思:《制度、制度变迁与经济绩效》,杭行译,格致出版社、上海三联书店、上海人民出版社2014年版。

[12][美]哈伯特·L.帕克:《刑事制裁的界限》,梁根林等译,法律出版社2008年版。

[13][美]杰克·唐纳利:《普遍人权的理论与实践》,王浦劬等译,中国社会科学出版社2001年版。

[14][美]卡尔·威尔曼:《真正的权利》,刘振宇等译,商务印书馆2015年版。

[15][美]史蒂芬·霍尔姆斯、[美]凯斯·R.桑斯坦:《权利的成本——为什么自由依赖于税》,毕竞悦译,北京大学出版社2004年版。

[16][美]托马斯·雅诺斯基:《公民与文明社会:自由主义政体、传统政体和社会民主政体下的权利与义务框架》,柯雄译,辽宁教育出版社2000年版。

[17][美]W.理查德·斯科特:《制度与组织——思想观念与物质利益》,姚伟、王黎芳译,中国人民大学出版社2010年版。

[18][美]詹姆斯·G.马奇、[挪]约翰·P.奥尔森:《重新发现制度——政治的组织基础》,生活·读书·新知三联书店2011年版。

[19][日]大谷实:《刑事政策学》(新版),黎宏译,中国人民大学出版社2009年版。

[20][日]大沼保昭:《人权、国家与文明》(第2版),王志安译,生活·读书·新知三联书店2014年版。

[21][日]鹤见隆彦:《精神障碍者危险行为(犯罪行为)的预防对策——医疗观察制度下心神丧失者的处遇》,载王牧主编:《犯罪学论丛》(第6卷),中国检察出版社2008年版。

[22][英]奈杰尔·S.罗德雷:《非自由人的人身权利——国际法中的囚犯待

遇》,毕小青、赵保庆等译,生活·读书·新知三联书店 2006 年版。

[23][英]爱德华·肖特:《精神病学史——从收容院到百忧解》,韩健平、胡颖翀、李亚平译,上海科技教育出版社 2007 年版。

[24][英]安东尼·吉登斯:《社会的构成:结构化理论纲要》,李康、李猛译,中国人民大学出版社 2016 年版。

[25][英]斯普莱克:《英国刑事诉讼程序》,徐美君、杨立涛译,中国人民大学出版社 2006 年版。

[26][英]威廉·F. 拜纳姆:《19 世纪医学科学史》,曹珍芬译,复旦大学出版社 2000 年版。

二、论文类

(一)中文论文

[1]卞建林、谢澍:《刑事执行检察监督:资源整合与体系建构》,载《河南社会科学》2015 年第 7 期。

[2]曾日红:《"被精神病"问题背后的父权主义》,载《南京医科大学学报(社会科学版)》2013 年第 3 期。

[3]曾雅林、潘建强、毛玉、冯博书:《强戒诊断评估执法管理平台的研发与应用》,载《犯罪与改造研究》2020 年第 10 期。

[4]陈绍辉:《论刑事强制医疗程序中人身危险性的判定》,载《东方法学》2016 年第 5 期。

[5]程军、陈绍军:《逆向泛标签化现象何以形成——基于弱势群体情感的视角》,载《学术界》2015 年第 12 期。

[6]崔磊:《刑事司法精神病鉴定听证制度构建》,载《海南大学学报(人文社会科学版)》2016 年第 1 期。

[7]杜承铭、谢敏贤:《论健康权的宪法权利属性及实现》,载《河北法学》2007 年第 1 期。

[8]房清侠:《上访者"被精神病"现象的法社会学思考》,载《河北法学》2011 年第 1 期。

[9]高圆圆:《对精神残疾群体回归社会的思考》,载《黑龙江社会科学》2009 年第 5 期。

[10]龚向和、刘耀辉:《从保护、尊重到给付的国家义务内涵拓展——以自由主义的发展、专项为视角》,载《云南师范大学学报(哲学社会科学版)》2011 年第 2 期。

[11]龚向和:《国家义务是公民权利的根本保障——国家与公民关系新视角》,载《法律科学》2010年第4期。

[12]郭晶、曲姣姣:《刑事诉讼期间国家监护制度初探》,载《犯罪研究》2017年第3期。

[13]郭星华、任建通:《刑满释放人员社会适应的法社会学研究》,载《国家行政学院学报》2014年第4期。

[14]韩旭:《论精神病人强制医疗诉讼程序的构建》,《中国刑事法杂志》2007年第6期。

[15]郝秉键:《清代精神病人管制措施考述》,载《清史研究》2002年第2期。

[16]胡常龙:《走向理性化的派驻检察室制度》,载《政法论丛》2016年第3期。

[17]祁云顺:《对检察机关派驻检察监督方式改革的思考》,载《河北法学》2010年第11期。

[18]黄文艺:《作为一种法律干预模式的家长主义》,载《法学研究》2010年第5期。

[19]雷振之:《过度医疗之我见》,载《医学与哲学》2003年第9期。

[20]李宁等:《强制医疗执行监督实证分析》,载《人民检察》2015年第23期。

[21]李霞、陈迪:《从〈残疾人权利公约〉看我国新成年监护制度》,载《法治研究》2019年第6期。

[22]李霞:《成年监护制度的现代转向》,载《中国法学》2015年第2期。

[23]林海:《精神障碍抗辩的中世纪简史》,载《福建师范大学学报(哲学社会科学版)》2010年第20期。

[24]刘小红、李晓兵:《强制医疗执行监督问题研究》,载《人民检察》2017年第22期。

[25]刘延祥、李兴涛:《检察机关强制医疗法律监督问题研究》,载《中国刑事法杂志》2013年第5期。

[26]刘勇、谢斌:《强制社区治疗的国际经验及对我国的启示》,载《中国心理卫生杂志》2017年第12期。

[27]吕晓刚、杨彩虹:《刑事强制医疗解除程序完善实证研究》,载《河南财经政法大学学报》2020年第6期。

[28]马宁、严俊、马于欣、郭岩:《中国精神卫生机构床位资源现状分析》,载《中国心理卫生杂志》2012年第12期。

[29]倪润:《强制医疗程序中"社会危险性"评价机制之细化》,载《法学》2012年第11期。

[30]潘侠:《刑事强制医疗解除研究——基于患者再社会化的进路》,载《贵州社会科学》2016 年第 7 期。

[31]潘侠:《刑事强制医疗证明机制论》,载《河南社会科学》2015 年第 3 期。

[32]彭诚信、李贝:《现代监护理念下监护与行为能力关系的重构》,载《法学研究》2019 年第 4 期。

[33]屈学武:《保安处分与中国刑法改革》,载《法学研究》1996 年第 5 期。

[34]申君贵:《设立“采取政府强制医疗措施程序”的构想》,载《政治与法律》2002 年第 6 期。

[35]时延安:《保安处分的刑事法律化——论刑法典规定保安性措施的必要性及类型》,载《中国人民大学学报》2013 年第 2 期。

[36]宋远升:《精神病强制医疗中的法律父爱主义》,载《政法论丛》2016 年第 2 期。

[37]孙笑侠、郭春镇:《美国的法律家长主义理论与实践》,载《法律科学》2005 年第 6 期。

[38]谭世贵、郭林林:《我国刑事执行权配置现状、问题与优化》,载《浙江工商大学学报》2014 年第 1 期。

[39]王芳:《“疯癫”的认知与嘉约翰创办广州疯人医院》,载《海南师范大学学报(社会科学版)》2012 年第 3 期。

[40]王岳:《论医疗正义》,载《法律与医学杂志》2007 年第 2 期。

[41]王志坤:《强制医疗程序及其检察监督》,载《国家检察官学院学报》2013 年第 6 期。

[42]魏晓娜:《从“被精神病”再现看我国非刑强制医疗制度之疏失》,载《国家检察官学院学报》2015 年第 4 期。

[43]魏增产:《国家监护主义的一个窗口——〈监护制度比较研究〉评》,载《北京科技大学学报(社会科学版)》2010 年第 3 期。

[44]杨宇勋:《降妖与幽禁——宋人对精神病患的处置》,载《台湾师大历史学报》2003 年第 6 期。

[45]姚秀钰、李峥:《国外精神疾病患者攻击行为风险评估对我国的启示》,载《中华护理杂志》2010 年第 5 期。

[46]叶小琴、李筱永:《精神障碍患者社区强制医疗制度评析》,载《中国全科医学》2015 年第 34 期。

[47]游伟、陆建红:《人身危险性在我国刑法中的功能定位》,载《法学研究》2004 年第 4 期。

[48]袁其国、申国君、尚爱国:《〈人民检察院强制医疗执行检察办法(试行)〉的理解与适用》,载《人民检察》2016 年第 14 期。

[49]张洪松、朱家明:《过度医疗的司法界定与伦理审视》,载《医学与哲学》2019 年第 20 期。

[50]张晓凤:《论我国刑事强制医疗制度和社区矫正制度之衔接与完善》,载《南海法学》2019 年第 5 期。

[51]张学军:《"被精神病"民事诉讼程序保障研究》,载《社会科学战线》2012 年第 9 期。

[52]朱紫青、张明园、何燕玲:《中国精神卫生专业机构设置的分布现状》,载《上海精神医学》2002 年第 14 卷。

[53]王迎龙:《刑事强制医疗解除程序实证研究》,载《中国法学》2022 年第 2 期。

(二)英文论文

[1]A. Cohen & H. Minas Global, *mental health and psychiatric institutions in the 21st century*, Epidemiology and Psychiatric Sciences, Vol. 26(2017).

[2]Alexander Scherr, *Daubert & Danger: The 'Fit' of Expert Predictions in Civil commitments*, Hastings Law Journa, Vol. 55(2003).

[3]Alison Evans Cuellar, *Medicaid policy changes in mental health care and their effect on mental health outcomes. Health Economics*, Policy and Law, Vol. 2 (2007).

[4]Allen Buchanan, *Medical Paternalism or Legal Imperialism: Not the Only Alternatives for Handling Saikewicz - type Cases*, American Journal of Law & Medicine, Vol. 5(1979).

[5]Andoh & Benjamin, *Mental Hospital Regime in England and Wales*, Medicine and Law, Vol. 15(1996).

[6]Andoh & Benjamin. *Origins and Survival of the Right to Retake Absconders form Mental Hospitals*, Medical Law Review, Vol. 1(1993).

[7]Andreescu & Marius, *Proportionality - A Constitutional Principle*, Annales Universitatis Apulensis Series Jurisprudentia, Vol. 13(2010).

[8]Angus Love & Rhonda Bronstein, *Brad Colbert & Jamie Graham, The Right of Prisoners to Health Care*, Guild Practitioner, Vol. 61(2004).

[9]Asai & Kunihiko, *Mental Health Services in Japan*, Journal of Sociology and Social Welfare, Vol. 18(1991).

[10]Baumgarten & Austin, *Medical Treatment Demands Medical Assessment: Sub-*

stantive Due Process Rights in Involuntary Commitments, UC Davis Law Review, Vol. 45(2011).

[11] Blais & Norman R., *Forced Drug Medication of Involuntarily Committed Mental Patients*, Saint Louis University Law Journal, Vol. 20(1975).

[12] Brosnan & Liz., *Who's Talking about Us without Us: A Survivor Research Interjection into an Academic Psychiatry Debate on Compulsory Community Treatment Orders in Ireland*, Laws, Vol. 7(2018).

[13] Bucher, Rue & Leonard Schatzman, *The Logic of the State Mental Hospital*, Social Problems, Vol. 9(1962).

[14] Burman, Sandra & Amanda Barratt, *Human Rights and the Administration of a Welfare System*, South African Journal on Human Rights, Vol. 9(1993).

[15] Burnett & Donna Sue, *The Constitutional Tolling Principle: Procedural Due Process Right to Judicial Review*, Houston Law Review, Vol. 17(1979).

[16] Callahan, Lisa et al, *Insanity Defense Reform in the United States – Post Hinckley*, Mental and Physical Disability Law Reporter, Vol. 11(1987).

[17] Carnwath, *From Rationality to Proportionality in the Modern Law*, Hong Kong Law Journal, Vol. 44(2014).

[18] Chapman & Audrey R, *Human Dignity, Bioethics, and Human Rights*, Amsterdam Law Forum, Vol. 3(2011).

[19] De Schutter, Olivier, *Welfare State Reform and Social Rights*, Netherlands Quarterly of Human Rights, Vol. 33(2015).

[20] Denninger & Erhard, *State Tasks and Human Rights*, Ratio Juris, Vol. 12 (1999).

[21] DiazCastro Lina, CabelloRangel Héctor et al., *Incidence of catastrophic healthcare expenditure and its main determinants in Mexican households caring for a person with a mental disorder*, Global Mental Health, Vol. 1(2021).

[22] Dollar, Cindy Brooks & Bradley Ray, *The Practice of Reintegrative Shaming in Mental Health Court*, Criminal Justice Policy Rev. Vol. 26(2015).

[23] Douglas Mossman MD, *Risky Business versus Overt Acts: What Relevance Do Actuarial, Probabilistic Risk Assessments Have for Judicial Decisions on Involuntary Psychiatric Hospitalization*, Houston Journal of Health Law & Policy, Vol. 8(2011).

[24] *Developments in the Law: Civil Commitment of the Mentally Ill*, Harvard Law Review, Vol. 87(1974).

[25] Elbogen, Eric B. & Alan J. Tomkins, *From the psychiatric hospital to the community: integrating conditional release and contingency management*, Behavioral Sciences & the Law, Vol. 18(2000).

[26] Elizabeth Weeks Leonard, *State Constitutionalism and the Right to Health Care*, University of Pennsylvania Journal of Constitutional Law, Vol. 12(2010).

[27] Ferleger & David, *Loosing the Chains: In – Hospital Civil Liberties of Mental Patients*, Santa Clara Lawyer, Vol. 13(1972 – 1973).

[28] Foster, Joan, *Commitment – Conditional Release from Mental Institutions Made Available to Persons Confined under Criminal Statutes*, Seton Hall Law Review, Vol. 6(1974).

[29] Grant H. Morris, *Defining Dangerousness: Risking a Dangerous Definition*, The Journal of Contemporary Legal Issues, Vol. 10(1999).

[30] Gray & David J., *Criminology: The Treatment – Punishment Controversy*, William and Mary Law Review, Vol. 4(1963).

[31] Guo, Zhiyuan & Floyd Feeney, *The New Chinese Mental Health Laws*, Washington University Global Studies Law Review, Vol. 17(2018).

[32] Harcourt & Bernard E, *Reducing Mass Incarceration: Lessons from the Deinstitutionalization of Mental Hospitals in the* 1960*s*, Ohio State Journal of Criminal Law, Vol. 9(2011).

[33] Henry J. Steadman, John Monahan et al., *The Impact of State Mental Hospital Deinstitutionalization on United States Prison Populations*, 1968 – 1978, Journal of Criminal Law and Criminology, Vol. 75(1984).

[34] Hershkoff & Helen, *Welfare Devolution and State Constitutions*, Fordham Law Review, Vol. 67(1999).

[35] Hilgendorf, Eric, *Human Rights, Human Dignity, and the Concept of Honour: A German Perspective*, Cardozo Journal of International and Comparative Law, Vol. 25 (2017).

[36] Hopton & John, *The Future of Critical Psychiatry*, Critical Social Policy, Vol. 26(2006).

[37] Jennifer L. Erkulwater, *The Judicial Transformation of Social Security Disability: The Case of Mental Disorders and Childhood Disability*, Connecticut Insurance Law Vol. 2(2002).

[38] Jennifer Moore, *Special Issues for Prisoners with Mental Illness*, Jailhouse

Lawyer's Manual, Vol. 6 (2005).

[39] Kayumba Kalunga & F. Nkhata, C., *Protection of the Rights of Persons with Mental Disabilities to Liberty and Informed Consent to Treatment: Critique of Gordon Maddox Mwewa & Others Attorney - General Another*, African Disability Rights Yearbook, Vol. 6(2018).

[40] Keilitz, Ingo et al., *Least Restrictive Treatment of Involuntary Patients: Translating Concepts into Practice*, Saint Louis University Law Journal, Vol. 29(1985).

[41] Kemna & Donald J., *Current Status of Institutionalized Mental Health Patients' Right to Refuse Psychotropic Drugs*, Journal of Legal Medicine, Vol. 6(1985).

[42] Kenneth R. Wiggins, *Medicaid and the Enforceable Right to Receive Medical Assistance: The Need for a Definition of Medical Assistance*, William and Mary Law Review, Vol. 47 (2006).

[43] Klassen & Amy Lynn, *Spinning the revolving door: The governance of non-compliant psychiatric subjects on community treatment orders*, Theoretical Criminology, Vol. 21(2017).

[44] Tim Exworthy, *Compulsory care in the community: a review of the proposals for compulsory supervision and treatment of the mentally ill in the community*, Criminal Behaviour and Mental Health, Vol. 5(1995).

[45] Laurence D. Houlgate, *Rights, Health, and Mental Disease*, Wayne Law Review, Vol. 22(1975).

[46] Lee & Bryan Y., *The U. N. Convention on the Rights of Persons with Disabilities and Its Impact upon Involuntary Civil Commitment of Individuals with Developmental Disabilities*, Columbia Journal of Law and Social Problems, Vol. 44(2011).

[47] Leslie Salzman, *Guardianship for Persons with Mental Illness - A Legal and Appropriate Alternative*, Saint Louis University Journal of Health Law & Policy, Vol. 4 (2011).

[48] Louis Henkint, *A Post - Cold War Human Rights Agenda*, Yale Journal of International Law, Vol. 19(1994).

[49] Marden Marques Soares Filho& Paula Michele Martins Gomes Bueno, *Right to mental health in prison system: reflections on the process of deinstitutionalization of the HCTP*, Ciência & saúde coletiva, Vol. 27(2016).

[50] Maria do Perpétuo Socorro Sousa Nóbrega, Carla Sílvia Neves da Nova Fernandes et al., *Importance of families in nursing care for people with mental disorders: at-*

titudes of Portuguese and Brazilian nurses, Revista da Escola de Enfermagem da U S P, Vol. 54(2020).

[51] Marius Andreescu, *Principle of Proportionality, Criterion of Legitimacy in the Public Law*, Lex ET Scientia International Journal, Vol. 18(2011).

[52] Mark & Vernon H, *Psychosurgery Versus Anti – Psychiatry*, Boston University Law Review, Vol. 54(1974).

[53] McMunigal & Kevin C, *The Craft of Due Process*, Saint Louis University Law Journal, Vol. 45(2001).

[54] Meredith Karasch, *Where Involuntary Commitment, Civil Liberties, and the Right to Mental Health Care Collide: An Overview of California's Mental Illness System*, Hastings Law Journal, Vol(54), 2002.

[55] Monsalve, Viviana Bohorquez, and Javier Aguirre Roman, *Tensions of Human Dignity: Conceptualization and Application to International Human Rights Law*, Sur International Journal on Human Rights, Vol. 11(2009).

[56] Mossman & Douglas, *Dangerousness Decisions: An Essay on the Mathematics of Clinical Violence Prediction and Involuntary Hospitalization*, The University of Chicago Law School Roundtable, Vol. 2(2003).

[57] Mossman & Douglas, *Dangerousness Decisions: An Essay on the Mathematics of Clinical Violence Prediction and Involuntary Hospitalization*, The University of Chicago Law School Roundtable, Vol. 2(1995).

[58] Needham & David H., *Psychotropic Medication in California: A Prescription for Alternative Approaches*, Southern California Review of Law and Social Justice, Vol. 22, No. 2, Winter(2013).

[59] Nicolas Cornel, *A Third Theory of Paternalism*, Michigan Law Review, Vol. 113(2015).

[60] P. Murthy, M. Isaac & H. Dabholkar, *Mental Hospitals in India in the 21st Century: Transformation and Relevance*, Epidemiology and Psychiatric Sciences, Vol. 26 (2017).

[61] Pamela B. Teaster & Erica F. Wood, *Wards of the State: A National Study of Public Guardianship*, Stetson Law Review, Vol. 37(2007).

[62] Paul Gowder, *Democratic Paternalism, Not Libertarian Paternalism*, Georgetown Journal of Law & Public Policy, Vol. 14(2016).

[63] Paul Hunt & Judith Mesquita, *Mental Disabilities and the Human Right to the*

Highest Attainable Standard of Health, Human Rights Quarterly, Vol. 28(2006).

[64] Pierce & Glenn L. et al., *Impact of Broadened Civil Commitment Laws on Length of Stay in a State Mental Hospital*, Law, Medicine and Health Care, Vol. 13 (1985).

[65] Piperno & Aldo, *Indefinite Commitment in a Mental Hospital for the Criminally Insane: Two Models of Administration of Mental Health*, Journal of Criminal Law and Criminology, Vol. 65(1974).

[66] Poudel & Mahesh Sharma, *Right to Health and Its Jurisprudence: An Overview*, NJA Law Journal, Vol. 5(2011).

[67] Pozsar – Szentmiklosy & Zoltan, *The Formal and Substantive Functions of the Principle of Proportionality*, Acta Juridica Hungarica, Vol. 56(2015).

[68] Proud Usahacharoenporn, *E. P. v. Alaska Psychiatric Institute: The Evolution of Involuntary Civil Commitments from Treatment to Punishment*, Alaska Law Review, Vol. 28(2011).

[69] Ralph Kirkland Schwitzgebel, *The Right to Effective Mental Treatment*, Calfornia Law Review, Vol. 62(1974).

[70] Ralph Slovenko & Elliot D. Luby, *On the Emancipation of Mental Patients*, Journal of Psychiatry and Law, Vol. 3(1975).

[71] Ramon & Shulamit, *The Logic of Pragmatism in Mental Health Policy: The Implications of the Government Position on Mental Health in the* 1959 *Debate for the 80s*, Critical Social Policy, Vol. 2(1982).

[72] Rhodes & Rosamond, *Clinical Justice Guiding Medical Allocations*, American Journal of Bioethics, Vol. 4(2004).

[73] Robert Menzies & Christopher D. Webster, *The Dimensions of Dangerousness Revisited: Assessing Forensic Predictions About Violence*, Law and Human Behavior, Vol. 18(1994).

[74] Ronald Bayer, *Book Review: The Decline of the Rehabilitative Ideal: Penal Policy and Social Purpose*, Crime Delinquency, Vol. 28(1982).

[75] Senator Edward M. Kennedy, *Health Care as a Basic Human Right: Moving from Lip Service to Reality*, Harvard Human Rights Journa, Vol. 22(2009).

[76] Sharon G. Garner & Thomas L. Hafemeister, *Restorative Justice, Therapeutic Jurisprudence, and Mental Health Courts: Finding a Better Means to Respond to Offenders with a Mental Disorder*, Developments in Mental Health Law, Vol. 22(2003).

[77] Simon N. Verdun – Jones & Michelle S. Lawrence, *The Charter Right to Refuse Psychiatric Treatment: A Comparative Analysis of the Laws of Ontario and British Columbia concerning the Right of Mental – Health Patients to Refuse Psychiatric Treatment*, UBC Law Review, Vol. 46(2013).

[78] Siri Gloppen, *Litigation as a Starategy to Hold Governments Accountable For Implementing the Right to Health*, Health And Human Rights, Vol. 10(2015).

[79] Slate, Risdon N., *Deinstitutionalization, Criminalization of Mental Illness, and the Principle of Therapeutic Jurisprudence*, Southern California Interdisciplinary Law Journal, Vol. 26(2017).

[80] Stephen A. Green & M. D., M. A, *An Ethical Argument for a Right to Mental Health Care*, General Hospital Psychiatry, Vol. 22(2000).

[81] Stone & Alan A., *Psychiatry Kills: A Critical Evaluation of Dr. Thomas Szasz*, Journal of Psychiatry and Law, Vol. 1 (1973).

[82] Talevich & Jennifer, *Success of Influence and Coercion: A Function of How Psychotropic Medication Impacts the Goals of Adult Psychiatric Patients*, Mental Health Law and Policy Journal, Vol. 2(2013).

[83] Thaddeus Mason Pope, *Counting the Dragon's Teeth and Claws: The Definition of Hard Paternalism*, Georgia State University Law Review, Vol. 20(2004).

[84] Thaddeus Mason Pope, *Monstrous Impersonation: A Critique of Consent – Based Justifications for Hard Paternalism*, UMKC Law Review, Vol. 73(2005).

[85] Thomas Szasz, *Mental illness: psychiatry's phlogiston*, Journal of Medical Ethics, Vol. 27(2001).

[86] *Traditional Criminal Justice Processing*, Criminal Justice and Behavior, Vol. 39 (2012).

[87] Wexler & David B., *Justice, Mental Health, and Therapeutic Jurisprudence*, Cleveland State Law Review, Vol. 40(1992).

[88] Wexler & David B., *Two Decades of Therapeutic Jurisprudence*, Touro Law Review, Vol. 24(2008).

[89] Winsor C. Schmidt & Pamela B. Teaster, *Program and Ward Characteristics and Cost Savings of Public Guardianship: An Evaluation of the Florida Public Guardianship Program*, University of Florida Journal of Law and Public Policy, Vol. 28(2017).

[90] Yoshikawa, Kazuo & Pamela J. Taylor, *New forensic mental health law in Japan*, Criminal Behaviour and Mental Health, Vol. 13(2003).

三、判例

[1]384 F. Supp. 1085(E. D, Mich. 1974).

[2]62. 325 F. Supp. 781 (M. D. Ala. 1971).

[3]Barrett v. Coplan, 292 F. Supp. 2d 281, 285 (2003).

[4]Bowring v. Godwin, 551 F. 2d 44, 47 – 48 (4th Cir. 1977).

[5]Estelle v. Gamble, 429 U. S. 97, 107, 97 S. Ct. 285, 293, 50 L. Ed. 2d 251, 262 (1976).

[6]hitree v. State, 56 Misc. 2d 693, 290 N. Y. S. 2d 486 (1968).

[7]Mark v. Sabol, 93 N. Y. 2d 710, 695 N. Y. S. 2d 730 (1999).

[8]Rouse v. Cameron, 373 F. 2d 451, 456 (D. C. Cir., 1966).

[9]Russell v. Sheffer, 528 F. 2d 318 (4th Cir. 1975).

后　记

本书是在我的博士论文基础上修改完善而成。回首过往，能够有机会攻读博士学位，既是一种荣幸，也是一种挑战。从学习时间的把握到研究能力的训练，从小论文的书写到学位论文的完成，方方面面都离不开潜心的努力。这或许就需要一种孤独来陪伴，平日在陪孩子读周国平先生的书的时候，知道了"孤独是生命最好的礼物"，在接受思政教育时了解到陈果在《好的孤独》一书中提到的"孤独让你远离喧嚣，内心沉静而有力，判断无比清晰"。博士论文的书写需要这种孤独的感觉，总想书写时能够一气呵成，但常常受限于自己的学识，也想多读书、读好书，但是往往受制于种种琐事，以至于论文的书写总是断断续续，文献阅读也是坑坑绊绊。

在本书即将出版之际，首先要感谢的是叶青教授和周长军教授，能够进入两位老师的门下学习是非常幸运的，两位老师深厚的学识、宽厚的品德深深地影响着我。无论是平日的学习交流，还是论文的书写，老师都给了我无私的指导和帮助，为我的研究指明方向，把准思路，虽然我的书写在节奏上太慢，但老师却很宽容，我深感惭愧，转念一想，这无形之中也是对自己的一种鞭策。在论文完成答辩后，两位老师督促我继续完善，增强了我出版的信心，而且两位老师在百忙之中为本书写序，提升了我做好科研的决心。我虽然完成了论文并且能够得以出版，但是也深知自己还有太多方面需要向老师学习。其次，要感谢外审专家对论文提出的中肯评价。感谢答辩委员会熊秋红教授、林喜芬教授、胡常龙教授、黄士元教授、田荔枝教授以及答辩秘书段君尚老师对论文提出的宝贵修改意见。感谢读博期间的各位授课老师、教务老师，辅导员老师以及博士同学、同门兄弟姐妹、亲朋好友，正是此中的师生情、同学情、同门情、亲情、友情激励着我不断努力、不断拼搏。再次要感谢我最亲爱的家人，给我的学业和事业提供了无私的支持和鼓励，只有以不断的努力和取得的成就来报答他们。还要感谢山东中医药大学的领导和同事的关爱关心，以及山东省中医药文化协同创新中心、学校青年科研创新团队对本书出版的支持和资助。最后要对法律出版社责编魏艳丽及其他编辑为本书顺利出版付出的辛劳表示最深切的谢意！

李军海

2023 年 3 月于山东济南